Keltische Märchen und Sagen

Keltische Märchen und Sagen

Herausgegeben von Erich Ackermann

Weltbild

Genehmigte Lizenzausgabe für Weltbild GmbH & Co. KG,
Werner-von-Siemens-Str. 1, 86159 Augsburg

Umschlaggestaltung: Atelier Seidel, Teising
Umschlagmotiv: © istockphoto/Elena Schweitzer
Satz: Datagroup int. SRL, Timisoara
Druck und Bindung: CPI Moravia Books s.r.o., Pohorelice
Printed in the EU
978-3-8289-5837-1

Inhaltsverzeichnis

Märchen aus dem Artus-Kreis

Kulhwch und Olwen

Kilydd, der Sohn des Fürsten Kelyddon, wollte eine Frau nehmen, auf dass sie ihr Leben mit ihm teile, und seine Wahl fiel auf Goleudydd, die Tochter des Fürsten Anllawdd. Als sie unter einem Dach waren, begann das Volk zu beten, dass sie einen Erben bekämen und dank dieser Gebete wurde ihnen ein Sohn geboren. Aber im Augenblick, da sie ihn empfing, verfiel sie in Wahnsinn und floh jede Behausung. Als die Zeit der Entbindung kam, kehrte ihr gesunder Verstand zurück.

Einmal geriet sie an einen Ort, wo ein Schweinehirt seine Herde hütete, da kam sie aus Angst vor diesen Tieren nieder.

Der Hirt nahm das Kind und trug es an den Hof; man taufte es und gab ihm den Namen Kulhwch. Der Knabe war indessen von edlem Stamm und ein Vetter Arthurs. Man gab ihm eine Amme. Infolge dieser Ereignisse wurde die Mutter des Kindes, Goleuddydd, krank. Sie ließ ihren Gatten kommen und sprach: »Ich werde an dieser Krankheit sterben und du wirst eine andre Frau wollen. Aber die Frauen verschenken zuviel und du würdest deinen Sohn arm machen; daher bitte ich dich, dass du nicht eher heiratest, bis auf meinem Grabe ein Dornstrauch mit zwei Häuptern wächst.« Er versprach es ihr. Darauf rief sie ihren Hofmeister und bat ihn, ihr Grab Jahr für Jahr so instand zu halten, dass nichts darauf wachsen könne.

Die Königin starb. Der König sandte täglich einen Diener, um zu erkunden, ob etwas auf dem Grabe wachse. Nach sieben Jahren vernachlässigte der Hofmeister seine übernommene Verpflichtung. An einem Jagdtag begab sich der König auf den Friedhof; er wollte das Grab selbst sehen, denn er dachte daran, sich wieder zu vermählen: der Dornstrauch hatte darauf getrieben. Sogleich berief er eine Ratsversammlung, um zu erkunden, wo er eine Frau suchen solle. Einer der Räte sagte zu ihm: »Ich weiß eine Frau, die dir wohl geziemen würde. Es ist die des Königs Doyed.« Sie entschlossen sich, aufzubrechen und sie zu entführen. Sie töteten den König, nahmen seine Frau und seine einzige Tochter weg und bemächtigten sich seiner Länder.

Eines Tages ging die Königin spazieren. Sie begab sich in die Stadt zu einer alten Hexe, die keinen Zahn mehr im Mund hatte. »Alte«, sagte sie zu ihr, »willst du mir im Namen Gottes sagen, was ich dich fragen will? Wo sind die Kinder dessen, der mich gewaltsam entführt hat?« »Er hat keine«, sprach die Alte. »Wie unglücklich bin ich«, rief die Königin, »in die Hände eines kinderlosen Mannes gefallen zu sein!« »Dein Jammern ist unnütz«, versetzte die Alte, »es ist geweissagt, dass er einen Erben von dir haben wird, auch wenn er noch keinen andern hätte. Übrigens tröste dich, er hat einen Sohn.« Die Fürstin kehrte freudevoll heim und sprach zu ihrem Gatten: »Warum verbirgst du deine Kinder vor mir?« »Ich will es nicht länger tun«, sagte der König. Man holte den Sohn und brachte ihn an den Hof. Seine Stiefmutter sprach zu ihm: »Du tätest gut, eine Frau zu nehmen. Ich habe eine Tochter, die jedem Edlen der Welt geziemen würde.« »Ich habe noch nicht das Alter, mich zu verheiraten«, erwiderte er. Darauf rief sie: »So schwöre ich, dass du das Schicksal haben sollst, dass dein Leib nie eine Frau berühren wird außer Olwen, der Tochter des Yspaddaden Penkawr.« Der junge Mann errötete und die Liebe zu der Jungfrau durchdrang ihn durch und durch, obwohl er sie nie gesehen hatte. »Mein Sohn«, sprach der Vater zu ihm, »warum wechselst du die Farbe? Was bedrückt dich?« »Meine Stiefmutter hat mich verflucht, dass ich nie eine Frau haben werde, wenn ich nicht Olwen bekomme, die Tochter des Yspaddaden Penkawr.« »Das ist eine Kleingkeit für dich. Arthur ist dein Vetter. Suche ihn auf, damit er dir dein Haar ordne*1, und erbitte das als Geschenk von ihm.« Der junge Mann bestieg darauf einen Renner mit apfelgrauem Kopf, der vier Winter zählte, er hatte kräftig gebaute Schenkel, seine Hufe glänzten wie eine Muschel, der

* Keltisches Symbol der Adoption oder Patenschaft

Zügel war mit goldnen Kettengliedern im Maule eingefügt und er trug einen kostbaren goldenen Sattel. Kulhwch trug zwei wohlgeschärfte Wurfspieße aus Silber und ein gekrümmtes Schwert, das bis zur Spitze eine gute Elle maß, wenn man die Elle eines kräftigen Mannes als Maß nimmt, das war imstande, den Wind zu treffen und ihm Blut abzuzapfen: Es war geschwinder als der Fall des ersten Tautropfens von der Spitze des Schilfrohrs auf den Boden im Juni, wenn es am üppigsten ist. An seiner Hüfte hing ein Dolch mit goldnem Knauf und goldner Klinge mit einem Kreuz aus Gold und himmelblau emailliert, sein Kriegshorn war von Elfenbein. Vor ihm erlustigten sich zwei Windhunde mit weißer Brust und gesprenkeltem Fell, jeder trug um seinen Hals ein Band von Rubinen, das von den Schultern bis zu den Ohren reichte; der von links lief nach rechts, der von rechts nach links, so spielten sie vor ihm wie zwei Meerschwalben. Die vier Hufe seines Renners ließen vier Rasenschollen fliegen wie vier Schwalben in der Luft, bald höher, bald niedriger über seinen Kopf. Er hatte einen vierkantigen Purpurmantel umgeschlagen mit einem goldnen Apfel an jeder Ecke, deren jeder den Wert von hundert Kühen hatte. Auf seinen Hosen und seinen Steigbügeln vom Oberschenkel bis herab zu den Zehenspitzen trug er Gold im Werte von dreihundert Kühen. Kein Grashalm bog sich unter ihm, so leicht war der Tritt seines Renners, der ihn an den Hof Arthurs trug.

Der Jüngling sprach: »Ist hier ein Pförtner?« »Ja!« »Und du? Möge deine Zunge nicht stumm bleiben: dein Gruß ist recht kurz.« »Jeden ersten Tag im Jahre mache ich Arthurs Pförtner, das ganze übrige Jahr tun das meine Stellvertreter: Huandaw, Gogigwc, Llaeskenym und Pennpingyon, der auf dem Kopf läuft, um seine Füße zu schonen, aber nicht in der Richtung des Himmels oder der Erde, sondern wie ein auf dem Boden des Hofes rollender Stein.« »Öffne die Tür!« »Ich werde sie nicht öffnen!« »Warum?« »Das Messer steckt im Fleisch und der Trunk ist im Horn. Man vergnügt sich in Arthurs Saal. Nur Söhne von

Königen berühmter Reiche lässt man eintreten oder den Spielmann, der seine Kunst mitbringt. Man wird deinem Pferde und deinen Hunden zu fressen geben und dir wird man gekochte und gepfefferte Fleischschnitten anbieten und Wein bis zum Rande und süße Musik. Man wird dir Speise für dreißig Männer ins Gasthaus bringen, wo die Leute aus fernen Ländern essen und die, welchen es nicht geglückt ist, an Arthurs Hof Zutritt zu erlangen; es wird dir dort nicht schlechter gehen als bei Arthur selbst. Man wird dir eine Frau anbieten, auf dass sie bei dir liege, und die Freuden der Musik. Morgen in der Frühe, wenn der Palast sich öffnet vor der Schar, die heute herkam, wirst du als Erster eintreten und kannst deinen Platz wählen, wo du willst im ganzen Hofe Arthurs.« »Ich werde nichts von alledem tun«, sagte der Jüngling, »wenn du die Türe öffnest, ist es gut; wenn du nicht öffnest, werde ich deinem Herrn Schande zufügen und dir Missachtung, und ich werde drei Schreie ausstoßen an der Pforte, wie es keine tödlicheren gegeben hat von Cornwall bis Cumberland: alles, was es hier auf dieser Insel an schwangeren Weibern gibt, wird eine Frühgeburt haben; die andern werden von solchem Missbehagen überfallen werden, dass ihr Schoß sich umkehrt und sie nie wieder empfangen.« Glewlwyt Gavaelvawr antwortete ihm: »Du schreist vergebens gegen die Gesetze von Arthurs Hof, man wird dich nicht eher eintreten lassen, bis ich mit Arthur gesprochen habe.«

Glewlwyt begab sich in den Saal. »Gibt es etwas Neues am Tor?«, fragte Arthur. »Zwei Drittel meines Lebens sind vergangen wie zwei Drittel des deinigen. Ich war in Kaer Se und Asse, in Sal und Salach, in Lotor und Fotor, im großen und kleinen Indien, ich war bei der Schlacht der beiden Ynyr; ich war in Europa, in Afrika und auf den Inseln von Corsica, ich war bei Kaer Oeth und Anoeth; ich war bei Kaer Nevenhyr: Wir haben da neun mächtige Könige gesehen, schöne Männer, wahrhaftig! Aber nie sah ich einen so edlen Mann wie den, der im Augenblick an der Eingangspforte steht.« »Wenn du im Schritt gekommen bist«, versetzte Arthur, »so kehre im Lauf zurück. Alle, die das Licht schauen und die Augen öffnen und schließen, sollen Sklaven sein; die einen sollen ihn mit goldbeschlagenen Hörnern bedienen, die andern sollen ihm gekochte und gepfefferte Fleischschnitten darreichen, bis seine Speisen und sein Trunk bereit sind. Es ist schade, einen solchen Mann im Regen und Wind stehen zu lassen.« »Bei der Hand meines Freundes«, rief Kei, »wenn man meinem Rate folgte, würde man nicht die Gesetze des Hofes seinetwegen verletzen.« »Du bist auf falschem Wege, lieber Kei«, sagte Arthur, »wer uns in Anspruch nimmt, soll unsre Gunst genießen und umso größer wird unser Adel, unser Ruhm und unser Ansehen sein.«

Glewlwyt begab sich an das Tor und öffnete es dem Jüngling. Obwohl jedermann beim Eingang auf dem Steintritt abstieg, setzte Kulhwch keinen Fuß auf den Boden, sondern ritt mit dem Ross hinein. »Heil!«, rief er, »oberster Herr dieser Insel, Heil auch diesem ganzen Hause, diesen Gästen, diesem Gefolge, diesen Helden; jeder empfange diesen Gruß ebenso wie ich ihn an dich gerichtet habe. Möge dein Glück, dein Ruhm und dein Ansehen auf dieser ganzen Insel seinen Gipfel erreichen!« »Heil auch dir«, sagte Arthur, »setze dich zwischen zwei meiner Krieger, man wird dir die Zerstreuungen der Musik bieten und du wirst wie ein Fürst, wie ein künftiger Thronerbe behandelt werden, solange du hier bist. Wenn ich meine Geschenke unter meinen Gästen und den Leuten aus der Ferne austeile, will ich mit deiner Hand beginnen.« »Ich bin nicht hergekommen«, versetzte der Jüngling, »um Speise und Trank zu verschwenden. Wenn ich das Geschenk erhalte, das ich wünsche, so werde ich es anzuerkennen und zu rühmen wissen, wenn nicht, so trage ich deine Schande so weit, wie dein Ruf ergangen ist, in die vier Enden der Welt.« »Da du hier nicht Aufenthalt nehmen willst«, sagte Arthur, »so sollst du das Geschenk erhalten. Ich werde dir alles gern geben, was Kopf und Zunge nennt, so weit der Wind dörrt und der Regen netzt, so weit die Sonne sich dreht und das Meer umspannt und die Erde sich ausdehnt mit Ausnahme meines Schwertes Kaledvwlch, meiner Lanze Rongomyant; meines

Schildes Gwyneb Gurthucher, meines Messers Karuwenhan und meiner Frau Gwenhwyvar; dafür rufe ich Gott zum Zeugen an!« »Ich will, dass du meine Haare ordnest.« »Das will ich tun.« Arthur nahm einen goldnen Kamm und eine Schere mit silbernen Griffen und kämmte ihm das Haupt. Darauf fragte er ihn, wer er sei. »Ich fühle, dass sich mein Herz gegen dich auftut; ich weiß, dass du aus meinem Blute bist, sage mir, wer du bist!« »Ich bin Kulhwch«, antwortete der Jüngling, »der Sohn Kilydds und der Goleuddydd.« »Es ist also wahr, du bist mein Vetter. Nimm alles, was du willst und du sollst es haben. Bei der Wahrheit Gottes und den Rechten dieses Reiches, ich will dir alles gern geben, was dein Kopf und deine Zunge nennt.« »Ich bitte, dass du mir hilfst, Olwen, die Tochter des Yspaddaden Penkawr zu gewinnen. Ich fordere sie von dir und von deinen Kriegern und um der Liebe aller Frauen dieser Insel willen, welche goldene Halsketten tragen.« Arthur sprach zu ihm: »Nie habe ich etwas von dieser Jungfrau gehört, von der du redest, noch von ihren Eltern. Doch will ich gern Boten auf die Suche nach ihr senden: gib mir nur Zeit.« »Gern, du hast ein Jahr von heute ab, Tag um Tag.«

Arthur sandte Boten nach allen Richtungen bis an die Grenzen seines Reiches aus auf die Suche nach der Jungfrau. Nach Ablauf eines Jahres kamen die Boten zurück und hatten nicht mehr über Olwen erfahren können als am ersten Tag. »Jeder«, sprach Kulhwch, »hat sein Geschenk erhalten, nur ich erwarte noch das meinige. Ich werde also gehen und werde deine Ehre mit mir nehmen.« »Prinz«, rief Kei, »du tadelst Arthur ungerechter Weise. Komm mit uns, wir wollen uns nicht von dir trennen, bis du selbst erkannt hast, dass die Jungfrau sich nirgends auf der Welt findet oder dass wir sie wenigstens nicht gefunden haben.« Mit diesen Worten erhob sich Kei. Kei hatte die Eigenschaft, dass er neun Tage und neun Nächte unter Wasser bleiben konnte, er blieb neun Tage und neun Nächte ohne Schlaf, einen Schwertstreich Keis konnte kein Arzt heilen; er war ein kostbarer Mann, dieser Kei: Wenn es Kei gefiel, wurde er so groß wie der höchste Baum des Waldes, oder wenn der Regen am dichtesten fiel, dann blieb alles, was er in der Hand hielt, trocken, so groß war seine natürliche Wärme. Diese diente sogar seinen Gefährten als Brennstoff, wenn die Kälte am heftigsten war. Arthur rief Bedwyr, der niemals zögerte, an einer Sendung teilzunehmen, zu welcher Kei auszog. Niemand kam ihm auf der ganzen Insel im Laufe gleich und obwohl er nur eine Hand hatte, verspritzten drei Krieger nicht mehr Blut auf dem Kampfplatz als er allein, seine Lanze verursachte eine Wunde beim Eintritt, aber neun, wenn man sie herauszog. Arthur rief ferner Kynddelic den Führer: »Geh«, sagte er, »mit dem Prinzen zu dieser Unternehmung.« Kynddelic war kein schlechterer Führer in einem Lande, das er niemals gesehen hatte, als in seinem eigenen. Arthur rief Gwrhyr Gwalstawt Jeithoedd, weil er alle Sprachen verstand. Er rief Gwalchmei, den Sohn Gwyars, der niemals von einer Sendung heimkam, ohne sie vollbracht zu haben; er war der beste Fußgänger und der beste Reiter, er war ein Neffe Arthurs, der Sohn seiner Schwester. Arthur rief weiterhin Menw, den Sohn Teirgwaedds: im Falle, dass sie in ein heidnisches Land kämen, konnte er auf sie einen Zauber werfen der Art, dass sie von niemandem gesehen wurden, während sie selbst alles sahen.

Sie wanderten, bis sie auf eine weite Ebene kamen, in welcher sie ein festes Schloss bemerkten, das schönste der Welt. Sie wanderten bis zum Abend, und als sie ganz nahe dabei zu sein glaubten, waren sie ihm doch nicht näher als am Morgen. Sie wanderten zwei Tage, sie wanderten drei Tage, und kaum konnten sie es erreichen. Als sie davor standen, bemerkten sie eine Herde Schafe, von der sie weder Anfang noch Ende sahen. Vom Gipfel eines Hügels aus hütete sie ein Schäfer, bekleidet mit einem Mantel aus Fellen; ihm zur Seite lag eine Dogge mit gesträubten Haaren, größer als ein neun Winter alter Hengst. Sie hatte die Eigenschaft, dass sie nie ein Lamm verlieren ließ, geschweige denn ein größeres Tier. Man ging nie ohne Wunden oder sonst einen ärgerlichen Unfall an ihr vorbei; alles, was es an trockenem Holz und Gesträuch in der Ebene gab, verbrannte ihr Atem bis zum Boden. »Gwrhyr«, sagte Kei, »geh, sprich mit dem Mann da unten!«

»Kei«, erwiderte der, »ich habe nur dahin zu gehen versprochen, wohin du selbst gehst.« »Gehen wir also zusammen hin«, sagte Kei. »Habt keine Furcht«, sagte Menw, »ich werde einen Zauber auf den Hund legen, damit er niemandem etwas tun kann.« Sie begaben sich zu dem Hirten und sagten zu ihm: »Bist du reich, Hirt?« »Gott wolle nicht, dass ihr jemals reicher wäret als ich.« »Bei Gott, wenn du der Herr bist …« »Ich habe keinen anderen Fehler, der mir schaden könnte, als meine eigne Habe.« »Wem gehören diese Schafe, die du hütest und das Schloss dort unten?« »Ihr seid wahrhaftig ohne Verstand; man weiß im ganzen Universum, dass das Schloss dasjenige des Yspaddaden Penkawr ist.« »Und du, wer bist du?« »Kustennin, der Sohn des Dyvnedic, und um meiner Habe willen hat mich mein Bruder Yspaddaden Penkawr in diese Lage versetzt. Und ihr selbst, wer seid ihr?« »Boten Arthurs, hierhergekommen, um Olwen, die Tochter des Yspaddaden Penkawr zu freien.« »O, ihr Leute, Gott schütze euch! Um alles in der Welt, tut das nicht! Niemand ist lebendig zurückgekehrt, der diese Bitte gestellt hat.«

Als der Hirt sich erhob um fortzugehen, gab ihm Kulhwch einen goldenen Ring. Er versuchte, ihn anzustecken, aber da er ihm nicht passte, steckte er ihn an den Finger seines Handschuhs und ging ins Haus. Er gab den Handschuh seiner Frau zur Aufbewahrung. Sie zog den Ring ab und wie sie ihn beiseitelegte, sagte sie: »Woher kommt dieser Ring? Nicht oft tust du so guten Fund!« »Ich war gegangen«, entgegnete er, »um Meernahrung zu suchen, da sah ich plötzlich eine Leiche mit der Flut dahertreiben. Nie habe ich eine schönere gesehen: von ihrem Finger streifte ich diesen Ring.« »Das Meer lässt keinem Toten seine Schätze. Zeige mir doch diese Leiche!« »Frau, du wirst den bald hier sehen, dem dieser tote Leib gehört.« »Wer ist es?« »Kulhwch, der Sohn des Kilydd, er ist gekommen, um Olwen als Frau zu verlangen.« Sie schwankte zwischen zwei Gefühlen: Sie freute sich bei dem Gedanken an die Ankunft ihres Neffen, des Sohnes ihrer Schwester, und sie war traurig, da sie bedachte, dass sie nie einen von denen hatte lebendig wiederkommen sehen, welche gegangen waren, eine ähnliche Bitte zu stellen. Als sie zum Hof des Hirten Kustennin gelangten, hörte sie sie kommen und eilte ihnen freudig entgegen. Kei riss ein Stück Holz aus einem Haufen, und im Augenblick, als sie vor ihn trat, um ihn zu umarmen, legte er das Scheit zwischen ihre Hände. Sie drückte es so fest, dass es einem gedrehten Stricke glich. »Ach, Frau!«, rief Kei, »wenn du mich so gedrückt hättest, wäre niemand mehr versucht gewesen, sich in mich zu verlieben: deine Liebe ist gefährlich!«

Sie traten in das Haus und man bediente sie. Nach Ablauf einiger Zeit, da jedermann herausging um zu spielen, öffnete die Frau eine Steinkiste, welche neben dem Herde stand und ein Jüngling mit krausen blonden Haaren kam daraus hervor. »Es ist schade«, sagte Gwrhyr, »einen solchen Burschen zu verstecken, und ich bin sicher, dass es nicht seine eigenen Fehltritte sind, die man so an ihm rächt.« »Das ist nur der Rest«, erwiderte die Frau, »Yspaddaden hat mir 23 Söhne getötet und ich habe keine Hoffnung, ihn eher zu retten als die andern.« »Er soll mir Gesellschaft leisten«, sagte Kei, »und man soll ihn nicht töten, wenn nicht gleichzeitig mit mir.« Sie setzten sich zu Tisch. »Weshalb seid ihr gekommen?«, fragte die Frau. »Um für diesen Jüngling um Olwen zu freien.« »Um Gott! Da man euch im Schloss noch nicht gewahrt hat, so kehrt unverzüglich um!« »Gott weiß, dass wir nicht eher umkehren, als wir die Jungfrau gesehen haben.« »Kommt sie her«, sagte Kei, »dass wir sie sehen können?« »Sie kommt jeden Samstag her, um sich den Kopf zu waschen. Sie legt alle ihre Ringe hier in ein Gefäß und nie kommt sie, um sie zurückzuholen noch schickt sie nach ihnen.« »Wird sie herkommen, wenn man sie ruft?« »Gott weiß, dass ich nicht meinen eigenen Tod will, dass ich denjenigen nicht täuschen werde, der auf mich vertraut; nur wenn ihr mir euer Wort gebt, dass ihr ihr kein Leid antun wollt, werde ich sie kommen lassen.« »Wir geben es«, entgegneten sie.

Das junge Mädchen kam. Sie war mit einem Hemd von flammend roter Seide bekleidet; um den Hals trug sie eine Kette von rotem Gold, geschmückt mit kostbaren Perlen und Rubinen. Ihr Haar war gelber als die Ginsterblüte, ihre Haut weißer als der Schaum der Welle, ihre Hände und Finger waren glänzender als der Trieb des Wasserklees, der mit seiner dreiblätterigen Blüte aus der Mitte des kleinen Beckens emportaucht, das eine sprudelnde Quelle bildet; der Blick eines Falken nach einer Mauserung war nicht klarer als der ihre. Ihr Busen war weißer als der eines Schwanes, ihre Wangen waren roter als der Purpur der Rosen. Man konnte sie nicht anblicken, ohne ganz und gar von Liebe zu ihr durchglüht zu werden. Vier weiße Kleeblüten entstanden unter ihren Sohlen, wo sie ging, daher hieß sie Olwen: die weiße Spur.

Sie trat ein und setzte sich auf die Hauptbank neben Kulhwch. Als er sie erblickte, ahnte er, dass sie es sein müsse: »Jungfrau«, rief er, »dich also liebte ich. Du musst mit mir kommen, um mir und dir eine Sünde zu ersparen. Seit Langem liebe ich dich.« »Das kann ich keinesfalls«, erwiderte sie, »mein Vater hieß mich mein Wort geben, dass ich nicht ohne seine Einwilligung von hier fortgehe, denn er darf nur bis zu dem Augenblick leben, da ich mit einem Gatten davongehe. Was ist, ist. Indes kann ich dir einen Rat geben, wenn du dich herablassen willst, mich zu hören. Geh und bitte meinen Vater um meine Hand; versprich ihm, dass er alles, was er dir auftragen wird, ihm zu besorgen, haben soll und du wirst auch mich bekommen. Wenn du ihm in irgendetwas widersprichst, wirst du mich nie bekommen und kannst dich überdies glücklich schätzen, wenn du mit heiler Haut davonkommst.« »Ich werde ihm alles versprechen und werde alles bekommen.«

Sie ging in ihre Wohnung und die andern erhoben sich, um ihr ins Schloss zu folgen. Sie töteten die neun Wächter, welche die neun Türen bewachten, ohne dass ein einziger eine Klage hören ließ, und die neun Doggen, ohne dass eine heulte, und traten geradewegs in den Saal. »Heil«, sagten sie, »Yspaddaden Penkawr, im Namen Gottes und der Menschen!« »Und ihr, weshalb seid ihr gekommen?« »Wir sind gekommen, um Olwen, deine Tochter, zu freien für Kulhwch, den Sohn des Kilydd.« »Wo sind meine Taugenichtse von Dienern? Richtet die Heugabeln unter meinen beiden Brauen auf, die mir über die Augen gefallen sind, damit ich meinen zukünftigen Schwiegersohn sehen kann.« Hierauf sagte er zu ihnen: »Kommt morgen wieder und ihr werdet eine Antwort erhalten.« Als sie gingen, ergriff Yspaddaden Penkawr einen der drei vergifteten Wurfspeere mit der Hand und schleuderte ihn hinter ihnen her. Bedwyr ergriff ihn im Fluge, warf ihn zurück und zertrümmerte ihm die Kniescheibe. »Verflucht, grausamer Schwiegersohn! Ich werde mein ganzes Leben lang beim Gehen die Folgen davon spüren ohne Hoffnung auf Heilung. Dies vergiftete Eisen tat mir so weh wie der Biss einer Bremse. Verflucht sei der Schmied, der es hämmerte und der Amboss, auf dem es geschmiedet ward.«

Sie schliefen diese Nacht bei Kustennin dem Hirten. Am folgenden Tag begaben sie sich in großem Prunk und mit sorgfältig gekämmtem Haar ins Schloss, traten in den Saal und sprachen: »Yspaddaden Penkawr, gib uns deine Tochter. Wir werden dir ihre Mitgift bezahlen. Weigerst du dich, so wird es dir das Leben kosten.« »Ihre vier Urgroßmütter«, entgegnete er, »und ihre vier Urgroßväter sind noch am Leben, ich muss mich erst mit ihnen besprechen.« »Gut, gehen wir essen!« Als sie gingen, ergriff er einen der zwei Wurfspeere, welche ihm in Reichweite waren und warf ihn hinter ihnen her. Menw ergriff ihn im Fluge, warf ihn zurück und traf ihn mitten auf die Brust. »Verflucht, grausamer Schwiegersohn«, rief er, »dies harte Eisen brennt wie der Biss des großen Blutegels. Verflucht sei der Ofen, wo es geschmolzen wurde und der Schmied, der es hämmerte. Wenn ich einen Hügel ersteigen will, werde ich von nun an kurzen Atem haben, Magenschmerzen und Übelkeit.« Sie gingen essen.

Am folgenden Tag, dem dritten, kamen sie wieder an den Hof. »Wirf uns keinen Pfeil mehr nach«, sagten sie, »wenn du nicht deinen eigenen Tod willst.« »Wo sind meine Diener«, sprach Yspaddaden Penkawr, »richtet die Heugabeln unter meinen Brauen auf, die mir über die Augen gefallen sind, damit ich meinen zukünftigen Schwiegersohn sehen kann.« Sie erhoben sich. In diesem Augenblick ergriff Yspaddaden Penkawr den dritten vergifteten Wurfspeer und warf ihn mit aller Kraft hinter ihnen her. Kulhwch ergriff ihn, warf ihn mit aller Kraft zurück und durchbohrte ihm den Augapfel, sodass das Geschoss hinten beim Kopf wieder heraustrat. »Verflucht, grausamer Schwiegersohn«, rief er, »solange ich lebe, wird meine Sehkraft die Folgen spüren; wenn ich gegen den Wind gehe, wird mein Auge tränen, ich werde Kopfweh haben und Schwindel bei jedem Neumond. Verflucht sei die Esse, wo es geglüht ward. Die Wunde von diesem vergifteten Eisen hat mir so wehgetan, wie der Biss eines tollen Hundes.« Sie gingen essen.

Am nächsten Tag kamen sie wieder an den Hof und sprachen: »Wirf uns nun keine Geschosse mehr nach, dir erwächst daraus doch nichts als Wunden und Pein und Unannehmlichkeit, es wird dir noch schlechter gehen, wenn du dabei beharrst. Gib uns deine Tochter, sonst stirbst du um ihretwillen.« »Wo ist der, welcher um meine Tochter anhält? Komm her, dass ich deine Bekanntschaft mache!«

Man hieß Kulhwch auf einem Sitz ihm gegenüber Platz nehmen. »Bist du es«, sagte Yspaddaden Penkawr, »der um meine Tochter freit?« »Ich bin es«, antwortete Kulhwch. »Gib mir dein Wort, dass du nichts Ungesetzliches tun wirst. Wenn ich das habe, was ich dir angeben werde, so sollst du meine Tochter haben.« »Gern, gib an, was du willst.« »Um mein Haar zur Hochzeit zu richten, brauche ich den Kamm, die Schere und das Rasiermesser, die sich zwischen den beiden Ohren des Ebers Twrch Trwyth befinden. Er wird sie nicht gutwillig geben und zwingen kannst du ihn nicht.« »Wenn das dich schwer dünkt, für mich ist es eine Kleinigkeit.« »Wenn du das bekommst, so gibt es etwas anderes, was du nicht bekommen wirst: Drutwyn, den kleinen Hund des Greit, Eris Sohn. Man kann den Twrch Trwyth nicht ohne ihn jagen.« »Wenn das dich schwer dünkt, für mich ist es eine Kleinigkeit.« »Wenn du das bekommst, so gibt es etwas anderes, was du nicht bekommen wirst: einen Koppelriemen aus dem Bart des Dillus Varvawc. Es gibt keinen andern, um den Hund des Greit damit zu halten, und man darf ihm die Haare nur Stück für Stück mit einer Holzzange ausziehen, solange er noch am Leben ist. Nie, solange er lebt, wird er sich das antun lassen. Wenn man sie ihm nach seinem Tod ausreißt, hat der Koppelriemen keinen Wert: er wird brüchig.« »Wenn das dich schwer dünkt, für mich ist es eine Kleinigkeit.« »Wenn du das bekommst, so gibt es etwas anderes, was du nicht bekommen wirst: es gibt keinen andern Jäger, der mit diesem Hund umgehen kann als Mabon, den Sohn Modrons, der seiner Mutter in der dritten Nacht nach seiner Geburt geraubt wurde, und man weiß nicht, wo er ist, ob er lebt oder tot ist.« »Wenn das dich schwer dünkt, für mich ist es eine Kleinigkeit.« »Wenn du das bekommst, so gibt es etwas anderes, was du nicht bekommen wirst: das ist das Schwert des Gwrnach Gawr. Der Twrch Trwyth kann nur mit diesem Schwert getötet werden. Niemals wird er es dir gutwillig geben und zwingen kannst du ihn nicht dazu.« »Wenn das dich schwer dünkt, für mich ist es eine Kleinigkeit.« »Vorausgesetzt, dass du Glück hast, so wirst du doch auf der Suche nach diesen Dingen Tag und Nacht ohne Schlaf zubringen, nie wirst du all dies bekommen und meine Tochter auch nicht.« »Ich werde Rosse haben, ich reite; mein Herr und Vetter Arthur wird mir all das verschaffen, ich werde deine Tochter bekommen, und du wirst das Leben verlieren!« »Gut, geh jetzt. Du brauchst meine Tochter nicht mit Speise und Trank zu versorgen, solange die Suche dauert. Wenn du die Kleinodien bringst, soll meine Tochter dir gehören.«

An diesem Tag wanderten sie bis zum Abend und gewahrten schließlich eine große Festung, die größte der Welt. Sie sahen einen schwarzen Mann daraus hervortreten, der war größer als drei Männer dieser Welt zugleich. »Woher kommst du, Mann?«, fragten sie ihn. »Aus dem Schlosse, welches ihr dort unten seht.« »Wem gehört es?« »Ihr seid wahrhaftig ohne Verstand, jeder Mensch in der Welt weiß, wer der Herr dieses Schlosses ist: es ist Gwrnach Gawr.« »Welchen Empfang bereitet er den Fremden, die im Schlosse absteigen?« »Fürst, Gott schütze euch! Niemals hat jemand in diesem Schlosse genächtigt, der lebend wieder herausgekommen wäre. Man lässt hier nur den Handwerker eintreten, der seine Kunst mitbringt.« Sie wandten sich zum Schloss. »Ist hier ein Pförtner?«, sagte Gwrhyr. »Ja! Und du, möge deine Zunge nicht stumm bleiben in deinem Munde; warum redest du mich an?« »Öffne das Tor!« »Ich werde nicht öffnen!« »Warum öffnest du nicht?« »Das Messer ist im Fleisch und der Trunk im Horn, man erlustigt sich im Saale des Gwrnach Gawr, nur dem Handwerker, der seine Kunst mitbringt, öffnet man die Türe in dieser Nacht.« Da sprach Kei: »Pförtner, ich weiß eine Kunst!« »Welche?« »Ich bin der beste Schwertfeger in der Welt.« »Ich will es Gwrnach Gawr sagen und dir seine Antwort mitteilen.«

Der Pförtner trat ein. »Gibt es etwas Neues am Tor?«, sagte Gwrnach Gawr. »Ja, an der Türe ist eine Schar, die Einlass begehrt.« »Hast du sie gefragt, ob sie eine Kunst mitbringen?« »Ich habe es getan, und der eine von ihnen behauptet, dass er ein guter Schwertfeger ist. Brauchen wir ihn?« »Seit langer Zeit suche ich vergeblich nach einem, der mir mein Schwert reinigte. Lass ihn eintreten, da er eine Kunst mitbringt.« Der Pförtner ging, die Türe zu öffnen. Kei trat ein und begrüßte Gwrnach Gawr. Man hieß ihn ihm gegenüber Platz nehmen. »Ist es wahr, Mann«, sagte Gwrnach Gawr, was man von dir sagt, dass du Schwerter fegen kannst? »Ich kann es und sogar gut«, erwiderte Kei. Man brachte ihm Gwrnachs Schwert. Kei zog unter seiner Achselhöhle einen bläulichen Wetzstein hervor und fragte ihn, was er vorzöge, ob er das Stichblatt weiß oder blau polieren solle. »Mach, was du willst«, erwiderte Gwrnach, »tu, als ob das Schwert dir gehörte.« Kei reinigte die Hälfte des Schwertes und gab es ihm in die Hand mit den Worten: »Gefällt dir das?« »Mehr als irgendetwas in meinen Ländern, wenn es ganz so wäre. Es ist schade, dass ein Mann wie du ohne Gefährten ist.« »Herr, ich habe einen, wenn er auch diese Kunst nicht mitbringt.« »Wer ist es?« »Der Pförtner soll hinausgehen. Dies sind die Zeichen, an denen er ihn erkennen soll: Die Spitze seiner Lanze wird sich vom Schaft lösen, sie wird dem Winde Blut abzapfen und dann wieder auf den Schaft herabkommen.«

Das Tor wurde geöffnet und Bedwyr trat ein. »Bedwyr«, sagte Kei, »ist ein tüchtiger Mann, obwohl er diese Kunst nicht versteht.« Es entstand eine große Erörterung unter den draußen Gebliebenen anlässlich des Eintrittes Keis und Bedwyrs. Einem von ihnen, einem jungen Mann, Goreu, dem Sohn des Hirten Kustennin, gelang es einzudringen, und da sich seine Gefährten an ihn anschlossen, durchquerte er die drei Höfe und gelangte ins Innere des Schlosses. Seine Gefährten sagten zu ihm: »Da du dies getan hast, bist du der Erste unter den Menschen.« Darauf zerstreuten sie sich in die verschiedenen Stockwerke und töteten die, welche sich dort aufhielten, ohne dass der Riese es merkte.

Als das Schwert instand gesetzt war, gab es Kei Gwrnach in die Hand, ob es ihm gefiele. »Die Arbeit ist gut«, sagte der Riese, »sie gefällt mir.« »Es ist die Scheide«, sagte Kei, »die das Schwert verdorben hat. Gib mir sie, damit ich die Holzverkleidungen wegnehme und durch neue ersetze.« Er nahm die Scheide in eine Hand und das Schwert in die andere; und, den Arm über den Kopf des Riesen ausgestreckt, als ob er das Schwert in die Scheide stecken wolle, wandte er sich gegen ihn und ließ ihm den Kopf von den Schultern fliegen. Sie verwüsteten das Schloss, nahmen an Reichtümern und Kleinodien mit, was ihnen passte und nach Ablauf eines Jahres, Tag für Tag, gelangten sie mit dem Schwert des Gwrnach Gawr an Arthurs Hof. Sie erzählten Arthur ihr Abenteuer. Dieser fragte sie, was nun geschehen müsse. »Es ist am besten«, entgegneten sie, »zuerst Mabon, den Sohn Modrons, zu suchen.«

Sie wanderten, bis sie zur Amsel von Cilgwri gelangten und Gwrhyr, der die Sprache der Tiere verstand, fragte sie: »Im Namen Gottes, weißt du etwas von Mabon, dem Sohn Modrons, den man in der dritten Nacht nach seiner Geburt zwischen der Wand und seiner Mutter weggeführt hat?« »Als ich das erste Mal hierherkam«, sagte die Amsel, »stand hier der Amboss eines Schmiedes und ich war damals erst ein junger Vogel. Auf dem Amboss wurde nichts gearbeitet, nur meinen Schnabel wetzte ich allabendlich darauf, und jetzt ist er so abgenutzt, dass er nur noch die Größe einer Nuss hat. Aber Gott strafe mich, wenn ich je etwas von dem Manne gehört habe, nach dem ihr mich fragt. Indessen werde ich tun, was die Gerechtigkeit gebietet und was ich den Boten Arthurs schuldig bin. Es gibt eine Art von Tieren, die Gott vor mir geschaffen hat: zu ihnen werde ich euch führen.«

Sie gingen bis zu dem Ort, wo sich der Hirsch von Redynvre aufhielt. »Hirsch von Redynvre, wir sind als Boten Arthurs zu dir gekommen, weil wir kein Tier kennen, das älter wäre als du. Sag, weißt du etwas von Mabon, dem Sohn Modrons, der seiner Mutter am dritten Tag nach seiner Geburt entführt wurde?« »Als ich das erste Mal hierherkam«, sagte der Hirsch, »war ich erst ein Spießer und es gab keinen andern Baum hier als eine junge Eichenpflanze; die Eiche ist ein Baum mit hundert Ästen geworden und ist gefällt, nur verrottete und verfaulte Reste sind von ihr geblieben: Obwohl ich die ganze Zeit über hier war, habe ich nichts von dem gehört, nach dem ihr fragt. Indessen, da ihr Boten Arthurs seid, werde ich euch zu einem Tier führen, das Gott vor mir geschaffen hat.«

Sie kamen an den Ort, wo sich die Eule von Kwm Kawlwyt aufhielt. »Eule von Kwm Kawlwyt, wir sind Boten Arthurs. Weißt du etwas von Mabon, dem Sohn Modrons, der seiner Mutter am dritten Tag nach seiner Geburt weggenommen wurde?« »Wenn ich es wüsste, würde ich es euch sagen. Als ich das erste Mal hierherkam, war das ganze Tal, das ihr hier seht, von Holz bedeckt. Es kam eine Menschenrasse, die den Wald umhieb. Ein zweiter Wald keimte und dies ist der dritte. Seht ihr meine Flügel? Es sind nur noch zusammengeschrumpfte Stummel. Gut, von dieser Zeit bis heute habe ich nie von dem Mann reden hören, nach dem ihr fragt. Ich werde indessen, ihr Boten Arthurs, euer Führer sein bis zum ältesten Tier der Welt und dem, das am meisten herumkommt, dem Adler von Gwernabwy.«

Gwrhyr sagte: »Adler von Gwernabwy, wir Boten Arthurs sind gekommen, um dich zu fragen, ob du etwas von Mabon, dem Sohn Modrons, weißt, der am dritten Tag nach seiner Geburt seiner Mutter entführt wurde.« »Es ist schon lange her«, versetzte der Adler, »dass ich hierherkam; bei meiner Ankunft stand hier ein Felsen, von dessen Spitze aus ich jeden Abend die Gestirne anpickte, jetzt ist er nur noch eine Spanne hoch. Seitdem bin ich hier, aber nie habe ich etwas von dem Mann gehört, nach dem ihr fragt. Indessen, als ich einst Nahrung in Llynn Llyw suchte, schlug ich meine Klauen, als ich an den Teich kam, in einen Salm, von dem ich dachte, er solle mir lange zur Nahrung dienen; aber er zog mich in die Tiefe und nur mit großer Mühe konnte ich mich von ihm befreien. Ich machte mich nun mit meinen Verwandten eilends auf den Weg, um ihn in Stücke zu reißen, aber er schickte mir einen Boten, um sich mit mir zu verständigen und kam auch selbst, um mir fünfzig Brocken Fleisch von seinem Rücken zu bringen. Wenn er nichts von dem weiß, den ihr sucht, so kenne ich niemanden, der es wissen kann. Jedenfalls will ich euch zu ihm führen.«

Als sie an den Teich gekommen waren, sagte der Adler: »Salm von Llynn Llyw, ich bin mit den Boten Arthurs zu dir gekommen, um dich zu fragen, ob du etwas von Mabon, dem Sohn Modrons weißt, der am dritten Tag nach seiner Geburt seiner Mutter entführt ward.« »Alles, was ich weiß, will ich euch sagen. Ich steige mit jeder Flut am Ufer empor bis zu den Mauern von Kaer Loyw und dort habe ich das größte Leid meines Lebens kennengelernt. Um euch davon zu überzeugen, mögen zwei von euch auf meinen Rücken steigen, einer auf jede Schulter.« Kei und Gwrhyr stiegen auf die Schultern des Salms, sie gelangten zu den Mauern des Gefängnisses und hörten von drinnen Klagen und Jammern. »Welche Kreatur«, sagte Gwrhyr, »klagt in dieser Steinbehausung?« »Weh, Mann, der, welcher hier ist, hat Grund, sich zu beklagen: es ist Mabon, Modrons Sohn. Niemand ward grausamer in ein so enges Gefängnis eingeschlossen als ich.« »Hast du Hoffnung, durch Gold und Silber, durch die Reichtümer dieser Welt befreit zu werden oder nur durch Kampf und Schlacht?« »Alles, was ich erreichen kann, wird durch Kampf erreicht werden.«

Sie gingen und kehrten zu Arthur zurück, dem sie mitteilten, dass Mabon, Modrons Sohn, gefangen sei. Arthur berief die Krieger dieser Insel und brach nach Kaer Loyw auf, wo Mabon eingekerkert war. Kei und Bedwyr stiegen auf die Schultern des Fisches, und während Arthurs Soldaten das Schloss stürmten, legte Kei eine Bresche in die Wände des Kerkers und trug den Gefangenen auf seinem Rücken davon. Die Leute fuhren fort, sich zu schlagen, und Arthur kehrte mit dem befreiten Mabon heim.

Eines Tages, als Kei und Bedwyr auf dem Hügel Pumlummon saßen, inmitten des größten Windes der Welt, und um sich blickten, bemerkten sie rechts in der Ferne eine große Rauchwolke, welche der Wind auch nicht eine Kleinigkeit abzulenken vermochte. »Bei der Hand meines Freundes«, sagte Kei, »dort unten ist das Feuer eines Diebes.« Sie wandten sich eilends nach der Richtung des Rauches und näherten sich vorsichtig, bis sie Dillus Varvawc gewahrten, der gerade dabei war, einen Eber zu kochen. »Das ist der größte der Diebe«, sagte Kei, »er ist Arthur immer entkommen.« »Kennst du ihn?«, fragte Bedwyr. »Ich kenne ihn, es ist Dillus Varvawc. Es gibt auf der Welt keinen Koppelriemen, der Drutwyn halten kann, den kleinen Hund des Greit, des Sohnes Eris, außer einem solchen, der aus dem Barte dieses Mannes gefertigt ist, den du dort siehst. Aber er taugt nichts, wenn man ihm nicht Haar um Haar seines Bartes mit hölzernen Zangen auszieht, solange er noch am Leben ist; wenn er tot ist, wird das Haar brüchig.« »Was sollen wir also tun?« »Lassen wir ihn sich erst an diesem Fleisch vollfressen, er wird dann schlafen.«

Während er aß, verfertigten sie hölzerne Zangen. Als Kei sicher war, dass er schlief, grub er unter seinen Füßen das größte Loch der Welt, dann gab er ihm mit unglaublicher Gewalt einen Stoß und drückte ihn in das Loch, bis sie ihm seinen ganzen Bart mit der Holzzange ausgerissen hatten. Darauf töteten sie ihn vollends und gingen beide mit dem Koppelriemen, der aus dem Bart des Dillus Varvawc gefertigt war, nach Kelli Wic in Cornwall. Sie gaben Arthur den Riemen und dieser erwarb Drutwyn, den kleinen Hund des Greit, des Sohnes Eris, zum Dank dafür, dass er die Auslieferung Greits durch Gwynn, der ihn gefangen hatte, durchsetzte.

Hierauf schickte Arthur den Menw aus, um nachzusehen, ob die Kleinodien noch zwischen den beiden Ohren des Twrch Trwyth seien, denn es war unnütz, mit ihm zu kämpfen, wenn er seine Kleinodien nicht mehr bei sich trüge. Jedenfalls war es sicher, dass er da war: er hatte soeben den dritten Teil von ganz Irland verwüstet. Menw ging auf die Suche nach ihm und traf ihn in Ergeir Oervel in Irland. Menw verwandelte sich in einen Vogel, flog auf das Lager des Ebers und suchte ihm die Kleinodien wegzunehmen, aber er bekam nur eine seiner Borsten. Der Eber erhob sich hastig und gebärdete sich so, dass ein wenig von seinem Gift Menw erreichte; von da ab ging es ihm nie mehr gut. Arthur vereinigte nun alles, was es an Kämpfern auf den drei britischen Inseln gab und fuhr mit diesem Heere nach Irland. Es gab bei seiner Ankunft Furcht und Zittern. Die Heiligen von Irland kamen bei seiner Landung, um ihn um Schutz anzuflehen. Er gewährte es ihnen und sie gaben ihm ihren Segen. Die Leute von Irland begaben sich zu ihm und boten ihm Lebensmittel dar. Er ging vor bis Ergeir Oervel, wo sich der Twrch Trwyth mit seinen sieben Frischlingen befand. Man ließ von allen Seiten die Hunde auf ihn los. Die Irländer kämpften an diesem Tag mit ihm bis zum Abend und nicht weniger als der fünfte Teil von ganz Irland wurde dadurch verwüstet. Am folgenden Tag kämpfte das Gefolge Arthurs mit ihm, aber sie erhielten nur Schläge und trugen keinen Erfolg davon. Am dritten Tag leitete Arthur selbst einen Kampf gegen ihn ein, der neun Tage und neun Nächte dauerte, aber es gelang nur, einen seiner Frischlinge zu töten. Die Leute Arthurs fragten ihn nun, was dies für ein Eber sei. Er sagte ihnen, dies sei ein König, den Gott seiner Sünden wegen so verwandelt hätte.

Arthur sandte Gwrhyr, der suchen sollte, sich mit dem Tier zu verständigen. Gwrhyr ging in der Gestalt eines Vogels hin und ließ sich auf dem Lager nieder, wo er sich mit seinen sieben Frischlingen befand. »Bei dem, der dir diese Gestalt gegeben hat«, sagte er zu ihm, »wenn du und die deinen reden können, so bitte ich, dass einer von euch komme, um mit Arthur zu verhandeln.«

Grugyn Gwrych Ereint, dessen Borsten wie Silberfäden waren, sodass man ihrem Funkeln durch Wald und Feld folgen konnte, gab ihm diese Antwort: »Bei dem, der uns diese Gestalt gegeben hat! Wir werden nichts davon tun; wir werden nicht mit Arthur reden. Gott hat uns schon Leids genug getan, indem er uns diese Gestalt verlieh; wenn wir die nicht hätten, so würden wir gegen euch kämpfen.« »Erfahrt, dass Arthur mit euch wegen des Kammes kämpft, wegen des Messers und der Schere, die sich zwischen den beiden Ohren des Twrch Trwyth befinden.« »Nur mit dem Leben«, antwortete Grugyn, »bekommt man diese Kleinodien. Morgen früh werden wir von hier fortgehen; wir werden in Arthurs Land ziehen und ihm so viel Übel tun, wie wir können.«

Die Frischlinge durchschnitten das Meer in der Richtung auf Kymrien. Arthur bestieg mit seinen Soldaten sein Schiff Prytwen und folgte ihnen mit den Augen. Der Twrch Trwyth landete in Porth Kleis in Dyvet. Arthur rückte in dieser Nacht bis Mynyw vor. Man teilte ihm am andern Tag mit, was geschehen war. Er traf sie, wie sie im Begriff waren, das Hornvieh von Kynnwas Kwrr zu töten, nachdem sie schon alles vernichtet hatten, was es in Deu Gleddyv an Menschen und Tieren gab. Bei Arthurs Ankunft entfloh der Twrch Trwyth bis Presseleu. Arthur begab sich mit seinem Heere dorthin. Am nächsten Morgen trafen mehrere Leute Arthurs auf ihn, er tötete viele von ihnen und dann verlor man seine Spur. Endlich gelang es, die Frischlinge zu stellen. Der Twrch Trwyth kam ihnen zu Hilfe: seit sie das irische Meer überschritten hatten, hatte er sich nicht mehr bei ihnen befunden. Menschen und Hunde fielen über ihn her, aber er entkam wieder. Nun berief Arthur alle Krieger gegen ihn an die Mündung des Havren und sprach zu ihnen: »Der Twrch Trwyth hat mir viele Leute getötet. Ich schwöre bei der Tapferkeit meiner Krieger: er wird nicht nach Cornwall gehen, so lange ich lebe. Ich will ihn nicht länger verfolgen, ich will Leben gegen Leben setzen. Ihr aber, seht, was ihr zu tun habt!«

Sein Plan war, einen Teil der Leute mit Hunden wegzuschicken, um ihn gegen den Havren zu treiben; dort wollte er ihm mit auserlesenen Kriegern den Weg versperren. Mabon verfolgte ihn mit Drutwyn; als er an den Havren kam, stürzte sich Arthur mit seinen Kriegern auf ihn, sie ergriffen ihn zuerst bei den Füßen und tauchten ihn in den Fluss, sodass ihm das Wasser über den Kopf ging. Mabon spornte seinen Hengst und nahm ihm das Rasiermesser und die Schere weg, aber bevor er ihm auch den Kamm nehmen konnte, berührten die Füße des Ebers Land und nun konnte weder Mann noch Hund noch Ross ihm folgen, bis er in Cornwall war. Arthur folgte ihm, aber was sie bisher hatten ausstehen müssen, war nur ein Spiel im Vergleich zu dem, was noch übrig blieb, um ihm den Kamm wegzunehmen. Schließlich gelang es unter großen Opfern und mithilfe Mabons, des Hundes Drutwyn und des Schwertes des Gwnach Gawr. Darauf verjagte man den Eber aus Cornwall und trieb ihn ins Meer. Man erfuhr nie, wohin er sich gewendet habe. Arthur aber kehrte nach Kelli Wic zurück, um zu baden und sich von seinen Mühen auszuruhen.

Darauf kehrte Kulhwch in Begleitung von Goreu, dem Sohn des Kustennin und aller derer, die dem Yspaddaden Penkawr übel wollten, mit den Wunschdingen an dessen Hof zurück. Goreu rasierte ihn und nahm ihm Haut und Fleisch bis zu den Knochen weg, von einem Ohr bis zum andern. »Bist du rasiert, Mann?«, sagte Kulhwch zu ihm, »gehört deine Tochter jetzt mir?« »Sie gehört dir, aber du brauchst mir nicht dafür zu danken; danke Arthur, der dir dazu verholfen hat. Mit meiner vollen Einwilligung hättest du sie niemals erhalten. Der Augenblick ist für mich gekommen, dass ich sterben muss.« Darauf packte ihn Goreu, der Sohn Kustennins, bei den Haaren, zerrte ihn in den Kerker und schnitt ihm den Kopf ab, den er auf einen Pfahl im Hof pflanzte. Darauf nahm er Besitz von dem Schloss und seinen Ländereien. Diese Nacht lag Kulhwch bei Olwen, und er hatte keine andere Frau als sie während seines ganzen Lebens. Die andern aber zerstreuten sich und jeder kehrte in sein Land zurück. So erhielt Kulhwch Olwen, die Tochter des Yspaddaden Penkawr.

Herr Gawain und der grüne Ritter

Arthur, der größte König der Briten, feierte, umgeben von den Rittern seiner Tafelrunde, das Weihnachtsfest in Camelot. Die Helden saßen bei Tisch und unter Trompetengeschmetter wurden die Speisen aufgetragen. Kaum aber war das erste Gericht umhergereicht, als ein neuer Lärm sich erhob: ein furchtbarer Ritter, der größte, den die Welt je gesehen, sprengte in die Halle. Schwer und wuchtig war er gebaut vom Genick zu den Lenden, und seine Glieder waren groß und lang. Dieser Mann war ganz in Grün gekleidet: grün waren seine enganliegenden Kleider, grün sein pelzgefütterter Mantel. An den Füßen trug er Sporen von reinem Gold, sein Sattel war bestickt mit Vögeln und Schmetterlingen und rings an Steigbügeln und Sattelbogen leuchteten grüne Edelsteine. Mächtiger Haarwuchs umwallte des Ritters Schultern und sein großer Bart hing wie ein Busch vor seiner Brust. Auch das Ross, auf dem er ritt, war von grüner Farbe, in seine Mähne waren Golddrähte verflochten und seinen Schweif zierte ein grünes Band, an dem goldene Glöckchen erklangen. Doch trug der Ritter weder Helm noch Harnisch, kein Schild deckte seine Brust, nur einen Friedenszweig hielt er in der Hand und in der andern eine Axt von grünem Stahl mit rasiermesserscharfer Schneide.

Der grüne Ritter trieb sein Ross in die Halle und ritt auf den Hochsitz zu, ohne jemandem wehzutun, aber auch ohne Gruß. Das erste Wort, das er aussprach, war: »Wer ist das Haupt dieser Versammlung? Ich möchte ihn sehen und mit ihm reden.« Er ließ seine Augen umhergleiten, indem er den Mächtigsten suchte. Die Leute im Saale erstaunten sehr, als sie den grünen Mann auf grasgrünem Rosse sahen, und verstummten plötzlich, als seien sie in Schlaf verfallen, teils aus Furcht, teils aus Höflichkeit.

Arthur betrachtete vom Hochsitz aus dieses Abenteuer und begrüßte den Fremden freundlich: »Willkommen hier, Ritter! Ich bin Arthur, der Herr dieses Hauses. Steige ab und verweile, auf dass wir erfahren, was dein Wille ist.« »Nicht ist's mein Auftrag«, entgegnete der Ritter, »dass ich hier verweile. Ich suche die Mutigsten von allen, die Waffen tragen, die würdigsten Ritter der Welt, um sie zu erproben. Der hohe Ruhm dieses Hofes führte mich her, und an dem Zweige, den ich trage, seht ihr, dass ich in Frieden nahe, denn wollte ich Krieg, so hätte ich Speer und Schild nicht daheim gelassen. Seid ihr so kühn, wie alle Welt euch nennt, so stellt euch mir!« »Wenn ihr Kampf begehrt, Herr Ritter«, sprach Arthur, »so soll es euch daran nicht fehlen.« »Nach Kampf begehre ich nicht, denn auf den Bänken dort sitzen nur bartlose Knaben. Wäre ich in Waffen und auf hohem Ross: Hier ist kein Mann, der sich mit mir messen könnte. Eine andere Weihnachtsgabe erbitte ich mir von diesem Hofe. Ringsumher sehe ich tapfere Krieger: ist einer so kühn, mir einen Streich zu geben, um ihn wiederzubekommen? Ich will ihm meine Axt dazu geben und seinem Streich standhalten. Jahr und Tag gebe ich ihm Frist, dann will ich ihm den Schlag zurückgeben.«

Hatten die Männer zuerst schon über den fremden Ritter gestaunt, so hielt jetzt erst recht Furcht ihre Zunge im Zaum. Der Ritter richtete sich in seinem Sattel auf, rollte seine roten Augen umher, zog seine grünen Brauen zusammen und strich seinen Bart, eine Antwort erwartend. Da sich niemand fand, der mit ihm reden wollte, rief er lachend: »Was? Ist das Arthurs Hof, dessen Ruhm durch so manche Reiche drang? Traun, der Ruf der Tafelrunde wird vernichtet durch ein Wort der Sprache eines Mannes, denn alle zittern vor Furcht, ohne dass ein Streich getan ist.« Dabei lachte er so laut, dass vor Scham das Blut in Arthurs Antlitz stieg und er so zornig wurde wie der Sturm. »Ich weiß niemand«, sagte er, »der deine großen Worte scheut. Gib mir deine Axt, ich will deinen Wunsch erfüllen.«

Arthur ergriff die Axt und wirbelte sie herum; der andere aber stand mit ernster Miene vor ihm, indem er seinen Bart strich. So ruhig, als habe er eben einen Trunk Wein erhalten, streifte er seinen Mantel ab. Gawain, der Neffe des Königs, der neben der Königin saß, rief seinem Oheim zu: »Es ziemt sich nicht, dass Ihr selbst dies Abenteuer besteht, während so viele kühne Ritter an Eurer Tafel sitzen. Ich bin der Schwächste, ich weiß es wohl, doch rollt in meinen Adern Euer Blut und darum bitte ich Euch: lasst mich den grünen Ritter bestehen!« Alle in der Runde murmelten Beifall und baten den König, Gawain das Spiel zu überlassen. Dieser kniete vor dem König nieder und ließ sich wappnen. Arthur segnete ihn und hieß ihn, an Herz und Hand ruhig zu bleiben.

Gawain nahm die Axt und trat vor seinen Gegner. »Wie heißt der Ritter?«, fragte der Grüne. »Gawain ist es«, antwortete der gute Held, »der dich zu diesem Schlage lädt, was auch kommen möge; und der über Jahr und Tag einen andern von dir hinnehmen will, mit welcher Waffe es auch sei, doch von sonst niemand auf der Welt.« »Bei Gog«, sagte der Fremde, »es gefällt mir wohl, dass ich von deiner Hand, Herr Gawain, den Schlag erhalten soll, den ich hier suchte. Doch zuvor sollst du mir dein Wort verpfänden, dass du mich aufsuchen willst, dir den Lohn für den Streich zu erholen, den du mir heute vor dieser tapferen Schar austeilen sollst.« »Wo soll ich dich suchen«, sagte Gawain, »ich kenne deinen Namen nicht, noch deinen Hof. Nenne mir deinen Namen und ich werde dich aufsuchen, das schwöre ich dir bei Gott.« »Ich werde ihn dir sagen«, versetzte der Grüne, »sobald ich den Schlag empfangen habe. Doch nun lass sehen, wie du zuhaust!«

Der grüne Ritter beugte ein wenig das Haupt, legte seine langen Locken über den Scheitel zurück und bot den bloßen Nacken dem Schlage dar. Gawain packte die Axt und ließ sie auf den Nacken des Grünen fallen, sodass die scharfe Schneide die Knochen durchdrang und das Haupt vom Rumpfe trennte. Das Blut drang aus dem Körper, doch der Ritter strauchelte nicht noch fiel er, sondern er eilte vorwärts, ergriff seinen Kopf und nahm ihn hastig auf. Dann ging er zu seinem Pferde, ergriff den Zügel und stieg in den Sattel, indem er den Kopf an den Haaren in der Hand hielt. Er wandte seinen blutigen Rumpf um und hielt das Antlitz dem Mutigsten am Hochsitz entgegen. Das Haupt erhob seine Augenlider und sprach: »Schau zu, Gawain, dass du rechtzeitig mich aufzusuchen gehst, wie du versprochen hast. Bei der grünen Kapelle sollst du den Streich zurückerhalten, den du eben ausgeteilt hast. Komme zur grünen Kapelle oder heiße ein Feigling!« Stolz wandte er die Zügel und sprengte, seinen Kopf in der Hand haltend, aus dem Tor der Halle, sodass das Feuer der Kieselsteine unter den Hufen seines Rosses hervorbrach. Niemand erfuhr, woher er kam und wohin er ging.

Das Jahr verging und zog in seiner Zeiten Wechsel rasch vorüber. Am Allerheiligentag bewirtete Arthur die Herren und Damen seines Hofes zu Ehren seines Neffen, um dessentwillen alle in großen Sorgen waren. Nichtsdestoweniger suchten sie durch scherzhafte Worte Herrn Gawain aufzuheitern. Früh am Morgen nahm Gawain seine Waffen, verabschiedete sich von Arthur und seiner Tafelrunde und eilte auf Nimmerwiedersehen, wie alle glaubten, davon. Er ritt durch die Königreiche von England, sein Ross als einzigen Gefährten und niemand, mit dem er Zwiesprache halten konnte, als Gott allein. Schließlich gelangte er in die Wildnis von Wirral, wo wenige wohnen, die Gott und die Menschen lieben. Überall fragte er nach dem grünen Ritter und seiner Kapelle, aber alle schüttelten die Köpfe und sagten, sie hätten im Leben noch keinen solchen Mann gesehen. Durch Klippen klomm er und Ströme hemmten seinen Weg, mit Schlangen und Wölfen hatte er zu kämpfen, aber schlimmer als alles war der eiskalte Wintersturm. Fast erschlagen vom Hagel schlief er in seinem Harnisch auf nacktem Fels.

Am Weihnachtsmorgen ritt er durch einen wilden Wald von uralten Eichen. Die Hasel- und Hagdornsträucher, die dort standen, waren ganz mit Moos überzogen, und auf ihren Ästen saßen traurige Vögel und piepten erbärmlich vor Hunger und Kälte. Gawain richtete ein heißes Gebet zu Gott und zur Jungfrau, dass er eine menschliche Wohnung erreichen möge. Kaum hatte er sich bekreuzigt, als er vor sich auf einem Hügel im Walde eine Burg erblickte. Er trieb sein Ross an und befand sich bald vor dem Haupttor. »Guter Mann«, sagte er zu dem Wächter, der auf dem Wall erschienen war, »möchtest du zu dem Herrn dieses Hauses gehen und Herberge für mich erbitten?« »Ja, bei St. Peter«, erwiderte der Wächter, »wohl weiß ich, dass Ihr hier willkommen seid.« Sogleich rasselte die Zugbrücke herunter und die Pforten öffneten sich, den Ritter aufzunehmen. Viel Edelinge hasteten herbei, ihn willkommen zu heißen. Sie nahmen ihm Helm, Schild und Schwert ab und manch stolzer Held drängte sich vor, ihm Ehre zu erweisen. Sie führten ihn in die Halle, wo ein helles Feuer auf dem Herd flackerte. Darauf kam der Herr des Schlosses aus seinem Gemach. »Willkommen«, sprach er, »an diesem Ort! Was Ihr hier seht, steht in Eurem Willen und unter Eurer Gewalt, betrachtet es als Euer Eigentum!«

Gawain betrachtete seinen Gastfreund, der ein gewaltiger Recke zu sein schien, sein Bart war breit und biberfarbig, sein Antlitz glühend wie Feuer. Er dankte ihm für seinen Gruß und folgte ihm in ein prächtig ausgestattetes Gemach, wo er seinen Waffenrock ablegte und reiche Feierkleider anzog. Bald war eine Tafel gedeckt und man setzte sich zum üppigen Mahl. Nach dem Essen wurden viele Fragen an Gawain gerichtet und er sagte seinen Namen und dass er zum Hofe Arthurs gehöre. Als der Schlossherr das hörte, lachte er vor Freude und alle die Leute im Saal bezeigten ihr Vergnügen. Nach dem Mahl gingen sie zur Kirche, die Abendvesper zu hören, und dazu erschien auch die Gattin des Gastgebers, umgeben von ihren Mägden. Sie war noch schöner als die Königin Guenevra, ihr Kopfschmuck strahlte von Perlen, Brust und Hals lagen bloß und strahlten heller als Schnee, der auf Hügel fällt, Gawain begrüßte sie und bat sie, ihm zu erlauben, dass er ihr diene.

Als die Weihnachtsfeier vorüber war, wünschte Gawain das Schloss zu verlassen, doch der Hausherr bestand darauf, dass er noch bleiben solle, und fragte ihn, was ihn kurz vor Weihnacht vom Arthurshof vertrieben habe. »Herr«, sagte Gawain, »ein hoher Auftrag und ein eiliger trieb mich vom Hofe. In ganz England suche ich nach einem Ort, den ich nicht zu finden vermag, und darum bitte ich Euch, Herr, dass Ihr mir der Wahrheit gemäß sagt, ob Ihr je von der grünen Kapelle hörtet und von dem grünen Ritter, dem sie gehört. Ich schwor, am Neujahrstag dort zu sein, und nur drei Tage noch fehlen bis dahin, lieber aber möchte ich sterben als mein Wort nicht halten.« Lachend erwiderte der Herr: »Grämt euch nicht weiter, ich will Euch zur rechten Zeit die grüne Kapelle zeigen, sie ist nur zwei Meilen von hier fern. Darum verweilt noch die drei Tage hier und lasst es Euch Wohlergehen!« Da wurde Gawain froh. »Ich danke Euch, Herr! Nun, da mein Schicksal zur Neige geht, will ich bleiben und Euren Willen tun.« »Gut«, sprach der Schlossherr, »wenn Ihr meinen Willen tun wollt, so gewährt mir eine Bitte.« »Ihr habt hier zu befehlen.« »Ihr seid ermüdet von der Reise. So bleibt nach Eurem Gefallen bis zur Messezeit auf Eurem Zimmer. Dann geht mit meinem Weib zum Mahl und freut Euch ihrer Gesellschaft, bis ich heimkehre. Ich selbst nämlich werde mich früh erheben und zur Jagd reiten.« Gawain gelobte ihm, alles das zu tun. »Noch weiter«, fuhr der Ritter fort. »Was immer ich im Wald gewinne, soll Euer sein. Ich tausche mir dafür aus, was Ihr den Tag über erhalten habt.« Auch das versprach Gawain, und sie trennten sich.

Früh am nächsten Morgen vor Tagesanbruch erhob sich die Schlossmannschaft, sattelte ihre Rosse und ritt mit dem Herrn zur Jagd. Unterdessen lag Herr Gawain zwischen prächtigen Vorhängen eingeschlossen in seinem Bett; und wie er in leisem Halbschlaf dämmerte, hörte er plötzlich ein Geräusch an der Tür und hob sein Haupt empor. Er öffnete ein wenig die Zipfel seines Vorhangs und sah, wie das herrliche Weib, die Gattin des Schlossherrn, eintrat und auf das Bett zueilte, nachdem sie die Türe wieder leise verschlossen hatte. Der Ritter schämte sich; er legte sich rasch wieder nieder und tat, als ob er schliefe. Sie aber raffte den Vorhang auseinander, setzte sich auf den Bettrand und wartete, dass er erwachen solle. Gawain wunderte sich, was das bedeuten solle, und lag ein wenig auf der Lauer. Dann schlug er seine Augenlider auf, blickte erstaunt um sich und bekreuzigte sich, wie einer, der eine plötzliche Gefahr von sich abwehren will. »Guten Morgen, Ritter«, sagte die Schöne, »Ihr seid ein sorgloser Schläfer, dass Ihr einen so eintreten lasst. Ich werde Euch in Eurem Bette festbinden, dessen seid sicher.« »Guten Morgen«, erwiderte Gawain, »ich werde mit dem größten Vergnügen Euch dienen, doch erlaubt mir zuvor, mich zu erheben und mich anzukleiden, damit ich besser mit Euch reden kann.« »Nein, schöner Herr«, sagte die Süße, »Ihr sollt Euch nicht erheben. So wie ich meinen Ritter gefangen habe, so will ich mit ihm reden. Ich weiß, Ihr seid Herr Gawain, den alle Welt wert hält und dessen Ehre und Höfischkeit so hoch gepriesen werden. Jetzt sind wir hier allein, die Tür ist fest verriegelt. Tut mit meinem Leibe was Ihr wollt, ich will Eure Sklavin sein.« »Ich bin solches Vorzugs unwürdig«, versetzte Gawain. »Doch kann ich Euch anders dienen, so soll es mir eine Freude sein.« »Es gibt genug der Frauen, die all ihr Gold und ihre Schätze hingeben würden, wenn sie dich so in den Armen halten dürften, wie ich dich jetzt halte. Hätte ich einen Mann zu wählen: keiner auf Erden sollte es sein außer dir!« »Ich bin stolz auf den Preis, den Ihr mir zuerkennt; ich will Euer Ritter und treuer Diener werden und Christ mag Euch Eure Liebe vergelten.« So plauderten sie bis tief in den Morgen hinein, aber der Gedanke an das bevorstehende Abenteuer hielt Gawain davon ab, von Liebe zu reden. Schließlich bot sie ihm einen guten Tag und sprach mit lächelndem Blick zu ihm: »Gott vergelte Euch Eure Unterhaltung, doch dass Ihr Gawain seid, bezweifle ich, denn Gawain wäre nicht so lange mit einer Frau zusammen gewesen, ohne einen Kuss aus Höflichkeit von ihr gefordert zu haben.« Damit umfing sie ihn mit den Armen, beugte sich liebreich herab und küsste ihn. Alsdann verließ sie geräuschlos das Gemach; er aber erhob sich, rief seinen Kämmerling und ging, als er angekleidet war, zur Messe.

Den ganzen Tag verbrachte er im Scherz und Spiel mit der Dame.

Als die Dunkelheit einbrach, kehrte der Schlossherr heim, und Gawain ging ihm entgegen. Der Herr hieß alle seine Leute sich in der Halle versammeln, das Wildbret wurde auf dem Boden ausgebreitet, und er sprach zu Gawain gewendet: »Wie gefällt Euch das? Habe ich einen Preis verdient?« »Gewiss«, sprach der andere, »hier ist das reichste Wildbret, das ich seit sieben Jahren zur Winterszeit sah.« »Und das alles gehört Euch, Gawain«, sprach der Ritter, »denn laut unsrer Abmachung ist es Euer Eigentum.« »Das ist wahr; und was ich hier drinnen gewonnen habe, das soll mit ebenso gutem Willen Euer werden.« Hiermit schlang er die Arme um den Hals des Schlossherrn und küsste ihn: »Das ist meine Beute, mehr bekam ich nicht.« »Es ist gut«, sprach der Ritter, »aber besser würde es sein, wenn Ihr mir erzählen wolltet, wie Ihr das erlangtet.« »Das steht nicht im Vertrag«, versetzte Gawain, »also dringt nicht weiter in mich.« Darauf setzten sie sich zum Mahl und gingen zu Bett, als es Zeit dazu war.

Am andern Tag erhielt Gawain von der schönen Frau zwei Küsse und stellte sie am Abend dem Schlossherrn zurück, der ihm dafür seinen erlegten Eber gab.

Früh am Morgen des dritten Tages brach der Gastfreund mit seinem Gefolge wieder auf, einen Fuchs zu jagen. Mittlerweile schlief unser Held fest zwischen seinen reichen Vorhängen. Aber die Frau stand beizeiten auf und kam in einen prächtigen Mantel gehüllt vor Gawains Bett. Ihr Hals und Busen waren nackt, kostbare Edelsteine waren in ihrem Kopfschmuck verflochten. Sie öffnete ein Fenster und sprach: »Ach, Mann, wie könnt Ihr schlafen, der Morgen ist so licht!« Gawain träumte gerade von seinem Abenteuer; jetzt fuhr er auf und antwortete hastig. Sie beugte sich über sein Antlitz und küsste ihn. Ihre edle Gestalt wärmte sein Herz mit wallender Lust; hätte Maria sich nicht ihres Ritters erinnert, so wäre er in großer Gefahr gewesen. So sehr bedrängte ihn die Frau mit ihrer Liebe, dass er fürchtete, an seinem Gastfreund zum Verräter zu werden. »Tadel verdient Ihr«, sagte das Weib, »dass Ihr den Leib nicht liebt, der bei Euch liegt. Oder habt Ihr ein Liebchen, das Euch lieber ist als ich?« »Bei St. Johann!«, entgegnete der Ritter lächelnd, »ich habe keins und habe keinen Wunsch danach.« »Das ist ein schlimmeres Wort als alle«, seufzte die Frau und küsste ihn; dann stand sie auf und sprach: »Jetzt, Lieber, gebt mir bei unsrem Scheiden aus Gefälligkeit ein Geschenk, und wäre es auch nur ein Handschuh, damit ich ein Andenken habe, wenn der Schmerz mich übermannt.« »Ich wollte, ich hätte hier das geringste Ding, mit dem ich Euch Eure Liebe vergelten könnte. Aber Ihr seid von zu edler Art, als dass ich Euch etwas geben könnte.« »Wenn ich auch nichts von Euch erhalten kann«, sprach die Liebreiche, »so sollt Ihr doch wenigstens eine Gabe von mir haben.« So sprechend knüpfte sie ihren Gürtel auf, der von grüner Seide und mit Gold verziert war. »Ich will keine Gaben«, sprach Gawain, »ich bin ein fahrender Ritter und führe keine Koffer mit Schätzen, Euch davon zurückzugeben, bei mir. Seid mir nicht böse, wenn ich Euer Geschenk ausschlage, in allem andern will ich Euer treuer Dienstmann sein.« »So schlagt ihr diese Schlinge aus, weil sie zu einfach ist? Sie ist nicht so wertlos wie sie scheint; wer die Zauberkräfte kennte, die sie enthält, würde sie höchlich preisen. Denn wer mit diesem grünen Band gegürtet ist, der ist gefeit gegen Schlag und Hieb.« Der Ritter überlegte einen Augenblick und dachte, dass dieser Gürtel ein Juwel sein würde für das Wettspiel, das er in der grünen Kapelle zu bestehen habe. So nahm er den Gürtel an und versprach, den Besitz geheim zu halten. Die Schlossherrin küsste ihn darauf zum dritten Mal und entfernte sich.

Gawain erhob sich, kleidete sich an und verbarg den Gürtel. Dann eilte er zur Messe, beichtete und empfing Lossprechung von seinen Sünden. Als die Nacht einbrach, kehrte der Gastgeber mit dem erlegten Fuchs zu seiner Burg zurück und fand seinen Gast am sprühenden Feuer mit der Dame scherzend. Gawain küsste den Ritter dreimal, um sein Versprechen zu halten, doch den Gürtel verbarg er vor ihm. »Bei Gott«, sprach der Ritter, »es muss Euch gut gegangen sein. Ich jagte den ganzen Tag, aber ich habe nichts bekommen als den Pelz dieses elenden Füchsleins; das ist zu wenig, um so kostbare Dinge zu vergelten.«

Der nächste Morgen war der Neujahrstag. Es war kalt und stürmisch, der Schnee fiel, und wirbelnder Wind trieb tiefe Schneewehen in den Tälern zusammen. Gawain schlief in dieser Nacht wenig; an jedem Hahn, den er krähen hörte, erkannte er die Stunde, und lange vor Tagesanbruch schon rief er den Kämmerling, der ihm seine Waffen brachte. Er rüstete sich und vergaß nicht, den Gürtel zweimal um seine Lenden zu schlingen. Nicht wegen der reichen Zier trug er ihn, sondern als eine Abwehr gegen Schwert und Dolch. Nachdem er seinem Gastfreund gedankt hatte, hob er sich in den Sattel und ritt, von einem Führer geleitet, davon. Sie schritten über Höhen, deren Zweige kahl waren, sie klommen über Klippen, die die Kälte zusammenzog; der Himmel war dunkel, Nebel brütete auf den Mooren, jeder Hügel hatte eine Kappe auf und einen ungeheuern Nebelmantel umgelegt. Einsam war der Weg, bis die Sonne aufging. Sie standen vor einem hohen Hügel, der ganz beschneit dalag, und der Führer bat seinen Herrn anzuhalten. »Ich habe Euch hierhergebracht«, sagte er, »und Ihr seid nicht fern von dem Platz, nach dem Ihr so oft verlangtet. Aber der Ort, dem Ihr zustrebt, ist gefährlich, denn in der Wüste wohnt ein Mann, der kein Erbarmen kennt und weder Mönch noch Priester schont. Darum rate ich Euch: kehrt um, sonst ist Euer Leben verwirkt und hättet Ihr auch zwanzig Leben zu vergeben.« Gawain dankte seinem Führer für die wohlgemeinte Warnung, aber er wollte auf jeden Fall zur Kapelle gehen. »Wenn es Euch gefällt, Euer Leben zu verlieren«, sagte der Führer, »so will ich Euch nicht hindern. Bindet den Helm fest und stemmt den Speer ein, dann reitet diesen Felsenpfad hinab, bis Ihr auf den Grund des Tales gelangt. Dort werdet Ihr zur linken Hand in jener Schlucht die Kapelle erblicken. Fahrt wohl, edler Gawain! Um alles Gold im Erdenschoße möchte ich nicht einen Fuß weiter mit Euch gehen.« Mit diesen Worten eilte er davon und ließ den Ritter allein.

Gawain durchquerte das Tal und blickte um sich. Er sah keine

Spur von einer Behausung, nur hohe und steile Anhöhen, und sogar die Schatten der Wälder schienen wild und verzerrt. Nach einer Weile gewahrte er einen runden Hügel zur Seite eines Wildbachs; er ritt dorthin, stieg ab und befestigte sein Ross an einem Baumast. Er schritt um den Hügel herum und fand, dass er von zwei Seiten offen war; es war ein ganz mit Grün überzogenes Gewölbe. »In der Tat«, sprach Gawain, »das ist der geeignete Platz für den grünen Ritter, seine Andachten nach des Teufels Weise abzuhalten.« Den Helm auf dem Kopf und den Speer in der Hand stieg er zum Hügel empor, als er von der andern Seite des Bachs ein sonderbares wildes Geräusch hörte. Es rasselte in den Felsen, als ob man auf einem Schleifstein eine Sense schliffe, es schwirrte wie ein Mühlwasser, es rauschte und tönte wider, furchtbar zu hören. »Wenn auch mein Leben verspielt ist«, sagte Gawain, »kein Lärm soll mich fürchten machen.« Dann rief er laut: »Wer wohnt an diesem Ort, Zwiesprach mit mir zu halten? Denn jetzt ist Gawain hier, jetzt oder nie mag ein tapferer Mann kommen, ihn zu bestehen.« »Warte!«, sprach einer auf dem andern Ufer über seinem Haupte, »du sollst alsbald haben, was ich dir einst versprach.« Aus einer Höhle im Felsen trat, eine breite dänische Axt in der Faust schwingend, der grüne Ritter, gekleidet wie zuerst in Mantel, Haar und Bart. Als er den Gießbach erreicht hatte, sprang er hinüber und schritt kühn vorwärts, bis er vor Gawain stand. »Jetzt, lieber Herr«, sprach dieser, »bin ich bereit zur Rede.« »Gawain«, versetzte der grüne Ritter, »Gott mag dich schirmen. Du bist willkommen an dieser Stätte und hast als redlicher Mann die rechte Zeit eingehalten. Du kennst unsre Verabredung. Nimm deinen Helm ab und empfange den Streich. Wir wollen nicht mehr Worte verlieren als damals, da du mir mein Haupt mit einem einzigen Schlag abschlugst.« Gawain beugte sich ein wenig nieder und zeigte furchtlos seinen bloßen Nacken. Der grüne Ritter hob sein grimmiges Werkzeug auf und schwang es mit aller Kraft, als wolle er ein Ende mit ihm machen. Als die Axt niederglitt, zuckte Gawain vor dem scharfen Eisen ein wenig mit den Schultern. Der andre hielt seine Waffe zurück und sprach stolz: »Du bist nicht Gawain, den man so hoch achtet und der nie sich fürchtete vor einer Schar in Berg und Tal. Jetzt aber fliehst du aus Furcht, ehe du Schmerz fühlst. Solche Feigheit erfuhr ich von Gawain nie. Ich zuckte nicht, als du zuschlugst. Mein Haupt flog zu deinen Füßen, doch ich floh nicht wie du, also bin ich der bessere Mann.« »Einmal wich ich aus«, antwortete Gawain, »und werde es nicht nochmals tun, wenn auch mein Haupt auf die Steine rollt. Aber spute dich und mach ein Ende mit mir. Ich will deinem Streich stehen und nicht zucken, bis deine Axt mich trifft. Hier ist mein Wort darauf.« »Halt an dich denn«, sprach der andere, erhob die Axt und zielte nach Gawains Hals, doch er hielt inne, bevor er ihn verletzt hatte. Gawain wartete ruhig und ohne ein Glied zu rühren den Streich ab; wie ein Baum, den hundert Wurzeln auf felsigen Grund fesseln, so still stand er. Darauf sprach der Grüne: »Da dein Herz jetzt ruhig ist, muss ich dich treffen. Gib acht auf deinen Nacken!« Zornig erwiderte Gawain: »Drisch zu, stolzer Mann, du dräust zu lange; ich glaube, dein eigner Mut lässt dich im Stich.« »Wahrlich, da du so kühn redest, will ich nicht länger zaudern.« Darauf zog er Brauen und Lippen zusammen und machte sich fertig zum Schlag. Er erhob seine Waffe und ließ sie niedersausen auf den bloßen Nacken Herrn Gawains. Obwohl er gewaltig ausgeholt hatte, verletzte er ihn nur ein wenig an der Haut, sodass das Blut entströmte. Als der Held sein Blut in den Schnee rinnen sah, ergriff er hastig seinen Helm und setzte ihn sich aufs Haupt. Darauf zog er sein blitzendes Schwert und sprach voll Grimm: »Hör auf, Mann, mit deinen Schlägen! Ich habe an dieser Stelle einen Streich ohne Gegenwehr ausgehalten, mehr verlangt unsre Abmachung nicht. Gibst du mir noch einen, so zahle ich ihn dir zurück.« Der grüne Ritter stand auf seine Axt gelehnt und blickte Gawain an, wie er so kühn und furchtlos vor ihm stand. »Sei nicht zornig, Ritter«, sprach er, »niemand hat dir Unrecht getan. Zwei Streiche zielte ich nach dir, denn zweimal küsstest du mein schönes Weib, doch ich traf dich nicht, weil du mir die Küsse unserem Vertrag gemäß zurückerstattetest. Beim dritten Mal fehltest du, darum gab ich dir einen leichten Schlag. Jener Gürtel, den dir mein Weib gab, ist für mich gewoben. Ich weiß wohl, wie mein Weib um dich warb, ich sandte sie selbst, um dich zu versuchen, und sicher dünkt es mich, dass du der tadelfreiste Ritter bist, der je auf Erden wandelte. Zwar, Herr, verbargst du vor mir den Gürtel, doch tadele ich dich nicht darum, denn nicht Sinnenlust trieb dich dazu, sondern Liebe zum Leben.«

Gawain stand niedergeschmettert da; das Blut strömte ihm in die Wangen und vor Scham sank er in sich zusammen. »Verflucht«, rief er, »sei Feigheit und Wollust!« Darauf riss er seinen Gürtel ab und warf ihn dem Ritter zu; der aber sprach lachend: »Du hast so gut gebeichtet, dass ich dich für ebenso rein halte, als hättest du nie gefehlt, seit du geboren bist. Ich gebe dir, Herr, den goldgewobenen Gürtel zum Andenken an das Abenteuer an der grünen Kapelle. Jetzt aber komm in mein Schloss und lass uns das neue Jahr festlich begehen!« »Nein«, sprach Gawain, »Gott vergelte Euch Eure Gunst. Empfehlt mich Eurem Weibe, das mich mit Hexenkünsten betört hat. Den Gürtel will ich ewig tragen zur Erinnerung an meinen Fehltritt, und wenn Stolz mich erhebt, so soll ein Blick auf diese Liebesschlinge ihn dämpfen.« So trennten sie sich; der eine kehrte zu seinem Schloss zurück, der andere ritt an Arthurs Hof.

Groß war die Freude dort; der König und die Königin küssten den tapferen Ritter und fragten ihn nach dem Verlauf seiner Reise. Er erzählte ihnen sein Abenteuer und verhehlte ihnen nichts. Weinend vor Zorn und Scham zeigte er ihnen die Wunde an seinem Nacken, die er für seine Untreue erhalten hatte. Der König und seine Ritter trösteten ihn. Sie lachten und gelobten, alle Ritter und Damen, die zur Tafelrunde gehörten, sollten um Gawains willen ein gleiches Band am Gewande tragen. So geschah es, und dem Bande ward der Ruhm der Tafelrunde verliehen, und jeder, der es trug, ward geehrt für alle Zeiten.

Lanval

Einst hatte der tapfere und ritterliche König Artus sein Hoflager in Carduël im Cumberland aufgeschlagen, denn er lag im Kampf mit den wilden Pikten und Schotten, die sein England mit Raub und Brand heimsuchten. Pfingsten war es, als der König dort Hof hielt und freigebig seine Grafen und Barone beschenkte, die hochberühmten Ritter von der Tafelrunde. Reichlich gab er den Helden Lehen und schöne Frauen, nur einen hatte er übersehen, und doch hatte dieser ihm so treulich gedient. Lanval war es, den Artus vergessen hatte. Die übrigen Ritter mahnten den König dessen nicht, denn sie mochten Lanval nicht. Seine Tapferkeit, sein Edelsinn und seine Anmut waren ihnen schon lange ein Dorn im Auge, und sie beneideten ihn darum. Manche heuchelten ihm sogar Zuneigung, doch im Falle eines Unglücks würden sie ihm keine Träne nachweinen.

Lanval war von königlicher Abstammung, aber sein Erbland lag allzu fern. Nun war er unter König Artus' Gefolge, und bald auch hatte er alle seine Habe aufgebraucht; der König aber gab ihm nichts, und Lanval begehrte auch nichts von ihm. Fern von seinem Heimatland war er tief bekümmert und trüb wurde ihm der Sinn.

Eines Tages stieg er auf sein Streitross und ritt zur Kurzweil aus dem Schloss. Er nahm den Weg aus der Stadt und saß an einem Fluss, der seinen Lauf durch eine Wiese nahm, ab. Und da sein scheues Pferd zitterte, löste er ihm den Gurt und ließ es auf der schönen Wiese grasen. Während sich das Ross im grünen Rasen wälzte, legte sich Lanval auf eine Decke in den kühlen Wiesengrund. Düster waren seine Gedanken, und wenn er an die Zukunft dachte, konnte nichts mehr sein Herz erfreuen. Wie er dort so trüben Sinnes lag, erblickte er plötzlich zwei Fräulein nahen, schönere hatte er sein Lebtag nicht gesehen. Purpurne enge

Kleider trugen sie, die ihre Lenden nur knapp umspannten, und beider Antlitz war hell und wunderschön. Die eine trug ein Becken mit sich, das aus purem Gold getrieben war, die andere ein reines Handtuch; geradewegs kamen sie auf die Stelle zu, an der Lanval ruhte. Höfisch erzogen wie dieser war, sprang er sogleich auf, um den beiden seinen Gruß zu entbieten, doch die beiden grüßten ihn zuerst und taten ihm ihre Botschaft kund: »Herr Lanval, unsere wunderschöne Gebieterin schickt uns zu Euch. Kommt doch mit uns, wir werden Euch sicheres Geleit bieten. Seht doch, dahinten steht schon ihr Zelt.«

Da folgte ihnen der Ritter ohne Zögern und dachte nicht mehr länger an sein Ross, das vor ihm in der Wiese graste. Und die beiden Fräulein geleiteten ihn zum Zelt, das prächtig und wunderschön bespannt war. Nicht der mächtigste und reichste König hätte genug Schätze besessen, es auch nur halb zu bezahlen. Oben auf dem Zelt prangte golden ein Adler von unermesslichem Wert; genauso kostbar blinkten auch die Haken und die Goldseile, die seine Wände spannten. In dem Zelt aber lag eine Frau, vor deren Schönheit der Glanz der Lilien und Rosen, wenn sie im Sommer erblühen, dahinschwindet. Ausgestreckt lag sie auf einem prächtigen Bett, und nur ein Hemdchen deckte ihre Blöße. Über sich hatte sie einen kostbaren Purpurmantel, der mit weißem Hermelin gefüttert war, der sollte sie wärmen. Unbedeckt indes blieben ihre Lenden, ihr Antlitz und ihr junger Busen; weißer erstrahlte ihr makelloser Körper als ein blühender Hagedorn.

Der Ritter trat näher und die schöne Frau bat ihn, sich doch zu setzen. »Lanval, schöner Freund«, sprach sie da zu ihm, »nur um Euch zu sehen, komme ich aus weiter Ferne und habe mein Land verlassen. Wenn Ihr tapfer und höfisch seid, dann wird es keinen Grafen, König und nicht einmal Kaiser geben, der je solche Freuden genießen wird wie Ihr. Denn Euch liebe ich mehr als alles andere auf der Welt.« Lanval schaute sie an und fand sie wunderschön. Und sogleich entbrannte in seinem Herzen die Glut der Minne, und sehnlich war seine Begier nach der herrlichen Frau.

»Schöne Frau«, entgegnete er ihr da beglückt, »wenn Ihr mir solche Wonnen schenkt und mich zu Eurem Liebsten auserkoren habt, werde ich alles tun, was Euer Befehl ist. Für Euch allein will ich alles andere aufgeben, nur eines begehre ich: nie mehr von Eurer Seite zu weichen.« Als die Frau dies hörte, schenkte sie ihm ihr ganzes Herz.

Sie verlieh ihm aber auch noch eine Wundergabe: von nun an konnte er sich wünschen, was er nur wollte, sein Wunsch ging immer in Erfüllung. Da hatte Lanval es gut. Je reichlicher er das Geld verschwendete, desto mehr Gold und Silber sollte er haben. Nun konnte er das Geld mit vollen Händen ausgeben, denn immer wieder würde seine Schöne noch mehr geben.

»Doch eine Bitte, ja einen Befehl habe ich, Liebster«, sprach sie dann, »erzählt niemandem von mir und unserer Liebe; denn wenn eine Menschenseele davon erführe, würdet Ihr mich für immer verlieren. Nie mehr könntet Ihr mich sehen und meinen schönen Leib kosten.« Und Lanval versprach ihr, niemandem etwas von ihr zu erzählen.

Dann legte er sich neben sie aufs Bett, und wie wohl und geborgen fühlte er sich nahe bei der Geliebten. Zärtlich verbrachten sie im Zelt den ganzen Tag bis zum Abend, und gerne wäre der Ritter noch länger bei seiner Dame geblieben, doch diese hieß ihn, für jetzt Abschied zu nehmen. »Liebster Freund«, sprach sie, »steht jetzt auf, nicht länger könnt Ihr hier verweilen. Aber wisst: wann auch immer Ihr mich sehen wollt, so gibt es keinen Ort, an dem ich Euch nicht alsbald erscheine, um mich Euch in Minne hinzugeben. Und niemand wird mich sehen und hören außer Euch.« Da war Lanval sehr glücklich, er küsste sie zärtlich und erhob sich vom Lager.

Die beiden Fräulein, die Lanval zum Zelt geleitet hatten, umhüllten ihn nun mit reichen Gewändern. So ausgestattet gab es keinen hübscheren Edelmann auf der Welt als ihn. Die beiden brachten ihm auch Wasser für die Hände und ein Tuch, sich abzutrocknen. Dann reichten sie den Liebenden die Abendmahlzeit, und gar wohl mundete diese beiden. Doch am meisten erfreute den Ritter die köstliche Zwischenspeise: die Geliebte immer wieder zu küssen und ihren Leib eng umschlungen zu halten.

Als die Mahlzeit nun beendet war, brachten die Fräulein Lanval sein Pferd; sie hatten ihm den Sattel schon aufgeschnallt und es gezäumt, so eifrig waren sie, dem Ritter zu dienen.

Darauf nahm er Abschied, stieg auf und ritt zurück zur Stadt, und oft noch ging sein Blick sehnsuchtsvoll zurück. Wie er nun so dahinritt, da begannen ihn Zweifel zu beschleichen. Er dachte immer wieder an sein Abenteuer und konnte nicht glauben, dass es Wirklichkeit gewesen war. Sollte er das bloß geträumt haben? So ritt er in seine Herberge ein und traf alle seine Mannen im Festgewande an. Und in dieser Nacht wurde prächtig gefeiert. Es ging in Saus und Braus, und Lanval hielt alle frei: keiner wusste, woher er das Geld nahm. Fortan gab es in der ganzen Stadt keinen armen Ritter, den Lanval nicht zu sich geladen und fürstlich bedient hätte. Er machte reiche Geschenke, kaufte Gefangene frei, kleidete die Gaukler, gab glanzvolle Feste und spendete großzügig Gold und Silber. Niemanden gab es, sei es nun Freund oder Fremder, der leer bei ihm ausgegangen wäre. Und auch Lanval selbst genoss Wonnen, denn so oft er es nur wünschte, konnte er seine Geliebte sehen und sich ihrer Minne erfreuen. Alles geschah, wie er es sich wünschte.

Noch im gleichen Jahr nach dem Johannisfest begab es sich, dass sich wohl dreißig hochgeborene Ritter zur Kurzweil in einem schattigen Garten trafen, unter einem Turm, in dem gerade die Königin weilte. Unter ihnen befanden sich Gawain und Ywain, der bei allen, die ihn kannten, beliebt war. Da sagte auf einmal Gawain: »Bei Gott, meine Herren, wir haben wohl schlecht an Lanval gehandelt, ist er doch immer großzügig und höfisch und auch ein Königsspross. Und wir haben ihn nicht hierhin mitgenommen, um sich zu zerstreuen.« Alle waren der gleichen Meinung und begaben sich zur Herberge, in der Lanval weilte. Nachdem sie ihn lange gebeten hatten, willigte er schließlich ein und zog mit ihnen in den Garten.

Die Königin lehnte sich gerade aus dem schöngewölbten Fenster, drei Hofdamen um sich, als das Gefolge Lanval in den Garten geleitete. Kaum hatte sie Lanval erkannt, da verfiel sie schon in heftige Liebe zu dem schönen Ritter, und sogleich rief sie eine der Hofdamen. Die sollte die feinsten und hübschesten Hofmädchen herbeiholen, damit diese mit der Königin in den Garten hinabgingen, wo sich die Herren Ritter gerade lustwandelnd ergingen. Gesagt getan. Es waren ihrer dreißig, die sich fanden, mit der Königin zu den Rittern hinunterzugehen.

Voller Freude eilten die Ritter ihnen entgegen, denn eine solche Gelegenheit wollten sie sich nicht entgehen lassen. Sie nahmen die Schönen bei der Hand und spazierten mit ihnen plaudernd im Garten.

Lanval aber gesellte sich nicht zu ihnen; er hielt sich abseits und konnte an nichts anderes denken als an seine schöne Geliebte. Kaum konnte er die Zeit abwarten, sie in seinen Armen zu halten, liebkosen und lieben zu dürfen. Der Frohsinn der anderen berührte ihn nicht, denn voll war sein Herz vor Sehnsucht nach ihr, der unbekannten Liebsten.

Wie nun die Königin sah, dass er alleine und traurig abseits saß, ging sie zu ihm hin, nahm neben ihm Platz und eröffnete ihm ihr Herz: »Ritter Lanval, schon lange verehre ich Euch, in meinem Herzen ist ein besonderer Platz für Euch. Ihr könnt von mir haben, was Ihr wollt, mein Herz und meinen Körper, sprecht nur!« – »Herrin«, entgegnete da Lanval, »lasst mich! Mich gelüstet es nicht, Euch in Liebe zu nahen. Lange Zeit habe ich treulich dem König gedient, und weit ist mein Herz davon entfernt, ihn zu hintergehen. Ja, auch weil Ihr es seid, will ich an ihm keinen Verrat begehen.«

Da entbrannte großer Zorn in der Königin, und in ihrer Wut versetzte sie ihm: »Lanval, jetzt sehe ich es. Solche Liebeslust ist Euch unbekannt. Schon oft habe ich gehört, Ihr machtet Euch nichts aus Frauen, mit hübschen Burschen vergnügt Ihr Euch wohl gern. Ein elender Versager seid Ihr, und mein Gatte täte gut daran, Euch aus seiner Nähe zu verbannen.« Wie Lanval diese bösen Worte hörte, ergriff auch ihn der Zorn, und er ließ sich hinreißen, das zu sagen, was er nie hätte sagen dürfen: »Diese Art von Vergnügungen sind mir gänzlich unbekannt, Herrin. Aber ich liebe, und mein ist die schönste Frau der ganzen Welt. Und noch eines sollt Ihr wissen: Auch noch die letzte Zofe am Hofe meiner Geliebten gilt mehr als Ihr, Frau Königin, an Schönheit, Anmut und Güte.« Da verließ ihn jäh die stolze Königin und weinend kehrte sie in ihre Kammer zurück. Groß war ihr Schmerz und ihr Zorn, dass man sie herabgesetzt und mit Schmach erniedrigt hatte. Krank legte sie sich zu Bett, und nie würde sie wieder aufstehen, so sagte sie sich, falls der König ihr nicht zu ihrem Recht verhelfe in der Klage, die sie gegen Lanval führen werde.

Frohgemut kehrte König Artus von der Jagd zurück; den ganzen Tag war er in den Wäldern gewesen, um dem Weidwerk nachzugehen. Er betrat das Gemach der Königin. Doch kaum hatte diese ihn gesehen, da schrie sie schon auf und warf sich zu seinen Füßen. Lanval habe sie entehrt, sagte sie ihm; Liebe habe er von ihr verlangt, und als sie ihn abgewiesen habe, da habe er sie schwer beleidigt. Ja, er habe sich sogar damit gebrüstet, ihm sei eine so anmutige und edle Liebste, dass deren letzte und geringste Kammerfrau mehr wert sei als sie, die Königin. Als der König dies vernommen hatte, geriet er in unbändigen Zorn und schwor: Wenn Lanval sich vor dem Hofe nicht rechtfertigen könne, dann werde er ihn verbrennen oder hängen lassen. Dann stürzte Artus aus dem Gemach, rief drei seiner Barone zu sich, die Lanval holen sollten.

Sobald Lanval aber in seine Herberge zurückgekehrt war, war ihm sogleich bewusst geworden, dass er seine Liebste verloren hatte, als er der Königin von ihr erzählte. So saß er nun allein und verzweifelt in seiner Kammer und ohne Unterlass rief er nach seiner Liebsten; aber all sein Rufen blieb ungehört. Laut rief er, bald auch seufzte und jammerte er, bat um Verzeihung und sank schier in Ohnmacht; aber alles war vergeblich, die Geliebte erschien nicht. Ach, was sollte er nun tun?

Schon waren die Gesandten des Königs da und hießen ihn mitkommen: Die Königin habe ihn verklagt, und der König bestelle ihn. Niedergeschlagen und mutlos folgte Lanval den Baronen und trat schweigend und gramvoll vor den König. »Vasall«, herrschte ihn da König Artus an, »Ihr habt schwer gegen mich gefrevelt. Einen bösen Streit habt Ihr begonnen und mich erniedrigt, die Königin entehrt. Und Ihr habt Euch noch Eurer Torheit gebrüstet. Sehr stolz und schön muss Eure Liebste gar sein, wenn deren niedrigste Zofe schöner und anmutiger ist als die Königin selbst.« Lanval verteidigte sich und verwahrte sich hoch und heilig dagegen, der Königin die Ehre genommen und seinen Lehnsherrn geschmäht zu haben. Doch bei einem blieb er: Seine Geliebte sei die schönste Frau der Welt. Darüber war er sehr traurig, denn durch seine unbedachten Worte hatte er sie verloren. In allem übrigen, so sagte er noch, würde er sich dem Spruch des Gerichts beugen.

Der König war noch immer sehr zornig und schickte nach all seinen Mannen, damit diese ihm offen sagten, wie er entscheiden solle, denn er wollte später keine Vorwürfe hören. Ob sie nun wollten oder nicht, alle mussten also kommen. Sie beschlossen, später über Lanval zu urteilen und ihm noch einen Aufschub zu gewähren; bis dahin aber sollte er seinem Herrn Bürgen stellen, damit Lanval auf das Urteil warte und auch am anberaumten Tag erscheine. Dann sollte der Hofstaat vollzählig erscheinen, während jetzt ja nur die engsten Vertrauten da seien. »Wo sind denn die Bürgen?«, fragte Artus, und Lanval stand alleine da, und besorgt sah er um sich: kein Verwandter oder Freund war zu sehen.

Da trat auf einmal Gawain vor und stellte sich als Bürge und mit ihm sein ganzes Gefolge. Der König war einverstanden, weil jeder der Bürgen von ihm Güter zum Lehen hatte. Danach war die Beratung aus, und Lanval kehrte in seine Herberge zurück. Die Ritter begleiteten ihn und tadelten ihn, dass er sich zu einer solchen Leidenschaft hatte hinreißen lassen. Jeden Tag besuchten sie ihn, um zu sehen, ob er auch esse und trinke, denn groß war ihre Furcht, er könne sich etwas zuleide tun.

Am anberaumten Tag versammelten sich die Barone, und auch der König und die Königin waren zugegen. Die Bürgen brachten Lanval, und viele hatten Mitleid mit ihm. Wohl über hundert gab es, die alles getan hätten, ihm diesen Urteilsspruch zu ersparen, denn zu Unrecht war er angeklagt, das wussten sie. Der König forderte nun, den Fall nach Anklage und Verteidigung darzulegen. Somit lag es allein in der Macht der Barone, das Urteil zu fällen.

So gingen denn diese zögernd und nachdenklich zu Gericht, denn der Edelmann, über den sie zu Gericht saßen, war aus einem fremden Land. Mehrere gab es auch unter ihnen, die Lanval bestrafen wollten, wie es Artus vorhatte, nur um dem König zu gefallen. Da stand der Herzog von Cornwall auf und sprach:

»Nie soll es unter uns Schurkerei und Rechtsverdreherei geben! Ob es einem lieb ist oder nicht, Recht muss Recht bleiben. Der König schuldigt einen seiner Vasallen an, den ich Euch Lanval habe nennen hören. Des Treuebruchs klagt er ihn an wegen einiger schmähender Worte gegen die Königin. Seine Liebste, so prahlte er, sei schöner als alles andere. Bei meiner Treu, auch der König hätte nicht das Recht zur Klage, wenn das Gesetz es nicht verlangte, dass ein Lehnsmann seinem Herrn überall Ehre erweise. Und wenn Lanval ein Zeugnis für seine Unschuld bringen kann, wenn er beweisen kann, dass seine Liebste so schön ist, wie er es gesagt hat, dann soll ihm vergeben werden. Dazu aber müsste seine Liebste hier erscheinen. Kann er aber diesen Beweis nicht antreten, so sei ihm erklärt, dass er dann das Recht verspielt hat, weiterhin dem König zu dienen. Dann muss er dem Hof als Verbannter fernbleiben.« So hatte der Herzog von Cornwall gesprochen.

Dann schickten sie nach Ritter Lanval und drängten ihn, seine Liebste doch kommen zu lassen, auf dass diese seine Unschuld offenbare. Lanval aber entgegnete ihnen, dies sei unmöglich, denn nie mehr, so glaube er, würde er von ihr Hilfe erwarten dürfen. Da kehrten also die Abgesandten zum Gerichtshof zurück, und keine Hoffnung hegten sie hinfort, für Lanval noch eine Unterstützung zu finden. König Artus aber drängte auf das Urteil, weil die Königin schon ungeduldig wurde.

Als sie nun aber zum Urteil schreiten wollten, da sahen sie auf einmal zwei Fräulein auf zwei wunderschönen Zeltern auf sich zureiten. Ganz reizend waren sie anzuschauen, wie sie so näherkamen, purpurnen Zindelstoff auf ihrer nackten Haut. Alle, die sie erblickten, waren von ihnen angetan. Da ging Gawain mit noch drei Rittern zu Lanval, der traurig abseits stand, erzählte ihm von der wunderbaren Begebenheit und zeigte ihm die beiden Fräulein. »Welche von beiden ist denn nun Eure Liebste?«, fragte er ihn, und Lanval antwortete ihm niedergeschlagen: »Ich kenne die beiden nicht, weiß auch nicht, woher sie kommen und wohin sie gehen.«

Inzwischen ritten die beiden Schönen im Passschritt näher, kamen zum Thron des Königs, saßen ab und grüßten den Herrscher: »Gott schütze und bewahre Euch, König Artus. Herr, lasst uns Zimmer geben und die Wände mit Seide behängen, denn unsere Herrin folgt uns nach. Sie will bei Euch absteigen!« Diesem Wunsch folgte Artus gern und schon rief er zwei Ritter, die sollten die zwei Fräulein hinauf auf ihre Gemächer geleiten.

Ungeduldig aber drängte er dann wieder die Barone, den Urteilsspruch zu fällen, zu lange zögerte sich dieser für ihn schon dahin. »Gnädiger Herr«, sprachen diese da, »vergebt uns, wenn wir im Spruch innegehalten haben. Aber wir wollten die beiden Fräulein sehen, doch gleich soll die Beratung weitergehen.« So setzten sie sich abermals nachdenklich zusammen, und bald begann von Neuem das Lärmen und Streiten.

Kaum aber hatte die laute Streiterei begonnen, da kamen zwei weitere Fräulein in wunderschönem Aufzug angeritten. Kostbare Seide umhüllte ihre Glieder, als sie auf ihren spanischen Mauleseln näherkamen. Wie groß war da die Freude und der Jubel unter den Vasallen; jetzt ist der kühne Lanval gerettet, sagten sie sich untereinander. Und Gawain ging wieder mit seinen Rittern zu Lanval und sagte zu ihm: »Jetzt, Herr, seid glücklich! Sagt nun an: welches dieser wunderschönen Fräulein ist wohl Eure Liebste? Diesmal wird sie doch dabei sein.« Lanval sah sich die beiden kurz an und konnte nichts anderes antworten, als dass beide ihm unbekannt seien.

Als die beiden Fräulein vor den König kamen, stiegen sie von ihren Mauleseln ab, und alle Anwesenden priesen ihre Gestalt, ihr Antlitz und den Reiz ihrer Haut. Jede der beiden überstrahlte weit die Schönheit der Königin. Sie entboten dem König anmutig ihren Gruß und sprachen: »Herr König, weise uns doch ein Zimmer an für unsere Herrin. Bald wird sie hier erscheinen, um Euch zu sprechen.« Der König tat, worum sie baten, und ließ sie zu den beiden anderen Fräulein führen. Die Maulesel ließen sie stehen, denn genug der Knechte gab es, die sich sogleich um die Tiere kümmerten und sie in den Stall führten. Doch als die Fräulein gegangen waren, verlangte wiederum Artus von seinen Baronen ungeduldig, doch endlich das Urteil zu sprechen. Der Tag war schon fortgeschritten, und die Königin pochte auf den Spruch.

Gerade wollten die Barone den Urteilsspruch verkünden, da erhob sich in der ganzen Stadt ein Raunen. Eine junge Frau kam einhergeritten, wie man eine schönere wohl noch nie gesehen hatte. Ein weißer Zelter trug sie sanft und stolz einher. Wie anmutig reckte das Tier Hals und Kopf hoch, ein edleres hatte man noch nie zu Gesicht bekommen. Und erst der Pferdeschmuck: so reich und kostbar war dieser, dass kein Graf und König dazu in der Lage gewesen wäre, ihn mit seinen Schätzen aufzuwiegen. Und dann die junge Frau, die den Zelter ritt: Ein weiches und feines Hemd umhüllte weiß ihre zarten Glieder; links und rechts war es derart geschnürt, dass ihre makellosen Hüften hervorleuchteten. Anmutig war ihr Gesicht, sanft wölbten sich ihre Hüften empor, und ihr Nacken war weißer als frischer Schnee auf den Zweigen; hell glänzten ihre strahlenden Augen, wundervoll und süß war ihr Mund und weich gewellt ihr blondes Haar. Goldene Fäden leuchten nicht so in der Sonne wie ihre Locken. Ein dunkelpurpurner Umhang wallte ihr um die Schultern; in ihrer Hand trug sie hoch einen Sperber, und ein edler Windhund folgte ihr. Zu ihrer Rechten ritt ein schöner Knappe, der in der Hand ein Horn aus Elfenbein hielt.

Wie staunten alle, als sie diesen herrlichen Anblick sahen! Alt und Jung liefen zusammen, um sie durch die Gassen reiten zu sehen, und wer sie auch erblickte, dem blieb vor ihrer Schönheit bass die Sprache weg. So ritt sie denn zum Gerichtshof heran, und auch den Richtern wurde es warm ums Herz, als sie sie nahen sahen. Und es gab keinen Mann am Hofe, und war er noch so alt, der nicht gerne ein Auge auf sie warf und ihr in Liebe zu dienen begehrte, wenn sie es nur zugelassen hätte.

Wiederum liefen die Freunde zu Lanval und berichteten ihm, eine wunderschöne Frau sei zu Hofe erschienen, die werde ihn, so Gott wolle, befreien. Als Lanval dies vernahm, beugte er sich vor und hob den Kopf. Da erkannte er sie. Tief seufzte er, und das Blut stieg ihm ins Angesicht. Hastig begann er zu reden: »Bei meiner Treu, das ist wahrhaftig meine Liebste. Nun hat mein Leiden ein Ende, da ich sie ja sehe. Und wenn sie mir nicht vergibt, so macht ein Ende mit mir und lasst mich sterben.«

Die holde Frau ritt in den Palast, und noch nie hatte dieser eine schönere gesehen. Vor dem König saß sie ab, sodass alle sie sehen konnten. Da ließ sie auf einmal ihren Umhang fallen, und alle erblickten ihre herrliche Gestalt. Und der König, in höfischem Umgang sehr gebildet, erhob sich und erbot ihr seinen Gruß. Auch alle anderen ehrten sie und eilten beflissen, ihr dienstbar zu sein.

Nachdem man ihre Schönheit lange betrachtet und gepriesen hatte, da hob sie an zu reden: »König Artus und ihr alle Barone, die ich hier zugegen sehe, hört mich an. Ich habe einen Eurer Vasallen geliebt; da steht er, es ist Lanval. Vor Eurem Hof hier wurde er angeklagt, aber ich dulde es nicht, dass man die Worte, die er gesprochen hat, gegen ihn wendet. Wisset nämlich, die Königin lügt, sie hat Unrecht getan; nimmer hatte Lanval sie in Liebe begehrt. Und was seine Prahlerei angeht, so urteilt selbst. Wenn diese durch mein Erscheinen gerechtfertigt werden kann, dann sollen Eure Barone Lanval freisprechen.« Der König aber versprach, den Spruch der Barone anzuerkennen. Und da war keiner, der den Ritter nicht ganz und gar freisprach. So war denn Lanval durch den Spruch des Gerichts frei.

Da wandte sich die wunderschöne Frau zum Gehen, und auch der König konnte sie durch seine Bitten nicht mehr zurückhalten. Viele halfen ihr dienstbar in den Sattel. Draußen vor dem Tor der Halle stand ein schwerer Marmorstein; von dem aus konnten die schwerbewaffneten Mannen auf ihr Ross steigen, wenn sie aus des Königs Hof ritten. Zu diesem Stein lief nun Lanval hin und kletterte darauf; und als seine Liebste vorüberritt, schwang er sich in vollem Sprung rasch hinter sie auf ihr edles Pferd, und auf ging's. Der Zelter entrückte beide nach Avalon, zu der wunderbaren Insel, und nie mehr hörte man von ihnen.

Die Verzauberung des Zauberers Merlin

Einst weilte König Artus in London, mit seiner Gemahlin, der Königin Genevra, mit dem Zauberer Merlin und den Rittern der Tafelrunde. Sie brachten hier ihre Zeit auf eine so angenehme Weise zu, dass sie wohl inne wurden, es fehle ihnen an nichts. Weder Argwohn noch Feindschaft war zwischen ihnen, nichts als Feste, Spiele, Ergötzlichkeiten und freundliche Gespräche wechselten unter ihnen ab, bald im schönen kühlen Wald oder auf dem Fluss. Auch kamen von weit und breit Ritter und Herren an den Hof, oftmals forderten sie zu Turnieren und Lanzenbrechen auf und erprobten ihre Waffen gegen die Ritter des Königs Artus. So lebten sie in hohen Freuden, und die Tafelrunde und Artus' Hof waren berühmt und allenthalben in der Welt sehr geehrt.

Unterdessen kam aber die Zeit heran, in der Merlin sich bei seiner Freundin Viviane einfinden musste, denn er hatte ihr versprochen, über ein Jahr an demselben Tag wieder bei ihr zu sein. Zuvor wollte er aber zum Meister Blasius nach Northumberland ziehen. Er ging dafür zum König Artus und zur Königin Genevra und beurlaubte sich von ihnen. Sie baten ihn mit gar sanften Worten, dass er doch bald wiederkommen solle, denn beide liebten ihn so sehr, dass sie nicht gern ohne ihn waren. Der König sagte mit gerührter Stimme: »Ihr geht nun, Merlin, ich kann Euch nicht halten, auch will ich nichts, als was Ihr selber wollt. Aber ich werde nicht vergnügt sein, bis ich Euch wiedersehe. Darum eilt, ich bitte Euch um Gottes willen, eilt, dass Ihr wieder herkommt.« – »Mein König«, sprach Merlin, »Ihr seht mich jetzt zum letzten Mal.«

Bei diesen Worten erschrak Artus so sehr, dass er kein Wort hervorbringen konnte. Merlin ging weinend fort und rief noch: »Lebt wohl, mein König, seid Gott befohlen.«

Weinend verließ er die Stadt London und wanderte zu seinem Meister Blasius nach Northumberland. Diesen ließ er alles aufschreiben, was an dem Hof des Königs Artus geschehen, und alle Kriege und Gefechte, welche dieser gehabt, sowie alle seine Taten. Durch das Buch des Meisters Blasius wissen wir noch bis auf den heutigen Tag die Wahrheit aller jener Geschichten.

Acht Tage blieb Merlin bei Blasius und lebte mit ihm wie ein Einsiedler, aß und trank auch nichts anderes als dieser. Als er wegging, sagte Meister Blasius: »Ich bitte dich, komm bald wieder, denn ich weiß nicht, welche Angst mich befällt, da du gehen willst, noch was mein Herz so zaghaft macht, wenn ich dich ansehe.« – »Auch ist es zum letzten Mal«, sprach Merlin, »dass du mich siehst, denn fortan werde ich bei meiner Freundin wohnen, und du siehst mich nie wieder, weil ich weder die Macht noch die Kraft haben werde, von ihr zu gehen, noch zu bleiben oder zu kommen nach andrer als ihrer Willkür.«

Meister Blasius erschrak, und ihm ward wehe bei diesen Worten: »O mein süßer Freund«, rief er traurig weinend, »wenn es dann so ist, dass du nicht fortkönnen wirst, wie du es so gut vorher weißt, warum gehst du hin?« – »Gehen muss ich«, erwiderte Merlin, »denn ich habe es ihr versprochen, und hätte ich das auch nicht, ich liebe sie dermaßen, dass ich nicht von ihr bleiben kann oder mag. Es war so vorherbestimmt, darum kann ich es nicht ändern. Viel hat sie von mir erlernt, noch mehr werde ich sie lehren, zu meinem Unglück. Aber so muss es sein, drum lebe wohl, du siehst mich nimmer wieder.«

Er ging und langte in kurzer Zeit bei seiner Freundin Viviane in der Bretagne an. Ihre Freude war groß, als sie ihn sah, denn immer noch ruhte ihr Geist nicht, verlangend mehr von ihm zu wissen und ihm ganz gleich zu werden. Er sagte ihr und lehrte sie auch alles ohne Widerstand, was immer sie fragte; darüber ward er von jeher, so wie auch noch zu unsrer Zeit geschieht, für einen Toren gehalten, da er doch gezwungen war, so zu handeln.

Viviane war jedes Mal, wenn er sie etwas gelehrt, wonach sie gefragt, immer so vergnügt und bezeigte ihm jedes Mal eine solch herzliche Liebe, dass er ganz und gar und immer mehr von ihr entzückt und eingenommen wurde. Nachdem sie so nach und nach mehr erfahren hatte und weiser war, als je eine Frau vor ihr oder nach ihr gewesen, fürchtete sie immer noch, Merlin könnte sie verlassen wollen, und was sie auch ausdenken mochte, ihn zu halten, dünkte es sie doch nicht sicher genug. Über solche Gedanken verfiel sie in große Traurigkeit, und als Merlin sie nach der Ursache fragte, sagte sie: »O mein süßer Freund, noch eine Wissenschaft fehlt mir, die ich doch so gern erlernen möchte; erhöre meine Bitte und lehre sie mich.« – »Und welche Wissenschaft ist dies?«, fragte Merlin, der aber schon sehr wohl wusste, was sie dachte. »Lehre mich, wie ich einen Mann fessle, ohne Ketten, ohne Turm und ohne Mauer, bloß durch die Kraft des Zaubers, sodass er niemals entweichen kann, wenn nicht ich ihn entlasse.«

Als Merlin dies hörte, seufzte er tief und ließ sein Haupt sinken. »Warum erschrickst du, mein Freund?«, fragte Viviane. »Ich weiß«, antwortete Merlin, »dass du mich so zu halten willens bist, und doch kann ich nicht widerstehen, es dich zu lehren, so ganz bin ich von deiner Liebe hingenommen!« Viviane warf sich ihm in die Arme, küsste ihn zärtlich und sprach liebevoll an ihn gelehnt: »Willst du dich denn nicht mir ganz hingeben, da ich so ganz doch dein bin? Verließ ich nicht Vater und Mutter, um der Liebe willen, sodass ich nicht Ruhe fand, wo ich nicht bei dir war? Ich lebe ja nur für dich, und meine Gedanken, all mein Verlangen, meine ganze Seele lebt nur in dir. Keine Freude, kein Gut und keine Hoffnung blieb mir auf Erden als in dir nur allein. Du bist mir alles! Und da ich dich nun so liebe und du mich ebenso, ist es nicht recht und billig, dass du meine Wünsche erfüllst, wie ich nach deinem Willen lebe?« – »Jawohl, süße Geliebte«, sagte Merlin, »ich will alles für dich tun, was du wünschst. So sage, was verlangst du?« – »Nun«, sprach sie, »ich wünsche, dass wir uns einen bezauberten Wohnort errichteten, der nie zerstört werden kann, worin wir beide allein, ungestört von der ganzen Welt, zusammen leben und unsrer froh werden.« »Dies soll geschehen«, sprach Merlin. »Nein, mein Freund«, erwiderte Viviane, »du sollst ihn nicht machen, sondern sollst mich ihn machen lehren, damit er alsdann ganz in meiner Gewalt sei.« – »Es sei dir gewährt«, sprach Merlin; fing darauf an, sie zu unterrichten, und lehrte sie alles ohne Rückhalt, was zu einer solchen Verzauberung gehörte. Als sie es nun begriffen hatte, auch sich jedes Wort sorgsam aufgeschrieben – denn sie verstand die Schreibkunst, konnte auch sehr wohl lesen und verstand die sieben hohen Wissenschaften –, als sie nun alles erlernt hatte, war sie voller Freude und Entzücken und bezeigte dem Merlin so viel Liebe, dass er kein andres Vergnügen mehr kannte als mit ihr zu sein.

Eines Tages gingen sie Hand in Hand im Wald von Broceliande lustwandeln. Als sie sich etwas ermüdet fühlten, setzten sie sich unter einer großen Weißdornhecke, die eben süß duftend blühte, ins hohe kühle Gras nieder, scherzten und ergötzten sich mit süßen Liebesworten und Werken. Merlin legte dann seinen Kopf in den Schoß seiner Freundin, und sie streichelte seine Wangen und spielte mit seinen Locken, bis er einschlief. Als sie gewiss war, dass er schlafe, stand sie leise auf, nahm ihren langen Schleier, umgab damit die Weißdornhecke, unter welcher Merlin schlief, und vollendete die Bezauberung, ganz so, wie er sie gelehrt; neunmal ging sie um den geschlossenen Kreis, und neunmal wiederholte sie die Zauberworte, bis er unauflöslich war; dann ging sie wieder hinein, setzte leise sich wieder auf den vorigen Platz und legte Merlins Kopf sich wieder in den Schoß.

Als er aufwachte und umherschaute, dünkte ihm, er wäre in einen entsetzlich hohen, festen Turm eingeschlossen und läge auf einem herrlichen, kostbaren Bett. Da rief er: »O mein Fräulein, Ihr habt mich hintergangen, wenn Ihr jetzt mich verlasst und nicht immer bei mir bleibt, denn niemand als Ihr kann mich aus diesem Turme ziehen.« – »Mein süßer Freund«, sagte Viviane, »beruhige dich. Ich werde oft in deinen Armen sein!«

Dieses Versprechen hielt sie ihm treulich, denn wenig Tage oder Nächte vergingen, wo sie nicht bei ihm war. Merlin konnte nie wieder von dem Ort, an den er von Viviane gezaubert war; sie aber ging und kam nach Wohlgefallen. Sie hätte nachmals ihm gern die Freiheit wiedergegeben, denn es dauerte sie, ihn in solcher Gefangenschaft zu sehen. Aber der Zauber war zu stark, und es stand nicht mehr in ihrer Macht, worüber sie sich in Traurigkeit verzehrte.

Bretagne

Der Werwolf (Bisclaveret)

In der Bretagne lebte einst ein Baron, den man in der ganzen Gegend über die Maßen rühmte. Er war ein guter und schöner Ritter und führte sein Leben in vornehmer Weise. Sein Herr mochte ihn ganz besonders, und alle Nachbarn waren ihm Freund. Zur Gattin hatte dieser edle Baron eine Frau, die sehr tüchtig und von sehr erlesener Erscheinung war. Beide Gatten liebten sich von ganzem Herzen. Doch etwas gab es, das bereitete der Dame großen Verdruss: Jede Woche verschwand er drei Tage lang, ohne dass sie wusste, was aus ihm wurde, noch wohin er ging. Auch keiner der Seinen konnte darüber etwas in Erfahrung bringen.

Eines Morgens nun, als er froh und heiter nach Hause zurückgekehrt war, sagte seine Gattin zu ihm:

»Herr, lieber guter Freund, noch etwas würde ich Euch gerne fragen, wenn ich es wagte. Aber ich fürchte so sehr Euren Unwillen, vor nichts in der Welt habe ich mehr Angst.«

Als er das hörte, zog er sie an sich und umarmte und küsste sie.

»Herrin«, sagte er da, »sprecht doch nur! Ihr werdet gewiss nichts wissen wollen, was ich Euch nicht sage, wenn ich es weiß.«

»Fürwahr«, entgegnete sie, »nun bin ich beruhigt! Herr, ich habe große Angst an den Tagen, an denen Ihr weggeht von mir. In meinem Herzen empfinde ich darüber so große Pein, und ich habe solche Furcht davor, Euch zu verlieren, dass ich bald sterbe, wenn ich nicht rasch Trost erhalte. Ja, sagt mir, wohin Ihr geht, wo Ihr seid und Euch aufhaltet! Meiner Meinung nach habt Ihr eine Liebschaft, und wenn das so ist, wandelt Ihr auf sündigen Pfaden.«

»Herrin«, erwiderte er, »bei Gottes Gnaden, wenn ich es Euch sage, wird mir ein Unglück widerfahren. Denn das würde mich von Eurer Liebe trennen und mich sogar zugrunde richten.«

Als die Dame dies vernommen hatte, hielt sie es nicht für einen Spaß, und noch öfters stellte sie ihm die gleichen Fragen. Und sie schmeichelte ihm und liebkoste ihn so lange, bis er ihr sein Abenteuer erzählte, und nichts verheimlichte er ihr:

»Herrin, ich werde ein Bisclaveret, ein Werwolf. In diesen großen Wald dahinten begebe ich mich, in das wildeste Dickicht des Forstes, und dort lebe ich von Beute und Raub.«

Als er ihr das erzählt hatte, wollte sie unbedingt wissen, ob er sich auszieht oder bekleidet geht.

»Herrin«, sagte er, »ich gehe ganz nackt.«

»Aber sagt, wo lasst Ihr Eure Kleider?«

»Das, Herrin, möchte ich Euch nicht sagen. Denn wenn ich die verlieren würde, müsste ich für immer ein Werwolf bleiben. Nimmer würde mir geholfen werden, bis sie mir zurückgegeben würden. Deshalb möchte ich nicht, dass jemand weiß, wo meine Kleider bleiben.«

»Herr«, antwortete ihm da die Dame, »ich liebe Euch mehr als alles auf der Welt. Ihr dürft es mir nicht verheimlichen, noch dürft Ihr mir in irgendeiner Weise Argwohn hegen. Das wäre ein schlechter Liebesdienst mir gegenüber. Was habe ich denn Böses getan, und welcher Sünde wegen beargwöhnt Ihr mich? Sagt es mir, und Ihr werdet gut daran tun.«

So sehr bedrängte sie ihn, so geschickt umgarnte sie ihn, dass er nicht anders konnte, als es ihr zu sagen:

»Nun gut, Herrin, nicht weit von diesem Wald da, am Weg, auf dem ich immer gehe, steht eine alte Kapelle, die mir schon manches Mal gute Dienste tat. Dort ist ein hohler und breiter Stein unter einem Gebüsch. Da lasse ich meine Kleider, bis ich wieder nach Hause zurückkehre.«

Die Dame vernahm jene merkwürdige Kunde, und aus Furcht wurde sie hochrot; dieses Abenteuer erfüllte sie doch mit Entsetzen, und auf mancherlei Weise überlegte sie sich, wie sie sich ihres Gatten entledigen könne, denn Seite an Seite mit ihm wollte sie nicht mehr liegen.

Nun gab es im Lande einen Ritter, der sie seit Langem liebte, sie sehr umwarb und begehrte und ihr daher schon viele Dienste erwiesen hatte. Sie selbst hatte ihn nie geliebt noch ihrer Liebe versichert. Dem schickte sie eine Botschaft und ließ ihn kommen, um ihm ihr Herz zu öffnen.

»Freund«, sprach sie da, »seid guten Mutes. Das, worum Ihr Euch so lange bemüht habt, gewähre ich Euch ohne Aufschub, ich werde Euch nicht mehr widerstehen. Meine Liebe und meinen Körper gebe ich Euch; macht mich zu Eurer Geliebten!«

Der Ritter dankte ihr dafür mit guten Worten und nahm sich, was sie ihm gab. Dann nahm er ihr den Eid ab, dass sie ihre Zusicherung nie brechen würde. Sodann erzählte die Dame ihm, wohin ihr Gatte immer ging und was dann aus ihm wurde. Den ganzen Weg, den ihr Mann zum Wald hin einschlug, hat sie ihm kundgetan: Nun sollte der Ritter zum Wald gehen und die Kleider wegnehmen. So tat er auch.

So wurde Bisclaveret, der Werwolf, verraten, und es wurde ihm von seiner Frau gar übel mitgespielt. Und da er öfters verschwunden war, glaubten nun alle Leute, dass er diesmal für immer weggegangen war. Man hat zwar nach ihm gesucht und geforscht, aber man konnte keine Spur mehr von ihm finden. So gab man schließlich die Suche auf. Und die Dame vermählte sich mit jenem Ritter, der sie so lange schon geliebt hatte.

Ein ganzes Jahr war inzwischen darüber hinweggegangen. Da war eines Tages der König auf der Jagd gerade in dem Wald, wo der Bisclaveret hauste. Und kaum waren die Hunde von der Leine, da hatten sie auch schon den Bisclaveret aufgestöbert. Nun hetzten die Hunde und Jäger ihn den ganzen Tag, und sie hätten ihn auch beinahe gefasst. Plötzlich erblickte Bisclaveret den König. Er lief auf ihn zu und bat um Gnade, er ergriff ihn am Steigbügel und küsste ihm Bein und Fuß. Als der König ihn anschaute, ward er von großer Furcht erfüllt, und er rief all seine Begleiter herbei.

»Meine Herren«, sprach er, »kommt hierher und schaut dieses Wunder, wie dieses Tier sich demütig zeigt. Es hat Menschenverstand und bittet um Gnade. Nehmt alle Hunde an die Leine, und niemand von Euch soll es schlagen! Beeilt Euch nun! Entfernen wir uns von hier! Dem Tier werde ich meinen Frieden gewähren. Für heute werde ich nicht mehr jagen!«

Als er dies gesagt hatte, wandte sich der König ab, und der Bisclaveret folgte ihm. Er hielt sich ganz in seiner Nähe und wollte sich nicht von ihm trennen. Der König nahm ihn mit auf sein Schloss, er war über ihn sehr froh und war ihm gar hold, denn noch nie hatte er so etwas wie ihn gesehen. Bald hatte er ihn sehr lieb gewonnen. Und all seinen Leuten befahl er, den Bisclaveret gut zu behüten, ihm kein Leid zuzufügen, und vor allem, ihn nicht zu schlagen. Auch soll er reichlich mit Speis und Trank versehen werden. Und so taten sie auch. Sie behüteten ihn wohl, und stets war auch der Bisclaveret beflissen, zwischen den Rittern und dicht beim König zu liegen. Niemand gab es bei Hofe, der ihn nicht liebgewonnen hätte, so gesittet und von feiner Art war er. Nie suchte er, jemandem etwas Böses anzutun. Wohin auch immer der König gehen musste, immer folgte ihm Bisclaveret, man sah beide stets zusammen, und jeder merkte, dass der König ihn besonders mochte.

Doch vernehmt nun, wie es weitergeht:

Einmal gab der König ein großes Fest, zu dem alle Barone geladen waren, denen er ein Lehen gegeben hatte. Dorthin kam nun auch der Ritter, der Bisclaverets Frau geheiratet hatte. Reich und fein trat er auf und wusste und ahnte nichts davon, dass er den früheren Gatten seiner Frau so nahe finden sollte. Sobald aber der Ritter in den Palast kam und Bisclaveret ihn bemerkte, da sprang der in vollem Lauf auf ihn zu, packte ihn mit den Zähnen und zog ihn zu sich. Und er hätte ihn gar arg zugerichtet, wäre nicht der König gewesen, der ihn zu sich rief und ihm mit einem Stock drohte.

Zweimal wollte Bisclaveret an jenem Tag noch den Ritter beißen. Groß war darüber das Erstaunen der Barone, denn noch nie hatte er sich einem Menschen in dieser Weise genähert. Und alle sagten im Haus, dass er das nicht ohne Grund getan hätte. Sicher hätte der Ritter ihm etwas Böses zugefügt, denn sonst wolle sich Bisclaveret bestimmt nicht rächen.

Dabei blieb es diesmal, bis das Fest zu Ende ging. Die Herren Barone nahmen Abschied und kehrten nach Hause zurück, und bei den Ersten, die weggingen, war der Ritter, den Bisclaveret angesprungen hatte. Dass Bisclaveret ihn hasste, das war kein Wunder.

Wenig später kam der König in den Wald zurück, in dem er Bisclaveret gefunden hatte, und der war mit ihm gekommen. Als er nachts von der Jagd zurückkam, übernachtete die Begleitung des Königs in der Umgegend, und das erfuhr die ehemalige Frau von Bisclaveret, und sie richtete sich anmutig her. Am nächsten Morgen machte sie sich auf, um mit dem König zu sprechen, und brachte ihm ein prächtiges Geschenk. Doch als Bisclaveret sie kommen sah, konnte niemand ihn mehr halten. Wie wild stürzte er sich auf sie. Er riss ihr die Nase aus dem Gesicht. Was hätte er ihr Schlimmeres antun können? Da rannten von allen Seiten die Leute herbei, und gewiss hätten sie ihn in Stücke gerissen, wenn nicht ein weiser Mann gekommen wäre und zum König gesprochen hätte:

»Sire, hört mir gut zu! Dieses Tier hat mit Euch gelebt. Es gibt wohl niemanden von uns, der es nicht lange gesehen hat und oft in seiner Nähe gewesen ist. Niemals hat es je einem etwas zuleide getan, noch hat es sonst eine Gemeinheit verübt, außer der Dame gegenüber, die ich hier sehe. Bei der Treue, die ich Euch schulde, es hegt gegen sie irgendeinen Zorn, und gegen ihren Gatten ebenso. Dies ist die Frau des Barons, den Ihr so liebgewonnen habt und der seit Langem verschollen ist, und niemand konnte bislang erfahren, was aus ihm geworden ist. Wohlan, treibt die Dame in die Enge; dann werdet Ihr wissen, ob sie Euch sagt, warum das Tier sie so hasst. Zwingt sie dazu, sie soll gestehen, dass sie etwas weiß, denn manche wunderbare Geschichte haben wir gesehen, die sich in der Bretagne zugetragen hat.«

Und der König folgte diesem Rat. Den Ritter ließ er festnehmen, und die Dame ließ er ergreifen und in die Enge treiben. Teils aus Bedrängung, teils aus Furcht hat sie dann dem König alles von ihrem Gatten erzählt: wie sie ihn verraten und der Kleider beraubt hatte, wohin er immer gegangen war und was dann aus ihm geworden war. Nachdem sie ihm seine Kleider genommen hatte, hat niemand ihn mehr im Lande gesehen. Daher war sie der festen Überzeugung, dass dieses Tier da der Werwolf, der Bisclaveret, sei.

Da ließ der König nach den Kleidern suchen, und ob es der Dame recht war oder nicht, er ließ sie Bisclaveret bringen und zeigte sie ihm. Doch als er sie sah, da wandte sich dieser ab. Der weise Mann aber, der vordem schon dem König einen Ratschlag gegeben hatte, neigte sich nun wieder zum König und sprach:

»Sire, Ihr macht es keineswegs richtig. Um nichts auf der Welt würde der Bisclaveret hier seine Kleider wieder anlegen und seine Tiergestalt wechseln. Ihr wisst nicht, wie wichtig das ist! Denn das bereitet ihm die größte Scheu. Lasst ihn doch in Eure Kammer führen und seine Kleider mit sich nehmen. Dort mag er eine ganze Weile alleine sein; dann werden wir wohl sehen, ob er wieder ein Mensch wird.«

So tat der König auch. Er brachte ihn selbst dorthin und schloss hinter ihm alle Türen. Nach einiger Zeit ging er mit zwei seiner Barone in die Kammer. Und auf dem Bett des Königs fand man den Baron schlafend, der König eilte, ihn in seine Arme zu schließen. Über hundertmal küsste und umhalste er ihn. Und sobald sich ihm die Gelegenheit dazu bot, hat er ihm sein ganzes Land zurückgegeben, und er erwies ihm noch viel mehr Wohltaten, die ich hier gar nicht alle erzählen kann.

Die böse Frau des Barons aber hat der König des Landes verwiesen, und der Ritter, mit dem sie ihren Gatten betrogen hatte, zog mit ihr zusammen fort. Viele Kinder hatten beide bekommen. Aber alle Mädchen, die sie geboren hatte, konnte man daran erkennen, dass sie ohne Nase zur Welt kamen, und ihr Lebtag lang mussten sie so ohne Nasen zubringen.

Die Jagd nach dem weißen Eber (Guingamor)

Einst gebot über die Bretagne ein hochgemuter König, dessen Name mir entfallen ist. Er hatte einen Neffen, Guingamor mit Namen. Der war ein höfischer und schöner junger Mann, und der König schätzte ihn über alle Maßen. Auch der Hof seines Oheims und das ganze Land brachten ihm ob seiner edlen Gesinnung hohe Achtung entgegen.

Eines Tages ritt der König zur Zerstreuung in einen Wald zur Jagd. Guingamor konnte seinen Oheim nicht begleiten, ihm war unpässlich, und die Ärzte hatten ihn gerade zur Ader gelassen. So war er denn im Schloss geblieben und vertrieb sich die Zeit mit Kurzweil. Als er den Seneschall traf, setzten sich beide hin, um ein Schachspiel zu machen, denn daran fanden sie großes Vergnügen.

Da kam die Gattin des Königs am Saal vorbei, eine schlanke und anmutige Frau; sie wollte eben zur Schlosskapelle gehen. Wie verzaubert hielt sie an der Schwelle des Saals inne und schaute lange den jungen Spieler an. Er erschien ihr wunderschön, wie er da saß, dem Fenster zugekehrt. Ein Sonnenstrahl ergoss sich auf sein Antlitz und warf einen hellen Schein auf seine blonden Locken. So lange schaute die Königin ihn an, bis sie in leidenschaftlicher Liebe zu ihm entbrannte. Und sie ging in ihre Kammer und rief eine ihrer Zofen herbei.

»Geht zu jenem Ritter«, sagte sie ihr, »der dort im Saal Schach spielt. Es ist Guingamor, der Neffe des Königs. Sagt ihm, er solle zu mir kommen, ich erwarte ihn.«

Da lief die Zofe zu Guingamor und teilte ihm den Wunsch der Königin mit. Und der erhob sich vom Spiel und folgte der Zofe zur Königin. Die hieß ihn sich setzen, und Guingamor wusste nicht, wie er sich ihre besondere Huld erklären sollte. Doch schon begann sie zu sprechen:

»Guingamor, Ihr seid ein kühner und edler Ritter, ein herrliches Abenteuer winkt Euch. Ihr dürft eine schöne und hochgestellte Frau lieben, der niemand im Königreich gleichkommt. Euch ist sie ganz ergeben, und nur Euch will sie gehören.«

Da war Guingamor erstaunt, denn wie sollte er eine Dame lieben, sagte er der Königin, die ihm unbekannt sei. Und zudem gelüstete es ihn vorerst gar nicht nach einer Liebschaft.

»Mein Freund«, erwiderte die Königin, »seid doch nicht so spröde und schüchtern. Ich bin es, die Ihr lieben sollt, denn ich bin in Leidenschaft zu Euch verfallen und schmachte nach Euch.«

Da sann der Ritter nach, und mit Bedacht antwortete er: »Ich weiß, der Huld meiner Königin muss ich immer danken, und gerne diene ich Euch in Ehren, seid Ihr doch die Gattin meines Königs!«

»Von solcher Liebe rede ich nicht«, erwiderte sie da, »mit Leib und Seele bin ich Euch verfallen, Eure Geliebte will ich werden! Welch herrliche Wonnen werden wir genießen, wenn Ihr mich erhört!«

Und schon rückte sie Guingamor näher, zog ihn an sich und küsste ihn. Doch dem Jüngling stieg Schamröte ins Gesicht. Zornig sprang er vom Sitz und eilte aus der Königin Gemach. Die Königin wollte ihn zurückhalten und packte ihn an seinem Mantel. Er aber riss sich los, und die Spangen seines Mantels brachen. Eilig verließ er das Zimmer und ließ den Mantel dort in der Hand der Königin zurück. Verstört setzte er sich wieder an das Schachbrett, und vor lauter Benommenheit hatte er den Verlust des Mantels vergessen.

Da aber geriet die Königin in große Unruhe, und der Gedanke an ihren Gatten erfüllte sie mit großer Sorge. Zu offen hatte sie dem Jüngling ihr Herz offenbart, und nun musste sie fürchten, dass der ihrem Gatten alles verrate. So schickte sie eine Vertraute mit dem Mantel zu Guingamor, die legte ihn ihm über die Schulter. Doch in seiner Benommenheit merkte der Ritter davon nichts, und ungesehen schlich sich die Vertraute von dannen.

Noch bis zum Abend bangte und zitterte die Königin. Da kam der König von der Jagd zurück und setzte sich mit seinen Mannen zum abendlichen Mahl nieder. Fröhlich und ausgelassen war die Gesellschaft. Man lachte, scherzte und erzählte sich von den Erlebnissen der Jagd. Guingamor indes saß still dabei, es tat ihm leid, nicht an der Jagd teilgenommen zu haben. Die Königin schaute ihn die ganze Zeit über an, und um ihn zu ärgern, begann sie so zu sprechen:

»Ich höre, wie Ihr Euch alle Eurer Taten und Abenteuer rühmt, meine Herren. Aber ich bin sicher, dass hier in der Runde keiner so kühn ist, und gäbe man ihm auch tausend Pfund Gold, dass er es wagte, in jenem Wald draußen zu jagen, wo der weiße Eber haust. Und doch, wem dieser Eber zuteilwird, dem würde höchster Preis und großer Ruhm winken.«

Mit einem Mal erstarb das laute Lärmen im Saal. Keiner der Mannen wollte ein so waghalsiges Abenteuer eingehen. Und Guingamor merkte wohl, dass die Königin ihn mit diesen kecken Worten gemeint und herausgefordert hatte. Der König brach nun als Erster das Schweigen:

»Frau Königin, Ihr wisst doch ganz genau, wie es um das Geheimnis jenes Waldes bestellt ist! Aber Ihr sollt wissen, dass ich nicht gerne höre, wenn man davon spricht. Noch nie ist ein Mann, der dort auf die Jagd nach dem weißen Eber gegangen ist, zurückgekommen. Heide und Flussufer sind dort nicht geheuer. Auch ich habe großen Verlust erlitten, denn zehn meiner wackersten Ritter habe ich dort verloren.«

So ließ man die ganze Sache auf sich beruhen, und alle legten sich zum Schlaf. Nur Guingamor konnte kein Auge schließen, ihm gingen die bösen Worte der Königin nicht aus dem Sinn. So ging er denn noch in der Nacht in das Gemach des Königs, kniete vor ihm hin und erbat von ihm eine Gunst. Und als der König sie seinem Neffen huldvoll gewährte, da erzählte Guingamor sein Vorhaben. Er wolle schon am nächsten Morgen in dem ungeheuren Forst jagen, der König möge ihm doch für diesen Tag sein bestes Pferd, seinen Spürhund, seine Bracke und die ganze

Meute mit den erfahrensten Leuten borgen. Als der König diese Bitte seines Neffen vernahm, war er sehr erschrocken und bereute schon sein Versprechen. Und er drängte seinen Neffen, doch von dem Plan abzustehen, denn niemals würde Guingamor von diesem Abenteuer heimkehren. Doch um nichts auf der Welt wollte der junge Ritter seinen Plan aufgeben. Da kam gerade die Königin vorbei. Sie hatte alles mitangehört, und eifrig unterstützte sie nun Guingamors Bitte. Und dem König blieb nichts übrig, als nachzugeben.

In der ganzen Nacht kam Guingamor nicht zur Ruhe, und kaum hatte es zu tagen begonnen, da ließ er alles für die Jagd zurüsten und scharte seine Begleiter um sich. Auch der König kam, um ihm das Geleit zu geben, und mit ihm waren viele Leute aus der Stadt und vom Land. Groß und klein, ja auch viele vornehme Frauen waren da und klagten um Guingamor, denn alle fürchteten, ihn für immer zu verlieren.

Die Jäger gingen voraus und führten die Hunde in das Dickicht in der Nähe der Stadt. Dort suchten sie die Spuren des weißen Ebers in einem Morast, wo er gewöhnlich wühlte. Und nach einigem Suchen stellten sie ihn auch in einem dichten Unterholz. Dann schickten sie den Leithund voran, der durch sein Gebell den Eber bald aus dem Dickicht herausgejagt hatte. Das wilde Tier entfloh in den tiefen Wald. Jetzt setzte Guingamor dem Wild auf seinem Pferd nach, hinter ihm auf dem Sattel saß die Bracke. Der König und seine ganze Begleitung hielten sich unterdes am Rand des Waldes auf. Dort blieben sie, solange sie den Klang des Hifthorns und das Bellen der Hunde vernahmen; dann kehrten sie zurück und empfahlen Guingamor der Gnade des Himmels.

In gewaltigen Sprüngen versuchte nun der Eber, seinem Verfolger zu entkommen. Da löste Guingamor der Bracke den Riemen und setzte sie auf die Fährte des Wilds. Der Hund hetzte voran, Guingamor ihm nach und feuerte ihn durch den Schall seines Hifthorns an. Doch bald hatte er jede Spur von Hund und Eber verloren, und missmutig irrte er lange kreuz und quer im tiefen Forst umher und suchte den Lieblingshund seines Oheims. Auf einem hohen Hügel hielt er schließlich inne und spähte über Schlucht und Wald. Es war ein schöner Sommertag. Die Luft war klar, und die Vögel zwitscherten weit und breit. Doch darauf achtete Guingamor nicht, denn in der Ferne hatte er das Jagdgebell der Bracke vernommen. Froh stimmte da der Herr mit dem Blasen des Hifthorns ein und sprengte mit seinem Ross dahin auf die Suche.

Auf einmal erblickte er inmitten einer Buchenlichtung wirklich seine Bracke, die wie wild dem Eber nachstellte. In rasendem Galopp stürmte ihnen Guingamor nach, und frohgemut war er, denn erlegte er das Tier, würde sein Name im ganzen Land gepriesen und sein Ruhm auf immer gefestigt. Immer wieder stieß er lauthals ins Horn und war seiner Beute dicht, ganz dicht auf den Fersen. Fast hätte er sie erreicht, als er plötzlich auf eine Wiese kam, die blühte vor herrlichen Blumen. Da erblickte er vor sich die Mauern eines prächtigen Schlosses. Aus mächtigen Quadersteinen war es gebaut, ohne Kalk und Mörtel. Das Eingangstor war von einem Turm gekrönt, der mit blankem Silber bedeckt schien und nur so glitzerte. Seine Pforten waren aus Elfenbein mit goldgezierten Schnitzereien, sie standen offen und luden zum Eintritt ein.

Da hielt Guingamor auf seiner Hatz nach dem weißen Eber inne. Die Jagd nach dem Eber könnte er bald fortsetzen, dachte er bei sich. Der schien ihm so abgehetzt und müde, dass er ihn bald einholen und erledigen könne. Und so sprengte er mit seinem Pferd dem Schloss zu. Durch die offenen Pforten ritt er ohne Hemmnis hinein ins Schloss, hielt drinnen den Zügel an, stieg ab und schaute sich um. Ringsum war alles still, keine Menschenseele war im Schloss zu erblicken. Nur lauteres Gold sah er überall; selbst die Gemächer, die um den großen Saal herumlagen, schimmerten von Steinen aus dem Paradies. Doch obgleich er froh darüber war, eine solche Mär bei seiner Rückkehr allen erzählen zu können, war er doch beunruhigt, dass er niemanden drinnen erblickte. So wollte er denn nicht länger säumen und verließ rasch das verwunschene Schloss. Hastig sprengte er auf seinem Pferd hinunter zu einem Wiesenflur am Ufer eines Flusses, um die Jagd nach dem weißen Eber fortzusetzen. Doch von Wildschwein und Bracke war keine Spur mehr zu sehen. Wie verraten und verhöhnt kam sich nun der Recke vor!

»Um ein Trugbild von einem Haus zu betrachten«, dachte er bei sich, »habe ich alle meine Mühen aufs Spiel gesetzt. Nimmer werde ich wohl nach Hause zurückkehren!«

Und er ritt zum Hochwald zurück, um nach dem Kläffen des Hundes zu lauschen.

Und wirklich, auf einmal hörte er in der Ferne das Gebell des Hundes und das Fluchtgeräusch des Ebers. Freudig stieß er wieder in sein Hifthorn, und die Hatz ging von Neuem los. Weiter drängte er dem Eber und der Bracke nach, bis er wieder an den Rand der Heide kam. Dort tat sich ihm erneut ein wundervoller Anblick dar: Unter dem grünen Laubdach eines Weidenbaumes sprudelte eine klare Quelle, von Gold und Silber schimmerte der Kies, über den sie rieselte. Und im Quell badete nackt ein junges Mädchen, eine Gespielin kämmte ihr das Haar und wusch ihr Füße und Hände. Es war das schönste Mädchen, das das Erdenrund je kannte; schlank und fein waren ihre Glieder, und keine Rose oder Lilie hätte ihre makellose Schönheit überstrahlen können.

Entzückt von diesem reizenden Anblick, hielt da Guingamor dem Ross die Zügel an. Das Gewand der holden Jungfrau sah er ausgebreitet auf dem Geäst eines Baumes liegen. Schnell ritt er dahin und versteckte es in einer hohlen Eiche. Diesmal hatte er sich vorgenommen, erst den Eber zur Strecke zu bringen und dann zurückzukehren, um mit der Schönen zu sprechen. Aber die hatte den Diebstahl ihres Gewandes bemerkt und rief ihm stolzen Blickes zu:

»Guingamor, lasst mein Gewand! Oder sollten später Eure Begleiter von Euch sagen, Ihr hättet unritterlich einer Jungfrau im Wald ihre Kleider entwendet? Kommt unbesorgt näher zu mir und folgt mir, für heute seid Ihr mein Gast. Den ganzen Tag habt Ihr Euch abgemüht, und der Erfolg blieb aus.«

Guingamor war doch recht erstaunt, dass sie ihn bei seinem Namen rief. Und ohne jedes weitere Zögern brachte er ihr die Kleider zurück und bedankte sich für die Einladung.

»Gern würde ich hier noch weilen«, sagte er, »doch ich muss fort auf die Fährte des Ebers und der Bracke.«

»Mein Freund«, entgegnete ihm da das Mädchen, »niemand auf der ganzen Welt könnte diese heute noch ohne meinen Beistand finden! Lasst ab von diesem törichten Beginnen! Kommt zu mir, und ich verspreche Euch ehrlich: Heute in drei Tagen sollt Ihr den Hund und den Eber zurückbekommen, auf dass Ihr sie in Euer Land zurückbringen könnt!«

Da konnte Guingamor nicht mehr widerstehen und willigte ein. Er stieg von seinem Ross und wartete, bis sich die Jungfrau angekleidet hatte. Schon brachte ihre Gespielin auch ein prächtig geschmücktes Maultier, Guingamor hob die Schöne in den Sattel, saß dann selber auf und ritt neben ihr her. Und er konnte seine Augen nicht von ihr wenden. So schön, schlank und zart war sie, dass es ihm schier die Sinne raubte, und er, dem noch nie eine Frau das Herz betört hatte, sprach nun von Liebe und Leidenschaft. Erhören solle sie ihn doch, bat er inständig. Und die Jungfrau erhörte ihn und gestand ihm ihre Liebe. Da umschlang Guingamor sie mit beiden Armen und küsste sie.

Inzwischen war die Gefährtin auf einem Zelter vorangeeilt zu jenem verwunschenen Schloss, das der Ritter noch vor Kurzem so menschenverlassen vorgefunden hatte. Doch jetzt war dieses Schloss zu lautem Leben erwacht. Überall herrschte ein munteres Treiben, und auf Geheiß der Gefährtin wurde alles für den Empfang vorbereitet und die Gemächer aufs prächtigste hergerichtet. Sie hieß die Ritter zusammenkommen, um den beiden Liebenden entgegenzureiten. Es waren an die dreihundert, und alle waren in herrliche goldverbrämte Seidengewänder gehüllt und führten im Reigen ihre Damen mit. Und in diesem langen Zug waren auch Knappen zu sehen, die führten Falken, Habichte und Sperber mit sich.

Als Guingamor mit diesem Ehrengeleit im Schloss eintraf, erblickte er auch eine weitere vornehme Gesellschaft, die auf Brettern aus Ebenholz Schach spielte. Und unter jenen erkannte er sogleich die zehn Ritter vom Hofe seines Oheims, die im Wald des weißen Ebers verschollen waren. Sogleich sprangen sie alle zehn auf, liefen ihm entgegen, und mit großer Freude entboten sie ihm ihren Gruß. Und Guingamor erwiderte ihren Gruß und umarmte sie herzlich.

In der folgenden Nacht wurde er aufs prächtigste bewirtet. Es gab ein köstliches Mahl, Spiele und Festlichkeiten wurden abgehalten, Harfen- und Fiedelklang ertönte, und Edelknaben und Edelfräulein trugen anmutige Weisen vor. Noch nie hatte Guingamor einen solchen Prunk erlebt. Doch er wollte nur drei Tage im Schloss verweilen; und so erklärte er der Herrin am dritten Tag, er müsse nun aufbrechen, um seinem Oheim die Bracke und den Eber zu bringen und ihm von seinem seltsamen Abenteuer zu erzählen. Dann würde er wieder zu ihr zurückkehren. Und er bat sie, ihm die Bracke und den Eber zu geben.

»Lieber Freund«, sprach sie da, »ich werde sie Euch geben. Aber Eure Reise wird umsonst sein, denn schon dreihundert Jahre sind seit Eurer Ankunft hier vergangen. Euer Oheim ist tot und all seine Leute auch. Auch Eure Verwandten und Freunde leben längst nicht mehr. Kein Mensch weiß mehr von Euch, und wäre er noch so alt.«

»Ich kann nicht glauben, was Ihr da sprecht!«, entgegnete Guingamor. »Wenn es aber so ist, wie Ihr sagt, werde ich sogleich zu Euch zurückkehren.«

Da gab sie ihm noch folgenden Rat mit auf den Weg:

»Noch eines hört, mein Freund: Wenn Ihr auf der anderen Seite des Flusses in Eurem Land seid, dann esst und trinkt nichts, bis Ihr hier zurück seid, und wenn auch Hunger und Durst noch so groß sind; sonst würdet Ihr großen Schaden nehmen!«

Dann ließ sie ihm sein Pferd, die Bracke und den Eber bringen; dem trennte Guingamor den Kopf vom Rumpf; so stieg er denn mit dem Eberkopf auf sein Pferd und ritt davon. Die Dame gab ihm noch das Geleit bis zum Fluss, wo ein Nachen ihn erwartete. Damit setzte er über. Auf der anderen Seite tat sich ihm ein großer Wald auf. Bis zum Mittag irrte er dann umher. Der Wald fand kein Ende, und Guingamor wusste nicht mehr ein noch aus. Der Forst war so wild und dicht, dass er ihn nicht mehr wiedererkannte. Auf einmal hörte er zu seiner Linken Axthiebe erschallen. Ein Köhler war dabei, Stämme für seinen Meiler zu hauen. Eilends sprengte Guingamor herbei, grüßte den armen Mann und fragte ihn, wo denn der König, sein Oheim, sei und in welchem Schloss er sich gerade aufhalte.

»Meiner Treu, Herr, davon weiß ich nichts«, antwortete der Köhler. »Der König, von dem Ihr sprecht, ist meines Wissens schon vor dreihundert Jahren gestorben, und mit ihm seine ganze Gefolgschaft. Die Schlösser, von denen Ihr sprecht, liegen schon lange in Schutt und Asche, und die Städte, die Ihr kennt, sind alle verwüstet. Es gibt noch alte Leute, die erzählen Geschichten über diesen König und vor allem über seinen Neffen, der ein kühner Ritter gewesen sein soll. Aber er ging in diesem Wald jagen und kehrte nie mehr zurück.«

Als Guingamor dies vernahm, überkam ihn großer Kummer.

»Hör mir zu!«, sagte er zum Köhler. »Ich bin der Neffe dieses Königs. Ich bin es gewesen, der in diesem Wald auf den weißen Eber jagen ging.«

Und er erzählte ihm, wie er das Schloss auf der Heide entdeckt hatte, wie er hingegangen war und wie er einem jungen Mädchen am Quell begegnet war, das ihn zwei Tage lang bewirtet hatte. Dann gab er dem Köhler den Kopf des weißen Ebers mit der Bitte, ihn gut zu bewahren und allen Leuten im Land zu erzählen, was sich zugetragen hatte. Der arme Mann bedankte sich, und Guingamor ritt zum Fluss zurück, woher er gekommen war.

Es war gut drei Stunden nach Mittag. Da überkam Guingamor ein solcher Hunger, dass er glaubte, ihn kaum ertragen zu können. Doch auf einmal sah er am Wege einen wilden Apfelbaum stehen, der hing voll mit dicken, saftigen Früchten. Er pflückte drei Äpfel und aß davon, wobei er völlig die Warnung seiner

Freundin vergaß. Kaum aber hatte er einen Bissen zu sich genommen, begann sein Leib zu verfallen. Zusehends alterte er, die Kräfte verließen ihn, sodass er sich nicht mehr im Sattel zu halten vermochte und lahm und siech zu Boden fiel. Leise begann er zu jammern, denn nun war er unrettbar verloren.

Der Köhler war indes in der Nähe gewesen und hatte mit angesehen, was sich zugetragen hatte. Er glaubte kaum, dass der Fremde den Tag überstehen werde. Schon wollte er zu ihm eilen, als er plötzlich zwei junge Fräulein auf Zeltern daherreiten sah; prächtig waren sie gekleidet. Sie ritten auf Guingamor zu und stiegen ab. Sie hoben ihn auf, setzten ihn auf sein Pferd und führten es zum Fluss. Ein Nachen trug sie hinüber.

Als die Nacht hereinbrach, kehrte der Köhler in sein Heim zurück und nahm den Eberkopf mit. Und überall erzählte er die Geschichte von Guingamor und bekräftigte durch Schwur, dass sie wahr sei. Den Kopf des Ebers aber schenkte er dem König. Der zeigte das Haupt des Wunderwildes auf all seinen Festen und ließ Guingamors Geschichte von seinen Schreibern festhalten. So sorgte er dafür, dass dies Abenteuer für immer der Nachwelt erhalten blieb.

Die Groac'h von der Insel Lok

In alten Zeiten, als die Wunder in der Bretagne so alltäglich waren wie heute Taufen und Begräbnisse, lebten in Lanillis ein junger Bursche namens Houarn Pogamm und ein junges Mädchen, das Bellah Postik hieß. Nach alter Sitte des Landes waren beide von gleicher Sippe, denn ihre Mütter hatten sie als Wickelkinder in der gleichen Wiege aufgezogen, wie man es in der Bretagne mit Kindern macht, die mit Gottes Erlaubnis und nach dem Willen der Eltern einmal Mann und Frau werden sollen. So waren auch diese beiden Kinder groß geworden und waren in Liebe einander zugetan. Aber beider Eltern waren kurz hintereinander gestorben, und da waren die beiden Waisen, die kein Erbe hatten, darauf angewiesen, beim gleichen Herrn in Dienst zu treten. Sie hätten dabei glücklich sein können, aber Verliebte sind wie das Meer, das immer klagt.

»Wenn wir nur so viel hätten, um eine kleine Kuh und ein mageres Schwein kaufen zu können«, sagte Houarn, »dann würde ich bei meinem Herrn ein Stück Land pachten, der Pfarrer würde uns verheiraten, und wir könnten zusammen leben in einem Haus.«

»Ja«, antwortete Bellah und seufzte tief, »aber wir leben in so harten Zeiten! Die Kühe und die Schweine sind beim letzten Markttag noch teurer geworden. Gewiss kümmert sich Gott nicht mehr darum, wie es in der Welt zugeht.«

»Ich fürchte, dass wir noch lange warten müssen!«, fuhr der junge Bursche fort, »denn nie bin ich es, der die Flasche leertrinkt, wenn ich mal mit Freunden im Wirtshaus zusammen bin. Ihr wisst ja, wer die Flasche leert, der wird im nächsten Jahr Hochzeit feiern.«

»Ja, sehr lange werden wir noch warten müssen«, erwiderte das Mädchen, »denn auch mir ist es noch nicht geglückt, den Kuckuck rufen zu hören.«

Solche Klagen tauschten sie jeden Tag von Neuem aus, bis Houarn schließlich die Geduld verlor. Eines Morgens suchte er Bellah auf, die in der Tenne gerade Korn worfelte, und verkündete ihr, er wolle nun in die weite Welt gehen, um sein Glück zu suchen. Als Bellah dies hörte, war sie sehr betrübt, und sie tat alles, was sie konnte, um ihn zurückzuhalten; aber Houarn, der ein entschlossener Bursche war, wollte nicht auf sie hören.

»Die Vögel«, sagte er, »fliegen so lange vor sich hin, bis sie ein Getreidefeld gefunden haben, und die Bienen, bis sie Blüten finden, um ihren Honig zu machen. Ein Mensch kann doch nicht weniger Verstand haben als diese Tiere. Auch ich will nun überall nach dem suchen, was mir fehlt, das heißt, nach dem Geld für eine kleine Kuh und für ein mageres Schwein. Wenn Ihr mich liebt, Bellah, werdet Ihr Euch nicht weiter meinen Plänen widersetzen, denn nur so kann der Tag unserer Hochzeit näherrücken.«

Das junge Mädchen hatte verstanden, dass es nachgeben musste, und obgleich ihr Herz sich schier umdrehte, sagte sie zu Houarn:

»So geht denn, wenn es sein muss, und Gott behüte Euch! Aber zuvor will ich das Beste, was ich vom Erbe meiner Eltern besitze, mit Euch teilen.«

Und sie führte den jungen Burschen zu ihrem Schrank und nahm ein Glöckchen, ein Messer und einen Stab heraus.

»Diese drei Reliquien«, sagte sie da, »sind immer in unserer Familie geblieben. Hier ist zunächst das Glöckchen des heiligen Kolédok. Seinen Klang hört man aus jeder Entfernung, so weit man auch weg sein mag. Es zeigt unseren Freunden an, wenn wir in Gefahr sind. Dies Messer hat dem heiligen Corentin gehört, und alles, was man mit ihm berührt, ist gegen die Zaubereien der Hexenmeister und des Teufels gefeit. Und da ist schließlich der Stab, den der heilige Vouga getragen hat. Er bringt Euch, wohin Ihr auch wollt. Ich übergebe Euch das Messer, damit Ihr Euch gegen alle Hexereien schützen könnt, das Glöckchen, auf dass Ihr mir immer anzeigt, wenn Euch Gefahr droht. Den Stab aber behalte ich, um Euch zu Hilfe zu eilen, wenn Ihr mich braucht.«

Houarn dankte seiner Braut, weinte ein wenig mit ihr, wie es so üblich ist, wenn man Abschied nimmt, und machte sich dann auf den Weg in Richtung der Berge.

Aber damals war es wie heute auch noch: In allen Dörfern, wo er vorbeikam, liefen Bettler hinter ihm her, die hielten Houarn für einen großen Herrn, weil seine Hosen noch nicht verschlissen waren.

»Bei Gott!«, dachte er da bei sich. »Dies ist ein Land, in dem ich mehr Gelegenheit habe, Geld auszugeben, als mein Glück zu machen. So will ich denn weiterziehen.«

Er zog also weiter, stieg zur Küste hinunter und kam nach Pont-Aven, ein hübsches Städtchen, das an einem mit Pappeln umsäumten Fluss liegt.

Als er dort vor der Tür eines Wirtshauses saß, hörte er zwei Salzhändler, die sich beim Beladen ihrer Maultiere unterhielten und von der Groac'h von der Insel Lok sprachen. Houarn fragte sie, was das denn eigentlich sei, und sie gaben ihm zur Antwort, diesen Namen gebe man einer Fee und Nixe, die in dem See der größten der Glénan-Inseln wohne. Von ihr gehe die Kunde, sie allein sei schon so reich wie alle Könige zusammen. Viele Leute, so sagten die Salzhändler noch, seien schon auf die Insel gefahren, um diese Schätze zu bekommen, aber niemand von ihnen sei je von dort zurückgekehrt.

Kaum hatte Houarn das gehört, da kam ihm der Gedanke, auch auf diese Insel zu fahren, um sein Glück zu versuchen; die beiden Maultiertreiber gaben sich alle Mühe, ihn davon abzuhalten. Sie brachten sogar die ganzen Leute ringsum gegen ihn auf und schrien, Christenmenschen dürften es nicht zulassen, dass einer der ihren so in sein Verderben renne. Mit Gewalt versuchte man, ihn zurückzuhalten. Houarn bedankte sich für das Interesse, das man ihm entgegenbrachte, und erklärte sich bereit, seinen Plan aufzugeben, wenn man nur eine kleine Sammlung veranstalte, deren Erlös es ihm erlaube, eine kleine Kuh und ein mageres Schwein zu kaufen. Als die Maultiertreiber und alle anderen diesen Vorschlag aber hörten, zogen sie sich zurück und wiederholten, er wäre ein Starrkopf, und man könne ihm eben nicht mehr helfen. So begab sich denn Houarn an die Küste zu einem Fährmann, der ihn zur Insel Lok überfuhr.

Dort angekommen, fand er mühelos den See, der in der Mitte der Insel lag und ringsum bewachsen war mit rosablühendem Seegras. Als er um den See herumging, sah er an einem der äußersten Enden ein meerfarbenes Boot, das im Schatten eines Ginstergebüschs im ruhigen Wasser lag. Dieses Boot hatte die Gestalt eines schlafenden Schwanes, der seinen Kopf unter die Flügel gezogen hatte.

Houarn, der dergleichen nie gesehen hatte, ging neugierig näher und stieg in das Boot, um es besser betrachten zu können. Kaum aber hatte er seinen Fuß darauf gesetzt, als der Schwan auch schon zu erwachen schien; sein Kopf kam unter den Federn hervor, seine breiten Füße streckten sich auf dem Wasser aus, und auf einmal entfernte er sich vom Ufer. Da stieß der Bursche einen Schrei des Entsetzens aus; der Schwan indes schwamm immer schneller auf die Mitte des Sees zu. Schon wollte Houarn sich ins Wasser werfen, um ans Ufer zu schwimmen, als der Vogel plötzlich seinen Schnabel ins Wasser steckte und untertauchte, wobei er den Burschen mit sich nahm. Houarn konnte nicht schreien, ohne das übelriechende Wasser des Sees zu schlucken, und so war er gezwungen, still zu sein, und gelangte in die Wohnung der Groac'h.

Es war ein Palast aus Muscheln, der alles übertraf, was man sich vorstellen konnte. Ins Innere gelangte man über eine Kristalltreppe, und beim Betreten klang jede Stufe wie der Gesang eines Vogels. Ringsum sah man riesige Gärten, in denen wuchsen ganze Wälder von Meerespflanzen und Wiesen von grünen Algen, die alle statt mit Blumen mit Diamanten übersät waren. Im ersten Saal lag auf einem goldenen Bett die Groac'h. Sie war mit einem meergrünen Gewand angetan, das sich fein und geschmeidig wie eine Woge um sie hüllte. Ihre schwarzen Haare waren mit Korallen durchflochten und fielen ihr bis zu den Füßen, und ihr zartes und rosiges Antlitz glich dem Inneren einer Muschel.

Vom Glanz eines solch schönen Wesens geblendet, blieb Houarn stehen, doch die Groac'h erhob sich lächelnd von ihrem Lager und schritt auf ihn zu. Ihr Gang war so leicht und geschmeidig wie die weißen Schaumkämme, die über das Meer laufen.

»Seid willkommen«, begrüßte sie Houarn und deutete mit ihrer Hand, er solle eintreten. »Hier ist immer Platz für Freunde und für schöne Jünglinge.«

Und beruhigt trat er nun ein.

»Wer seid Ihr, woher kommt Ihr, und was sucht Ihr hier?«, fragte da die Wassernixe.

»Ich heiße Houarn«, antwortete der Bursche. »Ich komme aus Lanillis und bin auf der Suche nach etwas, womit ich eine kleine Kuh und ein mageres Schwein kaufen kann.«

»Na gut, so kommt, Houarn«, fuhr die Nixe fort, »und seid nicht mehr bekümmert, denn hier werdet Ihr alles haben, was Euer Herz erfreut.«

Dann führte sie ihn in einen zweiten Saal, der ganz mit Perlen geschmückt war. Dort reichte sie ihm acht Sorten Wein in acht silbergetriebenen Bechern. Houarn trank sie leer und fand den Wein so köstlich, dass er nochmals acht Becher davon genoss. Und bei jedem Schluck fand er die Groac'h schöner als zuvor. Und sie ermunterte ihn noch und sagte, er brauche sich keine Sorgen zu machen, dass er sie ruiniere, denn der See auf der Insel Lok stehe mit dem Meer in Verbindung, und von dort kämen kraft einer Zauberströmung alle Schätze hergeschwommen, die das Meer mit den Schiffbrüchen in sich verschlinge.

»Bei meinem Seelenheil!«, sagte da Houarn, den der Wein lustig gestimmt hatte, »nun verwundert es mich nicht mehr, wenn die Leute von der Küste schlecht von Euch sprechen. So reiche Leute wie Ihr werden immer beneidet. Was mich betrifft, ich wäre schon mit der Hälfte Eures Reichtums zufrieden.«

»Den könnt Ihr haben, wenn Ihr wollt, Houarn!«, sagte da die Fee.

»Wie das denn?«, fragte Houarn.

»Ich bin Witwe; mein Mann war der Korandon«, fuhr sie fort, »und wenn ich Euch gefalle, werde ich Eure Frau.«

Houarn war ergriffen von dem, was er da hörte. Er sollte die Groac'h heiraten, die ihm so schön schien, deren Palast so groß und kostbar war und die acht Sorten Wein hatte, von welchem man trinken konnte, soviel man wollte! … Er hatte zwar schon Bellah versprochen, sie zu heiraten, aber Männer vergessen leicht solche Art von Versprechen: In dieser Beziehung sind sie wie die Frauen.

So gab er denn der Fee höflich zur Antwort, eine Frau wie sie könne man nicht abweisen und dass es für ihn eine große Freude und Ehre sei, ihr Gemahl zu werden.

Da sagte die Groac'h, dass sie unverzüglich das Willkommensmahl zubereiten wolle. Und sie tischte ihm die allerbesten Speisen auf, die er kannte, und dazu noch viele andere Sachen, die dem Jüngling unbekannt waren. Dann schritt sie zu einem kleinen Fischteich, der hinten im Garten lag, und begann zu rufen:

»He! Prokurator! He! Müller! He! Schneider! He! Kantor!«

Und bei jedem Ruf sah man einen Fisch herbeischwimmen, den sie in einem Stahlnetz fing. Als das Netz voll war, ging sie in ein Nebenzimmer und warf alle Fische in eine goldene Pfanne. Aber nun kam es Houarn vor, als hörte er inmitten des Gebrutzels leise Stimmen flüstern.

»Wer flüstert denn da unter der goldenen Pfanne, Groac'h?«, wollte er wissen.

»Das Holz knistert so«, antwortete sie und schürte das Feuer.

Doch alsbald begannen die leisen Stimmen von Neuem zu murmeln.

»Wer murmelt denn da so, Groac'h?«, fragte der Jüngling.

»Es ist das Bratenfett, das schmilzt«, erwiderte sie und drehte die Fische in der Pfanne um. Doch bald schrien die kleinen Stimmen lauter.

»Wer schreit denn so, Groac'h?«, fragte Houarn wieder.

»Es ist das Heimchen am Herd«, entgegnete da die Fee und begann so laut zu singen, dass Houarn nichts mehr hörte.

Aber all diese Vorfälle hatten dem Jüngling zu denken gegeben, und im gleichen Maße, wie er Angst bekam, meldeten sich bei ihm auch die Gewissensbisse.

»Jesus, Maria!«, sagte er bei sich, »ist es möglich, dass ich so schnell meine liebe Bellah vergessen habe um einer Groac'h willen, die wahrscheinlich die Tochter des Teufels ist? Mit einer solchen Frau werde ich mich nicht einmal trauen, meine Abendgebete zu sprechen, und ich bin sicher, dass ich wie ein Schweinebeschauer in die Hölle komme.«

Während er noch so zu sich sprach, hatte die Fee die gebratenen Fische aufgetischt und drängte ihn, doch zu essen. Dabei sagte sie, sie werde für ihn noch zwölf neue Sorten Wein holen.

Houarn zog seufzend das Messer, das ihm Bellah mitgegeben hatte, und wollte mit dem Essen beginnen. Kaum aber hatte dessen Klinge, die alle Zaubereien zunichtemacht, den goldenen Teller berührt, als alle Fische sich aufrichteten und wieder kleine Menschen wurden. Jeder trug die Tracht seines Standes. Da sah man einen Prokurator mit doppelten Streifen über dem Talar, einen Schneider mit violetten Strümpfen, einen Müller in mehlbestaubter Montur und einen Kantor im Chorhemd, und alle schrien zugleich, während sie noch im Bratensaft schwammen:

»Houarn! Rette uns, wenn du selbst gerettet werden willst!«

»Heilige Jungfrau! Wer sind denn diese Männchen, die da in der geschmolzenen Butter singen?«, rief da der Jüngling bestürzt.

»Wir sind Christenmenschen wie du«, antworteten diese. »Auch wir waren alle auf die Insel Lok gekommen, um unser Glück zu suchen; auch wir haben zugestimmt, die Groac'h zu heiraten. Aber am Tag nach der Hochzeit hat sie mit uns gemacht, was sie mit all unseren Vorgängern getan hat, die da im großen Fischteich schwimmen.«

»Was!«, rief Houarn, »eine Frau, die noch so jung ausschaut, ist schon die Witwe all dieser Fische?«

»Und du wirst bald im gleichen Zustand sein, auch gebraten und von den Neuankömmlingen verspeist werden.«

Houarn machte einen Satz zurück und eilte zur Tür, nur von

dem Gedanken getragen, der Groac'h zu entfliehen, bevor sie wiederkam. Aber die trat eben in den Raum und hatte alles mit angehört. Geschwind warf sie ihr Stahlnetz über Houarn, und sogleich verwandelte sich dieser in einen Frosch; dann trug sie ihn in den Fischteich, in dem schon ihre anderen Ehemänner schwammen. Im selben Augenblick aber läutete das Glöckchen, das Houarn an seinem Hals trug; und Bellah hörte es in Lanillis, wo sie gerade damit beschäftigt war, die Milch vom Vortag abzurahmen.

Das war für sie wie ein Stich ins Herz, und sie stieß einen Schrei aus:

»Houarn ist in Gefahr!«

Und ohne abzuwarten, ohne jemanden um Rat zu fragen, lief sie schnell ihre Kleider und Schuhe anziehen, die sie sonst fürs Hochamt trug, legte ihr silbernes Kreuz an und verließ den Bauernhof mit ihrem Zauberstab. Als sie an den Kreuzweg kam, pflanzte sie den Stab in die Erde und murmelte dabei:

»Gedenke des heiligen Vouga,
du Stab aus Apfelbaum, und führe
mich über Land, durch die Lüfte, über Wasser,
wohin ich immer gehen muss!«

Und sogleich verwandelte sich der Stab in ein rotes Pferdchen des heiligen Théogenec; es war gestriegelt, gesattelt, aufgezäumt und hatte an jedem Ohr ein Band, auf der Stirn trug es ein blaues Federchen.

Ohne zu zögern stieg Bellah auf. Das Pferdchen ging zuerst im Schritt, dann im Trab, und schließlich galoppierte es so geschwind dahin, dass die Gräben, Bäume, Häuser und Kirchtürme an den Augen des Mädchens vorbeisausten wie die Arme einer Garnhaspel. Aber Bellah klagte nicht, denn sie wusste, dass jeder Sprung sie ihrem lieben Houarn näher brachte. Im Gegenteil, sie spornte das Pferdchen noch an, indem sie immer wieder rief:

»Das Pferd ist nicht so schnell wie die Schwalbe, die Schwalbe ist nicht so schnell wie der Wind, der Wind ist nicht so schnell wie der Blitz. Du aber, mein Pferdchen, wenn du mich gern hast, musst schneller als alle eilen. Denn ein Teil meines Herzens leidet, die bessere Hälfte meines Herzens ist in Gefahr.«

Das Pferdchen verstand sie und lief so schnell wie ein Strohhalm, den ein Wirbelwind mit sich reißt. Und schon bald kam es zum Fuße des Arhès-Felsens, den man den »Hirschsprung« nennt. Dort aber hielt es inne, denn noch nie hatte ein Pferd oder eine Stute diesen Felsen erklommen. Bellah verstand, warum das Pferdchen unbeweglich stehenblieb, und begann von Neuem:

»Gedenke des heiligen Vouga,
du Pferdchen aus Léon, und führe
mich über Land, durch die Lüfte, über Wasser,
wohin ich immer gehen muss!«

Kaum hatte sie diese Worte ausgesprochen, da wuchsen Flügel aus den Flanken ihres Pferdes. Es wurde ein großer Vogel und trug sie auf den Gipfel des Felsens. Auf diesem Gipfel befand sich ein Nest, das war aus Töpfererde gemacht und mit trockenem Moos ausgelegt. Darauf hockte ein kleiner Korandon, ein Zwerg, der ganz schwarz und runzlig war. Sobald er Bellah erblickte, begann er zu schreien:

»Da ist ja das hübsche Mädchen, das gekommen ist, um mich zu erretten!«

»Dich erretten?«, frug Bellah. »Wer bist du denn, kleiner Mann?«

»Ich bin Jeannik, der Gatte der Groac'h von der Insel Lok. Sie hat mich hierhin geschickt.«

»Aber was machst du denn in diesem Nest?«

»Ich brüte sechs steinerne Eier aus, und erst dann werde ich meine Freiheit wiedererlangen, wenn aus ihnen etwas geschlüpft ist.«

Da konnte Bellah nicht anders, als herzlich zu lachen.

»Liebes, armes Hähnchen«, sagte sie, »und wie könnte ich dich befreien?«

»Indem du Houarn befreist, der in der Gewalt der Groac'h ist.«

»Ah! Sag mir, was muss ich dafür tun?«, rief Bellah. »Und wenn ich auf den Knien um vier Bistümer rutschen müsste, ich würde sofort damit beginnen.«

»Nun gut, zwei Dinge braucht es«, sagte der Zwerg, »zuerst musst du dich der Groac'h als ein schöner Jüngling vorstellen, und dann musst du ihr das Stahlnetz abnehmen, das sie an ihrem Gürtel trägt, und sie darin einsperren bis zum Jüngsten Tag!«

»Und wo soll ich die Jünglingskleidung finden, die mir passt, Korandon, mein lieber Zwerg?«

»Das wirst du gleich erfahren, hübsches Mädchen.«

Bei diesen Worten riss sich der Zwerg vier seiner roten Haare aus, blies sie in den Wind, wobei er ganz leise etwas vor sich hin brummte. Und schon wurden aus den vier Haaren vier Schneider: der erste hielt einen Kohl in der Hand, der zweite eine Schere, der dritte eine Nadel und der vierte ein Bügeleisen. Alle viere setzten sich dann um das Nest, kreuzten die Beine und machten sich an die Arbeit. Aus dem ersten Kohlblatt wurde ein schönes Gewand, das an allen Nähten gesteppt war. Ein weiteres Kohlblatt wurde zur Weste; aber sie brauchten noch zwei für die weiten Hosen, die in Léon Mode waren. Schließlich formten sie aus dem Herz des Kohls einen Hut, und aus dem Strunk fertigten sie Schuhe.

Als Bellah diese Tracht angelegt hatte, da hätte man sie wirklich für einen Edelmann halten können, der in grünen Samt und weiße Seide gekleidet war.

Sie dankte dem Korandon, der ihr noch einige Hinweise gab, wie sie sich zu verhalten habe. Dann trug ihr großer Vogel sie in einem Flug übers Meer zur Insel Lok. Dort befahl sie ihm, wieder ein Stab aus Apfelbaumholz zu werden. Dann stieg sie in das Schwanenboot, das sie zum Palast der Groac'h führte.

Kaum aber hatte die Fee den schmucken Jüngling aus Léon erblickt, da schien sie schon wie verzückt.

»Bei Satan, meinem Vetter«, sagte sie sich, »das ist ja der

schönste Knabe, der mich je aufgesucht hat, und ich glaube, ich werde ihn bis zu dreimal am Tag lieben.«

Sie begann also, sehr herzlich mit Bellah umzugehen, nannte sie Liebling oder Herzchen und trug ihr zu essen auf. Da entdeckte auf einmal das junge Mädchen auf der Tafel das Messer des heiligen Corentin, das Houarn dort hatte liegen lassen. Sie hob es auf, um sich seiner bei Gelegenheit zu bedienen. Dann folgte sie der Groac'h in den Garten. Die zeigte ihr Wiesen, die mit Diamanten übersät waren, Springbrunnen, die nach Lavendel dufteten, und vor allem den Fischteich, in dem Fische von tausenderlei Farben herumschwammen. Darüber schien Bellah so entzückt, dass sie sich am Rand des Teichs niederließ, um die Fischlein besser sehen zu können. Diese Entzückung aber nutzte die Groac'h aus, um Bellah zu fragen, ob es ihr nicht gefallen würde, für immer in ihrer Gesellschaft zu bleiben. Und Bellah gab zur Antwort, sie wünsche sich nichts Schöneres.

»Du würdest also einwilligen, mich auf der Stelle zu heiraten?«, fragte da die Fee.

»Ja!«, erwiderte Bellah, »unter der Bedingung, dass ich einen dieser schönen Fische mit dem Stahlnetz fangen kann, das Ihr an dem Gürtel tragt.«

Die Groac'h hegte keinen Verdacht und hielt das Ganze für die Laune eines Jünglings. So gab sie denn das Netz her und sagte lächelnd:

»Nun los, schöner Fischer, lasst uns sehen, was du fangen kannst!«

»Ich werde den Teufel fangen«, rief da Bellah und warf der Groac'h das offene Netz über den Kopf. »Im Namen des Erlösers der Menschen, verfluchte Hexe, dein Körper soll werden, was dein Herz schon ist.«

Da konnte die Groac'h nur noch einen Schrei ausstoßen, der in einem Murmeln erstarb; denn der Wunsch des jungen Mädchens ging in Erfüllung, und die schöne Wassernixe war nur noch die hässliche Königin der Pilze, wie die Bretonen die Kröten nennen. Schnell zog Bellah das Netz zusammen und warf es in einen Brunnen. Darauf legte sie einen Stein, der mit dem Kreuzeszeichen versehen war, auf dass sich dieser erst am Jüngsten Tag mit den Grabsteinen erheben könne. Dann eilte sie rasch zum Fischteich zurück. Alle Fische aber waren unterdessen schon aus dem Wasser gestiegen und kamen ihr entgegen wie eine bunte Prozession von Mönchen und riefen mit ihren kleinen rauen Stimmen:

»Hier ist unser Herr und Meister, der uns aus dem Stahlnetz und der goldenen Pfanne befreit hat.«

»Und der wird es auch sein, der euch eure Gestalt als Christenmenschen wiedergibt«, sagte Bellah und zog das Messer des heiligen Corentin. Aber als sie den ersten Fisch berühren wollte, bemerkte sie ganz nahe bei sich einen grünen Frosch, der am Hals das Zauberglöckchen trug. Schluchzend lag er auf den Knien und hielt seine Vorderfüßchen auf sein kleines Herz. Bellah fühlte einen Stich in ihrem Herzen und rief:

»Bist du es, bist du es, mein kleiner Houarn, der König meines Herzens und meines Kummers?«

»Ich bin es«, antwortete der junge Bursche in der Froschgestalt.

Da berührte ihn Bellah sogleich mit der Klinge, die sie in der Hand hielt, und Houarn nahm seine menschliche Gestalt wieder an. Und beide umarmten sich, und mit einem Auge weinten sie um der Vergangenheit, mit dem anderen lachten sie um der Gegenwart willen.

Dann tat Bellah dasselbe für alle Fische, die daraufhin wieder das wurden, was sie früher gewesen waren. Als sie gerade fertig war, kam der kleine Korandon vom Hirschfelsen in seinem Nest angefahren wie in einer großen Kutsche. Sechs große Maikäfer, oder wie die Bretonen sagen *Eichenmücken,* die aus den sechs Steineiern geschlüpft waren, zogen ihn.

»Da bin ich, hübsches Mädchen!«, rief er Bellah zu. »Der Zauber, der mich fern auf dem Fels zurückhielt, ist gebrochen. Ich komme, um Euch zu danken, denn Ihr habt aus einem Hahn wieder einen Menschen gemacht.«

Und er führte dann die beiden Liebenden zu den Schatztruhen der Groac'h, die bis oben mit Edelsteinen gefüllt waren, und sagte ihnen, sie sollten sich nehmen, soviel sie wollten.

Beide füllten damit die Taschen, ihre Gürtel, ihre Hüte und sogar ihre weiten Hosen aus Léon. Als sie schließlich so viel genommen hatten, wie sie tragen konnten, befahl Bellah ihrem Stab, wieder ein geflügelter Wagen zu werden, der groß genug war, um sie mit allen, die sie befreit hatte, nach Lanillis zu tragen.

Dort wurde ihr Aufgebot bestellt, und Houarn heiratete Bellah, wie er es schon so lange gewünscht hatte. Nur, statt eine kleine Kuh und ein mageres Schwein zu kaufen, kaufte er alle Ländereien der Pfarrei und setzte dort als Bauern die Leute ein, die er von der Insel Lok mitgebracht hatte.

Der Hexenmeister Marcou-Braz

Es war einmal ein Prinz, der war der Sohn eines Königs von Frankreich und hieß Calaman. Und da er die weite Welt kennenlernen wollte, machte er sich mit einem zahlreichen Gefolge auf den Weg. Sie nahmen Verpflegung und viel Geld mit, und so führten sie ein lustiges Leben.

Aber bald ging die Verpflegung aus, das Geld ebenso. Da machten sich die Begleiter des Prinzen aus dem Staub und ließen ihren Herrn allein. Dennoch ging der Prinz weiter in Richtung untergehende Sonne, und als er immer so vor sich hin marschierte, gelangte er plötzlich an den Saum eines großen Waldes, in den ein mit Eichen bestandener Weg führte. An dessen Ende gewahrte er ein schönes Schloss, das in den Strahlen der untergehenden Sonne vor Licht nur so funkelte, als sei es aus purem Gold. Und es kam unserem Prinzen in den Sinn, sich das Schloss anzuschauen. Aber es war von hohen Mauern umgeben, und vergeblich lief er da herum, er fand kein Tor. Was sollte er tun? Als er noch überlegte, entdeckte er ein Pförtnerhäuschen und daneben eine Schranke mit Pfosten aus wunderschönem Kristall. So ging er denn in das Häuschen und fand dort einen Greis vor, der einen langen weißen Bart hatte.

»Was wollt Ihr, junger Mann?«, fragte ihn der Greis.

»Ich möchte mir das Schloss anschauen«, entgegnete Calaman.

»Hütet Euch davor, mein Sohn, denn da wohnt ein Hexenmeister, der Euch verschlingen würde. Viele Leute sah ich in dieses Schloss eintreten, junge, schöne und kräftige wie Ihr, aber herauskommen sah ich von denen noch keinen Einzigen.«

»Ob ich dort sterbe und von dem Hexenmeister gefressen werde oder ob ich woanders vor Hunger zugrunde gehe, was macht das nach allem schon für einen Unterschied!«

»Erzählt mir doch Eure Geschichte, denn Ihr macht einen guten Eindruck, und ich beginne schon, auf Euch neugierig zu werden.«

Und Calaman erzählte dem Greis, wie er der Sohn des Königs von Frankreich war und wie alle seine Begleiter ihn, als das Geld auf der Reise ausgegangen war, im Stich gelassen hatten.

»Euer Schicksal rührt mich, mein Sohn«, fuhr da der Greis fort, »aber auch ich bin in keiner glücklicheren Lage als Ihr. Auch ich bin der Sohn eines Königs, und das schöne Schloss, das Ihr da seht, gehörte meinem Vater und sollte mir nach seinem Tode zufallen. Mein Großvater hatte nun das Unglück, ich weiß nicht aus welchem Grunde, der Mutter des Hexenmeisters Marcou-Braz zu missfallen. Die war eine mächtige Hexe und verwandelte meinen Vater und meine Mutter und unsere ganze Familie in Bäume, die Ihr um dieses Schloss herum im Walde stehen seht. Einzig ich bewahrte meine natürliche Gestalt, um Pförtner dieses Schlosses zu sein.«

»Und es gibt kein Mittel, all diese Leute zu befreien?«

»Das ist recht schwierig; viele tapfere Prinzen und andere wackere Männer sind gekommen, um sich des Hexenmeisters habhaft zu machen, doch er hat sie alle in die Bäume dieses Waldes verwandelt. Ach, das wird auch Euer Schicksal sein, wenn Ihr das Schloss betretet.«

»Das ist noch nicht so sicher. Sagt mir, was ich machen soll, um zum Ziel zu gelangen, und wir werden sehen.«

»Nun also … aber wozu soll es nutzen? Es hieße, in Euer Verderben zu laufen.«

»Sprecht nur, und lasst mich machen!«

»Der Hexenmeister fährt jeden Tag um die ganze Welt, unsichtbar in einem Wirbelwind, und wo er vorbeikommt, nimmt er alles auf sein Schloss mit, was ihm gefällt: schöne Prinzessinnen und Prinzen, Schätze aller Art; und daher kommt es, dass alle Kammern hier gefüllt sind mit Gold, Perlen und Diamanten. Aber Ihr werdet hier nur eine einzige Prinzessin sehen, denn mehr als eine auf einmal behält er nicht. Und wenn er sieht, dass sie ihm keine Kinder schenken kann, frisst er sie auf und holt sich eine andere, die dann bald auch das gleiche Schicksal ereilt. Doch hat die Tochter des Königs von Spanien, die für den Augenblick im Schloss ist, das Ungetüm so sehr durch ihre Schönheit verzaubert, dass er sie seit einiger Zeit verschont. Aber auch die wird er eines Tages, wenn er zurückkommt, wie alle anderen fressen, denn sie kann ihm gleichfalls kein Kind schenken.«

»Welches Ungeheuer! Und Ihr glaubt, es gibt kein Mittel, mit ihm fertig zu werden?«

»Ich glaube kaum; es sei denn, die Prinzessin hilft Euch. Seit sie im Schloss ist, hat sie die Zauberbücher des Hexenmeisters lesen können und kennt vielleicht deren Geheimnisse. Ihr seid jung und ein hübscher Bursche, Ihr könntet ihr womöglich gefallen ...«

»Sagt mir, wie ich es anstellen soll, und ich werde das Abenteuer versuchen, komme, was da wolle.«

»Nun, geht zum Schloss über diesen schönen Weg, der mit Eichen gesäumt ist, jede davon ist ein verzauberter Prinz. Ihr werdet auf kein Hindernis treffen, und überall findet Ihr offene Türen. Schaut Euch alle Zimmer der Reihe nach an. Hinter Euch werden sich die Türen von selbst schließen, wenn Ihr von einem Zimmer in das andere geht. Nirgends werdet Ihr auch nur einen Menschen antreffen; aber allerlei köstlich gedeckte Tafeln, Haufen von Gold, Edelsteinen, prächtigen Perlen, von Schmuck und herrlichen Kleidern sind überall zu sehen. Von alldem rührt aber ja nichts an!«

»Hunger habe ich schon, und eine fein gedeckte Tafel, wie Ihr sagt, könnte mich schon in Versuchung bringen!«

»Rührt nur nichts an, sage ich Euch, oder Ihr seid verloren. Schaut nur hin, solange es Euch Spaß macht, und geht immer geradeaus vor Euch hin. Wenn Ihr das letzte Zimmer verlasst, werdet Ihr in einen schönen Garten treten; der ist voll von Blumen und Singvögeln, und zwischen den Blumen wird sich die Tochter des spanischen Königs ergehen, sie ist wie das seltene Wunder, das das Licht der Sonne erstrahlen lässt. Der Hexenmeister hatte sie, in seinem Wirbelwind versteckt, inmitten ihrer

Gefährtinnen aus dem Garten ihres Vaters entführt. Wenn es Euch gelingt, ihr zu gefallen, wird alles gut gehen, denn mit ihrer Hilfe könnt Ihr den Riesen und seine Mutter, die bei ihm wohnt, töten und alle Unglücklichen befreien, die hier als Bäume verzaubert sind, und mich mit ihnen.«

»Ist gut«, antwortete Calaman, »ich werde hingehen, Gott möge mich schützen!«

Und entschlossen wandte der Prinz seine Schritte dem Schloss zu. Ohne Hindernis ging er durch den Hof hinein. Dann kam er in die Küche, wo ein riesiger Topf auf dem Feuer stand und ein ganzer Ochse sich am Spieß drehte. Aber ringsum war niemand zu sehen, und alles ging nach Wunsch, nichts roch verbrannt. Dann ging er in den Speisesaal und stand vor einer reich gedeckten Tafel. Da standen dampfende Speisen darauf, die einen köstlichen Duft verbreiteten. Schon wollte er sich setzen und essen und trinken, denn die Gelegenheit war zu günstig, und außerdem hatte er Hunger. Da erinnerte er sich aber der Warnung des alten Pförtners, und aus Furcht, er könne der Versuchung erliegen, ging er schnell in einen anderen Saal.

Dort wurde er geblendet vom Glanz des Goldes, das in Haufen dalag. In einem anderen Raum lagen Edelsteine, die unvergleichlich funkelten, in wieder einem anderen sah er kostbares Tuch und Schmuck aller Art. So ging er und kam aus dem Staunen nicht mehr heraus, und er ging schneller, weil er Angst hatte, er könnte doch der Versuchung erliegen, etwas zu berühren oder gar mitzunehmen. Schließlich ging er aus dem letzten Saal hinaus und gelangte zum Garten.

Dort entdeckte er ein anderes Wunder, das ihn noch mehr blendete als alle anderen, die er bis dahin gesehen hatte: Es war die Tochter des spanischen Königs, sie erging sich inmitten der Blumen und Vögel, die sangen und um sie herum flatterten. Calaman blieb zunächst stehen, mit offenem Mund, um sie zu betrachten. Über diesen unerwarteten Besuch war die Prinzessin doch recht erstaunt. Der junge Prinz aber gefiel ihr, und sie lächelte ihm zu. Durch diesen Empfang ermutigt, richtete Calaman das Wort an sie, so anmutig er nur konnte. Schließlich hatten beide Gefallen aneinander gefunden, und schon bald beschlossen sie, den Hexenmeister zu täuschen, sein Zauberwissen auszuspielen und gemeinsam aus dem Schloss zu fliehen.

»Ich habe die Zauberbücher von Marcou-Braz studiert«, sagte die Prinzessin, »ich kenne soviel davon wie er, wenn nicht noch mehr, und wenn Ihr meinen Anweisungen folgt, können wir ihm entkommen. Habt also keine Furcht. Wenn er heute Abend kommt, werde ich ihm Euch als meinen Vetter vorstellen, und als solchen wird er Euch verschonen. Aber morgen früh wird er Euch auf die Probe stellen, und dann werde ich Euch zu Hilfe eilen.«

Und tatsächlich, als die Sonne unterging, kam der Riese zurück, er war ausgehungert. Für sein Abendessen warf er sich einen Prinzen in den großen Kessel, in dem das Wasser schon auf dem Feuer wallte. Dann entdeckte er Calaman und wollte auch ihn schon in den Kessel werfen, als die Prinzessin dazwischentrat und rief:

»Heda! Tut meinem netten Vetter Calaman nichts Böses. Er ist der Sohn des Königs von Frankreich und hatte viel Mühe, hierherzukommen, um mich zu sehen.«

»Er ist Euer Vetter! Dann will ich ihn heute Abend nicht aufessen!«

Darauf setzte man sich zum Mahl an die Tafel. Der Hexenmeister verschlang zuerst fast einen ganzen Ochsen, dann den Prinzen, den er sich im Kessel gekocht hatte, dazu trank er ein Fass Wein. Und Calaman machte große Augen, als er soviel Gefräßigkeit sah, aber beruhigt war er kaum.

»Hast du keine Angst, Kleiner?«, fragte ihn der Riese, als sein Hunger allmählich gestillt war.

»Nein«, erwiderte Calaman.

»Du bist also ein Witzbold! Aber morgen früh werde ich dich auf die Probe stellen, dann werden wir sehen!«

Und am nächsten Morgen, bevor er zu seiner täglichen Rundreise aufbrach, stellte der Hexenmeister dem jungen Prinzen im

Hof des Schlosses fünfhundert bewaffnete Männer entgegen und sprach zu ihm:

»Verteidige dich!«

Aber die Prinzessin, die an ihrem Fenster stand, rief durch ihre Zauberkraft fünfhundert weitere Bewaffnete herbei. Die stürzten sich auf die Ersten und rieben sie auf. Dann kehrten sie in den Wald zurück und wurden wieder Bäume wie früher.

»Oh, du Unglückselige«, rief da der Hexenmeister und wandte sich zur Prinzessin, die immer noch am Fenster stand, »du hast mich verraten! Aber morgen wird der Kampf gegen meine Mutter gehen; sie ist seit fünfhundert Jahren nicht mehr auf die Erde gekommen.«

Am nächsten Morgen stand Calaman im Hof einem siebenköpfigen Drachen gegenüber. Doch zum Glück war die Prinzessin wieder am Fenster und machte ihm mit ihrem Blick und ihrer Stimme Mut. Auf ihren Rat hin sprang er dem Drachen auf den Rücken, und mit einem Schwert, das die Prinzessin ihm gegeben und das er in Natternblut getaucht hatte, schlug er dem Drachen zunächst den Schwanz, dann den mittleren Kopf ab; danach hatte er keine Mühe mehr, ihm auch die übrigen Häupter abzuhauen. Da öffnete sich die Erde und verschlang den Drachen.

Der Hexenmeister warf einen wütenden Blick auf die Prinzessin und rief:

»Du verfluchte Hexe! Aber morgen werden wir sehen ...«

»Morgen«, sagte die Prinzessin zu Calaman, als sie ihn sprechen konnte, »morgen werdet Ihr gegen Marcou-Braz selbst kämpfen müssen. Er wird ein überlanges Schwert haben, das er schwerfällig und ungeschickt führt. Versucht, diesem Schwert aus dem Weg zu gehen. Nähert Euch Marcou-Braz, soweit es geht, und stoßt ihm dann ins Herz.«

Am nächsten Morgen gingen Marcou-Braz und Calaman schon sehr früh in den Hof hinunter. Der Riese führte sein großes Schwert wie eine Sense und wollte Calaman entzweischlagen, mitten durch seinen Körper hindurch. Aber der Prinz sprang ihm behänd über die Waffe, näherte sich dem Ungeheuer und stieß ihm das Schwert mitten ins Herz. Da fiel der Hexenmeister wie ein entwurzelter Baum um und brüllte so fürchterlich, dass das Schloss bis zu seinen Grundfesten erbebte.

»Sieg!«, rief sogleich der Prinz der Prinzessin zu, die wieder am Fenster stand. Und sie stieg in den Hof hinunter und warf sich ihm um den Hals.

Da wurden auch alle Bäume des Waldes wieder Menschen, und sie kamen und dankten Calaman, dass er sie befreit hatte. Dann kehrte jeder von ihnen in sein Land zurück. Auch der alte Pförtner übernahm sogleich das Erbe seiner Väter.

Was Calaman und die Prinzessin anlangte, so beluden sie mehrere Wagen mit Gold und Edelsteinen und machten sich auf den Weg nach Frankreich. Ein Heer von Franzosen und Spaniern, die der Hexenmeister verzaubert hatte und die nun erlöst worden waren, begleitete sie. Als sie einige Meilen vom Schloss entfernt waren, rief plötzlich die Prinzessin:

»Ach, mein Gott! Ich habe vergessen, den großen Leuchter aus dem Schloss mitzunehmen; in seiner Art ist er ein einzigartiges Wunderwerk.«

»Ich werde ihn holen«, sagte Calaman, »setzt Ihr nur Euren Weg nach Osten fort. Mein Pferd ist so schnell, dass ich Euch leicht wieder einholen werde.«

Und er ritt zum Schloss zurück, nahm den Leuchter ab, stieg damit aufs Pferd und beeilte sich, die Prinzessin und ihr Gefolge wieder einzuholen. Doch er verirrte sich im Wald, und aus lauter Ärger darüber warf er den Leuchter in einen Teich und kehrte aufs Schloss zurück. Dort erzählte er dem alten Pförtner, dem Sohn eines Königs, sein Missgeschick. Der war wieder in den Besitz seines Schlosses gelangt, das der Hexenmeister ihm weggenommen hatte. Der Alte beklagte Calamans Missgeschick und bedauerte den Verlust des Leuchters, denn dieser war ein Zauberding, an dem das Schicksal seiner Familie hing.

Um den Leuchter wiederzubekommen, sagte er, müsste er nun den ganzen Teich leeren, und der sei riesig!

Calaman indes kam nach Paris zurück. Der Alte des Schlosses hatte ihm ein gutes Pferd und noch dazu viel Gold gegeben. Sein greiser Vater, der König, war überglücklich, ihn wiederzusehen, denn er hatte ihn schon tot geglaubt. Seit seiner Abreise war er ganz betrübt und kränklich gewesen und fand an nichts mehr Gefallen. Doch die Heimkehr seines geliebten Sohnes erfreute sein Herz und gab ihm die Gesundheit wieder zurück.

Aber schon bald erfuhr der alte König, dass ein feindliches Heer von Norden in sein Reich eingefallen war und bei seinem Durchzug alles verwüstete. Da wurde Calaman an die Spitze des königlichen Heeres gestellt, um dem Angriff zu trotzen.

Als sich nun die beiden feindlichen Heere gegenüberstanden, hatten die beiden Anführer eine Unterredung, in der sie sich verständigten und einen Friedensvertrag schlossen. Als Calaman aber gerade unterzeichnen wollte, da beleidigte ihn der General des feindlichen Heeres und nannte ihn einen treulosen Menschen und Verräter. Dieser General aber war niemand anders als die spanische Prinzessin selber, die er von dem Hexenmeister Marcou-Braz befreit hatte. Jetzt beschuldigte sie ihren Befreier, sie im Stich gelassen zu haben. Calaman erklärte ihr nun alles, und sie erkannte, dass es ein Missverständnis, aber kein Verrat war.

»Ich habe Euch empfohlen«, sagte Calaman, »immer gen Osten zu marschieren; und habt Ihr es gemacht?«

»Nein, wir sind gen Norden marschiert.«

»Warum denn gen Norden?«

»Der General, der uns befehligte, hat es so gewollt.«

Nun, dieser General hatte sich in die Prinzessin verliebt, wollte sie in die Irre führen, vom Weg nach Frankreich abbringen und sie heiraten. Die Prinzessin aber widerstand ihm, und als sie seinen Verrat erkannt hatte, übernahm sie selbst die Führung des Heeres und führte es, wenn auch mit großer Verspätung, nach Frankreich.

So fand alles seine Erklärung. Da heiratete Calaman die Prinzessin, und groß waren die Feste überall.

Bald darauf starb auch der alte König, und Calaman folgte ihm auf den Thron von Frankreich.

Die rote Prinzessin

Ihr kennt alle die Ile du Château, die Schlossinsel am Eingang von Port-Blanc. Auf dieser Insel gibt es mehr Tote, als Kieselsteine zwischen Bruk und Buguélès liegen. Das hier ist die Geschichte von einer Toten, die vor langer Zeit an diesen Ort verbannt wurde. Zu ihren Lebzeiten war sie eine Prinzessin. Ihr werdet sogar Leute finden, die wie ich euch erzählen, dass sie Ahès hieß und die leibliche Tochter von Gralon, dem König der versunkenen Stadt Is, war. Vielleicht stimmt das, vielleicht auch nicht. Immerhin aber hatte sie, obgleich verbannt, alle sieben Jahre die Macht über Land und Meer sieben Meilen im Umkreis. Ich werde euch nun erzählen, wie sie dieser Macht beraubt wurde.

Doch vorher müsst ihr wissen, dass ihre Macht unheilvoll war. Durch einen großen, roten Nebel, der sich aus dem Meer erhob, kündigte sie sich an. Daher kommt sicher der Name »Die rote Dame«, den die Fischer der Prinzessin gegeben hatten. Dann folgte ein tobender Wind, der den dichten Nebel zerstreute und die Fluten bis in die Tiefen aufwühlte. An solchen Tagen wagten sich nicht einmal die kühnsten Fischer mit ihren Booten auf die hohe See hinaus. Selbst die Menschen, die sich in ihren Häusern eingeschlossen hatten, zitterten vor Entsetzen. Es flogen da ganze Büschel von Stroh aus den Dächern in die Lüfte, ein fürchterlicher Wind tobte. Er verfing sich im Schornsteinschacht und brüllte wie ein wütender Riese. Man verstand nicht recht, was er sagte, aber es waren sicher sehr grobe Worte, wie wenn ein Mann laut schimpft. Wegen all dieses Lärms wollte man die Prinzessin beschwören, und so ließ man mehr als eine schwarze Messe in Notre-Dame de Port-Blanc von den berühmtesten Priestern lesen. Aber es war vergebliche Mühe. Alle sieben Jahre gab es den gleichen wilden Lärm, tobten die gleichen wütenden Elemente.

So kam man letztlich zu dem Schluss, dass es seitens der Menschen und auch Gottes kein Mittel gab, die Prinzessin zu besänftigen und unschädlich zu machen.

Als es wieder einmal soweit war, ging zu dieser unseligen Zeit eines Abends eine arme Frau von der Küste, es war gerade Nachtebbe, zur Ile du Château, um dort Muscheln zu suchen. Sie musste noch etwas warten, bis die Felsen vom Meerwasser frei waren. Und da sie nichts Besseres zu tun hatte, begann sie, ihren Rosenkranz herzubeten, denn sie war eine fromme Frau. Darum hatte man ihr im Land den Beinamen Fantès-ar-Pédennou, Françoise die Beterin, gegeben.

Sie war gerade beim dritten Rosenkranzzehner, als sie sich zufällig umdrehte. Da erblickte sie an der Stelle des riesigen Felsens, der das Inselchen beherrscht, eine hohe Kapelle, so groß wie eine Kirche in einem Bezirksort. Ihre Fenster waren strahlend erleuchtet. Schnell stand die Frau auf, ließ ihr Muschelnetz liegen und lief zum Tor der Wunderkapelle. Auf den Torflügeln aber stand in goldenen Buchstaben funkelnd eine bretonische Inschrift. Nun konnte Fantès das Bretonische lesen. Die Inschrift besagte:

»Wenn Du durch das Schlüsselloch schauen kannst, ohne gesehen zu werden, dann wird es Dir zuteil, Dir und Deinen Nächsten eine große Wohltat zu erweisen.«

Zuerst zögerte die Frau, doch dann dachte sie bei sich: »Bei Gott, da wollen wir doch mal reinschauen!«

Und sie legte ein Auge aufs Schlüsselloch. Da sah sie, wie die Prinzessin, die ihr den Rücken zukehrte, zum Altar ging, der sich im Chor inmitten eines goldenen Glorienscheins erhob. Schon drückte sie die Klinke, die aber war versperrt. Und so begann sie, draußen um die Kapelle herumzugehen, und kam zu einem zweiten Tor, auf dem stand geschrieben:

»Wenn Du eintreten willst, dann pflücke drei Schritte von hier in einem Busch zwei Halme von weißem Gras, lege sie dann in Form eines Kreuzes in deine hohle rechte Hand.«

Fantès folgte dieser Empfehlung, ging zur Kapelle zurück und las auf einem dritten Tor:

»Nun tritt ein! Alle Schätze, die hier sind, gehören Dir. Und außerdem liegt es nur an Dir, die Prinzessin für immer zu verbannen und sie fortan daran zu hindern, Schaden anzurichten.«

Fantès ging in die Kapelle hinein. Die Prinzessin stand auf den Stufen des Altars, doch als sie auf den Steinfliesen die Holzschuhe der armen Frau klappern hörte, wandte sie sich um.

»Was willst du von mir?«, fuhr sie Fantès wutentbrannt an.

»Dich daran hindern, weiterhin Schaden anzurichten«, antwortete diese ruhig.

»Von dem Augenblick an, in dem du hier bist, ist dein Wille stärker als meiner«, sprach da die Prinzessin. »Ich bin in deiner Gewalt. Verbanne mich, wenn es dir gefällt. Wo du mich hingehen heißt, werde ich hingehen. Hier sind die Schlüssel zum Teich, den ich aus Quadersteinen habe anlegen lassen. Dort befinden sich alle meine Opfer. Ich überlasse sie dir. Ich überlasse dir auch meine Schätze. Versuche, sie gut zu gebrauchen!«

Während sie dies sagte, überreichte sie Fantès-ar-Pédennou einen Bund funkelnder Schlüssel. Die arme Frau wischte sich mehrmals die Hände an ihrer Schürze ab, bevor sie es wagte, die Wunderschlüssel anzufassen. Sie nahm sie und schlug mit ihnen das Kreuzeszeichen.

»Wohin befiehlst du mir, dass ich gehe?«, fragte da die Prinzessin.

»Weiter als die Erde und weiter als das Meer!«, sagte Fantès.

Und sogleich entschwand die Prinzessin in den Lüften. Seitdem hat man nie mehr etwas von ihr gehört. Zugleich auch stürzten ohne Geräusch die Mauern der seltsamen Kapelle ein, und keine Spuren waren mehr von ihr zu sehen. Da stand Fantès-ar-Pédennou vor einem Teich, der künstlich aus Quadersteinen angelegt worden war. Sein Wasser war klar und glitzernd. Hier und da schwammen Leichen darauf, das Gesicht nach oben zum Himmel gewandt. Unter den Leichen, die dem Ufer am nächsten schwammen, erkannte Fantès zwei Männer aus der Gegend. Die waren im vergangenen Jahr an einem stürmischen Tag ertrunken, und niemand wusste genau, in welchen Gewässern.

Ein Stauwehr aus Stahl schloss den Teich ab, und mit einem ihrer Schlüssel öffnete die arme Frau dieses Wehr. Schäumend stürzte sich das Wasser zum Meer. Da erhoben sich die Toten wie auferweckt, und Fantès sah, wie sie friedlich wie dereinst Jesus über die Fluten wandelten und weggingen, wobei sie fromme Lobpreisungen sangen.

Als das ganze Wasser abgeflossen war, tat sich Fantès der Grund des Teiches auf; er war mit Goldstücken bedeckt. Davon sammelte sie, soviel sie tragen konnte, und kehrte zu ihrem Haus zurück.

Am nächsten Tag lief sie schon um die erste Stunde zur Beichte.

»Was soll ich mit all diesem Geld anfangen?«, fragte sie den Priester, nachdem sie ihm ihr Abenteuer erzählt hatte.

»Lasst für die Seelen, die dessen bedürfen, Messen lesen«, antwortete der Beichtvater, »und unter die Lebenden verteilt Almosen!«

Die Fee aus der Grotte von Corbière (Houle de la Corbière)

Zur Zeit, als noch nicht einmal die Großväter der ältesten Leute der Pfarrei in den Windeln lagen, lebte eine Frau namens Agnès Depais mit ihrem Mann in einem einsamen Haus an der Straße bei der Klippe von Corbière. Dieses Haus lag am dichtesten von allen an der Feengrotte.

Oft in der Stille der Nacht hörte Agnès das Surren eines Spinnrads, und dieser dumpfe Ton schien unter dem Stein ihres Kamins herauszukommen. Ein anderes Mal, da krähte ein Hahn tief unter der Erde, oder es weinte ein Kind, oder es schien Agnès, als ob sie den Stößel eines Butterfasses die Milch schlagen hörte. Doch hatten weder sie noch ihr Mann Angst vor diesen unterirdischen Geräuschen, denn sie meinten, dass die Feen aus der Grotte von Corbière all dies verursachten, und die galten nicht als böse, und niemand hatte je Grund, ihnen einen Vorwurf zu machen.

Eines Nachts kam ein Fischer, der holte ihren Mann zum Fang in den sandigen Strandgewässern ab. Während ihr Mann sich ankleidete, sagte Agnès, die schon im Bett lag, zum Fischer:

»Weißt du, wieviel Uhr es ist?«

»Nein«, antwortete dieser, »genau weiß ich das nicht.«

Kaum aber hatte er diese Worte ausgesprochen, als sich eine Stimme unter ihnen erhob und schrie:

»Zwei Stunden nach Mitternacht.«

Weit davon entfernt, sich zu erschrecken, begannen Agnès und ihr Mann zu lachen, denn sie waren es gewohnt, unter dem Stein des Kamins Geräusche zu vernehmen. Sie glaubten, es seien die Feen, die geantwortet hätten, und so riefen sie laut: »Danke!«

Einige Zeit später wurde das Kind von Agnès so krank, dass es aussah, als müsse es sterben. Und tiefbetrübt war die Mutter, da sie nicht wusste, wie sie ihm helfen sollte.

»O Gott«, rief sie unter Tränen, »mein armer kleiner Junge wird sterben.«

Da hörte sie plötzlich ein dumpfes Geräusch, das aus dem Kamin kam. Es klang so, wie wenn jemand von unten gegen die Steine des Kamins pochte; und gleichzeitig sagte eine Stimme:

»Dein Kind hat den Krupphusten; steh auf und komm hierhin. Ich gebe dir etwas, womit du es heilen kannst.«

Diesmal aber bekam Agnès Angst, und sie schmiegte sich schnell unter ihre Decke. Doch da dachte sie an ihr Kind, das krank daniederlag, und fasste sich ein Herz. Sie sprang aus ihrem Bett und zündete eine Kerze an. Da sah sie, wie sich ein Stein des Kamins bewegte und sich langsam heraushob. Sie ging hin und half, den Stein herauszuholen. Es streckte sich eine Hand durch das klaffende Loch und gab Agnès eine kleine Flasche.

»Reibe deinem Kind den Hals und die Brust mit dieser Flüssigkeit ein«, sagte eine Stimme, die tief unten aus der Erde kam, »und bewahre diese Flasche sorgfältig auf!«

Der Kaminstein fiel wieder zurück, und es sah aus, als hätte er sich nie von der Stelle bewegt. Agnès aber rieb schnell ihren kleinen Jungen ein, und sogleich hörte dieser auf zu jammern. Es dauerte auch nicht lange, da war er wieder ganz gesund. Darüber war sie so glücklich, dass sie unbedingt alles ihren Nachbarinnen erzählen musste. Die Neuigkeit ging schnell von Ohr zu Ohr, und bald wusste die ganze Gegend davon. Und Agnès, die gegenüber allen zuvorkommend war, borgte die Flasche denen, die kranke Kinder hatten, und die waren alle bald wieder auf den Beinen.

Lange Zeit danach befielen starke Leibschmerzen den Mann von Agnès; er wand sich hin und her, so heftig war der Schmerz. Da lief Agnès schnell zu ihrer Nachbarin, um die Flasche zu holen. Es war noch etwas Flüssigkeit darin. Die Nachbarin aber ließ die Flasche fallen, und die zersprang in tausend Splitter. Tiefbetrübt ging Agnès heim, denn ihrem Mann ging es immer schlechter; es sah aus, als müsse er bald sterben. Sie setzte sich zum Kamin, und unter Tränen sprach sie:

»O wohltätige Hand, die mir die Flasche gab, die meinen kleinen Jungen und so viele andere Leute gesund gemacht hat, wollt Ihr meinen Mann sterben lassen?«

Aber sie bekam keine Antwort. Da nahm sie ein Werkzeug und hob damit den Stein aus dem Kamin. Mit Leibeskräften schrie sie in das offene Loch und bat um Hilfe. Und wirklich, letzten Endes streckte die Fee wieder ihre Hand heraus und gab ihr eine Flasche mit den Worten:

»Gib gut acht, Agnès; dies hier ist die letzte Flasche, die ich dir geben kann; verleihe sie nur niemandem, und erzähle keiner Menschenseele davon.«

Sobald Agnès ihren Mann mit der Flüssigkeit eingerieben hatte, wurde er gesund. Dieses Mal hob Agnès die Flasche sorgfältig in ihrem Schrank auf.

Einige Zeit später hörte Agnès nachts einen Gesang, der tief aus der Erde drang; er war so süß und bezaubernd, dass sie schon vom Zuhören in Verzückung geriet, drei oder vier Stimmen hörte sie da im Einklang singen. So lief Agnès schnell zur Nachbarin, damit auch diese das hören könne. In der kommenden Nacht spielte eine Geige mehrere Weisen. All diese Wunderdinge gaben Agnès zu denken, und sie sagte sich:

»Eines Tages werden sie alle hierhin emporsteigen und durch das Kaminloch in mein Haus kommen.«

Bald jedoch beruhigte sie sich wieder, als sie daran dachte, dass die Grottenbewohner ihr bislang nur Gutes getan hatten. Und sie dachte an ihre Kuh und ihre zwei Widder, die man ihr auf der Weide gestohlen hatte.

»Bei der erstbesten Gelegenheit«, sagte sie da zu sich, »muss ich die Feen fragen, wer sie mir gestohlen hat. Das werden sie mir sicher sagen.«

Während einer anderen Nacht hörte sie eine Stimme sagen:

»Gevatterin, hast du Feuer?«

»Ja«, antwortete Agnès, »zu Euren Diensten.«

Und schon hob sich der Kaminstein heraus; Agnès nahm ein halbverbranntes Stück Holz und hielt es ans Kaminloch, und an seinem Flammenschein sah sie eine schöne Frauenhand, die das Holzscheit ergriff. An jedem ihrer Finger glitzerten Ringe.

»O Madame«, sagte da Agnès, »könntet Ihr mir vielleicht sagen, wo ich meine Kuh und meine Widder wiederfinden kann? Dafür wäre ich Euch sehr dankbar, habe ich doch nichts, was ich meinen armen Kindern geben kann.«

»Hier ist eine kleine Dose«, antwortete die Fee, »sie enthält eine Salbe, die aus Kuh- und Widderhörnern gemacht ist. Schmiere damit die Stricke ein, an die deine Tiere angebunden waren, und du wirst wieder eine Kuh und Widder bekommen.«

Und schon fiel der Stein wieder zurück, und am folgenden Tag früh im Morgengrauen schmierte Agnès den Strick der gestohlenen Kuh ein, und sogleich erblickte sie eine prächtige Kuh. Sie schmierte auch den Strick ein, mit dem sie früher ihre zwei Widder zur Weide geführt hatte, und schon bekam sie zwei neue Widder, die waren viel schöner als die, die sie verloren hatte.

Agnès war überglücklich, doch bedauerte sie es, dass sie die Fee nicht um Brot gebeten hatte. Dauernd musste sie daran denken und sagte sich:

»Wie kann ich es nur anstellen, die Fee zu bitten, mir Brot für mich und meine Familie zu geben, Feenbrot, das nie abnimmt?«

Eines Nachts, als keine Brotkrume mehr im Haus war, bekam das Kind von Agnès Hunger und bettelte weinend um ein Stückchen Brot. Da hörte sie plötzlich ein Geräusch unter der Erde, und gleich gab sie ihrem kleinen Jungen einen Hammer in die Hand und sagte zu ihm:

»Schlag jetzt fest auf den Kaminstein, und bitte die gute Frau, die uns schon so viel Gutes getan hat, um Brot!«

Dabei sprach sie sehr laut, denn sie glaubte, die Fee würde ihre Stimme schon hören. Der kleine Junge nahm denn den Hammer und klopfte aus Leibeskräften auf den Stein, wobei er mit schmeichelnder Stimme sprach:

»Gute Frau, gebt mir Brot, ich habe solchen Hunger.«

Da hörten sie ein Klopfen: Bum, bum! unter dem Stein, der sich hob, und eine Hand legte ein Kuchenbrot auf den Kamin, und zugleich hörte man eine Stimme:

»Hier, mein Kleiner, hier hast du was zu essen für dein ganzes Leben, wenn du mein Geschenk aufbewahrst und niemandem als deinen Eltern davon abgibst.«

Das Kuchenbrot nahm nie ab und blieb immer frisch und ganz, auch wenn man davon abschnitt. So ging es mehr als zehn Jahre.

Aber eines Abends, als der Mann von Agnès von einer Zecherei kam, brachte er einen seiner Freunde mit. Er nahm das Feenbrot aus dem Schrank und schnitt für seinen Freund ein Stück ab, und sogleich entschwand das Feenbrot. Und obgleich Agnès und ihre Kinder gar oft die Feen aus der Grotte anflehten, ihnen ein anderes Brot zu geben, blieben diese den Bitten seither stumm.

Der Vogel Ozegan

Ein Gutsherr und seine Frau gingen einmal auf einen Jahrmarkt, um sich eine Magd zu suchen. Die Frau sagte:

»Da sehe ich ein junges Mädchen, das mir gut gefällt!«

»Welches?«, fragte der Mann.

»Die Große da!«

»Nein, um Himmels willen nicht die, die so lang wie eine Bohnenstange ist! Sie wird uns schlagen, wenn sie in Wut gerät. Da sehe ich eine Kleine, die mir gut gefällt!«

»Die gefällt mir auch«, entgegnete die Frau.

Und so nahmen sie diese in ihre Dienste. Und bei ihrer Rückkehr fragten sie sie, aus welcher Familie sie stamme, und sie antwortete ihnen, aus einer armen, aber anständigen Familie.

Die neue Dienstmagd arbeitete gut und führte alles aus, was man ihr auftrug. Eines Tages ging sie zu einem Markt, um dort eine Kuh zu verkaufen. Schon brach die Nacht herein, und der Gutsherr lief ihr eilig entgegen. Er traf auch auf sie und fragte:

»Bist du müde?«

»Nein, so müde auch nicht! Aber mein Korb ist schwer.«

»Was ist denn drin?«

»Was Madame mir zu bringen aufgetragen hat! Ich habe die Kuh für fünfundzwanzig Taler verkauft, aber beinahe hätte ich kein Geld zurückgebracht.«

»Wie das?«

»Nun, auf den großen Märkten gibt es Leute, die einem in der Tasche wühlen. Doch ein Zauberer hat mir auf die Schulter geklopft und gesagt: ›Pass auf, Mädchen, ein Dieb hat seine Hand in deiner Tasche!‹ Da hab ich meine Hand reingesteckt, und der Dieb hat seine schnell herausgezogen. Der Zauberer hat mir auch gesagt, ich solle mein Geld in eine Ecke meines Taschentuches knüpfen, denn ich würde es noch einmal mit einem Dieb zu tun bekommen, bevor ich wegginge. Und als ich mich auf den Heimweg machen wollte, ist der Zauberer wieder gekommen und hat mich geleitet. Er hat mir sogar gesagt, Ihr würdet mir entgegenkommen. Und nun sehe ich wohl, dass es wirklich ein Zauberer war, denn er hat mir die ganze Wahrheit gesagt. Er hat mir meinen Korb an den Arm gegeben, und ich spürte, dass der viel schwerer war als vorher.«

Und so trugen der Gutsherr und die Magd den Korb gemeinsam. Als sie zu Hause ankamen, zogen sie daraus Vorräte und eine Dose aus Blech hervor.

»Was ist in der Blechdose?«, fragte da der Gutsherr.

»Ich weiß es nicht«, entgegnete die Magd. »Aber ich bin sicher, dass der Zauberer sie in den Korb gelegt hat.«

Und auf dem Deckel der Dose konnte man folgende Worte lesen:

»Niemand kann mich öffnen außer dem jungen Mädchen, das den Korb getragen hat.«

Die Herrschaften der Magd versuchten es, aber sie konnten die Dose nicht öffnen. So sagten sie zu ihrer Magd:

»Öffne sie, denn es stimmt, dass nur du das vermagst!«

So tat sie. Als die Dose aber auf war, da kam ein Vogel heraus. So einen hatten die Herrschaften nie gesehen, und sie setzten ihn in einen Käfig.

Fünf Jahre lang gab man dem Vogel Hirse, Hanf und Wasser. Eines Tages aber, als die Herrschaften nicht in der Küche waren und der Käfig offen stand, hüpfte der Vogel auf die Schulter der Magd und flüsterte ihr ins Ohr:

»Nicht mit Hirse und Hanf soll man mich nähren, und Wasser ist es auch nicht, was ich zum Trinken brauche!«

Die Magd erschrak überhaupt nicht, als sie den Vogel sprechen hörte. Sie sagte nur:

»Vögel können also auch sprechen?«

»Ja, ich immer. Gib mir etwas Fleisch und Wein, denn ich habe ein Herz wie deines und das deiner Herrschaften.«

»Aber sag mir doch«, entgegnete die Magd, »wie ist es möglich, dass du sprechen kannst?«

»Morgen werden die Herrschaften auf Reisen sein«, war die Antwort des Vogels, »dann sind wir allein, und ich werde dir alles von Anfang bis zum Ende erzählen.«

Und tatsächlich! Am nächsten Morgen sagten die Herrschaften zur Magd:

»Wir werden für acht Tage auf Reise gehen. Sorge du gut für den Vogel!«

Und als sie weg waren, da sang der Vogel nur noch, und mittags kam er zum Tisch und aß dort. Am Abend ging er dann in seinen Käfig zurück. Am nächsten Tag stand die Magd schon zeitig auf, um die Kühe zu melken. Aber sie sah den Vogel nicht mehr in seinem Käfig. Da suchte sie überall im Haus, und sie fand ihn schließlich. Er blutete an einem Beinchen, denn die Katze hatte ihn geschnappt. Da pflegte die Magd ihn, aber er war nicht mehr so fröhlich wie früher. Seit acht Tagen nahm er keinen Bissen mehr zu sich. Und am achten Tag sagte die Magd zu ihm:

»Wenn das so weitergeht, werden sie mich vor die Tür setzen!«

Der Vogel aber sprach:

»Weine nicht, man wird dich nicht entlassen. Und außerdem werden wir beide hier weggehen, und in einem Monat werden wir Hochzeit feiern.«

»Ich bin zu alt, um zu heiraten«, entgegnete die Magd, »ich bin schon siebenunddreißig!«

»Dann ist zwischen uns beiden nur ein Tag Unterschied«, sagte der Vogel.

»Aber was werden meine Herrschaften sagen, wenn ich einen Vogel heirate?«, fragte da die Magd.

»Mit einem Vogel wirst du dich nicht verheiraten! Erinnerst du dich nicht mehr an den Tag, als du auf dem Markt warst und ein Zauberer dir eine Dose in den Korb gelegt hatte? Nun, der Zauberer, das bin ich, denn ich bin ein *Ozegan.* Deine Herrschaften werden nicht glücklich sein, dich zu verlieren, und wenn du möchtest, werden wir bei ihnen bleiben. Wir können aber auch in mein Haus gehen!«

»Aber du hast doch kein Haus!«, sagte die Magd.

Bald darauf kamen die Herrschaften von ihrer Reise zurück und liebkosten den Vogel. Und als sie zu Tisch waren, sagte der Vogel zu ihnen:

»Ich will Eure Magd heiraten.«

»Er ist verrückt!«, entgegnete da die Frau.

»Ich bin nicht verrückt, Madame, und ich werde Euch zeigen, dass ich gar kein Vogel bin.«

Und schon verwandelte er sich in einen *Ozegan.* Da lachten die Herrschaften und sagten zu ihrer Magd:

»Willst du wirklich ein so kleines Männchen heiraten?«

»Mein ganzes Begehr richtet sich auf ihn«, sagte die Magd.

»Du bist nicht unser Kind, wir können dich also nicht davon abhalten, ihn zu heiraten. Aber du wirst bei uns bleiben!«

»Wie Ihr wünscht«, antwortete da der *Ozegan.* »Wenn wir hier überdrüssig sind, werden wir in unser Land gehen.«

Und die Hochzeit der beiden fand statt, und es ward ein wirklich großes Fest. Zwei Jahre lang blieben sie noch dort, und dann starben die Herrschaften. Nun besaßen beide, was im und um das Haus herum war.

Die Insel der Ozegane

Es war einmal ein alter Mann, der hatte drei Söhne. Eines Tages machten sich die beiden Ältesten auf den Weg und kamen zu einer fernen Insel. Dort stand an einigen Stellen hohes Gras, an anderen wiederum gar keines. Darüber waren sie sehr verwundert und sagten sich:

»Das ist aber seltsam. Hier ist das Gras hoch, und dort wächst gar keines.«

Auf einmal hörten sie eine Stimme:

»Wo Gras wächst, da sind auch Leute.«

»Wer spricht denn so?«, sagten sie da. »Wir sehen doch niemanden!«

»Ihr seht niemanden, aber wir sind nicht fern«, wurde ihnen entgegnet, »wir werden zu euch kommen.« Und schon kam jemand von unten aus der Erde heraus. Es war ein Ozegan. Sobald er an der Oberfläche war, fragte er die beiden, warum sie hier auf der Insel seien.

»Wir sind hierhergekommen«, sagten diese, »aber niemand hat es uns erlaubt.«

»Wenn ihr schon da seid, so könnt ihr auch bei uns bleiben, solange es euch gefällt. Aber wenn ihr weggehen wollt, müsst ihr uns um Erlaubnis fragen.«

»Wir sind glücklich, hier bei euch bleiben zu können«, erwiderten die beiden Burschen.

»Wenn ihr gute Menschen seid«, sagte da der Ozegan, »dann seid ihr willkommen, seid ihr aber böse, dann sehen wir euch nicht gerne hier. Folgt mir jetzt, ich führe euch zu einem Haus, das auf der Insel steht. Dort werdet ihr über hundert so kleine Männchen sehen wie mich. Ihr werdet dort euren Spaß haben, aber jede Nacht müsst ihr zum Hexensabbat, und zwar zu Pferde. Passt auf! Wenn einer von euch vom Pferd fällt, ist er verloren.«

Eines Nachts nun ritten die beiden Brüder zum Sabbat. Die Ozegane kannten den Ritt und achteten nicht auf beide. So kamen sie auch auf eine große Ebene und begannen, ihre Pferde zu peitschen, damit sie sprangen. Da fiel einer der Brüder vom Pferd, das trampelte über ihn, und er war auf der Stelle tot. Da weinte der andere Bruder und sagte:

»Was soll ich nun mit dieser Horde von Ozeganen machen? Mein Bruder ist tot, und auch ich werde sterben.«

Doch fasste er wieder Mut, gab seinem Pferd die Peitsche und ließ es über sechs der Pferde der Ozegane springen. Damit hatte er gewonnen, denn er hatte verstanden, dass die kleinen Männchen auch seinen Tod wünschten. Nachdem er so den Sieg davongetragen hatte, sah er, wie sie alle auf ihn zu kamen und sich vor ihn knieten:

»Junger Mann«, sprachen sie, »wir bitten dich um Verzeihung, du hast dein Leben gerettet, aber auch das unsrige, denn um zwei Uhr morgens wären wir alle im Tal verschlungen worden.«

»Aber was hat es denn mit diesem Tal auf sich?«, wollte der Bursche wissen.

»Dort hat man mehr als hunderttausend Leute getötet, und die wären alle um zwei Uhr aus der Ebene aufgetaucht und hätten uns alle samt den Pferden getötet.«

Da sagte der junge Mann:

»Ich werde meinen Vater aufsuchen, wenn er noch lebt, und auch meinen jüngsten Bruder.«

Und die Ozegane antworteten: »Wir werden mit dir kommen. Wenn dein Vater noch lebt, wird er mit uns auf die Insel kommen, ebenso dein jüngster Bruder. Hier werden sie bis zu ihrem Lebensende glücklich sein, denn alles auf der Insel wird ihnen gehören. Das ist es, was du gewonnen hast.«

Und sie gingen alle zum alten Vater; als der Bursche dort ankam, umarmte er ihn, und der Vater sagte:

»Ich glaubte, du seist schon lange nicht mehr am Leben.«

Und der junge Bursche antwortete:

»Ich lebe noch, und ich bin gekommen, um Euch und meinen Bruder abzuholen und auf die Insel zu bringen. Dort wird es Euch an nichts fehlen, weder an Gold noch an Silber, bis zu Eurem Lebensende.«

Das Schloss in den Lüften

Einst hatte sich eine Witwe mit drei Kindern mit einem Köhler wiederverheiratet. Der aber wollte die Kinder nicht behalten, und so führte man sie in einen großen Wald. Da fingen die zwei Ältesten zu weinen an, das Jüngste aber sprach zu ihnen:

»Ich habe Roggenkörner auf den Weg gestreut. Wir werden den Weg zurück schon finden.«

Und das gelang ihnen auch. Das zweite Mal streute es Weizenkörner, und sie kamen wieder zurück. Das dritte Mal, das man sie in den Wald führte, streute es Salzkörner; doch die schmolzen dahin, als ein Wolkenbruch niederging.

So machten die Kinder sich denn im Wald auf den Weg und gelangten zu einem Schloss. Dort baten sie um Arbeit, und eines von ihnen fand auch eine Beschäftigung. Die beiden anderen zogen weiter und kamen wieder zu einem Schloss, und eines von ihnen blieb dort zur Arbeit. Da war nur noch der Jüngste übrig. Der setzte seinen Weg fort und erblickte ein drittes Schloss, in dem zwei Riesen wohnten. Dort vor dem Schloss traf er eine alte Frau an; die sagte ihm, die Riesen würden ihn sicherlich auffressen.

»Ich will lieber von Riesen gefressen werden als von den Wölfen«, entgegnete er ihr.

Und so verdoppelte er seinen Schritt und war bald am Schloss angelangt. Er klopfte ans Tor, und eine Alte öffnete ihm.

»Was suchst du hier, Bursche?«

»Madame«, antwortete er ihr, »man hat mir gesagt, dass es hier Schafe zu hüten gibt.«

»Das stimmt!«, sagte die Alte. »Wir suchen gerade einen Jungen, aber alle, die bislang hier beschäftigt waren, sind von den Riesen gefressen worden.«

»Das macht nichts«, entgegnete der junge Mann, »mich werden sie schon nicht fressen!«

»Nun gut, dann tritt ein!«, wies ihn die Alte an.

Man ließ die Schafe heraus, und flinken Schritts führte der junge Bursche sie auf das Feld, das die Alte ihm gezeigt hatte. Eine Zeit lang hörte und sah er nichts. Nach einer Stunde schließlich sah er einen Riesen kommen; der sagte zu ihm:

»Armer Christenmensch! Was machst du hier?«

»Oh, die Schafe hüten«, entgegnete der Bursche, dann fuhr er fort: »Siehst du den Teich dahinten? Wir wollen mal sehen, wer von uns beiden darüber springen kann!«

»Gern!«, war die Antwort des Riesen.

Da pfiff der Bursche, und eine Elster kam auf ihn zugeflogen. Dieser Elster hatte er einmal, als er noch ganz jung war, das Leben gerettet. Sie kannte ihn nun und war ihm in allen Dingen treu geblieben. Er stieg nun auf den Rücken der Elster und sagte: »Eins, zwei, drei«, und schon hatte ihn die Elster auf ihrem Rücken über den Teich getragen; der Riese aber plumpste mitten in den Teich! Da lachte unser Bursche von ganzem Herzen. Und sogleich führte er auch seine Schafe zum Schloss; von seinem Abenteuer aber erzählte er nichts. Er träumte schon davon, Herr über den Palast der Riesen zu werden.

Kaum war er am nächsten Morgen mit seinen Schafen aufs Feld gegangen, da sah er auch schon einen weiteren Riesen auf sich zu kommen, der war noch ungestümer.

»Armer Christenmensch«, fragte dieser, »was hast du mit meinem Bruder gemacht?«

»O meiner Treu!«, antwortete der junge Bursche ohne Furcht, »wir haben uns einen Spaß daraus gemacht, über den Teich zu springen, und da ist dein Bruder ertrunken. Wenn du möchtest, können auch wir beide sehen, wer von uns drüber springen kann!«

»Gerne!«, sagte der Riese und lachte sich in seinen langen Schnurrbart.

Der Bursche pfiff, und die treue Elster kam wieder zu ihm. Und der Riese plumpste mitten in den Teich, während unser Bursche wohlbehalten auf der anderen Seite ankam. Dabei muss man wissen, dass damals die Elstern viel größer und stärker waren, als sie es heute sind. Sobald der Bursche aber seinen Fuß auf die andere Seite des Teichs gesetzt hatte, da war er überrascht, eine gute alte Frau zu sehen; die ging ein bisschen gebückt, und ihre Zähne waren so lang, dass sie fast die Erde berührten.

»Oh, armer, kleiner Christenmensch«, sprach sie zu ihm, »was hast du mit meinen Söhnen gemacht?«

»Meiner Treu, sie sind mitten in den Teich geplumpst«, gab er ihr zur Antwort.

»Nun gut, Kleiner, komm doch mit mir auf mein Schloss!«

»Gerne!«, antwortete der Bursche.

Und so gingen sie und kamen auch bald zum Schloss; es war groß und prächtig. Im ersten Saal sah er Wandbehänge und seidenbestickte Tapeten; der zweite Saal war voll mit Gold. Aber als er in den vierten Saal kam, da sträubten sich unserem Burschen vor Schreck die Haare. Der Saal war angefüllt mit Gebeinen von Menschen, und in der Mitte standen zwei Räder, die unaufhörlich die Knochen zermalmten. Schon wollte die Alte ihn dort hineinwerfen, doch geschickt ergriff da der Bursche sie und warf sie selbst hinein. Er drehte das Rad, und schon war es um die Alte geschehen. Hinfort war nun er der Herr des Schlosses.

Als er sich im Schloss umsah, entdeckte er in den Gärten einen Brunnen, in dem stand ein junges Mädchen, das bis zur Hälfte untergetaucht war. Und sie sagte zu ihm:

»Es ist ein Unglück für dich, dass du hierhergekommen bist. Aber wenn du tust, was ich dir sage, findest du Rettung. Du wirst drei Nächte hier verbringen müssen. Um Mitternacht wirst du jemanden eintreten hören. Aber sage kein Wort zu ihm!«

Und in der ersten Nacht schon kam wirklich jemand. Aber der junge Bursche sagte kein Wort. Am nächsten Morgen war das junge Mädchen schon weniger tief in den Brunnen getaucht.

»Heute Abend wird es noch schrecklicher«, sagte sie.

»Ich werde kein Wort sprechen«, entgegnete der Bursche.

Um Mitternacht wurde er dann aus seinem Bett gezogen und beinahe in Stücke gehauen. In der dritten Nacht hörte er jemanden sagen:

»Wir werden einen Wasserkessel aufs Feuer stellen und ihn dann reinwerfen!«

Und ein Zweiter sagte:

»Wir werden ihn in Stücke schneiden.«

Ein Dritter fügte hinzu:

»Wir werden ihm die Beine abschneiden und ihn dann aus dem Fenster werfen.«

Und so geschah es. Am folgenden Tag war das junge Mädchen befreit; sie lief zum Schloss und legte alle Stücke des jungen Burschen wieder an ihren richtigen Platz, und so ward er wieder heil und munter. Bald schon sah er, wie sie mit goldenen Nadeln strickte.

»Drei Nächte musst du noch hier verbringen«, sagte sie zu ihm. »Jeden Abend um elf wirst du mit mir in eine Kapelle der Umgebung gehen. Da wird eine Frau sein, die Kuchen verkauft. Aber vor allem eins: Kaufe nichts bei ihr!«

In den beiden ersten Nächten ging alles gut. Aber in der dritten Nacht war er so hungrig und müde, dass er von dem Kuchen kaufte und aß. Und auf der Stelle schlief er ein. Das Mädchen konnte ihn nicht mehr wecken. Doch sagte sie noch zu ihm:

»Du wirst mich in einem Schloss finden, das an drei goldenen Ketten über dem Wasser in den Lüften hängt. Aber du wirst nicht dorthin gelangen, bis du ein Paar eisenbeschlagene Schuhe abgenutzt hast.«

Drei Tage lang dauerte der Schlaf des jungen Burschen, und das junge Mädchen war schon weit weg. Kaum war er erwacht, da machte er sich schon auf den Weg. Er fragte einen alten Mann, ob der ihm sagen könne, wo sich das Schloss befände, das an drei goldenen Ketten über dem Meer schwebe.

»Nein!«, sagte der. »Aber ich sehe da Raben, die werden es mir sagen!«

Und er pfiff, und die Raben kamen zu ihm. Er fragte sie, doch die Raben kannten das Schloss nicht.

»Ich habe einen Bruder«, sagte da der alte Mann, »der wohnt acht Meilen von hier. Er hat eine Schar von Wildkäuzchen, die werden dir Bescheid geben.«

Der Weg dorthin dauerte fünf Tage. Als sie angekommen waren, bat der Bursche um Essen, dann erkundigte er sich nach dem Schloss.

»Ich kann es Euch nicht sagen«, antwortete der Mann, »aber meine Käuzchen werden es wissen.«

Er pfiff, doch keines der Käuzchen wusste es.

Da sagte der Mann: »Ich habe noch einen Bruder, der wohnt dreizehn Meilen von hier. Er hat einige Riesen, die überall hinkommen und das Meer gut kennen.« Dann gab er dem Burschen Brot mit auf die Reise, und der machte sich auf den Weg.

Als er angekommen war, bewirtete man ihn. Und er fragte nach dem Schloss, das an drei Goldketten über dem Meer schwebe.

»Ich habe eine Schar von Riesen um mich, die müssen es wissen«, antwortete der Mann, »aber vor drei Stunden kann ich sie nicht rufen.«

So musste er halt noch warten. Danach pfiff der Mann, und die Riesen kamen. Aber einer der Riesen, der älter war als die anderen, kam voller Zorn. Er sagte, er habe das Festmahl verlassen müssen, das man anlässlich der Hochzeit der jungen Herrin feierte, die im Schloss über dem Meer wohnt. »Nun gut«, sagte da der Mann, »dann kehre dorthin zurück und nimm den jungen Burschen hier mit.«

»Ja«, entgegnete der Riese, »aber er muss anderthalb Kalb mitnehmen und mir jedes Mal, wenn ich ›Uak‹ schreie, ein Stück davon zu essen geben.«

Da ließ der alte Riese den Burschen auf seinen Rücken steigen, und ab ging's! Die Reise dauerte drei Tage. Zuerst bekam der Riese große Fleischstücke, dann kleinere. Anderthalb Meilen waren sie nur noch vom Schloss in den Lüften entfernt, und kein Fleisch war mehr da.

»Du musst mir ein Stück aus deinem Schenkel abschneiden«, sagte da der Riese.

Gesagt, getan! Als sie im Schloss angekommen waren, fragte der Bursche, ob man nicht jemanden fürs Holzhacken brauche. Und man brauchte einen.

Drei Kaminfeger hatten inzwischen dem Vater des jungen Mädchens gesagt, sie wären es gewesen, die seine Tochter gerettet hätten; doch das Mädchen hatte widersprochen und gesagt, dass die es nicht gewesen seien. Unser junger Bursche aber besaß das Taschentuch und den Ring des Mädchens. Die drei Kaminfeger hatten Strohhalme gezogen, um herauszubekommen, wer von ihnen belohnt werden sollte. Das Los war auf den Jüngsten gefallen.

Als Holzhacker durfte unser Bursche in der Küche ein und aus gehen. Einmal wusch er sich das Gesicht mit dem Taschentuch des jungen Mädchens ab. Und plötzlich fiel der Ring in die Tasse, die das Mädchen immer zum Frühstück hatte. Sie fand ihn auch und fragte, wer ihn denn da hineingetan hatte. Alle Diener des Schlosses wurden zusammengerufen, aber niemand hatte etwas gesehen.

Da rief man den Holzhacker, denn das Mädchen hatte ihn im Verdacht. Der war gerade dabei, sich das Gesicht mit dem Taschentuch abzuwischen. Da nahm das Mädchen es ihm ab und erkannte, dass es seines war, und sie beschuldigte den Holzhacker des Diebstahls. Der aber sagte:

»In einer gewissen Nacht hast du es in einer Kapelle zurückgelassen. Siebenhundert Meilen habe ich zurückgelegt, um hierherzukommen, und meine Schuhe sind abgewetzt.«

Da endlich wusste das Mädchen, dass er es war, der sie gerettet hatte. Sie schickte nach ihrem Vater, und der Vater beschloss, sie solle den jungen Burschen heiraten. Die drei Kaminfeger aber wurden auf einem Scheiterhaufen verbrannt.

Die drei Haare vom Goldbart des Teufels

Kement-man oa d'ann amzer
Ma ho devoa dennt ar ier.
Dieses Märchen trug sich in einer Zeit zu,
als die Hühner Zähne hatten

Es war einmal ein Mann, der hieß Malo und war Gärtner am Hofe des Königs. Da er aber schon recht alt war, arbeitete er kaum mehr und hatte die Aufsicht über die anderen Gärtner des Hofes.

Eines Tages erging sich der König in seinem Garten, und da er immer gerne mit Malo plauderte, sprach er zu ihm:

»Deine Frau ist also wieder guter Hoffnung, Malo?«

»Ja, Sire, bald werde ich zum sechsten Mal Vater, denn ich habe schon fünf Kinder, wie Ihr wisst. Was mir aber am meisten Sorge macht, Sire, wo soll ich einen Paten für das sechste Kind finden?«

»Nun gut, lass dir darüber keine grauen Haare wachsen. Suche mich auf, wenn das Kind geboren ist, ich werde schon einen Paten für es finden.«

Und acht Tage später suchte Malo den König auf und sagte:

»Soeben hat mir meine Frau einen sechsten Knaben geschenkt, Sire.«

»Na gut«, antwortete der König, »ich selbst werde sein Pate sein.«

Die Taufe wurde feierlich abgehalten, und man gab dem Kind den Namen Charles. Dann fand ein großes Essen im Palast des Königs statt. Der alte Gärtner hatte ein bisschen mehr als sonst getrunken und war lustig und vergnügt. So hob er gegen Ende des Mahls sein Glas und sprach zum König:

»Auf Euer Wohl, Sire, und Gott möge meinem neugeborenen

Sohn die Gnade erweisen, eines Tages mit Eurer Tochter, der Prinzessin, vermählt zu werden.«

Vor einigen Tagen erst war nämlich dem König ein Töchterchen geboren worden. Über diesen Wunsch war der Herrscher so missmutig, dass er den alten Gärtner entließ.

So trat Malo denn in die Dienste eines großen Edelmannes, der König aber vermisste schon bald seinen alten Gärtner und bat ihn, wieder wie vordem an den Hof zu kommen. Und Malo, der sich auch nach den schönen Gärten, in denen er sein ganzes Leben verbracht hatte, und nach den Plaudereien mit seinem König sehnte, kam gerne zurück. Der König wollte sich um die Erziehung von Charles kümmern, und Malo willigte da gerne ein.

Doch hatte der alte Herrscher nicht die unbesonnenen Worte vergessen, die der Gärtner beim Taufmahl gesprochen hatte, und er wollte schon früh Vorkehrungen treffen, auf dass des Gärtners Wunsch nicht in Erfüllung gehe. So ließ er denn bald Charles in einer gläsernen Wiege aufs offene Meer aussetzen und übergab ihn auf Gedeih und Verderb der tobenden See.

Nun wartete der König schon lange auf seinen Weinhändler aus Bordeaux, der sollte an den Hof kommen und ihm Wein bringen. Der Weinhändler aus Bordeaux aber war auf dem Meer auf die Wiege getroffen, in der Charles ausgesetzt worden war. Er nahm das Kind auf sein Schiff, staunte, wie schön es war, und beschloss, es seiner Frau zu bringen und an Kindes statt anzunehmen. Und in seiner großen Freude und Begeisterung, es seiner Frau zu zeigen, ließ er sein Schiff umkehren und segelte sofort nach Bordeaux zurück.

Seine Frau war überglücklich über das Geschenk, das ihr Mann ihr machte, denn beide hatten keine Kinder, obwohl sie schon seit Langem verheiratet waren. Nun wurde Charles erzogen und unterwiesen, als ob er das eigene Kind des Händlers wäre. Man ließ ihn wiederum taufen, weil man fürchtete, er wäre es noch nicht, und der Zufall wollte es, dass man ihm auch wieder den Namen Charles gab. Er bekam Lehrer jeglicher Art und nannte den Händler und seine Frau auch Vater und Mutter, denn beide hatten ihn über seine ersten Lebensjahre völlig unwissend gelassen.

Unterdessen machte der alte König einige Jahre später eine Reise nach Bordeaux. Als er Charles sah, bewunderte er dessen schönes Aussehen und fragte den Händler, ob es sein Kind wäre. Und der Händler erzählte dem König, wie er Charles in einer gläsernen Wiege auf offenem Meer gefunden hatte, dass er ihn aufgenommen und an Kindes statt angenommen habe. Da wusste der König gleich, dass es das Kind seines Gärtners war, das er selbst aus dem Weg räumen wollte. Und er bat den Händler, er solle ihm Charles überlassen, er wolle ihn später zu seinem Sekretär machen. Der Händler überließ dem König das Kind, wenn auch sehr ungern.

Der König, der noch nicht gleich nach Paris zurückkehrte, schickte Charles vor und gab ihm einen Brief für die Königin. Darin hatte er den Befehl an die Königin aufgeschrieben, den Überbringer des Briefes auf der Stelle töten zu lassen. Und er hatte noch dazugeschrieben, er werde auch unverzüglich zurückkommen, doch sein Befehl müsste noch vor seiner Ankunft ausgeführt werden.

Charles nahm den Brief und machte sich auf den Weg, doch er ahnte nicht, dass er sein Todesurteil trug. Er verbrachte die Nacht in einem Dorf am Rande der Straße und aß dort mit drei Unbekannten, Steuereintreiber von Beruf.

Nach dem Abendessen spielten sie Karten, und Charles verlor sein ganzes Geld und sogar noch seine Uhr. Dann gingen sie zu Bett. Die drei Steuereintreiber schliefen in der gleichen Kammer und Charles in einem kleinen Raum daneben. Nur eine dünne Bretterwand trennte sie, und er hörte ihr Gespräch:

»Der arme Junge!«, sagte einer von ihnen, »er hat sein ganzes Geld verloren. Wie wird er wohl seine Zeche zahlen und nach Hause kommen können? Mich dauert er; wie wär's, wenn wir ihm sein Geld zurückgäben?«

»Ja«, erwiderten die beiden anderen, »wir wollen ihm sein Geld zurückgeben!«

Und einer der drei kam in Charles' Zimmer, um ihm das Geld zurückzugeben. Charles schlief unterdessen tief, denn er war todmüde von seinem Weg. Auf dem Nachttisch entdeckte der Steuereintreiber einen versiegelten Brief, es war der, den der König Charles für die Königin gegeben hatte. Und da der Steuereintreiber neugierig war, erbrach er das Siegel, las den Brief und war über dessen Inhalt doch recht erstaunt.

»Der arme Junge!«, dachte er, »er trägt selbst sein Todesurteil und weiß es nicht.«

Dann zeigte er den Brief seinen zwei Kameraden, und sie schrieben einen neuen Brief, in dem sie der Königin empfahlen, den Überbringer wohl aufzunehmen und gut zu behandeln. Den legten sie Charles dann heimlich wieder auf den Nachttisch.

Am nächsten Morgen, als Charles aufstand, waren die Steuereintreiber schon abgereist. Er fand in seinen Taschen sein Geld und seine Uhr wieder, und der Brief lag auch auf dem Nachttisch, wie er ihn hingelegt hatte. Er bezahlte den Wirt und machte sich auf den Weg. Dass der Brief ausgetauscht worden war, davon ahnte er nichts. So ging er immer weiter und kam schließlich nach Paris, wo er schnurstracks zum Königspalast eilte und der Königin den Brief überbrachte. Diese nahm ihn aufs Beste auf, ließ ihn an ihrer Tafel speisen und nahm ihn mit ihrer Tochter zu Besuchen und Spaziergängen mit.

Einen Monat später kam der König nach Paris zurück, und groß war sein Erstaunen, ebenso groß sein Zorn, als er Charles in Gesellschaft seiner Gemahlin und seiner Tochter fand.

»Wie!«, sagte er zur Königin, »Ihr habt also nicht gemacht, was ich Euch in meinem Brief empfohlen habe?«

»Aber doch«, antwortete diese, »hier ist Euer Brief! Lest ihn wieder!«

Und der König las den Brief, den ihm die Königin gab, und erkannte, dass er hinters Licht geführt worden war. Von wem, wusste er nicht.

Da schickte er Charles als einfachen Soldaten zur Armee. Und er war ein ausgezeichneter Soldat! Schon nach kurzer Zeit brachte er es zum Offizier, und da er sich in allen Gefechten als tapfer erwies und mehr als jeder andere zum Sieg beitrug, stieg er bald zu den höchsten Rängen auf, und in Paris und in der Armee sprach man nur noch von ihm. Die Prinzessin verliebte sich in ihn und bat ihren Vater, ihn doch heiraten zu dürfen.

»Nie!«, antwortete ihr der Vater.

Da kam ein großer Krieg, und der König von Frankreich war gerade dabei, eine entscheidende Schlacht zu verlieren, als Charles mit seinen Soldaten eintraf. Und sogleich wechselte das Kriegsglück, und die Franzosen trugen einen großen Sieg davon statt der verheerenden Niederlage, die ihnen eben noch gedroht hatte.

Und wieder bat die Prinzessin ihren Vater, sie doch den jungen Helden heiraten zu lassen.

»Das will ich gern«, antwortete der alte König dieses Mal, »aber eine Bedingung stelle ich: Er muss mir drei Haare vom Goldbart des Teufels bringen.«

»Und wo soll ich den Teufel suchen?«, fragte Charles.

»In der Hölle natürlich!«, antwortete ihm da die Prinzessin.

»Das ist leicht gesagt! Aber wie soll ich in die Hölle kommen?«

Trotzdem machte er sich auf den Weg und stellte sich Gottes Gnade anheim.

Nachdem er nun lange marschiert war und viele Länder durchquert hatte, kam er an den Fuß eines hohen Berges. Dort sah er eine alte Frau, die kam gerade von einer Quelle zurück, wo sie Wasser in ein Fass geschöpft hatte, das keinen Boden hatte. Das Fass trug sie auf ihrem Haupte.

»Wohin des Weges, junger Mann?«, fragte ihn die Alte, »hierhin kommen keine lebenden Menschen. Ich bin die Mutter des Teufels.«

»Das trifft sich gut, ich suche Euren Sohn, führt mich bitte zu ihm!«

»Aber mein Kind, er wird dich umbringen oder dich lebendig fressen, wenn er dich sieht.«

»Mag sein! Macht, dass ich mit ihm sprechen kann, und wir werden schon sehen.«

»Du hast keine Angst, wie es scheint. Aber sag mir: Was willst du von meinem Sohn?«

»Der König von Frankreich hat mir die Hand seiner Tochter versprochen, wenn ich ihm drei Haare aus dem Goldbart des Teufels bringe, und ich meine, Großmütterchen, eine so schöne Heirat werdet Ihr mir doch nicht wegen drei Barthaaren entgehen lassen.«

»Nun gut, folge mir, und wir werden schon sehen. Du gefällst mir!«

Und Charles folgte der Alten, die ihn zu einem Schloss führte: das war verfallen und ganz schwarz. Sobald sie dort angekommen waren, begann sie, auf einem Ofen, der breiter als ein Mühlstein war, für ihren Sohn Crêpes zu backen. Und bald vernahm man schon einen fürchterlichen Lärm.

»Da kommt mein Sohn«, sagte die Alte, »versteck dich schnell unter meinem Bett!«

Charles versteckte sich unter dem Bett, und schon trat der Sohn der Alten ein und schrie:

»Ich habe einen Bärenhunger, Mutter, einen Bärenhunger!«

»Dann iss doch, mein Sohn, hier habe ich gute Crêpes!«

Und gierig begann er, die Crêpes zu verschlingen, die wie in einem Abgrund verschwanden. Als er auf diese Weise einige Dutzend verschlungen hatte, hielt er einen Augenblick lang inne und sagte:

»Ich rieche hier das Fleisch eines Christenmenschen; davon muss ich essen.«

»Du redest dummes Zeug, mein Sohn«, sprach da die Alte, »iss deine Crêpes, und denk nicht an die Christenmenschen. Du weißt genau, dass nie einer hierhin kommt.«

Und er verschlang noch einige Dutzend Crêpes, dann schnupperte er und wiederholte:

»Ich rieche hier einen Christenmenschen, und ich muss davon essen.«

»Lass mich doch in Ruhe mit deinen Christenmenschen«, entgegnete ihm die Alte, »iss deine Crêpes oder geh schlafen, wenn dein Bauch voll ist.«

»Ja, gutes Mütterchen«, sagte er da besänftigt, »ich bin müde und gehe schlafen.«

So legte er sich denn zu Bett, und kurz darauf schnarchte er schon. Da näherte sich ihm die Alte und riss ihm ein Haar aus seinem goldenen Bart. Er kratzte sich am Kinn, wachte aber nicht auf. Einen Augenblick später riss ihm die Alte ein zweites, dann endlich ein drittes Haar aus. Schließlich wurde er doch wach, sprang aus seinem Bett und sprach:

»Ich kann in diesem Bett nicht schlafen, Mutter, da sind zu viele Flöhe drin. Ich werde mich in den Pferdestall legen.«

»Geh in den Pferdestall, wenn du willst, mein Sohn. Morgen werde ich dir neue Bettlaken auflegen.«

Und der Teufel ging aus seiner Kammer in den Pferdestall.

»Komm jetzt schnell«, sagte die Alte da zu Charles und zeigte ihm die drei Haare, die sie eben aus dem Bart ihres Sohnes gerissen hatte. »Hier sind die drei Haare aus dem Goldbart des Teufels. Nimm sie schnell mit und heirate die Tochter des Königs von Frankreich.«

Charles nahm die drei Haare, bedankte sich und machte sich sogleich auf.

Als er zum Palast des Königs von Frankreich kam, ergingen sich gerade die Königin und ihre Tochter im Garten. Schnell begab er sich zu ihnen, und sobald die Prinzessin ihn erblickte, fragte sie:

»Wo sind die drei goldenen Haare aus dem Bart des Teufels?«

»Hier habe ich sie«, antwortete er und zeigte sie ihr.

Schnell lief die Prinzessin zu ihrem Vater und erzählte ihm alles. Als der alte König aber die drei goldenen Haare sah, geriet er in solch unbändige Wut, dass er sich selbst den Dolch ins Herz stieß und sogleich tot umfiel.

»Geh doch zum Teufel«, sagte Charles, als er dies sah.

Nun stand nichts mehr der Heirat von Charles und der Prinzessin im Weg. Er schrieb dem Händler von Bordeaux einen Brief und bat ihn, sogleich nach Paris zu kommen. Der kam sofort, offenbarte alles, und alle erfuhren, dass Charles der Sohn des alten Palastgärtners und das Patenkind des Königs war. So hatte sich auch der Wunsch des alten Gärtners erfüllt, als er beim Taufmahl mit dem König angestoßen und gesagt hatte:

»Auf Euer Wohl, Sire, und Gott möge Eure Tochter und meinen Sohn eines Tages zusammenführen!«

Und die Hochzeit wurde gefeiert, und was war das für eine schöne Hochzeit! Da gab es Festmähler, Tänze und Spiele aller Art, vierzehn Tage lang!

Ich, die euch diese Geschichte erzählt habe, weiß es, denn ich war die Köchin!

Die Prinzessin, die in eine Maus verwandelt wurde

Selaouit holl, mar oc'h eûs c'hoant,
Hag e clewfet eur gaozic koant,
Ha na eûs en-hi netra gaou,
Mès, marteze, eur gir pe daou.
Lauscht nun alle, wenn ihr wollt,
und ihr werdet ein hübsches Märchen hören!
Drin gibt es keine Lüge,
vielleicht nur ein oder zwei Wörtchen.

Es war einmal ein König von Frankreich, der war schon alt und hatte keine Kinder, und das bekümmerte ihn gar sehr. Endlich, als beide schon keine Hoffnung mehr hegten, schenkte die Königin ihm eine Tochter. Wie wurde da deren Geburt mit Gelagen und Festen gefeiert!

Eine alte Hexe aber, die in einem nahen Wald hauste, war nicht zu den Festlichkeiten geladen. Darob war sie derart erzürnt, dass sie sich zu rächen entschloss: die Prinzessin sollte sich in eine Maus verwandeln und so lange diese Gestalt behalten, bis eine der Schwestern der Hexe, die man noch nie hatte lachen sehen, zum Lachen gebracht würde.

Und eines Tages stieß die Amme, die das Kind eben im Palast säugen wollte, plötzlich einen Schrei aus:

»Ach, mein lieber Gott, da ist mir doch jetzt die Prinzessin aus meinen Armen entschlüpft, sie hat die Gestalt eines Mäuschens bekommen!«

»Welch Unglück«, jammerte der König, »aber es ist Gottes Wille, und dem müssen wir uns beugen.«

Kurze Zeit später kam es zum Krieg zwischen dem König von Frankreich und dem von Spanien. Der König von Frankreich saß schon im Hof seines Palastes auf seinem Ross und war zum Aufbruch bereit, als er plötzlich sah, wie seine Tochter, die eine Maus geworden war, auf ihn zulief. Seit ihrer Verwandlung hatte man sie übrigens nicht aus den Augen gelassen und sorgsam auf sie aufgepasst. Die nun sprach zu ihm:

»Ich will mit Euch in den Krieg ziehen, lieber Vater!«

»Was willst du denn da anfangen, mein armes Kind, in dem Zustand, in dem du bist?«

»Fürchtet nichts und nehmt mich mit, sage ich Euch. Setzt mich in das Ohr Eures Pferdes, und dann geht's ab.«

So tat der König auch. Er setzte die Maus in das Ohr seines Pferdes, und sie ritten davon. Und als sie auf dem Schlachtfeld vor dem Feind angekommen waren, da vernahm man plötzlich von beiden Seiten eine bezaubernde Musik.

»Oh, welch berückende Weisen«, rief der Sohn des Königs von Spanien. »Ich muss unbedingt wissen, woher sie kommen.«

Und als die Soldaten der beiden Lager diese Weisen hörten, waren sie eher geneigt, sich zu umarmen, als sich zu bekämpfen. So suchte denn auch der Sohn des Königs von Spanien den König von Frankreich auf und fragte ihn:

»Was soll diese Musik bedeuten, Sire, und woher kommt sie?«

»Es ist meine Tochter, die singt«, antwortete dieser.

»Eure Tochter? Aber wo ist sie denn?«

»Hier, ganz nah bei mir, im linken Ohr meines Pferdes.«

»Ihr wollt Euch wohl über mich lustig machen, Sire.«

»Keineswegs, ich sage Euch die reine Wahrheit.«

»Nun, gut, wenn Ihr mir die Hand Eurer Tochter gebt, dann ist der Krieg zwischen uns zu Ende.«

»Was! Ihr wollt eine Maus heiraten!«

»Eine Maus? Nun, auch gut! Ja, wenn sie mich will.«

»Ja, das möchte ich gern, lieber Vater«, fiel da schnell die Maus ein.

So ließ man also Krieg Krieg sein. Man feierte die Hochzeit, und statt sich an die Köpfe zu geraten, nahmen die beiden Heere an den Feierlichkeiten und Festmählern teil. Die dauerten ganze acht Tage, und alle tranken Brüderschaft, das Glas in der Hand.

Nun hatte aber der König von Spanien noch zwei weitere Söhne, die waren auch verheiratet: der eine mit der Tochter des Königs von Portugal, der andere mit der Tochter des Königs der Türkei. Eines Tages rief der Vater seine drei Söhne zu sich und tat ihnen kund, er wolle nun seine Krone seinem ältesten Sohn übergeben und den Rest seiner Tage in Frieden und Stille beenden.

»Ich meine, lieber Vater«, entgegnete da der Zweitälteste, »es wäre gerechter, dem von uns die Krone zu übergeben, der die größte Tat vollbringt, denn alle drei sind wir Eure Kinder und haben das gleiche Anrecht.«

»Nun gut«, sprach der alte Herrscher, »ich werde euch auf die Probe stellen: Meine Krone wird demjenigen von euch gehören, der mir das schönste Stück Tuch bringt.«

»So sei es«, war die einmütige Antwort der Brüder.

Und jeder von ihnen ging nach Hause zurück und teilte seiner Frau den Willen des Vaters mit. Als der Jüngste, der Gemahl der Maus, zurückkehrte, erwartete ihn schon seine Frau. Sie saß auf einem der Fenster des Palastes in der Sonne und sang mit wunderschöner Stimme.

»Lasst gut sein damit«, sagte ihr da der Gatte, »ich hätte es viel lieber, wenn Ihr geschickt die Spindel zu drehen vermöchtet!«

»Wieso das denn? Was gibt es denn Neues?«, fragte sie ihn da.

»Nun, neu ist, dass mein Vater dem seiner drei Söhne die Krone versprochen hat, der ihm das schönste Stück Tuch bringt.«

»Ach was, Unsinn! Die Krone meines Vaters, des Königs von Frankreich, wiegt hundertmal so viel wie Eure. Beunruhigt Euch aber nicht, und lasst Eure beiden Brüder sich mit dem Tuch um die Krone streiten.«

»Nein, wie schön auch die Krone Eures Vaters sein mag, so will ich auf die meines Vaters doch nicht verzichten!«

Schon war der Tag, an dem sie dem alten König das Tuch vorführen sollten, nahe gerückt. Da beklagte sich am Vorabend der festgesetzten Frist unser Prinz bei seiner Frau und sprach zu ihr:

»Morgen müssen wir unserem Vater das Tuch vorführen, und

ich habe noch nichts, was ich ihm zeigen könnte. Wie soll ich es nur anstellen?«

»Beruhigt Euch und grämt Euch nicht ob solcher Kleinigkeiten«, entgegnete ihm da die Maus, »nehmt diese Schachtel, und wenn Eure beiden Brüder ihr Tuch gezeigt haben, dann öffnet sie, und Ihr werdet dann finden, was ihnen Schande bereitet.«

Und sie gab ihm eine kleine Schachtel, die sorgsam verschlossen war.

»Wie soll denn dieses Schächtelchen ein Stück Tuch enthalten, das mir den Sieg zukommen lässt?«, sprach da der Prinz und machte sich auf den Weg mit dem Schächtelchen, aber beruhigt war er nicht.

Als er in seines Vaters Palast gekommen war, erblickte er im Hofeingang mehrere Maultiere, die waren mit Ballen von Tuch beladen, das seine Brüder aus den entferntesten Ländern mitgebracht hatten. Und sie zeigten dem König ihr Tuch. Der prüfte es sorgsam und war des Lobes voll, wie schön, fein und weich einiges davon war.

»Und du, mein Sohn, was bringst du mir?«, fragte er den Jüngsten, als der an der Reihe war.

»Nur dies«, und er reichte seinem Vater das Schächtelchen mit den Worten: »Öffnet es, lieber Vater.« Da brachen seine beiden Brüder in schallendes Gelächter aus; der König aber öffnete die Schachtel, und sogleich enthüllte sich daraus ein Stück feinsten Stoffes, das glänzte wie Seide. Das Tuch seiner beiden Brüder war, damit verglichen, wie ein grober Hanf Stoff. Und was am wunderbarsten war: das Tuch des Jünglings schien ohne Ende, denn so weit man es auch aus der Schachtel herauszog, man fand keinen Abschluss. Da lachten aber die beiden älteren Prinzen nicht mehr.

»Meinem jüngsten Sohn gebührt meine Krone«, sprach da der König sehr verwundert.

»Jetzt aber!«, wehrten sich da die beiden anderen verdrossen, »man soll nie so hastig auf den ersten Blick urteilen. Fordert eine zweite Probe, Sire, und wir werden schon sehen!«

»Das will ich gern«, sprach der König, »aber was soll ich wohl als zweite Probe verlangen?«

»Versprecht Eure Krone dem von uns, der Euch die schönste Frau bringen wird«, sprach der Älteste, der mit der Tochter des Königs der Türkei verheiratet war, einer Prinzessin von wunderbarer Schönheit.

»Ja, das ist es«, erwiderte der alte König, »dem, der mir die schönste Frau vorführt!«

Und so zogen die drei Brüder wieder ab, jeder in sein Land. Der Jüngste kam ganz betrübt heim und war überzeugt, diesmal nicht mithalten zu können, da seine Frau ja eine Maus war.

»Warum seid Ihr so betrübt, mein Prinz«, fragte ihn diese, als sie sein jammervolles Antlitz sah, »hat meine Schachtel ihren Dienst nicht getan?«

»Doch, das Schächtelchen hat sich wundervoll aufgeführt.«

»So gehört also nun die Krone Spaniens Euch?«

»Die Krone Spaniens! … Die zu tragen, davon bin ich noch weit entfernt!«

»Warum denn?«

»Weil mein Vater eine zweite Probe verlangt.«

»Welche denn? Sagt sie mir, ich bitte Euch.«

»Wozu soll das denn noch gut sein?«

»Sprecht nur, wir werden schon weiter sehen!«

»Nun gut, auf das Verlangen meines ältesten Bruders hin, der mit der Tochter des Königs der Türkei verheiratet ist, hat mein Vater jetzt dem von uns dreien die Krone versprochen, der ihm die schönste Frau vorführen wird, und Ihr versteht …«

»Wenn es nichts weiter ist, dann beruhigt Euch und habt Vertrauen zu mir.«

Als nun der Tag gekommen war, an dem dem alten König die Frauen vorgestellt werden sollten, sagte die Maus zu ihrem Mann, dem Prinzen:

»Ich werde mit Euch zu Eurem Vater gehen.«

»Ich brauche keine Maus, die ich meinem Vater vorstellen kann, sondern eine Frau«, entgegnete dieser.

»Macht Euch jetzt keine Sorgen, sage ich Euch, und nehmt mich mit.«

»Um mir Schande zu bereiten?«

Und sogleich bestieg er seine Karosse, fuhr los und ließ die Maus zu Hause zurück. Die aber sagte zu einem jungen Hirten, der sich eben anschickte, mit seinen Schafen aufzubrechen:

»Hirt, fang mir diesen großen roten Hahn, den du da hinten immer um seine Hühnerschar siehst, und bring ihm an seinem Schnabel ein Zaumzeug aus Weidenrinde an. Dann werde ich auf seinen Rücken steigen, um zu meinem Gatten zu reiten, der bei meinem Schwiegervater weilt.«

Der Hirte machte, was man ihm aufgetragen hatte, und die Maus stieg auf den Rücken des Hahns, nahm zwischen ihre Vorderpfoten das Zaumzeug aus Weidenrinde, und ab ging's zum spanischen Hof. Dabei kam sie auch am Schloss der Hexe vorbei, die sie in eine Maus verwandelt hatte. Beim Schloss aber war ein morastiger Sumpf, da wollte der Hahn nicht hinein. Die Maus hatte gut schreien ›Hopp, hopp, vorwärts‹, doch wenn der Hahn einen Schritt vorwärts gemacht hatte, dann machte er gleich wieder zwei zurück. Die Schwester der Hexe stand gerade am Fenster, und als sie dieses komische Reitgespann sah, brach sie in so schallendes Gelächter aus, dass es aus allen Ecken des Schlosses widerhallte. Schon eilte auch die alte Hexe herbei, und als sie sah, was ihre Schwester so zum Lachen gebracht hatte, da sagte sie zur Maus:

»Jetzt ist der Zauber gebrochen. Ich hatte dich so lange in eine Maus verwandelt, bis ich meine Schwester lachen hörte. Nun hat sie gelacht, und du bist erlöst. Du wirst sogleich die schönste Prinzessin unter der Sonne werden, dein Zaumzeug wird sich in eine schöne goldene Karosse verwandeln, und dein Hahn wird ein prächtiges Pferd.«

Und tatsächlich, im Handumdrehen war alles verwandelt.

»Geh nun«, sprach noch die Hexe, »geh zum Hof des Königs, deines Schwiegervaters, und hab keine Angst, dass eine Schönere als du dort auftaucht.«

Und die Prinzessin setzte ihren Weg in dieser prächtigen Ausstattung fort, und bald hatte sie ihren Gatten eingeholt, der sich unterwegs nicht besonders beeilt hatte. »Was, Ihr seid erst hierhin gekommen!«, sprach sie zu ihm.

Der Prinz war bass vor Erstaunen, und da er in dieser wunderschönen Prinzessin seine Frau nicht wiedererkannte, gab er keine Antwort.

»Los«, fuhr sie da fort, »kommt in meine Karosse und lasst Euren hässlichen Karren und die Schindmähre, die Euch zieht, stehen.«

»Macht Euch nicht über mich lustig, Prinzessin«, antwortete er endlich, »wenn auch Eure Karosse schöner und Euer Pferd besser ist als meines.«

»Aber schaut mich doch genau an, erkennt Ihr in mir nicht Eure Gattin?«

»Nein, Ihr seid nicht meine Gattin, leider. Meine Frau ist die Tochter des Königs von Frankreich, und die ist von einer bösen Hexe in eine Maus verwandelt worden. Wie es aber auch sei, ich liebe sie so, wie sie ist.«

Nun erst erzählte ihm die Prinzessin, wie sich alles zugetragen hatte, und überzeugte ihn schließlich doch, wenn auch mit Mühe, dass sie wirklich die Tochter des Königs von Frankreich und seine Gemahlin sei.

Dann setzten beide ihren Weg in der goldenen Karosse fort, die vor lauter Licht nur so funkelte, und bald kamen sie auch schon an den Hof des Königs von Spanien. Ihre Ankunft brachte viel Aufsehen. Der Hof des Palastes war ganz geblendet von ihrem Glanz und ihrer Schönheit. Die zwei älteren Prinzen hatten zwar schöne Frauen, das war gewiss, aber als sie die Frau ihres jüngsten Bruders erblickten, waren sie ganz verwirrt und fassungslos. Und als der alte König eine solch vollkommene Schönheit sah, ward er heiter und aufgeräumt, reichte ihr die Hand, um ihr aus der Karosse zu helfen, und sprach:

»Ihr seid die schönste Prinzessin, die meine Augen je gesehen haben, und die würdigste, Euch neben meinen jüngsten Sohn auf den spanischen Thron zu setzen.«

Am Abend dann gab es ein großes Fest, und der alte König wollte, dass sich die Prinzessin neben ihn an die Tafel setzte. Von jedem Gericht, das man auftrug, und von jedem Trank, den man ihr ausschenkte, nahm sie ein Stückchen oder einen Tropfen und gab es auf ihren Schoß. Darüber wunderten sich alle Gäste.

Nach dem Mahle kam der Tanz, und als die Prinzessin tanzte, da verstreute sie bei ihren Schritten Perlen und Blumen; die fielen aus ihren Rockschößen, ohne zu versiegen. Ihre beiden Schwägerinnen waren ganz blass vor Ärger darüber.

Am nächsten Tag gingen die Feiern wieder weiter, und die Frauen der zwei älteren Prinzen taten auch ein Stück oder einen Tropfen von dem, was man ihnen auftrug, in ihren Schoß. Dabei hofften sie, dass sich das auch in Perlen und Blumen verwandeln würde. Aber ach! Als der Tanz begann, da verstreuten sie keine Perlen und Blumen bei ihren Schritten wie ihre Schwägerin, sondern nur Speisereste und Saucen. Damit waren ihre schönen Kleider ganz befleckt und beschmutzt, sodass sich ihre Tänzer schämten und wegblieben. Später wurden die Hunde und Katzen aus allen Ecken des Palastes von diesem Unrat angezogen, stürzten in den Ballsaal, bellten und miauten und richteten ein wildes Wirrwarr an.

Als der alte König dessen gewahr wurde, geriet er in unbändigen Zorn und jagte seine zwei ältesten Söhne und deren Frauen aus seinem Palast. Dann dankte er ab und überließ seinem jüngsten Sohn die Krone.

Der kleine Vogel mit dem goldenen Ei

Es war einmal ein Gärtner, der hatte zwei Söhne. An einem schönen Maientag bemerkte er plötzlich einen kleinen Vogel, wie er nie einen gesehen hatte.

»Das ist aber ein schöner Vogel!«, sagte er zu sich selber. »Wenn ich ihn nur fangen könnte!«

Und es gelang ihm, den kleinen Vogel zu fangen, und er setzte ihn in einen Käfig, denn er wollte ihn seinem Gutsherrn zum Geschenk machen. Der Vogel legte bald ein Ei, und das war gelb wie pures Gold.

Am nächsten Tag musste die Frau des Gärtners in die Stadt gehen, um ihrem Gutsherrn Eier zu bringen, und es fehlte ihr eines, um ihre drei Dutzend voll zu machen. So nahm sie einfach das Ei des kleinen Vogels und legte es zu den anderen; dann ging sie in die Stadt.

Als der Gutsherr das goldgelbe Ei bemerkte, war er erstaunt und sprach zur Frau des Gärtners:

»Was ist denn das für ein Ei?«

»Mein Gott, Monseigneur, es fehlte mir eines, um meine drei Dutzend voll zu machen, da habe ich dieses gelbe Ei genommen. Ein kleiner Vogel, den wir im Haus haben, hat es gelegt.«

»Wie habt Ihr diesen Vogel bekommen?«

»Mein Mann hat ihn im Garten gefangen.«

»Sagt Eurem Mann, er soll mich nächsten Sonntag aufsuchen und mir den kleinen Vogel mitbringen!«

»Ich werde es ihm ausrichten, Monseigneur ...«

Am nächsten Sonntag begab sich der Gärtner in die Stadt und nahm den Vogel in seinem Käfig mit. Auch seine beiden jungen Söhne kamen mit ihm mit. Sobald nun der Gutsherr den kleinen Vogel erblickte, da rief er aus:

»Gott, welch schöner Vogel! Aber was steht da um seinen Kopf herum geschrieben?« Und der Gutsherr las um den Kopf des Vogels herum: »Wer mein Herz isst, findet jeden Morgen unter seinem Kopfkissen hundert Taler!«

»Heda!«, dachte er sich, »das ist ja ein Wundertier!«

»Ihr müsst mir unbedingt Euren Vogel überlassen!«, sagte er da zum Gärtner.

»Gerne Monseigneur, wenn er Euch so gefällt!«

Die Stunde des Hochamts war inzwischen gekommen; doch bevor sich der Gutsherr in die Kirche begab, empfahl er seiner Köchin, ihm den kleinen Vogel fürs Essen zu braten. Sie solle gut aufpassen und nur nicht sein Herz verlieren oder es der Katze geben, denn das sei das beste Stück.

Dann ging der Gutsherr zur Messe, und der Gärtner mit ihm. Seine zwei Söhne waren an den Steg gegangen, um sich dort die Boote anzuschauen. Und als sie genug herumspaziert waren, kehrten sie zum Haus des Gutsherrn zurück. Sie kamen in die Küche und fanden dort nur die Köchin vor. Auf dem Tisch sahen sie den kleinen Vogel, der war schon gerupft, und daneben in einem Schüsselchen lag sein Herz. Die zwei Knaben hießen François und Allain. Als François das Herz des kleinen Vogels im Schüsselchen sah, hielt er es für eine rote Kirsche und schluckte es hinunter. Dann gingen beide in den Garten spielen.

Beim Essen wurde der Vogel aufgetragen, und der Gutsherr suchte rasch nach dem Herzen, doch fand er es nicht.

»Wo ist denn das Herz des Vogels, Köchin?«, fragte er da.

»Wie, Monseigneur, findet Ihr es denn nicht?«

»Aber nein, ich finde es nicht. Habt nur acht, dass Ihr es nicht gegessen habt!«

»Ich, Monseigneur? Die Katze könnte es vielleicht gefressen haben, denn ich war einen Augenblick aus der Küche weg.«

Da war der Gutsherr tief enttäuscht und zornig: Er stand von der Tafel auf, denn er mochte einfach nicht mehr zu Ende essen.

Am Abend kehrte der Gärtner mit seinen beiden Söhnen nach Hause zurück. Die zwei Kinder gingen gleich schlafen, jedes in sein Bett wie üblich. Und als ihre Mutter am nächsten Morgen ihre Betten machte, fand sie unter François' Kopfkissen hundert Goldtaler.

»Nanu!«, sagte sie sich ganz erstaunt, »wo kommt denn dieses Gold her?«

Sie nahm es weg, erzählte ihren Kindern aber nichts davon, nur ihrem Gatten sagte sie es: der war darüber ebenso verwundert wie sie. Am Morgen darauf fand sie wieder hundert Taler unter dem Kopfkissen von François. So ging es nun jeden Morgen, sodass sie schon bald reich wurden, und niemand wusste, wie das vor sich gegangen war. Die beiden Söhne selbst wussten es auch nicht, aber sie wollten in die Welt aufbrechen. Ihr Vater und ihre Mutter baten sie vergeblich, doch mit ihnen im Haus zu bleiben, da es ihnen dort an nichts fehlte, doch umsonst, sie mussten ihnen ihren Willen lassen. So gaben sie ihnen denn Geld, daran mangelte es im Haus nicht mehr, und dann machten sich beide auf den Weg.

Als sie nach Guingamp gekommen waren, stiegen sie in einem Wirtshaus ab und fragten nach einer Unterkunft.

»Aber sicher, Messeigneurs«, gab ihnen die Wirtin zur Antwort, »wir werden Euch aufs Beste aufwarten.«

Sie aßen gut zu Abend und legten sich dann schlafen. Am nächsten Morgen, als die Wirtin ihr Bett machte – sie hatten im gleichen Bett geschlafen –, fand sie hundert Goldtaler unter ihrem Kopfkissen. Sie sagte niemandem etwas davon. Am übernächsten Morgen fand sie wieder die gleiche Geldsumme. Und als die beiden Brüder davon sprachen, sie wollten ihren Weg fortsetzen und ihre Zeche begleichen, baten die Wirtin und ihr Mann sie inständig, doch noch etwas zu bleiben. Sie behandelten sie so gut, dass sie schließlich einen ganzen Monat dort im Wirtshaus verbrachten. Der Wirt war inzwischen reich geworden, denn seine Frau fand jeden Morgen ihre hundert Taler und ließ niemanden anderes das Bett der beiden Brüder machen. Sobald sie aufgestanden waren, eilte sie schon hin. Unseren beiden Knaben ging es schon gut in Guingamp! Als der Monat jedoch zu Ende war, verlangten beide wieder die Rechnung, um weiterziehen zu können. Die Wirtsleute drängten sie von Neuem, doch noch zu bleiben, aber diesmal vergeblich.

»Macht uns unsere Rechnung, Wirtin«, sagten sie, »damit wir aufbrechen können!«

»Wenn Ihr zurückkommt, könnt Ihr zahlen, Messeigneurs. Macht Euch darüber keine Sorgen! Und wenn es Euch hier gut ergangen ist, dann sucht Euch wieder unser Haus als Bleibe aus.«

Und sie versprachen, bei ihrer Rückkehr wieder in diesem Wirtshaus abzusteigen. Als sie gerade abreisen wollten, nahm die Wirtin François etwas zur Seite und sagte ganz leise zu ihm:

»Ihr habt mir viel Gutes getan, und um Euch meine Dankbarkeit zu bezeugen, will ich Euch was sagen: Schaut jeden Morgen, wenn Ihr aufsteht, unter Euer Kopfkissen, und Ihr werdet dort hundert Goldtaler finden.«

François lächelte, denn er war überzeugt, die Wirtin habe mit ihm gescherzt, und so sagte er seinem Bruder nichts davon. Doch den ganzen Weg über gingen ihm die Worte der Wirtin nicht mehr aus dem Kopf, und er sagte sich: »Vielleicht sagt die Wirtin doch die Wahrheit?«

Als die Nacht hereinbrach, gingen sie in ein Wirtshaus am Rande des Weges. Und am nächsten Morgen schaute François eilig unter sein Kopfkissen.

»Hundert Goldtaler! Die Wirtin ist sicher eine Zauberin«, dachte er bei sich.

Schnell steckte er die hundert Taler in seine Tasche und sagte seinem Bruder nichts davon. Dann machten sie sich wieder auf den Weg und gingen in Richtung Paris. Und jeden Morgen, wo sie auch immer schliefen, fand François fortan hundert Goldtaler unter seinem Kopf.

Bald kamen sie in Paris an; dort trennten sie sich, und jeder ging seines Weges, um sein Glück zu machen. François, der die Taschen voller Gold hatte, stieg in einem großen Hotel ab. Er nahm sich einen Schulmeister, der ihm das Lesen und Schreiben beibringen sollte, denn davon verstand er noch nichts. Er kleidete sich wie ein Prinz, machte riesige Ausgaben, denn Gold hatte er ja reichlich. Zudem war er ein hübscher junger Mann.

Eines Tages sah ihn die Tochter des Königs, und sogleich entbrannte sie in Liebe zu ihm. Der König indes wollte seine Tochter nicht einem Mann geben, den er nicht kannte. Die Prinzessin jedoch bestand darauf, sodass er schließlich einwilligte, und bald verlobten sich die beiden und heirateten dann.

Von da an aber führte François ein gar liederliches Leben. Alle Tage trank er, machte Glücksspiele und den jungen Mädchen schöne Augen. Mit seiner Gemahlin sah man ihn nie zusammen, und die arme Prinzessin war darüber todunglücklich.

»Wie stellt er es nur an?«, sagte sie sich. »Er gibt viel aus, und doch bittet er weder mich noch meinen Vater je um Geld. Da muss etwas dahinterstecken! Das muss ich unbedingt herausfinden!«

Und sie suchte eine alte Hexe auf und erzählte ihr den Fall.

»Ach, mein armes Kind«, sagte ihr die Hexe, »dein Gemahl hat das Herz des kleinen Vogels mit dem goldenen Ei gegessen, und seit diesem Tag findet er jeden Morgen hundert Goldtaler unter seinem Kopfkissen. Wenn du das Herz des Vogels haben könntest, welche Frau würdest du dann sein!«

»Und wie soll ich es bekommen, da er es schon gegessen hat?«

»Mach, wie ich es dir sagen werde, und vielleicht wirst du es dann besitzen können! Jede Nacht musst du doch aufstehen, um ihm zu trinken zu bringen: mische dann in einem Glas Cidre, Wein, Schnaps, Salz und Pfeffer, und gib ihm diese Mixtur zu trinken. Er wird sie unversehens hinunterschlucken und sogleich das Herz des Vogels herausspucken. Nimm es dann und iss es!«

Die Prinzessin ging nach Hause zurück, und gegen Mitternacht kehrte auch ihr Gatte heim, betrunken wie ein herumziehender Dorfgeiger. Kaum lag er im Bett, da verlangte er auch schon zu trinken. Da reichte ihm seine Frau die Mixtur, die sie vor dem Schlafengehen zubereitet hatte. Mit einem Zug kippte er sie hinunter, und sogleich begann er auch zu husten, dann spuckte er das Herz des kleinen Vogels aus. Die Prinzessin ergriff es und schluckte es hinunter. Und am nächsten Morgen fand sie hundert Goldtaler unter ihrem Kopfkissen. Unter dem von François lag nichts mehr. Da war er sehr erstaunt und dachte bei sich:

»Was soll das heißen, dass ich kein Geld mehr habe …?«

Am nächsten Morgen fand die Prinzessin wieder ihre hundert Taler, und er wieder nichts! Darob wurde er sehr betrübt. Seine Zechkumpane suchten ihn im Palast auf, aber er wollte nicht mehr mit ihnen gehen. Niemand außer seiner Frau wusste, was vorgefallen war. Jetzt, da er kein Geld mehr besaß, wurde er so bösartig, dass niemand im Palast ihn mehr ausstehen konnte. Darüber war der König sehr verdrossen und die Prinzessin auch. So kehrte sie zu der alten Hexe zurück und sprach zu ihr:

»Ich habe es so gemacht, wie Ihr mir empfohlen habt, und nun befindet sich das Herz des kleinen Vogels in meinem Magen. Aber seit mein Gemahl nicht mehr seine hundert Taler jeden Morgen unter seinem Kopfkissen findet, ist er so bösartig geworden, dass ihn niemand mehr im Palast ausstehen kann. Er gleicht schon einem rasenden Dämon.«

»Ist schon gut! Nimm diesen Zauberstab, und wenn du zu Hause bist, so sage: ›Durch die Kraft meines Stabes, ich wünsche, dass mein Gatte fünfhundert Meilen von hier auf eine Insel mitten im Meer gebracht wird.‹ Und es wird auf der Stelle geschehen.«

Die Prinzessin kehrte mit ihrem Stab nach Hause zurück; als sie ankam, tobte ihr Gatte schlimmer denn je. Sie wartete, bis er im Bett eingeschlafen war. Dann näherte sie sich ihm, den Stab in der Hand, und sprach: »Durch die Kraft meines Stabes, ich wünsche, dass mein Gatte fünfhundert Meilen von hier auf eine Insel mitten im Meer gebracht wird.«

Und sogleich wurde er vom Palast hinweggetragen und durch die Lüfte auf eine Insel mitten im Meer gebracht. Während der Reise, die nicht lange dauerte, schlief er übrigens. Und als er aufwachte, war er doch recht erstaunt.

»Wo zum Teufel bin ich hier?«, schrie er da. »O du verfluchte

Hexe (so sprach er von seiner Frau!), du hast mir übel mitgespielt! Aber was soll's, ich werde dich schon noch bekommen!«

So begann er also auf der Insel herumzugehen. Er erblickte weder eine menschliche Behausung noch Bewohner. Hunger überkam ihn, und da er nichts anderes zu essen fand, begann er, Muschelschnecken am Strand zu suchen. Lange Zeit über hatte er nichts anderes zu essen.

Eines Tages, das Wetter war klar und schön, war er erstaunt, dass urplötzlich Dunkelheit hereinbrach.

»Was ist das denn?«, fragte er sich selbst. Und einen Augenblick später sah er, wie ein Adler sich auf den Strand hinunterstürzte und sich daranmachte, auch Muscheln zu suchen.

»Was für ein großer Vogel!«, sagte er sich. »Wenn ich dem auf den Rücken steigen könnte, würde er mich von dieser Insel forttragen!«

Und sachte, sachte näherte er sich ihm, wobei er sich immer wieder hinter den Klippen versteckte. Es gelang ihm tatsächlich, dem Adler auf den Rücken zu steigen. Sogleich erhob sich der Riesenvogel und trug ihn hoch in die Lüfte, so hoch, dass er das Meer nicht mehr sehen konnte. Und als der Adler des Fliegens müde war, ließ er sich mitten in einem großen Wald auf einer Eiche nieder. Da stieg François von ihm ab und kletterte zur Erde. Er hatte einen Bärenhunger. Als er so durch den Wald ging, stieß er auf einen Kirschbaum, der trug schöne rote Kirschen. Und wie stürzte sich da François auf die Kirschen! Er hatte aber noch nicht viele davon gegessen, da verwandelte er sich in ein Pferd. Er begann zu wiehern und in dieser Gestalt durch den Wald zu laufen. Und obgleich er Pferd war, sagte er zu sich:

»Da bin ich aber schön hineingeraten, wenn ich etwa immer Pferd bleiben sollte!«

Und er sah einen weiteren Kirschbaum, der trug Kirschen von einer anderen Farbe.

»Bei Gott! Was soll's, jetzt kann ich auch davon welche essen«, sagte er sich. Und er begann, Kirschen von diesem Baum zu essen und ward sogleich wieder ein Mensch.

»Was Wunder«, sprach er da, »ich werde schon wissen, wozu diese Kirschen gut sind!« Und er füllte sich die Taschen vom ersten Kirschbaum voll; vom zweiten aber nahm er keine mit. Dann ging er in Richtung Paris.

Als er dort ankam, setzte er sich sogleich vor das Tor der Kirche, in der die Prinzessin, seine Frau, die Messe zu hören pflegte. Seine Kirschen legte er zum Verkauf auf ein Tuch vor sich. Die Messe hatte bereits begonnen. Als sie zu Ende ging, sah er seine Frau in Begleitung ihrer Kammerzofe aus der Kirche kommen. Sie sah die Kirschen und fand sie so schön, dass sie welche essen wollte. Den Händler bemerkte sie nicht einmal. So schickte sie denn ihre Zofe, sie solle Kirschen kaufen.

Schon bei der ersten Kirsche, die die Prinzessin aß, wurde sie in eine Stute verwandelt. Da wieherte sie, schlug um sich aus und galoppierte durch die Straßen der Stadt wie ein wild gewordenes Tier. Alle Leute flüchteten entsetzt, und niemand wagte es, sie anzuhalten.

»Gebt mir einen Zügel«, sagte der Kirschenhändler, »ich werde schon mit ihr fertig werden!«

Und man gab ihm einen Zügel; es war ein Leichtes für ihn, diesen der Stute um den Hals zu legen. Dann stieg er ihr auf den Rücken und galoppierte mit ihr durch die Stadt. Mit einem Stock, den er in der Hand hielt, schlug er erbarmungslos auf das Tier ein, sodass alle, wenn er vorbeikam, sagten: »Das arme Tier! Er wird es noch totschlagen!«

Schließlich hatte er die Stute so geritten und gequält, dass sie auf dem Pflaster zusammenbrach und nicht mehr weiterkonnte. Dann zog er ein Messer und schnitt ihr den Magen auf; dort fand er das Herz des kleinen Vogels mit dem goldenen Ei, und er schluckte es auf der Stelle hinunter.

Sogleich auch kehrte er in sein Land zurück. Nun hatte er Gold in Hülle und Fülle. Wie vordem fand er jeden Morgen seine hundert Taler unter dem Kopfkissen.

Als er eines Tages durch den kleinen Marktflecken Plounevez-Moëdec kam, ging er in ein Wirtshaus, und dort schmeckte ihm der Cidre so gut, dass er über die Maßen davon trank. Es waren aber auch Pferdehändler in der Schenke, die kamen von einem Markttag in Bré. Man bekam sich in die Haare, und bald setzte es auch Fausthiebe. François wurde geschlagen, bestohlen und fast nackt aus dem Haus hinausgeworfen. Er hatte kein Gold mehr, denn man hatte ihm alles weggenommen, und so konnte er sich auch keine Kleider kaufen. Was sollte er nun tun? In diesem Zustand konnte er auch nicht zu seinem Vater zurückkehren. So verbrachte er die Nacht auf einem Feld.

Am nächsten Morgen, als die Sonne aufging, wachte er auf und fand, wie gewöhnlich, hundert Taler unter seinem Kopf. Da kaufte er sich Kleider und kehrte nach Hause zurück.

Sein Vater und seine Mutter waren inzwischen wieder arm geworden. Sein Bruder war auch schon aus Paris zurück, er hatte sein Glück dort nicht gemacht. Es war höchste Zeit, dass François zurückkam!

Seit diesem Tag änderte sich das Leben des alten Gärtners. Es fehlte ihm an nichts mehr. Er ließ ein schönes neues Haus bauen, kaufte Felder, Pferde, Ochsen und Kühe, und François heiratete bald darauf die reichste Erbin seines Landes.

Seitdem habe ich, die ich euch das erzählt habe, nichts mehr von ihm gehört. Aber wenn er weiter jeden Morgen seine hundert Goldtaler unter dem Kopfkissen findet, brauchen wir uns um ihn keine Sorgen zu machen.

Bihanic und der Menschenfresser

Es war einmal ein alter Fischer aus Douarnenez, der war schon lange Witwer und hatte drei noch junge Söhne. Als einzige Habe besaß er sein Boot und seine Netze. Jeden Tag fuhr er mit seinen drei Söhnen aufs Meer hinaus, und sie lebten mehr schlecht als recht von ihrem Fang. Aber eines Tages ließ Gott seine letzte Stunde kommen, und der alte Mann starb. So waren die drei Brüder ohne Unterstützung, und als einziges Gut blieben ihnen das Boot und die Netze, die ihr Vater ihnen hinterlassen hatte. Wie früher fuhren sie weiter jeden Tag aufs Meer, und das bei jedem Wetter. Da sie aber auch keine Erfahrung im Fischfang hatten, fingen sie fast nichts.

Eines Tages nun wurde ihr Boot von einem Windstoß weit aufs offene Meer getrieben, und bei fürchterlichem Wetter mussten sie auf Gedeih und Verderb die Nacht draußen verbringen. Gegen Morgen ließ der Wind nach, und sie landeten auf einer Insel, die ihnen unbekannt war. Als sie dort irgendeine menschliche Behausung suchten, stießen sie auf ein altes Schloss, das war von hohen Mauern umgeben. Aber wie oft sie auch um es herumliefen, sie fanden kein Tor. Wie sollten sie es nur anstellen, hier Einlass zu finden? Da war guter Rat teuer. Schließlich kletterte der Jüngste der drei, der den Namen Bihanic trug, das heißt »der Kleine«, auf eine große Eiche, die an der Schlossmauer stand. Er glitt an einem Ast entlang und sprang dann in einen großen Garten, in dem Blumen und Obst aller Art in Hülle und Fülle vorhanden waren. Und als er nun einmal im Garten war, da warf er seinen Brüdern Birnen, Äpfel, Apfelsinen und Pfirsiche über die Mauer. Nachdem er sich selbst auch an den Früchten gütlich getan hatte, wollte er sich auch mal das Innere des Schlosses anschauen. Die Tore standen weit offen, und er trat ein. So kam er zunächst in eine Küche, fand jedoch niemanden darin vor.

Nur ein ganzer Ochse briet am Spieß, und auf dem Tisch lag ein Haufen von Weißbrotkrümeln, die waren noch ganz frisch. Davon nahm er einige, lief wieder hinaus und warf sie schnell seinen Brüdern über die Mauer. In die Küche zurückgekehrt, schnitt er sich eine Scheibe vom Ochsen ab und begann ganz ruhig, als sei er zu Hause bei sich, zu essen. Doch kurz darauf hörte er jemanden, der stieg so langsam und schwerfällig die Steintreppe hinunter, als hätte er ein Gewicht von zweihundert Pfund an jedem Fuß zu tragen. Schnell versteckte sich Bihanic unter dem Tisch und sah einen Menschenfresser kommen, der war gut zehn Fuß groß und fünf oder sechs breit. Der Menschenfresser nahm den Ochsen vom Spieß und legte ihn auf den Tisch. Dann ging er in den Keller und brachte von dort ein Weinfass herauf, das er unter seinem Arm trug. Er stellte es auf den Boden, machte es auf, und dann begann er zu trinken und zu essen. Und das hättet ihr mal sehen sollen, wie er aß und trank! Plötzlich ließ er einen Furz los, der war so stark wie ein halbes Dutzend Kanonenfeuer! Durch diesen Windstoß wurde Bihanic bis hinten in die Küche geweht. Flink aber stand er wieder auf, ging zu dem Menschenfresser und stellte sich ihm, die Mütze in der Hand, ungezwungen vor: »Guten Tag, mein Vater!«

»Wie, dein Vater, du Missgeburt«, antwortete ihm der Menschenfresser überrascht, »woher kommst du?«

»Aus Eurem Bauch, mein Vater!«

»Wie das?«

»Ja, Ihr seid wirklich mein Vater, und Ihr habt mich eben mit Eurem Furz in die Welt gesetzt! Habt Ihr denn nichts Außergewöhnliches gefühlt?«

»Ja, es stimmt, dass ich mich nicht daran erinnere, je soviel Geräusch von mir gelassen zu haben, dahinter muss irgendetwas Außergewöhnliches stecken.«

»Das war ich!«

»Wenn du auch ein Winzling bist, so bin ich doch froh, dich zu haben, um mir Gesellschaft zu leisten. Zumindest werde ich jetzt in diesem riesigen Schloss nicht mehr allein sein. Manchmal habe ich mich schon gelangweilt! Setz dich hin zu mir und iss und trink!«

Und Bihanic setzte sich dem Menschenfresser gegenüber an den Tisch, aß und trank und war doch schon etwas beruhigter. Als nichts mehr vom Ochsen außer den Knochen übrig war, sprach der Menschenfresser zu ihm:

»Jetzt muss ich zur Reise aufbrechen, ich gehe auf Menschenjagd, und es ist möglich, dass ich einige Zeit wegbleibe. Aber beunruhige dich nicht, es wird dir hier an nichts fehlen. Du findest reichlich zu essen und zu trinken, und mein Garten ist voll von köstlichem Obst jeder Art. Meine Hündin werde ich dir hierlassen, um dir Gesellschaft zu leisten. Und damit du auch sonst noch etwas Kurzweil hast, gebe ich dir hier die Schlüssel für alle Zimmer des Schlosses. Es sind siebzig Schlüssel, und alle sind ganz aus Diamant. Damit kannst du dir alles anschauen und überall im Schloss hingehen. Nur ein einziger Schlüssel ist dabei, von dem wirst du nicht wissen, für welche Tür er ist.«

Dann machte sich der Menschenfresser auf den Weg.

Zunächst wollte Bihanic sich vergewissern, ob seine Brüder noch vor der Schlossmauer auf ihn warteten. Aber als die gesehen hatten, dass er nicht mehr zurückkam, hatten sie sich nach einer Weile gesagt:

»Sicher hat der Menschenfresser, der in diesem Schloss wohnt, Bihanic verschlungen«, und sie waren weggegangen.

So machte sich Bihanic denn daran, mit seinem Schlüsselbund alle Säle und Zimmer des Schlosses zu erkunden, und er fiel von einer Überraschung in die andere, überall gab es Wundervolles zu sehen: er fand Haufen von Silber, Gold, Diamanten und herrliche Dinge aller Art. Doch war weder ein Mensch noch ein Tier im Schloss zu sehen. Schließlich blieb nur noch ein Schlüssel übrig, den er noch nicht benutzt hatte. Aber so gut er auch suchte, er fand nicht das Schloss für diesen siebzigsten Schlüssel und war darob sehr verärgert. Da sah er plötzlich die Hündin, die ihm überall nachgefolgt war, wie sie ihre zwei Vorderpfoten gegen eine Mauer lehnte, bellte und ihn dabei so ansah, als wollte sie ihm ein Zeichen geben. Er schaute sich die Stelle genau an und entdeckte tatsächlich ein Schlüsselloch, auf das sein siebzigster Schlüssel genau passte. Er steckte ihn hinein, schloss auf und erblickte an einem versteckten Platz eine Truhe, die ganz mit Diamanten besetzt war. Da öffnete er die Truhe – der Schlüssel steckte im Schloss – und fand darin einen Diamanten, der war viel größer und funkelnder als alle, die er je gesehen hatte. Und im Inneren der Truhe, auf einer der Wände, konnte er folgende Worte lesen:

»Wer diesen Diamanten besitzt, braucht nur zu sagen: ›Durch die Kraft meines Diamanten soll das und das geschehen!‹, und sogleich werden all seine Wünsche, welche sie auch seien, Wirklichkeit.«

»Herrlich«, sagte sich Bihanic, und er nahm den Diamanten in seine Hand und sprach die folgenden Worte: »Durch die Kraft meines Diamanten, die Hündin und ich sollen nach Paris gebracht werden.« Diese Hündin war übrigens die Königin der Hunde.

Und im Nu wurden Bihanic und die Hündin durch die Lüfte nach Paris gebracht. Es war Nacht, als sie vor den Palast des Königs kamen. Da sagte Bihanic:

»Durch die Kraft meines Diamanten, ich will, dass hier ein prächtiges Schloss steht, ein viel schöneres als das des Königs!«

Und auf der Stelle stand auf dem Platz ein Schloss, wie er es gewünscht hatte. Seine Mauern waren aus Silber, seine Fenster aus Gold, und auf dem Dach lagen Diamanten, wo sonst die Schieferschindeln liegen.

Als am nächsten Morgen die Sonne darüber aufging, waren aller Augen davon geblendet, und niemand konnte länger hinsehen. Und als der König erwachte, steckte er seinen Kopf zum Fenster hinaus, und beinahe wäre auch er vom Funkeln des Lichts geblendet worden.

»Was ist das denn?«, schrie er da zornig und rief seinen ersten General und sagte ihm:

»Wer war denn so dreist, neben mein Schloss eines zu bauen, das derart funkelt, sodass es mich fast blendet?«

»Ach, Sire, niemand weiß es, und wir alle sind genauso erstaunt und entrüstet darüber wie Ihr. Es ist in der Nacht geschehen, und sicher steckt da irgendeine Zauberei dahinter.«

»Geht schnell zum Herrn dieses Schlosses und sagt ihm, er solle auf der Stelle zu mir kommen!«

So ging der General zum Schloss und hatte Truppen und Kanonen dabei. Als Bihanic sie kommen sah, ging er ihnen entgegen.

»Seid Ihr es«, fragte der General, »der die Frechheit besessen hat, dieses Schloss zu errichten, um das meines Königs in den Schatten zu stellen?«

»Das war ich, General, nichts für ungut!«

»Nun gut! Kommt sofort zu meinem Herrn, aber schnell, sonst seid Ihr des Todes!«

»Sachte, Herr General! Sagt Eurem König, wenn er mich sprechen möchte, dann soll er selbst zu mir kommen!«

»Welche Unverschämtheit! Wir werden Euer Schloss mit unseren Kanonen in Schutt und Asche legen, wenn Ihr uns nicht auf der Stelle folgt!«

»Wie Ihr wollt, General. Aber was mich betrifft, so bin ich überhaupt nicht willens, Euch zu folgen.«

Da wurden die Kanonen auf das Schloss gerichtet, und der Beschuss begann. Aber die Kugeln verursachten überhaupt keinen Schaden an Bihanics Schloss, im Gegenteil: Sie prallten daran ab, flogen zurück, töteten einige Soldaten des Generals und warfen deren Kriegsgerät um. Als der General das sah, verstand er, dass Zauberei im Spiel war, und ließ von der Sache ab. So kehrte er ganz verschämt zum König zurück und erzählte ihm alles. Auch der alte König war der Ansicht, nun klug handeln zu müssen. So ging er persönlich zu dem Unbekannten und bat ihn, ob er wohl so freundlich sei, mit ihm in des Königs Palast zu speisen. Und Bihanic sagte sogleich zu.

Beim Abendessen saß er neben der einzigen Tochter des Königs, einer jungen Prinzessin von einzigartiger Schönheit. Sobald er sie erblickte, ward sein Herz von Liebe ergriffen, und er bat ihren Vater, den König, um ihre Hand. Der König hütete sich wohl davor, einen so galanten Prinzen, der ein so schönes Schloss hatte, abzuweisen, und so wurde acht Tage später die Hochzeit gefeiert. Da gab es im ganzen Reich große Festlichkeiten und Volksbelustigungen. Auch Bihanics Brüder waren dabei, und von da an ließen sie ihre Boote und Netze, um im Schloss ihres jüngsten Bruders zu wohnen.

Als die Feste und Belustigungen beendet waren, das heißt nach ungefähr einem Monat, gingen die drei Brüder oft gemeinsam zur Jagd in einen Wald in der Nähe, wo es reichlich Wild aller Art gab. Bihanic ließ dann immer seinen Zauberstein auf dem Schloss und machte sich darob keine Sorgen, denn nur seine Frau wusste, wohin er ihn legte; zudem kannte sie nicht dessen Zauberkraft.

Unterdessen war, kurz nachdem Bihanic von dort aufgebrochen war, der Menschenfresser in sein Schloss zurückgekehrt. Er war untröstlich über den Verlust seines Zaubersteines und seiner Hündin, und mehrere Tage jammerte er; die ganze Umgegend erhallte von seinem wilden Geschrei und Geheul. Dann machte er sich auf die Suche nach dem Räuber. Folgende List ließ er sich einfallen, um ihn ausfindig zu machen: Sein Schloss war, wie gesagt, voll von Diamanten jeder Größe und jeden Wertes. Damit füllte er sich einen Sack, lud ihn auf seine Schultern und machte sich auf den Weg. Durch alle Länder zog er da und überall, wo er vorbeikam, rief er:

»Zwei neue Diamanten für einen alten! Wer will zwei neue Diamanten für einen alten?«

Nach einem Monat kam er auch nach Paris, lief durch die Stadt und rief:

»Zwei neue Diamanten für einen alten! Wer will zwei neue Diamanten für einen alten?«

Und alle, die alte Diamanten besaßen, tauschten sie für neue ein.

Bihanic war gerade mit seinen beiden Brüdern auf der Jagd. Aber seine Frau hörte das Schreien: »Zwei neue Diamanten für einen alten« und machte es so wie alle anderen. Sie nahm den Diamanten ihres Mannes und tauschte ihn schnell für zwei neue ein.

Sobald der Menschenfresser den Diamanten sah, erkannte er ihn als seinen Zauberstein; eilig ergriff er ihn, warf den Sack samt Inhalt zu Boden und rannte weg, was die Füße geben konnten.

Als Bihanic nun von der Jagd zurückkam, sagte ihm seine Frau nichts von dem Tausch, den sie getätigt hatte. Er aß zu Abend, dann legte er sich wie gewöhnlich ins Bett, ohne sich Sorgen zu machen. Aber mitten in der Nacht wurde ihm kalt, und er wachte auf. Wie erstaunt war er, als er über sich die Sterne des Himmels sah, und merkte, dass er im Freien neben seiner Frau auf der blanken Erde lag!

Er rieb sich die Augen und sagte sich: »Ich träume gewiss!« Aber leider träumte er nicht, und bald musste er die traurige Wirklichkeit erkennen. Mit seinem Zauberstein war auch sein ganzes Schloss und alles, was darin war, weggegangen, wie es gekommen war!

Als am nächsten Morgen der alte König seine Tochter mit Tränen und vor Kälte zitternd kommen sah und erfuhr, wie ihr Mann sein Schloss verloren hatte und sie unter freiem Himmel schlafen musste, da sagte er wütend:

»Ich ahnte es schon, dass er einer von denen ist, von dem man nichts Gutes zu erwarten hat. Man soll ihn in den Kerker werfen und bei der passenden Gelegenheit einen Kopf kürzer machen.«

Und Bihanic wurde in den Kerker geworfen.

Unterdessen war aber die Hündin in den Königspalast gelaufen und hörte dort alles, was gesagt wurde. Eines Tages hörte sie, dass ihr Herr am nächsten Morgen um zehn Uhr hingerichtet werden sollte. Und sie fand auch ein Mittel und einen Weg, zu ihm ins Gefängnis zu gelangen und sprach so zu ihm (denn sie war auch eine Zauberin): »Der König will Euch morgen früh sterben lassen. Aber macht Euch keinen Kummer, ich werde Euch aus der Gefahr helfen. Während der Nacht werde ich eine

Reise machen, morgen früh werde ich zurück sein, um Euch zu retten, dann, wenn Ihr aufs Schafott steigen werdet. Ich sage es Euch noch einmal, seid ohne Sorge!«

Voller Dankbarkeit umarmte Bihanic die Hündin, die sogleich zu ihrer geheimnisvollen Reise aufbrach. Sie begab sich zur Königin der Katzen, erzählte ihr die Sache und bat sie, ihr zu helfen.

»Von mir aus vermag ich nichts, um Euch aus den Schwierigkeiten zu helfen«, entgegnete ihr die Königin der Katzen, »aber lasst uns gemeinsam die Königin der Ratten aufsuchen; ich meine, sie wird uns nützlich sein können.«

So gingen denn beide zur Königin der Ratten, erklärten ihr den Fall und baten sie um ihren Beistand.

»Der Menschenfresser«, fügte die Königin der Hunde noch hinzu, »trägt seinen Zauberstein, seit er ihn wieder gefunden hat, in einem großen hohlen Backenzahn ganz hinten im Mund; da muss man ihn ihm herausnehmen!«

Die Königin der Ratten überlegte ein Weilchen, dann sagte sie:

»Seid beruhigt, ich werde Euch den Diamanten wiederbringen, und so will ich es anstellen: Ich werde Essig, Salz, Pfeffer und Tabaksaft mischen und meinen Schwanz hineintauchen. Wenn dann die Nacht gekommen ist, schleiche ich in die Kammer des Menschenfressers durch ein Loch in der Mauer, das ich gut kenne. Während er schläft, fahre ich ihm dann zwei- oder dreimal durch den Mund. Dann wird er so stark niesen, dass er den Diamanten auswirft. Ich nehme ihn dann sofort und bringe ihn euch in den Hof des Schlosses; wartet dort auf mich!«

Diese List wurde für ausgezeichnet befunden und ausgeführt. Die Mixtur wurde hergestellt, die Königin der Ratten tauchte ihren Schwanz hinein, als sie den Menschenfresser schnarchen hörte. Der hatte wie üblich zum Abendessen einen ganzen Ochsen zu sich genommen und ein Fass Wein dazu getrunken. Dann ging die Rattenkönigin in seine Kammer, und alles verlief nach Wunsch. Als sie dem Menschenfresser ihren Schwanz zum zweiten Mal durch den Mund gezogen hatte, nieste dieser dreimal, sodass das ganze Schloss erzitterte. Beim dritten Mal nieste er wieder, und der Diamant sprang aus seinem hohlen Zahn auf den Boden der Kammer. Sogleich ergriff die Königin der Ratten diesen und brachte ihn der Hündin, die schon im Schlosshof wartete.

Die machte sich sofort auf den Weg nach Paris und hastete hin. Und sie kam gerade in dem Augenblick, als ihr Herr aufs Schafott stieg. Das war höchste Zeit! Als Bihanic sie kommen sah, fasste er neuen Mut, er hatte schon zu verzweifeln begonnen! Er wandte sich zum König, der auf einem goldenen Thron saß und sprach:

»Sire, als letzten Wunsch bitte ich Euch, dass Ihr mir erlaubt, meine Hündin zu umarmen, die ich da kommen sehe. Sie ist mir, ihrem Herrn, bis zur letzten Stunde treu geblieben.«

Der König nickte Zustimmung, und man führte die Hündin hinauf aufs Schafott. Bihanic umarmte sie und nahm ihr dabei den Diamanten aus dem Mund. Und als er den in seiner Hand hielt, sagte er: »Durch die Kraft meines Diamanten, ich will, dass alle, die hierhin wie zu einem Fest gekommen sind, um meinen Kopf fallen zu sehen, bis zum Hals in der Erde versinken!«

Und sogleich geschah es. Da nahm er den Säbel des ersten Generals und hieb allen den Kopf ab, die ihm Böses gewollt hatten; die anderen ließ er leben. Dann ließ er mithilfe seines Zaubersteins sein Schloss wiedererstehen, vor dem Palast des Königs wie ehedem. Und da wurde die Hündin in eine schöne Prinzessin verwandelt. Er heiratete sie und lebte im schönen Schloss mit ihr glücklich bis zum Ende ihrer beider Tage.

Petit-Jean und die Rätselprinzessin

Es war einmal ein König von Frankreich, der hatte eine Tochter, die sehr geschickt darin war, Rätsel zu lösen. Damit verbrachte sie den ganzen Tag. Sie hatte es schon so weit gebracht, dass sie keine Rätsel mehr fand, die für sie schwierig genug waren; selbst die verzwicktesten waren für sie nur ein Kinderspiel.

So ließ sie denn im ganzen Königreich verkünden, sie nehme den zum Gatten, wer es auch sei, der ihr ein Rätsel stellen könne, das sie nicht binnen drei Tagen löse. Wenn sie aber das Rätsel lösen könne, so wäre der, der es gestellt habe, sofort des Todes.

Da kamen aus allen Gegenden des Königreichs und sogar aus der Fremde viele Freier, Leute aller Art, von Prinzen bis zu Köhlern und Schneidern vom Land. Sie alle hatten Rätsel und Aufgaben, von denen sie meinten, sie seien unlösbar. Die Prinzessin empfing sie, hoch oben auf dem Balkon im Hof des Königsschlosses. Sie war ganz in Rot gekleidet, trug eine goldene Krone auf ihrem Haupt und einen diamantenen Stern auf ihrer Stirn. In der Hand hatte sie einen weißen Stab; dabei sah sie so hochmütig und grausam aus wie eine Tyrannin. Um den ganzen Hof herum konnte man an Mauern und Galgen die Leichen und die Gerippe ihrer Opfer sehen. Gewöhnlich gab sie ihre Antworten gleich vom Balkon herab, und sofort ergriffen vier Knechte mit wilder Miene die unglücklichen Verlierer und hängten sie erbarmungslos.

In der Gegend von Tréguier nun gab es einen jungen Edelmann namens Fanch de Kerbrinic. Er war nicht einer der Klügsten, und doch wollte auch er der Prinzessin ein Rätsel aufgeben. Er wohnte ganz allein mit seiner alten Mutter in seinem Gut Kerbrinic. Die Mutter hatte alles getan, was sie konnte, ihren Sohn von diesem waghalsigen Plan abzubringen, doch vergeblich!

Eines Tages, als Fanch de Kerbrinic zur Jagd ausgeritten war, begegnete er auf der Landstraße einem Soldaten, der aus dem Krieg heimkehrte. Der hieß Petit-Jean. Der Soldat grüßte den Jäger, sie kamen ins Gespräch und gingen in ein Wirtshaus, das am Straßenrande lag. Dort tranken sie einige Schoppen Cidre und schlossen nähere Bekanntschaft. Und Petit-Jean, der ein Schlitzohr war, merkte bald, wie schlau sein neuer Kamerad war. So erzählte er ihm viel von seinen Reisen, seinen Kämpfen und pries in überschwänglichen Worten die Schönheiten, Wunder und Vergnügungen all der fernen Städte und Länder, die er gesehen hatte. Fanch de Kerbrinic aber, der nie weiter als Tréguier oder Lannion gekommen war, lauschte ganz verdutzt und gebannt den Erzählungen und Schilderungen des Soldaten.

»Wie kommt es denn, Monseigneur«, sagte da Petit-Jean, »dass Ihr nie daran gedacht habt, der Königstochter ein Rätsel aufzugeben? Ein so schöner und geistreicher junger Mann wie Ihr, davon bin ich überzeugt, wird es schon schaffen; denn bis jetzt hat die Prinzessin es nur mit Dummköpfen zu tun gehabt.«

»Daran habe ich schon gedacht«, antwortete ihm der junge Herr von Kerbrinic, »aber meine Mutter will mich nicht ziehen lassen.«

»Was? Ihr habt daran gedacht? Dann habt Ihr zweifellos ein gutes Rätsel parat?«

»O ja, ich habe sogar zwei!«

»Das lässt sich hören! Wollt Ihr es mir nicht verraten?«

»Ich will schon, aber verratet niemandem etwas davon, darum bitte ich Euch, denn ein anderer könnte dann vor mir mit meinem Rätsel kommen und mir die Prinzessin abspenstig machen.«

»Habt keine Angst, großes Soldatenehrenwort! Ich werde kein Sterbenswörtchen davon verraten.«

»Na gut! Hier ist das Erste:
Devinn a dolan dreist ann ti,
Ha me krog'n eur penn anezbi.
Rat, was werf ich übers Haus,
hab doch das End' noch in der Hand.«

»Einen Fadenknäuel. Das war zu leicht! Ein Kind von fünf Jahren kann das ja erraten. Und nun das andere!«

»A dolan unan dreist an ti,
Pa'z an da welet, kavan tri.
Eins werf ich übers Haus,
Sehe ich nach, so sind es drei.«

»Ein Ei! Wenn es zerschlagen ist, findet man das Weiße, das Gelbe und die Schale, das macht drei. Nein, das ist wirklich nicht stark. Um vor der Prinzessin bestehen zu können, braucht es schon Besseres als das. Aber nehmt mich mit Euch, befolgt genau, was ich Euch sage, und ich bürge für Euren Erfolg. Ihr werdet die Prinzessin besiegen, sie heiraten und König von Frankreich werden.«

»Wirklich?«, fragte da unser Fanch de Kerbrinic erstaunt.

»Dafür bürge ich mit meinem Kopf«, antwortete da der Soldat.

»Na gut, kommt mit mir zum Abendessen und übernachtet auf meinem Gut. Sprecht dann mit meiner Mutter, und bringt sie dazu, mich mit Euch ziehen zu lassen.«

»Das will ich gern, wenn Ihr mir versprecht, mir morgen früh zu folgen, ob Eure Mutter es will oder nicht.«

»Das verspreche ich Euch. Morgen früh werden wir zusammen aufbrechen, komme, was wolle.«

So machten sie sich auf den Weg zum Gut von Kerbrinic und waren schon die besten Freunde auf der Welt! Die alte Schlossherrin nahm den Gast, den der Sohn mitbrachte, gut auf, und es machte ihr Spaß, den Geschichten und Abenteuern zu lauschen, die der Soldat erzählte. Sie kamen auch auf die Königstochter zu sprechen, die berühmte Rätselprinzessin. Petit-Jean sagte, im ganzen Königreich spreche man nur von ihr. Er habe sie gesehen, sie sei von einer Schönheit ohnegleichen, und er wundere sich nur, dass der junge Herr nicht auch sein Glück versuche, denn jung, schön und geistreich, wie er sei, hätte er die besten Aussichten auf Erfolg.

Die alte Schlossherrin war da aber ganz anderer Meinung und sagte zum Soldaten:

»Ich bitte Euch, meinem Sohn mit solchen Grillen nicht den Kopf zu verdrehen. Ich habe es ihm schon mehr als einmal gesagt und sage es noch einmal: Nie werde ich es ihm gestatten, sich auf ein so gefährliches Abenteuer einzulassen.«

»Ich verbürge mich mit meinem Kopf für alles«, antwortete ihr da Petit-Jean, »lasst Euren Sohn mit mir ziehen, morgen früh schon, und ich werde ihn Euch als König von Frankreich zurückbringen.«

»Niemals«, entgegnete die Mutter, »lieber würde ich ihn vor meinen Augen sterben sehen.«

Und sie stand vom Tisch auf und verließ den Speisesaal. Fanch de Kerbrinic und Petit-Jean blieben noch eine Weile sitzen, plauderten und tranken; dann legten auch sie sich zu Bett, fest entschlossen, sich schon früh im Morgengrauen gemeinsam auf den Weg nach Paris zu machen.

Als die alte Herrin den Speisesaal verließ, da fühlte sie wohl, dass ihr Sohn sich auf den Weg machen werde, was auch immer sie versuchen werde, ihn zurückzuhalten. Sie hatte sich sogleich zu einer alten Hexe begeben, die in einer Hütte nahe des Guts hauste. Von der erbat sie sich einen Zaubertrank, mit dem sie auf der Stelle zwei Personen töten könne, derer sie sich entledigen wolle. Die Hexe gab ihr in einem Fläschchen den gewünschten Trank und sagte, sie könne sich darauf schon verlassen, der Trank wirke blitzschnell. Dann legte sich die Frau von Kerbrinic schlafen und sagte niemandem ein Sterbenswörtchen.

Am nächsten Morgen standen Fanch de Kerbrinic und Petit-Jean in aller Herrgottsfrühe auf und machten sich zur Abreise bereit. Als sie gerade auf ihre Pferde stiegen, kam die alte Herrin zu ihnen; in der einen Hand hielt sie ein Fläschchen, in der anderen zwei Gläser auf einem Tablett. Sie trat ihrem Sohn näher und sprach zu ihm:

»Da du ja den guten Ratschlägen deiner Mutter gegenüber taub bleibst und unbedingt darauf bestehst, sie zu verlassen, so nimm wenigstens etwas von diesem edlen Trank. Deine Mutter hat ihn mit eigenen Händen für dich bereitet, er wird dich stärken für die gefährliche Reise, die du auf dich nehmen wirst.«

Und sie goss ihm ein vom Gift der alten Hexe und bot auch Petit-Jean ein Glas an. Dann schlug sie die Augen nieder und tat, als ob sie weine. Petit-Jean aber hatte bemerkt, wie sonderbar der Trank aussah, und witterte sogleich einen Verrat. Leise sagte er zu seinem Freund, dessen Pferd das seinige berührte:

»Trinkt nicht! Macht nur so, als ob Ihr trinkt und schüttet den Trank ins Ohr Eures Pferdes.«

So schütteten beide ihre Gläser in die Ohren ihrer Pferde, ohne dass die alte Herrin etwas merkte. Dann galoppierten sie davon.

»Auf Wiedersehen, mein Sohn, und viel Glück«, rief ihm Frau von Kerbrinic nach, und wunderte sich, dass beide nicht wie vom Blitz getroffen umgefallen waren. »Sie werden aber nicht weit kommen«, dachte sie.

Unsere beiden Kameraden kamen bis zum Abend gut voran. Aber als die Sonne unterging, fielen ihre Pferde um und waren mausetot. Da gingen die beiden Reisenden ein Stück des Wegs zurück und kehrten in einem Wirtshaus ein, das an der Straße lag. Dort übernachteten sie und machten sich früh am nächsten Morgen, sobald die Sonne aufgegangen war, wieder auf den Weg. Als sie wieder an die Stelle kamen, wo ihre Pferde tot umgefallen waren, sahen sie vier tote Elstern, die auf den Rossen lagen.

»Da seht Ihr die Wirkung des Gifts!«, sagte Petit-Jean zu seinem Kameraden.

Und er nahm zwei der toten Elstern und hieß Fanch de Kerbrinic die zwei anderen nehmen, sie würden ihm noch von Nutzen sein. Dann setzten sie ihren Weg fort. Kurze Zeit später kamen sie zu einer Waldeslichtung, und da sie das Land nicht kannten, traten sie in eine Gemeindebackstube ein, um sich nach dem kürzesten Weg nach Paris zu erkundigen. Drinnen waren viele Frauen aus den benachbarten Höfen, die bereiteten ihren Teig zu, um ihn in den Backofen zu stellen. Der Bäcker erklärte den beiden Reisenden, der kürzeste Weg führe mitten durch die Wälder.

Aber, so sagte er noch, im Wald hause eine Räuberbande, die die Reisenden ausplündere. Es gebe aber noch eine andere Straße, die sei sicherer, aber viel länger; sie führe um die Wälder herum, und gewöhnlich nähmen die vorsichtigen Leute diesen Weg.

»Wir werden den kürzesten Weg gehen«, sagte da Petit-Jean, »wir werden den Wald durchqueren.«

Dann bat er die Frauen aus der Backstube, jede solle ihm ein Stück Teig geben, daraus wolle er sich kleine Kuchen machen. Die könnten sie dann im Wald essen für den Fall, dass sie dort die Nacht verbringen müssten. Die Frauen gaben ihm von dem Teig, und er machte acht kleine Kuchen daraus. In jeden legte er eine halbe Elster, von denen, die sie tot auf ihren Pferden gefunden hatten. Als die Kuchen gebacken waren, steckten die beiden sie in ihre Taschen und machten sich auf, ihre Reise fortzusetzen. Da aber die Nacht anbrach, sagte der Bäcker zu ihnen, es sei nicht ratsam, um diese Zeit noch in den Wald zu gehen. Sie sollten lieber den anderen Weg nehmen.

»Bah! Die Räuber machen uns keine Angst«, sagte Petit-Jean, und wild entschlossen gingen sie in den Wald. Dort gab es aber mehrere Wegekreuzungen, und sie verirrten sich. Schon brach die Nacht herein. Doch mehr als die Räuber fürchteten sie die wilden Tiere, die sie ab und zu heulen und kreischen hörten. Nachdem sie lange so vor sich aufs Geratewohl hingegangen waren, sahen sie plötzlich tief in einem Hohlweg Licht und gingen darauf zu. Und bald schon erblickten sie sechzehn Männer, die saßen auf Steinen und Baumstümpfen um ein Feuer herum, auf dem sie am Spieß einen ganzen Hammel brieten.

»Das sind die Räuber«, sagte der Herr von Kerbrinic, »machen wir uns lieber davon!«

»Denkt Ihr!«, erwiderte Petit-Jean. »Im Gegenteil, wir gehen hin und machen ihre Bekanntschaft. Dann bitten wir sie, uns setzen und mitessen zu dürfen. Gewöhnlich sind es keine so bösen Menschen, wie man sagt.«

Und Petit-Jean ging zur Runde, den Hut in der Hand, und sprach:

»Entschuldigen Sie, meine Herren, wenn ich störe; wir sind zwei arme Reisende, die sich im Wald verirrt haben. Da das Gerücht umgeht, hier in der Gegend gebe es Räuber, bitten wir Euch, die Nacht in Eurer Gesellschaft verbringen und uns an Eurem Feuer wärmen zu dürfen, denn die Nacht ist kalt.«

Da schauten sich die Räuber an und lächelten, und derjenige, der ihr Hauptmann zu sein schien, antwortete:

»Nehmt beide Platz in unserer Runde und fürchtet nichts von den Räubern, solange ihr in unserer Gesellschaft seid. Morgen früh bringen wir euch wieder auf den richtigen Weg zurück.«

Petit-Jean und sein Kamerad setzten sich ohne Umschweife nieder. Sie zogen ihre Pfeifen aus der Tasche und begannen wie die anderen ruhig zu rauchen und zu plaudern. Als der Hammel gar war, nahmen ihn die Räuber vom Spieß, und jeder schnitt sich das Stück ab, das ihm gefiel. Auch Petit-Jean und Fanch de Kerbrinic wurden eingeladen, es den anderen gleichzutun, und das ließen sie sich nicht zweimal sagen. So war der ganze Hammel im Nu aufgezehrt, und Petit-Jean sagte:

»Da ihr uns so großzügig eingeladen habt, euer Mahl mit uns zu teilen, wollen auch wir euch geben, was wir haben. Es ist wenig, aber wir geben es von ganzem Herzen.«

Und er bot den Räubern die acht Kuchen an. Die teilten sie sich und aßen sie auf der Stelle. Sogleich aber wurden sie von heftigen Leibschmerzen befallen, sie standen auf, drehten sich um sich selbst und rollten ins Feuer und kamen darin um. Petit-Jean und sein Kamerad fanden aber eine Kiste, die war voll mit Gold und Edelsteinen. Damit füllten sie sich die Taschen, und als der Tag anbrach, zogen sie weiter.

Bald danach kamen sie durch eine Stadt, wo man gerade Markt abhielt, und jeder kaufte sich dort ein Pferd. Bald waren sie nur noch etwa zehn Meilen von Paris entfernt. Da sagte Petit-Jean zu seinem Kameraden:

»Wir kommen nun Paris immer näher und müssen ans Geschäft denken. Habt Ihr ein Rätsel für die Prinzessin gefunden, etwas, was nicht kinderleicht ist?«

»Ich weiß nichts anderes, als was ich Euch schon gesagt habe«, antwortete Fanch de Kerbrinic.

»Nun gut; ich will Euch eines beibringen. Hört gut zu und versucht, es zu behalten. Sagt also der Prinzessin:

›Als wir von zu Hause aufbrachen, da waren wir vier; von den vieren sind zwei gestorben, von den zweien sind vier gestorben. Aus vier haben wir acht gemacht, von den acht sind sechzehn gestorben. Und jetzt sind wir noch zu viert gekommen, um Euch aufzusuchen.‹ Versteht Ihr?«

»Meiner Treu, ich verstehe überhaupt nichts. Erklärt mir bitte, was das alles zu bedeuten hat!«

»Nichts ist einfacher: Als wir vom Gut von Kerbrinic aufgebrochen waren, da waren wir vier, Ihr und ich und unsere beiden Pferde. Klar? Von den vieren sind zwei gestorben, nämlich unsere beiden Pferde, die wurden ja vergiftet durch den Trank, den wir ihnen bei der Abreise in die Ohren geschüttet haben. Von diesen zweien sind viere gestorben, das sind die vier Elstern, die wir am nächsten Morgen tot auf unseren Pferden fanden. Verstanden? Na gut! Aus den vieren haben wir acht gemacht. Das sind die acht vergifteten Kuchen, die wir mit den vier Elstern gefüllt haben. Und weiter: Von den acht sind sechzehn gestorben, das sind die sechzehn Räuber, die sich an den Kuchen vergiftet haben und gestorben sind. Verstanden? Und weiter: Wir sind noch zu viert hierhergekommen, um die Prinzessin zu sehen. Tatsächlich haben wir mit dem Geld der Räuber zwei Pferde gekauft; die zwei Pferde und wir beide macht zusammen vier, so wie wir von Kerbrinic aufgebrochen waren. Alles klar?«

»Sonnenklar, das wird die Prinzessin nie erraten.«

»Wiederholt mir das Rätsel, denn Ihr müsst es lernen, um es der Prinzessin aufzugeben.«

»Ja, ja, ich werde Euch wiederholen, nichts ist leichter. Als wir von zu Hause aufgebrochen waren, da waren wir vier, von den vieren sind zwei gestorben, von den zweien sind drei gestorben.«

»Aber nein, so ist es nicht, hört noch einmal zu und sagt es dann schnell nach!«

Und Petit-Jean trug ein zweites Mal das Rätsel vor, aber sehr schnell. Der Herr von Kerbrinic wollte es ihm gleichtun, aber er verhaspelte sich immer wieder. Den ganzen Weg über übte und übte er, und als sie in Paris angekommen waren, brauchte er noch zwei ganze Tage, bevor er es so einigermaßen vortragen und erklären konnte. Am dritten Tag sagte Petit-Jean zu ihm:

»So, geht jetzt in den Palast, und bittet darum, bei der Prinzessin vorgelassen zu werden; gebt ihr dann das Rätsel auf, und habt gut acht, dass Ihr nichts falsch macht!«

»Ihr könnt beruhigt sein, ich kann es jetzt so gut vortragen und erklären wie Ihr!«

Der Herr von Kerbrinic legte also sein schönes Festgewand an, ging zum Palast und klopfte, seiner Sache sicher, an. Der Pförtner öffnete und sagte zu ihm:

»Was wünscht Ihr, guter Mann?«

»Ich komme, um der Prinzessin ein Rätsel aufzugeben.«

»Na gut, dann folgt mir!«

Das tat er auch, und er grüßte die Prinzessin mit einer tiefen Verbeugung.

»Ihr kommt, um mir ein Rätsel aufzugeben?«, fragte diese hochmütig.

»Ja, Prinzessin, ich werde Euch ein Rätsel stellen, und ein gutes, Ihr werdet sehen.«

»Ihr wisst sicher, was Euch erwartet, wenn ich Euer Rätsel löse, und ich werde es lösen!«

»Ich weiß es, Prinzessin, aber ich habe keine Angst, Ihr werdet mein Rätsel nicht lösen.«

»Na gut, lasst hören!«

Und der Herr von Kerbrinic sagte sein Rätsel sehr schnell und auf bretonisch, folgendermaßen:

Pa oamp dent euz ar gèr, ez oamp pevar;
a bevar e varvas daou;
euz a daou a varvas pevar;
euz a bevar a oe grêt eiz;
euz a eiz a varvas c'huezec, hag ez omp deut c'hoas

pevar d'ho kwelet.

Petra eo kement-se?

Da schien die Prinzessin verwirrt, sie überlegte etwas und sprach dann:

»Sagt es mir noch einmal bitte, ich fürchte, ich habe es nicht richtig verstanden.«

Der Herr von Kerbrinic wiederholte sein Rätsel, einmal, dann ein weiteres Mal. Und die Prinzessin, die es gewohnt war, jede ihr gestellte Aufgabe sofort zu lösen, schien doch stark verstimmt. Endlich sagte sie, sie wolle in drei Tagen die Antwort geben.

»Werden mein Diener und ich mit unseren beiden Pferden während dieser Zeit auch hier wohnen und essen können?«, fragte da der Herr von Kerbrinic.

»Aber gewiss«, antwortete die Prinzessin, »ich werde gleich die Befehle dazu erteilen.«

Daraufhin zog sich Kerbrinic zurück, ging zu Petit-Jean und erzählte ihm, wie sich alles zugetragen hatte, und schon am selben Abend wohnten beide mit ihren Pferden im Palast. Die Prinzessin hatte sich in ihre Studierstube zurückgezogen und wälzte Bücher, große und kleine. Aber wie sie auch suchte, rechnete und überlegte, es war umsonst, sie verstand nichts von Petit-Jeans Rätsel, und ihre Laune war fürchterlich. Da kam ihr der Gedanke, dass der Kamerad des Mannes, der sie in so große Verlegenheit gebracht hatte, vielleicht das Geheimnis seines Herrn kenne. Es wäre doch möglich, es ihm mit Geld zu entlocken. So schickte sie denn eine ihrer Kammerzofen mit hundert Talern zu Petit-Jean. Der war gerade im Pferdestall dabei, die Pferde zu besorgen. Dort suchte ihn die Kammerzofe auf und sprach zu ihm:

»Meine Herrin schickt mich, Euch fragen, ob Ihr das Lösungswort des Rätsels kennt, das Euer Herr ihr gestellt hat.«

»Ja, natürlich kenne ich es«, kam die Antwort, »aber ich verrate es niemandem.«

»Indes, wenn man Euch gut bezahlte? Ich habe hier hundert Taler.«

»Geld! Das ist es wahrlich nicht, was mir fehlt. Davon habe ich genug!«

Und er zeigte ihr eine Handvoll Gold, von dem, was ihnen noch von den Räubern übrig geblieben war.

»Was begehrt Ihr denn?«

»Nun, Ihr seid so hübsch und nett, dass ich etwas für Euch tun will. Besucht mich heute Abend zwischen zehn und elf Uhr auf meinem Zimmer, und ich werde Euch das Geheimnis meines Herrn wissen lassen, und die hundert Taler Eurer Herrin könnt Ihr für Euch behalten.«

Zuerst zierte sich das junge Mädchen, willigte aber doch schließlich ein und versprach zu kommen, wenn ihre Herrin nichts dagegen habe.

So ging sie zur Prinzessin und teilte dieser die Forderungen von Petit-Jean mit. Die Prinzessin meinte, sie müsse das Geheimnis auf jeden Fall kennen, koste es, was es wolle, also müsse das Kammerfräulein zum Rendezvous gehen. Und sie versprach ihr hundert Taler dafür.

Petit-Jean erzählte Kerbrinic alles und sagte zu ihm:

»Mein Zimmer liegt über Eurem. Wenn Ihr wach bleibt und die Ohren spitzt, könnt Ihr hören, wenn die Kammerzofe der Prinzessin bei mir eintritt. Wenn sie etwa eine halbe Stunde bei mir gewesen ist, dann werde ich laut husten. Fangt dann sogleich an, lauten Krach zu schlagen, flucht und wettert und sagt, man wolle Euch bestehlen. Dann kommt in mein Zimmer herauf, wütend, oder tut wenigstens so, als ob Ihr es wärt, und habt den blanken Degen in Eurer Hand.«

Kerbrinic versprach, so zu tun, wie Petit-Jean ihm gesagt hatte.

Gegen zehn Uhr gingen die beiden Kameraden dann auf ihre Zimmer und machten so, als legten sie sich ruhig zum Schlaf. Kurze Zeit später hörte Petit-Jean es leise an der Tür klopfen. »Das ist sie ja schon, die Kammerfrau der Prinzessin«, sagte er sich und ging öffnen. Und es war sie wirklich, er hieß sie eintreten und sagte:

»Potztausend! Ihr seid so pünktlich, wie Ihr hübsch seid«, und er wollte sie küssen.

»Nein, nein«, rief sie und wich zurück.

»Dann werdet Ihr das Geheimnis meines Herrn nie erfahren.«

»Nun gut, wenn es sein muss!« Und sie ließ sich einen Kuss geben und sprach:

»Lasst mich jetzt das Geheimnis Eures Herrn wissen!«

»Sachte, so eilig ist es auch nicht. Ich werde es Euch sagen, aber erst morgen früh, wenn Ihr von hier fortgeht.«

»Morgen früh, aber ich will doch jetzt gleich gehen.«

»Wie Ihr wollt, aber dann werdet Ihr nichts erfahren.«

Schließlich gab sie nach und blieb, um die hundert Taler der Prinzessin und die anderen hundert, die Petit-Jean ihr versprochen hatte, zu verdienen. Außerdem wollte sie nicht den Zorn ihrer Herrin heraufbeschwören.

Petit-Jean hieß sie sich ausziehen und hinlegen, ohne Hemd, denn er habe den Eid abgelegt, so sagte er, nie das Hemd einer Frau zu berühren. Dann rollte er all ihre Kleider, auch ihr Hemd, zu einem Paket zusammen und warf es, ohne dass sie es bemerkte, unters Bett. Bald darauf hustete er laut, und schon gab es auf der Treppe einen Riesenkrawall, und man hörte Schreie wie »haltet den Dieb« und fürchterliche Flüche.

»Was soll das denn bedeuten, um Gottes willen?«, fragte die Kammerzofe, die vor Schreck fast starb.

»Das ist mein Herr«, antwortete Petit-Jean, »er ist ein sehr jähzorniger Mensch und hat wie gewöhnlich viel getrunken, und in diesem Zustand ist er überhaupt nicht gemütlich. Er kommt die Treppe herauf, er kommt hierhin, lauft schnell weg, schnell …!«

»Wo sind meine Kleider?«, fragte die arme Zofe, als sie ganz verwirrt aus dem Bett sprang.

»Ich weiß es nicht, aber Ihr habt keine Zeit mehr, Euch anzuziehen. Lauft schnell weg, schnell, sage ich Euch, schnell …!«

Und vor Angst wie verrückt, stürzte sie sich, nackt wie sie war, hinaus auf die Treppe und ließ ihre Kleider und ihr Geld zurück. Und dank der Dunkelheit, die in den Fluren herrschte, gelangte sie in ihr Zimmer ohne irgendeine unangenehme Begegnung. Dort kleidete sie sich wieder an und begab sich sogleich zu ihrer Herrin.

»Nun«, sagte diese, »Ihr bringt mir die Lösung des Rätsels?«

»Leider nein! Dieser Mann ist ein Bösewicht und Betrüger, der es verdiente, gehängt zu werden. Er hat mir nicht nur nichts über das Rätsel erzählt, nein, er hat sogar noch das Geld behalten.«

Von den anderen Dingen, die sich zugetragen hatten, sagte sie kein Wörtchen.

Nun aber war die Prinzessin erst recht ärgerlich. Sie verbrachte noch den Rest der Nacht und den ganzen folgenden Tag damit, die Lösung des Rätsels herauszufinden oder aber Petit-Jean zum Sprechen zu bringen. Aber sie fand kein besseres Mittel, als in der folgenden Nacht eine andere Kammerzofe mit der doppelten Summe Geldes zu Petit-Jean zu schicken, um diesen listigen Kumpan zu verführen. Um es kurz zu machen, dieser ging es ganz genauso wie der Ersten: Auch sie ließ ihr Hemdchen und ihr Geld da und kam splitternackt in ihre Kammer zurück, ohne das Geringste vom Rätsel erfahren zu haben.

In der dritten Nacht, der letzten, entschloss sich die Prinzessin, selbst zu Petit-Jean zu gehen. Aber es erging ihr wie ihren Kammerzofen, sie hatte nicht mehr Erfolg, und auch sie musste ohne ihr Hemdchen, ohne des Rätsels Lösung und tief gedemütigt zurückkehren. Und obendrein ließ sie noch sechshundert Taler in den Händen von Petit-Jean. Und am nächsten Morgen sollte die Frist ablaufen. So war sie denn voller Wut und wusste nicht, welch bösem Geist sie sich verschreiben sollte.

Am folgenden Morgen traten der Herr von Kerbrinic und Petit-Jean zusammen vor die Prinzessin.

»Die drei Tage, um die Ihr gebeten hattet, sind verstrichen«, sprach Kerbrinic zu ihr, »und ich komme, um zu hören, ob Ihr mir die Lösung des Rätsels geben könnt.«

Da konnte die Rätselprinzessin nicht umhin zuzugeben, dass sie besiegt sei, und sie bat den Herrn von Kerbrinic, das Rätsel zu erklären. Der aber hatte Angst, etwas falsch zu machen, und ließ Petit-Jean die Lösung erklären. Der war gewitzter und hatte eine gewandtere Zunge als er. Die Prinzessin musste zugeben, dass alles stimmte, und das fiel ihr sehr schwer, denn bislang hatte ihre Fähigkeit als Rätsellöserin sie noch nie im Stich gelassen.

»Ich hoffe, schöne Prinzessin«, sprach da Kerbrinic mit anmutigster Stimme zu ihr, »dass es Eure feste Absicht ist, aufs Genaueste und vollständig die Vertragsbedingungen zu erfüllen, die wir miteinander ausgemacht haben.«

»Aber gewiss«, war ihre Antwort, »doch da Ihr so weise und schlau seid, möchte auch ich Euch zuvor eine Aufgabe stellen.«

»Gerne, ich stehe zu Euren Diensten«, entgegnete Kerbrinic, dem Petit-Jean Zeichen gegeben hatte, er solle annehmen.

»Nun gut«, sagte sie und zeigte ihm einen großen Sack, »füllt mir diesen Sack mit Wahrheiten; dann will ich nichts weiter verlangen, und wir werden bald Hochzeit zusammen feiern.«

»Das wird also dann bald sein«, entgegnete Kerbrinic, »versammelt für morgen früh um zehn Uhr den ganzen Hofstaat um Euch, und ich werde Euch den Sack mit Wahrheiten füllen.«

»Einverstanden«, sprach die Prinzessin, »auf morgen früh.«

Am nächsten Morgen um zehn Uhr war der Hofstaat im großen Königssaal versammelt. Der alte König saß auf seinem Thron, die Krone auf dem Haupt und das Zepter in der Hand, zu seiner Linken saß die Königin, zur Rechten die Prinzessin, seine Tochter. Kerbrinic und Petit-Jean standen zu Füßen des Thrones, und neben ihnen stand der Wahrheitssack.

»Was mag da wohl drin sein«, fragten sich alle ungeduldig.

Da ergriff der König das Wort und sprach:

»Nun, Herr von Kerbrinic, habt Ihr Euren Sack mit Wahrheiten gefüllt?«

»Ja, Sire, er ist voll von Wahrheiten«, entgegnete Kerbrinic.

»Dann tretet den Beweis an!«

»Ja, Sire, mein Diener wird es Euch beweisen.«

Und Petit-Jean knüpfte den Sack auf und zog zum großen Erstaunen aller Anwesenden zuerst einen Frauenrock hervor und hielt ihn hoch, dass jeder ihn gut sehen konnte. Dann fragte er:

»Ist hier eine Dame zugegen, die diesen Rock als ihr eigen erkennt?«

Doch niemand meldete Anspruch auf den Rock. Da wandte sich Petit-Jean an die Kammerzofe der Prinzessin und sprach:

»Es scheint mir, mein Fräulein, dass dieser Rock dem sehr gleicht, den Ihr in den letzten Tagen getragen habt.«

Das arme Mädchen wurde rot, senkte den Kopf und sagte nichts. Dann zog Petit-Jean noch aus seinem Sack ihre Unterröcke, ihr Mieder, ihre Strümpfe und endlich ihr Hemdchen heraus, und jedes Mal fragte er:

»Wem gehört das?« Man kicherte und scherzte um die Wette, und die arme Kammerzofe starb schier vor Scham und Verlegenheit.

»Das ist also eine Wahrheit aus meinem Sack«, sagte Petit-Jean, »kommen wir aber nun zu einer anderen!«

Und er kramte weiter im Sack und zog zuerst einen anderen Rock heraus, einen aus Seide, und fragte wiederum:

»Erkennt eine der Damen diesen Rock als den ihren?«

Jeder sah gleich, dass es der Rock einer Hofdame der Königin war. Die Hofdame erhob sich und wollte gehen, aber der König hieß sie bleiben und sprach:

»Keiner verlässt diesen Saal, bevor der Sack nicht ganz geleert ist!«

Und Petit-Jean zog nacheinander alle Kleidungsstücke der Hofdame aus dem Sack, zuletzt das Hemdchen und sprach:

»Nun sind zwei Wahrheiten aus dem Sack heraus, kommen wir nun zur dritten!«

Aber da stand die Prinzessin sogleich auf und sprach in herrischem Ton:

»Haltet ein, macht nicht weiter, ich befehle es Euch!«

»Lasst mich doch meinen Sack leeren«, versetzte Petit-Jean, »das Schönste ist ganz unten drin, Ihr werdet sehen …«

Aber die Prinzessin stieg rasch von ihrem Sitz, nahm seinen Arm und sprach:

»Macht nicht weiter, sage ich Euch, und schließt den Sack!«

Da waren alle bass vor Erstaunen, und selbst der König verstand, dass es klug sei, den Sack nicht bis auf den Grund leeren zu lassen, und er sagte zu Petit-Jean:

»Gehorcht der Prinzessin!«

Dann wandte er sich zu Fanch de Kerbrinic und sprach:

»Herr von Kerbrinic, Ihr seid der geistvollste und gelehrteste Mann meines Königreichs. Ich bin glücklich darüber, Euch als Schwiegersohn zu bekommen, und in vierzehn Tagen wird glanzvoll und prächtig Hochzeit gefeiert. Aber macht uns noch die Freude und erklärt uns hier vor dem ganzen Haus Euer Rätsel. Es ist das wunderbarste, von dem man je gehört hat!«

»Gern, Schwiegervater«, entgegnete Kerbrinic, und er erklärte noch sein Rätsel oder vielmehr, er ließ es von Petit-Jean aufsagen und erklären, und der ganze versammelte Hofstaat klatschte Beifall.

Schon am nächsten Tag schickte man eine schöne vergoldete Kutsche aus, um Frau von Kerbrinic auf ihrem Gut abzuholen, und bald wurde dann Hochzeit gefeiert. Acht Tage und länger gab es da Feste, Spiele und Gastmähler an einem Stück.

Einen Monat später schon starb der alte König. Böse Zungen behaupteten, er habe zu maßlos gegessen, getrunken und gefeiert. Und Fanch de Kerbrinic folgte ihm auf seinen Thron und wurde König von Frankreich, dank der Klugheit von Petit-Jean. Deshalb vergaß er ihn auch nicht und machte ihn zu seinem ersten Minister.

Der goldgierige Jean

Es war einmal ein Mann, der keine andere Leidenschaft besaß als den Reichtum. Daher hatte man ihm den Beinamen »der goldgierige Jean« gegeben. Von Haus aus war er Bauer, und Tag und Nacht rackerte er sich nur dafür ab, künftig einmal seinen Schrank voller Taler zu haben. Aber so sehr er sich auch plagte und schwitzte, umsonst war es, jene Zeit des Reichtums wollte nicht so schnell kommen. Die Basse-Bretagne (Nieder-Bretagne) nährt ihren Mann, wie ihr alle wisst, aber sie macht ihn nicht reich. Und so beschloss der goldgierige Jean, ein solch armes Land zu verlassen. Er hatte von wundervollen Gegenden gehört, in denen es genügte, so sagte man, den Boden mit den Fingernägeln anzukratzen, und schon hätte man richtige Felsen von Gold freigelegt. Nur, diese Gegenden lagen jenseits des Landes vom lieben Gott, im Gebiet des Teufels. Der goldgierige Jean war wie ihr und ich getauft, und so lag ihm recht wenig daran, in die Klauen des Satans zu geraten. Aber seine Geldgier hielt ihn so sehr gefangen, dass er sich trotzdem auf den Weg machte.

»Es ist noch gar nicht bewiesen«, so sagte er sich, »dass die Goldfelsen im Besitz des Teufels sind. Die Leute, die solches behauptet haben, wollten sicher jenen Dummköpfen, die da hin wollten, den Mut nehmen, nur um den Schatz für sich selbst zu behalten. Als der liebe Gott die Welt unter dem Satan und sich selbst aufgeteilt hat, da war er doch sicher nicht so dumm, seinem Todfeind ein so schönes Stück abzugeben.«

Ihr seht, dass der goldgierige Jean Gott nach seiner eigenen Elle maß und so schloss er:

»Ich will auf jeden Fall meinen Weg in diese Richtung einschlagen. Ich möchte zumindest wissen, woran ich bin, und wenn wirklich Gefahr besteht, dann ist es noch immer Zeit, schnell umzukehren.«

Und so legte er denn Meile um Meile zurück und gelangte endlich zu dem Strich, der das Gebiet des lieben Gottes von dem Satans trennt. Und er kniete sich diesseits des Striches hin und begann, den Boden aufzukratzen. Doch dabei holte er sich nur blutige Fingernägel an dem steinigen Untergrund, der so hart und so wertlos war wie der seines Feldes in der Basse-Bretagne.

»Meiner Treu«, schimpfte er, »soll ich denn einen so weiten Weg umsonst zurückgelegt haben! Ich muss einfach wissen, ob der Teufel reicher als der liebe Gott ist. Ich werde es mir anschauen, aber nichts anrühren.«

Und so ging er über den Strich, kniete wieder nieder und begann von Neuem, die Erde aufzukratzen. Hier aber war der Boden weich wie Sand. Kaum hatte er seine Hände hineingetaucht, als er schon einen Kiesel von der Größe eines Eis herauszog, einen Kiesel aus purem Gold, der nur so glänzte und funkelte. Dann zog er einen weiteren Kiesel heraus, der war so groß wie der Stein, den unsere bretonischen Schuster immer benutzen, um ihr Leder darauf geschmeidig zu schlagen. Dann einen dritten, der war so breit wie ein Mühlstein. Diesen versuchte der goldgierige Jean nicht einmal mehr aus der Erde herauszunehmen, und noch weniger diejenigen, die er dann freilegte und die eine Art goldenes Pflaster bildeten.

»Wie schön ist das doch«, rief er aus, als er all diese Wunder freilegte. »Wie reich wäre ich, wenn ich auch nur den zehnten Teil dessen, was ich hier sehe, mitnehmen könnte!«

Dabei erinnerte er sich daran, dass er geschworen hatte, nichts anzurühren.

»Ach was!«, sagte er sich doch schließlich, von der Goldsucht besiegt, »den Kiesel hier werde ich in meine Tasche stecken, und den anderen da unter meine Achsel. Das wird schon keine Folgen haben. Der Teufel wird es überhaupt nicht bemerken.«

Und er steckte sich den Kiesel, der so groß wie ein Ei war, in die Tasche, und unter seine Achsel den, der so groß wie ein Schusterstein war. Schon wollte er sich schleunigst aus dem

Staub machen, wie ihr euch denken könnt, als plötzlich der Leibhaftige vor ihm stand. Nun muss man dabei sagen, dass der Satan an diesem Tage gerade seine Ländereien bereiste. Er hatte den goldgierigen Jean kommen sehen und auf alles, was er machte, genau aufgepasst, hinter einem Gebüsch lauernd.

»Na, na, Kamerad!«, kicherte er da, »so geht man doch nicht einfach weg, ohne den Leuten, die man bestohlen hat, einen guten Abend zu wünschen!«

Da wäre der goldgierige Jean gerne irgendwoanders gewesen, aber an Flucht war nicht mehr zu denken. Der Teufel hatte ihm die Hand auf die Schulter gelegt, und diese Hand war fürchterlich brennend und schwer, als ob sie aus glühendem Eisen wäre. Der goldgierige Jean schrie, zappelte und flehte den Teufel an. Aber der Teufel hat eine feste Hand und ein Herz aus Stein. »Mach keine Umstände und folge mir!«, sagte er und pfiff sein Pferd herbei, das in der Nähe graste. Er bestieg es, warf den goldgierigen Jean wie einen Kohlensack quer darauf und hü! hott!, ab ging's!

»Was wollt ihr mit mir machen, Herr Teufel?«, fragte der goldgierige Jean mit jammernder Stimme. Und der Teufel antwortete:

»Dein Fleisch werde ich für das Essen meiner Gäste braten, und deine verbrannten Knochen werde ich meinen Pferden zum Mahl vorwerfen.«

Da gab der goldgierige Jean klein bei, und bald schon gelangten sie zur Hölle. An deren Eingang schon stürzte sich ein kleines Teufelchen vor Satans Pferd und sprach:

»Meister, der Stallknecht ist von den Tieren aufgefressen worden!«

»Verflucht!«, schrie da der Teufel, und sein Gebrüll war dabei so fürchterlich, dass die verdammten Seelen, die unweit davon in einem Pfuhl von kochendem Pech schmachteten, wie Karpfen immer wieder hochsprangen und Verzweiflungsschreie ausstießen. Doch plötzlich legte sich des Teufels Zorn. Seine Augen fielen auf den goldgierigen Jean, der sich zu Boden hatte gleiten lassen und nun kauernd dasaß, den Kopf in den Händen verbarg und stöhnte.

»Steh auf und komm näher, du Nichtsnutz«, sagte er da zu ihm, und mit verdrießlichem Gesicht gehorchte der goldgierige Jean.

»Hör nun gut zu!«, fuhr der Teufel fort. »Es steht gut für dich. Bis zu einem neuen Befehl wird dein Fleisch nicht gebraten und deine Knochen nicht verbrannt. Aber wie du dir wohl denken kannst, werde ich dich nicht hier für Nichtstun behalten. Folgendes wird deine Aufgabe sein: In meinem Stall stehen drei Pferde, inbegriffen dasjenige, das ich eben geritten habe. Du wirst sie besorgen. Jeden Morgen wirst du sie striegeln, putzen, bürsten und als Futter ihnen verbrannte Knochen geben. Gib nur acht, dass du deine Arbeit gut machst! Sonst weißt du, was dich erwartet!«

Der goldgierige Jean fühlte sich nicht besonders geschmeichelt, Stallknecht des Teufels zu werden; aber er hatte keine Wahl, und immerhin war es noch besser, die Pferde zu besorgen, als ihnen zum Futter hingeworfen zu werden.

Vierzehn Tage lang ging alles gut. Der goldgierige Jean scheute keine Mühen und war darauf bedacht, seinen fürchterlichen Herrn zufriedenzustellen. Doch jeden Abend, wenn er in seinem Bett in der Ecke des Stalls lag, blieb er noch lange wach, beklagte sein Schicksal und sehnte sich nach seiner Basse-Bretagne zurück. Wie bereute er jetzt seine verfluchte Goldgier! Als er sich so eines Nachts auf seinem Strohlager hin und her warf, da spürte er plötzlich einen warmen Atem auf seinem Gesicht. Es war eines der Pferde, das sich losgemacht hatte, und nun sein Maul zum goldgierigen Jean streckte.

»Was will dieses Unglückstier nur von mir?«, dachte er bei sich, denn es war gerade das Pferd, das ihn zu diesem Ort der Verdammnis getragen hatte. Er wollte ihm schon einen Peitschenhieb versetzen, als das Tier plötzlich so zu sprechen anfing:

»Mach keinen Lärm, damit du nicht die anderen Pferde aufweckst!

Ich spreche zu dir in deinem eigenen Interesse, goldgieriger Jean. Sag mir, gefällt es dir in diesem Land?«

»Bei Gott nicht!«, antwortete Jean.

»Dann sind wir beide einer Meinung. Wie du möchte ich in ein gesegnetes Land zurückkehren, denn auch ich bin ein Christ.«

»Aber wie sollen wir von hier wegkommen?«

»Lass das meine Sache sein! Ich werde dir schon sagen, wenn der Augenblick gekommen ist. Gib mir inzwischen die doppelte Menge Futter, keine verbrannten Knochen mehr, sondern Heu und Hafer! Ich muss wieder zu Kräften kommen, denn der Weg wird lang sein.«

Und seit jenem Abend kümmerte sich der goldgierige Jean besonders um dieses Tier.

Es vergingen mehrere Wochen, ohne dass sich etwas Neues zutrug. Aber eines Morgens sagte das Pferd zu Jean:

»Der Augenblick ist gekommen. Eben sah ich den Teufel, wie er sich zu Fuß erging. Gib mir den Sattel, steig auf, und los geht's. Nimm als Gepäck nur den Kübel mit, in den du für uns beide Wasser schöpfst, und dann noch den Striegel und die Bürste.«

Und schon waren sie auf dem Weg in das gesegnete Land. Und das Pferd galoppierte und galoppierte den ganzen Tag lang. Auf einmal wandte das Pferd den Kopf und sprach zum goldgierigen Jean:

»Jetzt ist es soweit, dass der Teufel nach Hause zurückkommt. Er weiß jetzt um unsere Flucht. Schau hinter dich! Bemerkst du noch nichts?«

»Nein!«, entgegnete der goldgierige Jean, und weiter ging's. Schon ward es klare Nacht, und das Pferd sagte:

»Schau hinter dich! Bemerkst du noch immer nichts?«

»Jetzt schon«, erwiderte Jean, »diesmal sehe ich den Teufel kommen, und wie er uns näher kommt!«

»Dann wirf den Kübel ab!«, sagte das Tier, und Jean tat so. Kaum aber hatte der Kübel den Boden berührt, da entsprang daraus ein Sturzbach, der wuchs zu einem Fluss, dann zu einem riesigen See an. Nun hat aber der Teufel Angst vor dem Wasser. Und statt den See zu durchqueren, gab er sich daran, um ihn herumzulaufen. Das war für unsere Flüchtlinge gewonnene Zeit! Nach ein oder zwei Stunden fragte das Pferd wieder:

»Goldgieriger Jean, bemerkst du nichts?«

»Aber doch«, entgegnete dieser, »der Teufel ist um den See herum.«

»Dann wirf die Bürste weg!«, sagte das Tier, und so tat er. Kaum aber hatte die Bürste die Erde berührt, da wurde schon aus jedem ihrer Haare ein riesiger Baum, sodass sich der Teufel in einem unentwirrbaren Wald wiederfand. Und bevor es ihm gelang, sich daraus zu befreien, waren ihm der goldgierige Jean und sein Reittier ein gutes Stück voraus. Nach ein oder zwei Stunden sprach das Pferd zum dritten Mal seinen Reiter an:

»Bemerkst du nichts?«

»Aber doch«, kam die Antwort, »soeben kommt der Teufel aus dem Wald heraus, und er beeilt sich, er beeilt sich!«

»Dann wirf doch den Striegel ab!« Und Jean tat es.

Kaum aber war der Striegel auf der Erde, da erhob sich an seiner Stelle ein riesiger Berg, der war zwanzigmal höher als der Ménez-Mikêl. Und er war noch breiter als hoch. Der Teufel zog es eher vor, über ihn zu steigen, statt um ihn herumzulaufen.

Währenddessen lief Jeans Pferd so schnell wie der Wind. Schon konnte man in der Ferne das gesegnete Land erkennen, grün erglänzte es mit seinen Feldern, Wiesen und Heiden.

»Goldgieriger Jean! Goldgieriger Jean!«, fragte da das Tier, »folgt uns der Teufel immer noch?«

»Er kommt schon den Berghang hinunter«, antwortete dieser.

»Wenn das so ist, dann bitte Gott, uns zu Hilfe zu kommen. Es bleibt uns kein anderes Mittel mehr zu unserer Rettung.«

Und tatsächlich war ihnen der Teufel schon dicht auf den Fersen. Er hatte sie schon fast erreicht, als das Pferd einen letzten verzweifelten Sprung machte. Seine beiden Vorderfüße kamen gerade eben auf die gesegnete Erde, als der Teufel es schon am Schwanz packte. Und alles, was er fassen konnte, war nur ein Büschel Haare. Da aber hatte das Pferd wieder menschliche Gestalt angenommen und sagte zum goldgierigen Jean:

»Wir werden uns jetzt hier trennen. Von hier aus gehe ich sogleich ins Fegefeuer; du aber gehe in die Basse-Bretagne zurück, und sündige nicht mehr!«

Und der goldgierige Jean kehrte in seine Basse-Bretagne zurück und war glücklich darüber, eine Seele aus der Hölle hinweggenommen zu haben. Noch glücklicher aber war er, selbst der Hölle entronnen zu sein. Und fortan war er fest entschlossen, sein Möglichstes zu tun, um nie wieder dahin zurückzukehren, weder zu seinen Lebzeiten noch nach seinem Tod.

Wie die Stadt Is im Meer unterging

In alten Zeiten lebte im bretonischen Königreich Cornouaille ein mächtiger König namens Grallon. Es war ein Mann, der wie sonst keiner das Gute liebte, und er empfing an seinem Hof alle berühmten Männer, ob sie nun von Adel waren oder nicht. Unglücklicherweise hatte er aber eine Tochter, die ein gar liederliches Leben führte. Um der Aufsicht ihres Vaters zu entgehen, hatte sie ihren Wohnsitz in der Stadt Is genommen, einige Meilen von Quimper entfernt.

Eines Tages ging der König mit seinem Gefolge auf die Jagd in einen Wald, der am Fuße des Ménéhom lag. Da verirrten sie sich und kamen in die Einsiedelei des einsamen Corentin. Grallon hatte schon von diesem heiligen Mann reden hören, und so war er erfreut darüber, zu seiner Wohnstätte geführt worden zu sein. Seine Diener aber, die sehr hungrig waren, sahen die ärmliche Klause des Heiligen mit trauriger Miene, und sie sagten sich untereinander, jetzt müssten sie als Speise mit frommen Sprüchen vorliebnehmen. Corentin erhielt indes von Gott eine Erleuchtung und erriet ihre Gedanken. Er fragte den König, ob er nicht hungrig sei, und da Grallon zur Antwort gab, er habe seit dem ersten Hahnenschrei nichts mehr gegessen, rief der heilige Mann den Mundschenk und den Koch des Königs und hieß sie nach einer so langen Enthaltsamkeit ein gutes Mahl zubereiten. Er führte die beiden an den Brunnen nahe der Einsiedelei, füllte den goldenen Krug, den der Mundschenk mit sich trug, mit Wasser und schnitt ein Stück von dem kleinen Fisch ab, der in der Quelle umherschwamm, und gab ihn dem Koch. Und beiden empfahl er, dem König und seinem Gefolge den Tisch zu richten. Der Mundschenk und der Koch aber brachen in schallendes Gelächter aus und fragten den heiligen Mann, ob er denn die Hofleute für Bettler halte, dass er ihnen seine Fischgräten und seinen Gänsewein vorzusetzen wagte. Corentin antwortete ihnen, sie sollten sich keine Sorgen machen, Gott würde schon alles vorsehen.

So entschlossen sie sich, das zu machen, was Corentin sie geheißen hatte, und zu ihrer großen Überraschung wurde alles wirklich, was der heilige Mann vorausgesehen hatte: Das Wasser, das er in dem goldenen Krug geschöpft hatte, verwandelte sich in Wein, der so süß wie Honig und so leuchtend wie Feuer war, und das kleine Stückchen Fisch vermehrte sich derart, dass zweimal soviel Gäste, wie der König in seinem Gefolge hatte, davon hätten satt werden können.

Sogleich berichteten zwei Diener ihrem König von diesem wundersamen Geschehen und zeigten ihm ein noch größeres Wunder: Der kleine Fisch, von dem Corentin ein Stückchen abgeschnitten hatte, schwamm in der Quelle herum und war so munter und unversehrt, als hätte das Messer des Heiligen ihn nie angerührt. Als der König das sah, wurde er von großer Ehrfurcht ergriffen, und er sagte zum Einsiedler:

»Heiliger Mann! Nicht hier ist Euer Platz, denn Euer Herr und der meinige hat verboten, sein Licht unter den Scheffel zu stellen. Ihr werdet diese Einsiedelei verlassen, um nach Quimper zu kommen. Dort werde ich Euch zum Bischof ernennen. Mein Palast soll Euch als Wohnstatt dienen, und die ganze Stadt soll Euch gehören. Für Eure Jünger werde ich in Landevennec ein Kloster bauen, und Ihr selbst sollt dafür den Abt bestimmen.«

Und der König hielt sein Versprechen. Er übergab seine Hauptstadt dem neuen Bischof und ging selbst in die Stadt Is.

Diese Stadt erhob sich genau an der Stelle, an der heute die Bucht von Douarnénèz liegt. Sie war so groß und so schön, dass die Menschen in alter Zeit, um die Hauptstadt aller Franzosen zu loben, nichts Besseres fanden, als sie *Paris* zu nennen, das heißt *»gleich Is«*.

Is war tiefer als das Meer gebaut und wurde von Deichen geschützt, deren Tore man zu gewissen Zeiten öffnete, um die Fluten ein- und ausströmen zu lassen. Die Prinzessin Dahut, Tochter des Königs Grallon, trug immer die silbernen Schlüssel dieser Deichtore um ihren Hals, und deshalb nannte das Volk sie Alc'huèz oder kurz nur Ahèz.

Da sie eine große Zauberin war, hatte sie die Stadt mit Dingen geschmückt, die nicht von Menschenhand stammen konnten. Alle Korrigane von Cornouaille und von Vannes waren auf ihren Befehl hin gekommen, um die Deiche zu bauen und die eisernen Tore dazu zu schmieden. Sie hatten den Palast mit einem Metall überzogen, das dem Gold ähnlich war, denn die Korrigane sind geschickte Falschmünzer. Um die Gärten hatten sie Geländer gebaut, die wie blanker Stahl glänzten. Sie besorgten auch Dahuts Pferdeställe, die mit schwarzem, rotem oder weißem Marmor gepflastert waren, je nach der Farbe der Pferde. Und sie hielten auch den Hafen instand, in dem man die Meeresdrachen ernährte. Denn durch ihre Zauberkunst hatte sich Dahut auch die Meeresungeheuer dienstbar gemacht und einem jeden der Einwohner von Is eines davon gegeben. Man bediente sich ihrer sozusagen als Laufburschen, um jenseits des Meeres die seltenen Waren abzuholen oder um an die Schiffe der Feinde heranzukommen.

So nimmt es auch nicht wunder, dass alle Bürger der Stadt so wohlhabend waren, dass sie sogar ihr Korn mit silbernen Scheffeln maßen.

Aber der Reichtum hatte sie lasterhaft und hart gemacht: die Bettler wurden aus der Stadt wie wilde Tiere gejagt. Überall wollte man nur Menschen sehen, die heiter waren, die gesund und in Tuch und Seide gekleidet waren. Selbst Christus hätte man abgewiesen, wenn er in Linnen gekommen wäre. Die einzige Kirche, die noch in der Stadt stand, war so verkommen und leer, dass der Küster den Schlüssel dazu verloren hatte. Brennnesseln wuchsen an ihrem Eingang, und die Schwalben nisteten in den Fugen des Eingangsportals. Die Bewohner der Stadt verbrachten Tag und Nacht in den Wirtshäusern, den Tanzsälen, bei den Schauvorstellungen, und alle waren einzig damit beschäftigt, ihre Seele zu verlieren.

Dabei ging Dahut mit ihrem Beispiel voran. Den ganzen Tag und die ganze Nacht gab es in ihrem Palast nur Feste. Aus den entferntesten Ländern sah man Edelleute kommen, es kamen sogar Prinzen, die der Ruf dieses Hofes angezogen hatte. Grallon empfing sie freundschaftlich, und Dahut noch besser. Denn wenn es junge Männer von schönem Aussehen waren, gab sie ihnen eine Zaubermaske. Damit konnten sie, sobald der Abend gekommen war, heimlich zu ihr in einen Turm kommen, der am Rande der Schleusen errichtet worden war. Dort blieben sie mit ihr zusammen, bis die Meerschwalben wieder an den Turmfenstern vorüberzufliegen begannen. Dann sagte ihnen die Prinzessin sehr schnell wieder Lebewohl. Und damit sie so ungesehen, wie sie gekommen waren, auch wieder weggehen konnten, überreichte sie ihnen wiederum die Zaubermaske. Aber diesmal zog sich die Maske von selbst immer wieder enger und enger zusammen und erwürgte sie schließlich. Dann kam ein schwarzgekleideter Mann, legte den Leichnam wie einen Sack Getreide quer über sein Pferd und warf ihn zwischen Huelgoat und Poulaouën in einen tiefen Abgrund. Das ist die reine Wahrheit, denn heute noch hört man in dunklen Nächten tief unten aus der Schlucht die Klagen ihrer Seelen. Die Gläubigen mögen ihrer in ihren Gebeten gedenken!

Corentin wurde über das alles, was sich in Is zutrug, unterrichtet und hatte Grallon darauf aufmerksam gemacht, dass nun Gottes Geduld zu Ende sei. Doch der König hatte seine Macht verloren und lebte allein in einem Flügel des Palastes. Alle hatten ihn im Stich gelassen wie einen Großvater, der seinen Kindern das Erbe schon ausgehändigt hat. Daher schlug auch Dahut die Drohungen des heiligen Mannes in den Wind.

Nun, eines Abends, als es wie immer bei ihr ein Fest gab, meldete man ihr einen mächtigen Prinzen, der vom anderen Ende der Welt gekommen war, um sie zu sehen. Es war ein groß gewachsener Mann, ganz in Rot gekleidet, und er war so bärtig, dass man kaum seine beiden Augen sehen konnte, die wie Sterne funkelten. Und er richtete an die Prinzessin ein so wohlgereimtes

Kompliment, wie es kein Freier aus der Cornouaille hätte erfinden können. Dann begann er so geistreich zu reden, dass alle darüber erstaunt waren.

Was die Freunde von Dahut aber am meisten überraschte, war, dass der Fremde im Bösen geübter war als sie. Er kannte nicht nur alles, was die menschliche Bosheit seit Beginn der Schöpfung in allen Gegenden der Erde, wo Menschen leben, erfunden hatte, er wusste vielmehr noch, was sie noch erfinden wird bis zu dem Augenblick, da die Toten sich aus ihren Gräbern erheben werden, um gerichtet zu werden. Ahès und ihr Hofstaat erkannten, dass sie nun ihren Meister gefunden hatten, und so entschlossen sich alle, von dem bärtigen Prinzen zu lernen.

Zu Beginn schlug dieser ihnen einen neuen Tanzschritt vor, der nichts anderes war als der, der in der Hölle durch die sieben Todsünden aufgeführt wird. Dafür ließ der Prinz einen Bläser eintreten, den er mitgebracht hatte. Es war ein winziger Zwerg, der in eine Bockshaut gehüllt war und unter seinem Arm einen Dudelsack trug. Kaum hatte er aber zu blasen begonnen, als Dahut und all ihre Leute von einer Art Raserei ergriffen wurden und sich wild wie ein Wirbelwind drehten. Dies aber machte sich der Unbekannte zunutze, um der Prinzessin die silbernen Schlüssel für die Schleuse zu entwenden und sich schnell vom Fest zu entfernen.

Währenddessen war Grallon allein in einem abgelegenen Teil des Palastes; er befand sich in einem großen dunklen Saal und saß an einem Kamin, dessen Feuer am Verlöschen war. Große Trauer fühlte er in seinem Herzen, als plötzlich die Türflügel aufgestoßen wurden und der heilige Corentin auf der Schwelle erschien. Um die Stirn hatte er einen feurigen Reif, in der Hand hielt er den Bischofsstab, und er schritt in einer duftenden Wolke herbei.

»Erhebt Euch, großer König«, sprach er zu Grallon, »nehmt, was noch an Kostbarem hier ist, und ergreift die Flucht, denn Gott hat diese verfluchte Stadt dem Teufel anheimgegeben.«

Entsetzt erhob sich sogleich Grallon, rief einige alte Diener herbei und nahm seinen Schatz. Dann bestieg er sein schwarzes Pferd und folgte dem Heiligen, der wie eine Feder vor ihm in die Lüfte voranschwebte.

Als sie über die Deiche kamen, hörte er das gewaltige Tosen der Fluten und erblickte den bärtigen Fremden, der seine Teufelsgestalt wieder angenommen hatte. Der war dabei, alle Schleusen mit den silbernen Schlüsseln zu öffnen, die er Dahut entwendet hatte. Schon schoss das Meer in Riesenwellen über die Stadt, und man sah die Fluten mit den weißen Kämmen über die Dächer brausen, so als gingen sie zum Sturmangriff über. Und die Meeresdrachen, die im Hafen angekettet waren, brüllten vor Entsetzen, denn auch die Tiere spüren, wenn der Tod naht.

Grallon wollte einen Warnschrei ausstoßen, aber Corentin sagte ihm wieder eindringlich, er solle schnell fliehen, und so stürzte er sich im Galopp dem Ufer zu. Von den Fluten verfolgt und die Hinterläufe immer in den Wogen, durchquerte sein Ross die Straßen, Plätze und Wegkreuzungen. Als er an Dahuts Palast vorbeikam, da sah er sie plötzlich auf der Treppe erscheinen. Aufgelöst wie bei einer Witwe waren die Haare, und sie sprang schnell hinter ihren Vater auf das Pferd. Doch dieses blieb plötzlich stehen, wankte, und das Wasser stieg bis an die Knie des Königs.

»Zu mir, heiliger Corentin!«, schrie er da entsetzt.

»Schüttelt die Sünde, die Ihr hinter Euch tragt, ab«, erwiderte der Heilige, »dann werdet Ihr mit Gottes Hilfe gerettet werden.«

Aber Grallon, der trotz allem das Herz eines Vaters in seiner Brust trug, wusste nicht, wie er sich entscheiden sollte. Da berührte Corentin mit seinem Bischofsstab die Schulter der Prinzessin, und schon glitt diese vom Pferd hinab ins Meer und versank tief in einem Meeresschlund, den man seither den Schlund der Ahès nennt.

Als das Pferd nun seiner Last befreit war, schwang es sich vorwärts und erreichte den Felsen von Garrec, auf dem man heute noch die Spuren eines seiner Hufe sehen kann.

Der König fiel zuerst auf die Knie, um dem Himmel für seine

Rettung Dank zu sagen, dann wandte er sich nach der Stadt Is um, um die Gefahr zu ermessen, der er auf wunderbare Weise entronnen war. Aber er suchte vergeblich die einstige Königin der Meere. Dort, wo die Stadt vor wenigen Augenblicken stand, da, wo es noch kurz vorher einen Hafen, Paläste, soviel Reichtümer und Tausende von Menschen gab, konnte man nur noch eine tiefe Meeresbucht erkennen, in der sich die Sterne spiegelten. Am Horizont aber stand ein rotgekleideter Mann auf den letzten Trümmern der versunkenen Deiche und zeigte mit triumphierender Gebärde die silbernen Schlüssel.

Inzwischen hatten mehrere Eichenwälder die Zeit, zu entstehen und zu vergehen, seit dem Tag, als dieses Beispiel gegeben wurde. Und bis zu unserer Zeit haben die Väter ihren Kindern von Geschlecht zu Geschlecht davon erzählt. Vor der großen Französischen Revolution fuhr die Geistlichkeit der Ufergemeinden jedes Jahr in Fischerbooten hinaus aufs Meer, um über der versunkenen Stadt die Messe zu lesen. Doch seither ist dieser Brauch, wie viele andere auch, verlorengegangen. Aber wenn das Meer ruhig ist, dann kann man noch heute tief unten in der Bucht die Überreste der großen Stadt erblicken, und die Dünen der Umgebung sind voll von Ruinen, die von ihren Reichtümern zeugen.

Die Steine von Plouhinec

Plouhinec ist ein kleiner Ort in der Gegend von Hennebont, dem Meer zu gelegen. Rings in der Gegend sieht man nur öde Heidelandschaft oder kleine Tannenwäldchen, und noch nie gab es in der Pfarrei genug Grasland, um Rinder oder Schweine zu ziehen. Aber wenn auch die Leute dort kein Getreide oder gar Vieh haben, so besitzen sie doch mehr Steine, als man braucht, um noch einmal die Stadt Lorient zu bauen. Und jenseits des Ortes Plouhinec gibt es eine große Heide, in die die Korrigane zwei Reihen von langen, hohen Steinen gepflanzt haben, sodass man meinen könnte, es wäre eine Allee, wenn sie irgendwohin führte.

Dort, am Ufer des Flüsschens von Intel, lebte einst ein Mann namens Marzinn. Für die Gegend war er reich, das heißt, er konnte alle Jahre ein kleines Schwein pökeln, Schwarzbrot soviel er wollte essen und sich jedes Ostern ein neues Paar Holzschuhe kaufen. Daher galt er auch im Land als hochmütig und hatte seine Schwester Rozenn vielen jungen Burschen verweigert, die ihr Leben im Schweiße ihres Angesichts verbringen mussten.

Unter diesen Freiern war auch Bernèz, ein braver Bursche und guter Christ, der auf dem Land arbeitete. Der hatte aber als einziges Erbe nur den guten Willen mit auf die Welt gebracht. Bernèz war aus Ponscorff-Bidréegekommen, um in Plouhinec zu arbeiten, und er kannte schon Rozenn, als sie ganz klein war. Und oft war sie ihm nachgelaufen und hatte ihn mit dem Liedchen geneckt, das die Kinder gern den Leuten aus dieser Gegend nachsangen:

Ponscorff-Bidrèe
Ziegenfleisch, määh!

So hatten sie sich kennengelernt, und je größer Rozenn wurde, desto größer ward auch die Zuneigung, die Bernèz für sie empfand, und eines Tages hatte er sich unsterblich in sie verliebt.

Da kann man verstehen, dass die Ablehnung von Marzinn ihm schier das Herz brach; doch er verlor nicht den Mut, denn Rozenn behandelte ihn weiter freundlich und neckte ihn immer wieder mit dem Reim, den man auf die Leute aus Ponscorff gedichtet hatte.

An einem Heiligen Abend nun gab es ein so starkes Gewitter, dass niemand zur Mette gehen konnte. So saßen denn alle Leute aus dem Bauerndorf in der Stube zusammen, und unter ihnen waren auch Bernèz und andere Burschen aus der Nachbarschaft. Um sein großes Herz zu zeigen, hatte der Hausherr fürs Abendessen Blutwürste und eine mit Honig angesetzte Weizensuppe kochen lassen; da waren aller Augen auf den Kessel im Kamin gerichtet. Nur Bernèz schaute unentwegt seine geliebte Rozenn an. Und als man gerade die Bänke an den großen Tisch rückte und die Holzlöffel schon rundherum im Kessel steckten, da stieß plötzlich ein alter Mann die Haustür auf und wünschte jedem einen guten Appetit. Es war ein Bettler aus Pluvigner, der nie in die Kirche ging und vor dem alle anständigen Leute Angst hatten. Man verdächtigte ihn in der Gegend, das Vieh zu verhexen, das Korn in der Ähre schwarz werden zu lassen und den Raufbolden Zauberkräuter zu verkaufen. Es gab sogar Leute im Land, die argwöhnten, er könne sich nach Belieben in einen Werwolf verwandeln.

Da der Mann aber wie ein Armer gekleidet war, erlaubte der Bauer es ihm, an den Kamin zu kommen; er ließ ihm sogar einen dreibeinigen Schemel und eine Portion Essen bringen.

Als nun der Hexer zu Ende gegessen hatte, da bat er noch um eine Unterkunft für die Nacht, und Bernèz sperrte ihm den Stall auf, in dem nur ein alter, harmloser Esel und ein magerer Ochse standen. Der Bettler legte sich zwischen beide Tiere, um es warm zu bekommen, und bettete seinen Kopf auf einen Sack von zerstampftem Heidekraut.

Und als er gerade einschlafen wollte, schlug es Mitternacht. Da schüttelte der alte Esel seine langen Ohren und wandte sich zum mageren Ochsen.

»Nun, mein Vetter«, fragte er freundschaftlich, »wie geht es seit letzte Weihnachten, wo ich mit Euch gesprochen habe?«

Statt darauf eine Antwort zu geben, warf das gehörnte Tier einen Blick zum Bettler und sprach mürrisch:

»War es das wert, dass uns der Herrgott zu Weihnachten die menschliche Sprache verlieh und uns und unsere Vorfahren, die bei der Geburt des Jesuskindes dabei waren, damit belohnte, dass wir nun diesen Taugenichts von Bettler als Zuhörer haben.«

»Ihr seid sehr hochmütig, Herr Brüllochse«, erwiderte der Esel heiter, »ich hätte doch mehr Recht, mich zu beschweren, ich, dessen Vorfahre einst das Kind nach Jerusalem brachte, wie es das Kreuz beweist, das uns seitdem auf dem Rücken zwischen den Schulterblättern steht. Aber ich bin mit des Herrgotts Gabe zufrieden. Seht Ihr übrigens nicht, dass der Hexer eingeschlafen ist?«

»All seine Zauberkünste haben ihn nicht reich machen können«, fuhr der Ochse fort, »und er geht wegen sehr wenig der Verdammnis entgegen. Der Teufel hat ihn nicht einmal auf das Glück aufmerksam gemacht, das er hier in einigen Tagen finden wird.«

»Welches Glück?«, fragte der Esel.

»Wie!«, fuhr der Ochse fort, »wisst Ihr denn nicht, dass die Steine aus der Heide von Plouhinec alle hundert Jahre zum Flüsschen Intel trinken gehen und dass während dieser Zeit die Schätze, die sie verborgen halten, offen stehen?«

»Ah, jetzt erinnere ich mich«, unterbrach ihn der Esel, »aber die Steine kommen so schnell wieder an ihre alte Stelle zurück, dass es unmöglich ist, ihnen aus dem Weg zu gehen, ohne dass sie einen zermalmen. Es sei denn, man hat zu ihrer Abwehr einen Zweig von Kreuzkraut, der mit einem fünfblättrigen Kleeblatt umwunden ist.«

»Und dann noch«, fügte der Ochse hinzu, »die Schätze, die man mitnimmt, verfallen sofort zu Staub, wenn man dafür keine getaufte Seele gibt. Es braucht den Tod eines Christenmenschen, damit der böse Geist einen in Ruhe die Reichtümer von Plouhinec genießen lässt.«

Der Bettler aber hatte dieses ganze Gespräch mitangehört und wagte es nicht, dazwischen zu atmen.

»Ah, meine lieben Tiere, meine Herzchen«, dachte er bei sich, »ihr habt mich soeben reicher als alle Bürger von Vannes und Lorient zusammen gemacht. Doch seid nur beruhigt! Der Hexer von Pluvigner wird sich hinfort nicht mehr für nichts der Verdammnis anheimgeben.«

Und sogleich schlief er ein. Doch schon bei Tagesanbruch war er auf dem freien Feld und suchte das Kreuzkraut und das fünfblättrige Kleeblatt. Lange musste er suchen und tief ins Land gehen, dort, wo die Luft wärmer ist und die Pflanzen immer grün bleiben. Endlich aber, am Tag vor Neujahr, tauchte er wieder in Plouhinec auf und machte ein Gesicht wie ein Wiesel, das den Weg zum Taubenschlag entdeckt hat.

Als er gerade über die Heide kam, erblickte er Bernèz, der damit beschäftigt war, mit einem spitzen Hammer auf den größten Stein zu schlagen.

»Um Himmels willen«, rief der Hexer und lachte, »wollt Ihr Euch ein Haus aus diesem dicken Pfeiler schlagen?«

»Nein«, antwortete Bernèz ruhig, »aber da ich für den Augenblick keine Arbeit habe, dachte ich mir, ich meißle ein Kreuz auf einen dieser verfluchten Steine. So tue ich dem Herrgott ein wohlgefälliges Werk.«

»Ihr wollt also etwas von ihm erbitten?«, bemerkte der alte Mann.

»Alle Christen müssen ihn um das Heil ihrer Seele bitten«, entgegnete der junge Bursche.

»Und habt Ihr ihm auch nichts von Rozenn zu sagen?«, fügte der Bettler leise hinzu. Bernèz schaute ihn an.

»Ah, Ihr wisst es also«, fuhr da Bernèz fort, »nach allem ist es weder eine Schande noch eine Sünde; und wenn ich das junge Mädchen suche, dann nur, um sie vor den Altar zu führen. Unglücklicherweise will Marzinn einen Schwager, der mehr Dukaten besitzt als ich rote Heller.«

»Und wenn ich Euch mehr Louisdor beschaffe, als Marzinn Dukaten hat«, sagte da der Hexenmeister halblaut.

»Ihr?«, rief da Bernèz.

»Ich!«

»Und was würdet Ihr dafür von mir verlangen?«

»Nichts als ein Gedenken in Euren Gebeten.«

»Ich brauche mein Seelenheil also nicht aufs Spiel zu setzen?«

»Hier braucht es nur Mut!«

»Dann sagt mir, was ich tun muss«, rief da Bernèz und ließ seinen Hammer fallen, »ich bin bereit, und wenn ich mich auch dreißigmal dem Tod ausliefern müsste, denn ich hänge weniger am Leben als an einer Hochzeit mit Rozenn.«

Als der Bettler nun diese Entschlossenheit sah, erzählte er ihm, dass in der kommenden Nacht die Schätze der Heide offen daliegen würden. Doch verheimlichte er ihm, wie man den Steinen bei ihrem Rückweg ausweichen könne: Der junge Bursche war der Meinung, hier brauche es nur Mut und Behändigkeit, und so sagte er:

»So wahr es die Dreifaltigkeit gibt, ich werde die Gelegenheit ausnutzen, alter Mann, und ich werde Euch wegen dieses Hinweises immer zu Gefallen sein. Lasst mich nur noch das Kreuz, das ich zu meißeln begonnen habe, zu Ende führen. Wenn es die Zeit ist, werde ich zu Euch am kleinen Tannenwäldchen kommen.«

Und Bernèz hielt Wort und kam eine Stunde vor Mitternacht zur vereinbarten Stelle. Dort fand er den alten Mann vor, der einen Bettelsack in jeder Hand und einen weiteren um den Hals hängen hatte.

»Nun setzt Euch dahin«, sagte er zum jungen Burschen, »und denkt darüber nach, was Ihr machen werdet, wenn Ihr zur Genüge Silber, Gold und Edelsteine habt!«

Der Bursche setzte sich auf den Boden und antwortete:

»Wenn ich Silber zur Genüge habe, dann werde ich meiner lieben Rozenn all das geben, was sie sich wünscht und schon immer gewünscht hat, vom Stoff bis zur Seide, vom Brot bis zur Apfelsine.«

»Und wenn Ihr Gold zur Genüge habt?«, fügte der Bettler hinzu.

»Dann«, antwortete Bernèz, »werde ich alle Verwandten von Rozenn und alle Freunde ihrer Verwandten bis in den letzten Winkel der Pfarrei reich machen.«

»Und wenn Ihr Edelsteine habt, wie Ihr sie nur wollt?«, sagte der Alte schließlich.

»Dann werde ich alle Menschen auf der Welt reich und glücklich machen, und ich werde ihnen sagen, dass meine Rozenn es so gewollt hat«, rief er da freudig.

Während sie so plauderten, war die Stunde vorübergegangen, und es ward Mitternacht. Da erhob sich auf der Heide ein lauter Lärm, und im Schein der Sterne sah man, wie alle großen Steine von ihrer Stelle rückten und zum Flüsschen von Intel hinstürzten. Sie stiegen den Hang hinunter, zerstampften den Boden und stießen dabei aneinander wie eine Herde von Riesen, die zuviel getrunken hatten. So gingen sie in wildem Durcheinander an den beiden Männern vorbei und verschwanden in der dunklen Nacht.

Da stürzte sich der Bettler auf die Heide, und Bernèz folgte ihm. Und an der Stelle, an der sich noch kurz vorher die großen Steine erhoben hatten, entdeckten die beiden Brunnen, die waren bis zum Rand voll von Gold, Silber und Edelsteinen. Bernèz stieß einen Schrei der Verwunderung aus und bekreuzigte sich. Der Hexer aber machte sich sogleich daran, seine Bettelsäcke zu füllen, und lauschte angestrengt nach dem Flüsschen zu. Schon war er dabei, seinen dritten Bettelsack zu Ende zu füllen, während der Bursche erst die Taschen seiner Jacke vollmachte, als ein dumpfes Grollen wie das eines anziehenden Gewitters in der Ferne zu hören war. Die Steine waren mit dem Trinken fertig und schickten sich an, wieder auf ihre alten Stellen zu rücken. Vorwärtsgebeugt kamen sie herbeigeeilt wie Läufer und zermalmten alles, was sich ihnen in den Weg stellte. Als der junge Bursche sie nahen sah, stand er schnell auf und schrie:

»Jungfrau Maria, wir sind verloren!«

»Nein, nicht ich«, entgegnete da der Hexer und nahm das Kreuzkraut und das fünfblättrige Kleeblatt in die Hand. »Das hier ist meine Rettung«, fuhr er da fort, »aber es war noch nötig, dass ein Christenmensch sein Leben verliert, um mir diese Reichtümer zu sichern, und dein böser Engel hat dich mir auf den Weg gebracht. Verzichte also auf Rozenn und bereite dich auf den Tod vor!«

Während er noch so sprach, war das Heer der Steine herangekommen. Aber der Alte zeigte seinen Zauberstrauß, und die Steine wichen nach rechts und links aus, um sich auf Bernèz zu stürzen.

Als dieser begriffen hatte, dass nun alles verloren war, ließ er sich auf die Knie fallen und schloss die Augen. Doch der große Stein an der Spitze des Heeres blieb auf einmal stehen und stellte sich wie eine Sperre vor ihn, um ihn vor den anderen zu schützen. Erstaunt hob Bernèz den Kopf und erkannte den Stein, auf den er das Kreuz gemeißelt hatte! Das war nun ein getaufter Stein, der keinem Christen mehr schaden konnte.

Der Stein blieb unbeweglich vor dem jungen Burschen stehen, bis alle seine Brüder ihren Platz wieder eingenommen hatten. Dann schwang er sich wie ein Meeresvogel davon, um auch wieder an seine Stelle zu rücken. Auf seinem Weg aber stieß er auf den Bettler, der schwer an den drei mit Gold gefüllten Säcken trug.

Als der Alte den Stein nun nahen sah, wollte er ihm seine Zauberpflanzen zeigen; doch der Stein war christlich geworden und unterlag nicht mehr den Verhexungen des Dämons, und so fuhr er jählings über den Hexer hinweg und zermalmte ihn wie ein Insekt.

Und außer den Schätzen, die er selbst gesammelt hatte, bekam Bernèz auch die drei Säcke des Bettlers und war nun so reich, um Rozenn zu heiraten und um ebenso viele Kinder großzuziehen, wie der Zaunkönig Junge in seinem Nest hat.

Die Braut des Toten

Der schönste Bauernsohn, den es in Bégard gab, war sicherlich René Pennek, der Sohn von Ervoann, und das schönste Mädchen im Umkreis von zehn Meilen war Dunvel Karis, die Liebste von René Pennek. Die beiden jungen Leute liebten sich seit der Zeit, als sie sich auf den Katechismusbänken zum ersten Mal begegnet waren. Beide waren aus gutem Haus. Nur, die Penneks besaßen das doppelte Vermögen wie die Karis. Daher sah Ervoann Pennek nicht ohne Ärger die Zuneigung, die sein Sohn zu Dunvel gefasst hatte. Juluenn Karis seinerseits, der Vater von Dunvel, besaß von Natur aus einen gewissen Stolz. Für nichts auf der Welt hätte er den ersten Schritt auf Ervoann Pennek zugetan. Den behandelte er als seinesgleichen und vielleicht sogar mit etwas Hochmut, eben weil er sich ihm unterlegen wusste.

Das hinderte allerdings die beiden jungen Leute nicht, sich bei jedem Rendezvous, wie etwa bei Wallfahrten und Erntefesten, das Jawort zu geben. Man hatte seine wahre Freude daran, sie zusammen zu sehen, so schienen sie füreinander geschaffen. Und manches Mal fragte man sie lachend:

»Und wann wird die Hochzeit sein?«

Dann wurde Dunvel immer rot unter ihrer Haube und antwortete traurig:

»Wenn es dem Herrgott gefällt!«

Aber René warf sich in die Brust:

»Was sicher ist«, sagte er, »sie wird trotz allem und trotz allen stattfinden.«

So standen die Dinge, als Ervoann Pennek eines Morgens zu seinem Sohn René sagte:

»Ich habe Arbeiter kommen lassen, um die Buchen auf unserem Land bei Mézou-Meur zu fällen. Ich bitte dich, sie zu beaufsichtigen, dass sie ihre Arbeit rasch ausführen.«

René entsprach unverzüglich dieser Bitte seines Vaters. Er ging in den Stall, sattelte den Hengst, der der beste Traber der Gegend war, und machte sich auf den Weg.

Mézou-Meur war ein Gebiet, das in der Gegend von Louargat auf der anderen Bergseite von Ménez-Bré lag. Es gehörte Ervoann Pennek; er hatte es von seiner Frau, die es mit in die Ehe brachte. Um dorthin zu gelangen, musste René gut vier Meilen zurücklegen. Und in der Zeit, von der ich spreche, glichen die Wege kaum denen von heutzutage. Bis nach Ménez bestand der Weg nur aus Schlammlöchern; dann musste man noch den Berg hinzurechnen, auf den René über Hohlpfade, die wie Sturzbäche aussahen, hinauf musste, dann den Abstieg auf der anderen Hangseite, der noch gefährlicher als der Aufstieg war.

»Das ist wieder ein ganzer Tag, den ich draußen verbringen muss«, hatte sich René Pennek gesagt, als er sich in den Sattel setzte. Er meinte damit einen ganzen Tag, ohne seine Liebste zu sehen.

Um Ruhe in sein Herz einkehren zu lassen, machte er einen Umweg und ritt über den Hof der Karis. Dunvel war gerade dabei, die Wäsche auf dem Gras des Gartens auszubreiten. René Pennek nahm sie kurz in seine Arme, dann setzte er seinen Weg fort und pfiff ein lustiges Lied dazu. Was Dunvel anbetrifft, die schien für den Rest des Tages traurig, ohne dass sie selber wusste, warum.

Die Sonne stand schon hoch am Mittag, als René Pennek in die Ländereien von Mézou-Meur einritt. Bis dahin war sein Weg ohne Störung verlaufen. Während des ganzen Rittes war sein Hengst äußerst folgsam gewesen. Er sollte es jedoch leider nicht bis zum Ende des Weges sein. Je näher er zu der Stelle kam, an der die Bäume gefällt wurden, desto mehr musste der junge Mann seinem Pferd in die Seiten drücken und ihm den Zügel hochhalten. Plötzlich fiel eine Buche quer über den Weg. Vor Entsetzen machte der Hengst einen Sprung. Und René Pennek fiel herunter. Er fiel so unglücklich, dass er auf der Stelle tot war. Sein Kopf war gegen einen Fels geschlagen, der aus der Böschung herausragte.

Sogleich liefen die Arbeiter herbei und machten aus Geäst notdürftig eine Tragbahre. Und man legte den armen jungen Mann in das Häuschen der Holzschuhmacher, mit denen sein Vater den Handel wegen der gefällten Stämme abgemacht hatte. Dann lief man schnell und holte einen Karren; und das Los musste entscheiden, wer den Leichnam zu den alten Eltern bringen sollte, denn niemand mochte Bote der schrecklichen Nachricht sein.

Erst nach Einbruch der Dunkelheit brachte man René Pennek in das Haus der Seinen zurück.

Bei den Karis war man in dieser Nacht wie üblich zu Bett gegangen. Sie hatten noch keine Ahnung von dem Unglück, das sich ereignet hatte. Nur Dunvel konnte kein Auge zumachen. Sie wälzte sich in ihrem Bett hin und her, als ob sie von den Flöhen gefressen würde. Das Herz der Verliebten hat schon eigenartige Vorahnungen! Vor allem fragte sie sich, warum René nicht gekommen war, um ihr bei seiner Rückkehr einen guten Abend zu wünschen, wie er es am Morgen versprochen hatte. Denn, so dachte sie bei sich, er müsste doch schon lange von Mézou-Meur zurück sein.

Als sie ihm so bei sich Vorwürfe machte, sein Versprechen nicht gehalten zu haben, horchte sie plötzlich auf. Pferdeschritte hallten auf dem Hofpflaster, und sogleich hörte sie auch dreimal ein kräftiges Pochen, dass das Holz der Tür schier erschütterte. Kein Zweifel, er war es, es war René. Die Standuhr in der Stube schlug gerade Mitternacht. Dunvel wartete noch etwas, dann sagte sie:

»Bist du es, René?«

»Gewiss, ja, ich bin es.«

»Du hast gut daran getan, mir noch einen guten Abend zu wünschen. Ich begann schon zu glauben, dass du nur ein Betrüger bist. Und dieser Gedanke ließ mir das Blut in den Adern stocken. Aber jetzt, wo ich den Klang deiner Stimme höre, kann ich ruhig schlafen.«

»Ums Schlafen geht es ja. Ich bin zu dir gekommen, um dich zu mir zu nehmen und dich zu meiner Frau zu machen.«

»Daran denkst du, René? Weißt du, welche Stunde wir schon haben?«

»Was kümmert mich die Stunde! Jede Stunde ist meine Stunde. Steh auf, Dunvel, und komm mit!«

»Deine Eltern haben also nichts mehr dagegen?«

»Sie können jetzt nichts mehr dagegen haben. Beeile dich, wenn du nicht willst, dass ich des Wartens müde werde.«

Da stand Dunvel auf. Aber ein solches Vorhaben, zumal zu einer so unchristlichen Zeit, erschien ihr schon seltsam. So ging sie, bevor sie René Pennek die Tür aufmachte, barfuß zum Bett ihrer Mutter und weckte diese sachte auf, um sie um Rat zu fragen. Mütter sind immer überglücklich, wenn sie ihre Töchter gut unterbringen können. Dunvels Mutter beklagte den Stolz ihres Gatten, denn dieser Stolz stand noch weit mehr als das Vermögen der Penneks dem Glück ihres Kindes im Weg. So sprach sie denn zu ihrer Tochter:

»Wenn René Pennek gekommen ist, um dich mitten in der Nacht abzuholen, dann heißt das doch nichts anderes, als dass er seinen alten Eltern endlich ihr Einverständnis abringen konnte und dass er nun das Eisen schmieden will, solange es heiß ist. Folge ihm. Es gibt keine größere Dummheit, als seinem Glücksstern den Rücken zu kehren.«

»Aber ist Eure Anwesenheit dabei nicht unerlässlich, ebenso wie die meines Vaters?«

»Mach dir darum keine Sorgen. Ich werde Juluenn Karis auf dieses Ereignis vorbereiten, er hat es sich so wie ich gewünscht, obwohl er nichts darüber sagt. Geh du schon mit deinem Künftigen vor.«

Das ließ sich Dunvel nicht zweimal sagen. Die Worte der Mutter hatten sie gegenüber den bösen Vorahnungen beruhigt. Sie streifte sich behänd ihr Mieder und ihren Rock über, machte ihre Kopfhaube fest, nahm ihre Holzschuhe in die eine Hand, und mit der anderen schob sie den Türriegel zurück.

»Na endlich! Du hast dich also doch entschieden!«, rief auf der Türschwelle die Stimme von René Pennek.

Dunvels Mutter wartete noch, bis das Traben des Pferdes, das ihre Tochter und ihren Bräutigam hinwegtrug, in der Ferne verhallt war. Dann stieß sie Juluenn Karis mit dem Ellenbogen; der schlief neben ihr so fest, wie es nur Leute können, die tagsüber hart auf den Feldern gearbeitet haben. Und Juluenn Karis ließ sich nicht lange bitten. Seine Frau hatte recht gehabt. Die Ankündigung der Hochzeit seiner Tochter mit dem Sohn von Ervoann Pennek erfüllte ihn mit großer Freude. Ohne Widerrede ließ er sich seine schönsten Kleider anlegen, und in Begleitung seiner Gattin, die auch herausgeputzt war wie für einen Ostersonntag, machte er sich auf den Weg nach Quinquiz, wo die Penneks wohnten. Der Stalljunge ging ihnen mit einer Laterne voraus, denn die Nacht war schwarz wie eine Todsünde.

Als sie auf dem Gehöft der Penneks ankamen, sahen sie, dass das ganze Erdgeschoss in hellstem Licht erleuchtet war. Sicher sollte es da ein großes Festmahl geben. Man wartete bestimmt nur noch auf sie, um den Ehevertrag zu unterschreiben und dann mit dem Schmaus zu beginnen. Wie überrascht aber waren sie, als sie über die Türschwelle schritten und hörten, dass man die Totenlitanei vorbetete!

Auf dem Küchentisch, der mit einer weißen, bis zum Boden herabhängenden Decke versehen war, sahen sie da den Leichnam von René Pennek liegen. Mitten in der Stirn hatte er eine tiefe Wunde. Am unteren Ende des Tisches stand eine Schale mit Weihwasser, in die ein Buchsbaumzweig getaucht war. Damit besprengte man den Toten. Zu beiden Seiten des Kamins saßen Vater und Mutter des Verstorbenen und weinten still vor sich hin.

Juluenn Karis und seine Frau wagten nicht zu fragen, was vorgefallen war. Aber beiden war der gleiche Gedanke gekommen: René Pennek hatte sicher den Tod zwischen ihrem Hof und Quinquiz gefunden. Aber was war mit Dunvel geschehen? Vergebens suchten die Eltern sie mit den Augen unter den Frauen, die da knieten und die Trauergebete sprachen.

Was mit ihr geschehen war, will ich euch erzählen:

René Pennek, oder wenn ihr lieber wollt, sein Geist, hatte sie zunächst hinter sich aufs Pferd gesetzt und war dann mit rasendem Galopp davongeritten. Dieses Pferd aber hatte eine so lange Mähne, dass sie bei diesem schnellen Ritt die Wangen Dunvels blutig peitschte. Und jedes Mal rief Dunvel dann:

»René, mein Liebster, findet Ihr nicht auch, dass wir zu schnell reiten?«

Aber auf diese Klage des Mädchens wusste René nur zu antworten:

»Wir müssen weiter, Liebste, wir müssen weiter!«

»René, mein Liebster!«, fragte da Dunvel wieder. »Seid Ihr sicher, dass wir auf dem richtigen Weg sind?«

»Jeder Weg, meine Liebste, führt dahin, wo wir hin müssen!«

»René, mein Freund! Ihr führt mich doch auf diesem Weg nach Quinquiz?«

»Ich führe Euch zu mir heim, meine Liebste. Das wünscht Ihr doch so wie ich?«

Das waren die Worte, die sie in dieser unheilvollen Nacht austauschten.

Auf einmal sah Dunvel wie ein großes dunkles Etwas die Kirche des Dorfs vor sich auftauchen. Das Eisengitter des Kirchhofs stand weit offen. Das Pferd sprang über vier oder fünf Gräberreihen und kam neben einem ganz frisch ausgehobenen Grab auf. Und bevor Dunvel Karis zur Besinnung kommen konnte, lag sie schon tief unten im Loch.

»Hier ist unser Hochzeitsbett«, sagte da René Pennek und legte sich neben sie …

Am nächsten Tag, als die Totengräber den einzigen Erben von Quinquiz in die Erde betten wollten, wichen sie vor Entsetzen zurück. In der Grube lag der Leichnam von Dunvel Karis, plattgedrückt und entstellt.

Irland

Fingerhütchen

Es war einmal ein armer Mann, der lebte in dem fruchtbaren Tale von Acherlow. Er hatte einen großen Höcker auf dem Rücken und es sah gerade aus, als wäre sein Leib heraufgeschoben und auf seine Schultern gelegt worden. Von der Wucht war ihm der Kopf so tief herabgedrückt, dass wenn er saß, sein Kinn sich auf seine Knie zu stützen pflegte. Die Leute in der Gegend hatten Scheu, ihm an einem einsamen Ort zu begegnen, und doch war das arme Männchen so harmlos und friedliebend wie ein neugebornes Kind. Aber seine Ungestaltheit war so groß, dass er kaum wie ein menschliches Geschöpf aussah, und boshafte Leute hatten seltsame Geschichten von ihm verbreitet. Man erzählte sich, er besitze große Kenntnis der Kräuter und Zaubermittel, aber gewiss ist, dass er eine geschickte Hand hatte, Hüte und Körbe aus Stroh und Binsen zu flechten, auf welche Weise er sich auch sein Brot erwarb.

Fingerhütchen war sein Spottname, weil er allzeit auf seinem kleinen Hut einen Zweig von dem roten Fingerhut oder dem Eisenkäppchen trug. Für seine geflochtenen Arbeiten erhielt er einen Groschen mehr als andere und aus Neid darüber mögen einige wohl die wunderlichen Geschichten von ihm in Umlauf gebracht haben. Damit verhalte es sich nun, wie es wolle, genug, es trug sich zu, dass Fingerhütchen eines Abends nach der Stadt ging und da er wegen des lästigen Höckers auf dem Rücken nur langsam fortkonnte, so war es schon dunkel, als er an das alte Hünengrab kam, welches an dem Weg lag. Müde und abgemattet, niedergeschlagen durch die Betrachtung, dass noch ein gutes Stück Weg vor ihm liege und er die ganze Nacht hindurch wandern müsse, setzte er sich unter den Grabhügel, um ein wenig auszuruhen und sah ganz betrübt den Mond an, der eben silberrein aufstieg.

Auf einmal drang eine fremdartige, unterirdische Musik zu den Ohren des armen Fingerhütchens. Er lauschte und ihm schien, als habe er noch nie so etwas Entzückendes gehört. Es war wie der Klang vieler Stimmen, deren jede zu der andern sich fügte und wunderbar einmischte, sodass es nur eine einzige zu sein schien, während doch jede einen besondern Ton hielt.

Fingerhütchen horchte aufmerksam und getraute kaum Atem zu schöpfen, damit ihm nicht der geringste Ton verloren ginge. Er merkte nun deutlich, dass der Gesang mitten aus dem Grabhügel kam und obgleich anfangs auf das höchste davon erfreut, war er es doch endlich müde, denselben Rundgesang in einem fort, ohne Abwechslung, anzuhören. Da benutzte er die kleine Pause, nahm die Melodie auf und führte sie weiter.

Die Kleinen in dem Hügel, als sie den Zusatz zu ihrem Geistergesang vernahmen, ergötzten sich außerordentlich daran und beschlossen sogleich das Menschenkind hinunterzuholen, dessen musikalische Geschicklichkeit die ihrige so weit übertraf, und Fingerhütchen wurde mit der kreisenden Schnelligkeit des Wirbelwindes zu ihnen getragen.

Das war eine Pracht, die ihm in die Augen leuchtete, als er in den Hügel hinabkam, rund umher schwebend, leicht wie ein Strohhälmchen! Die größte Ehre wurde ihm aber erzeigt, als sie ihn über alle die Spielleute setzten. Er hatte Diener, die ihm aufwarten mussten, alles was sein Herz begehrte, wurde erfüllt und er sah, wie gerne ihn die Kleinen hatten; kurz, er wurde nicht anders behandelt, als wenn er der erste Mann im Lande gewesen wäre.

Darauf bemerkte Fingerhütchen, dass sie die Köpfe zusammensteckten und miteinander ratschlagten und so sehr ihm auch ihre Artigkeit gefiel, so fing er doch an, sich zu fürchten. Da trat einer der Kleinen zu ihm hervor und sagte:

»Fingerhut, Fingerhut!
fass dir frischen Mut!
Lustig und munter,
dein Höcker fällt herunter,

siehst ihn liegen, dir geht's gut,
Fingerhut, Fingerhut!«

Kaum waren die Worte zu Ende, so fühlte sich das Fingerhütchen so leicht, so selig, dass es wohl in einem Satz über den Mond weggesprungen wäre, wie die Kuh in dem Märchen von der Katze und der Geige. Er sah mit der größten Freude von der Welt den Höcker von seinen Schultern herab auf den Boden rollen. Er versuchte darauf, ob er seinen Kopf in die Höhe heben könnte, tat es aber mit Vorsicht und Verstand, aus Furcht, er möchte ihn an dem Tafelwerk der großen Halle einstoßen. Dann aber schaute er ringsherum mit der größten Bewunderung und ergötzte sich an all den Dingen, die ihm immer schöner vorkamen. Zuletzt war er so überwältigt von der Betrachtung des glänzenden Aufenthalts, dass ihm der Kopf schwindelte, die Augen geblendet wurden und er in einen tiefen Schlaf verfiel.

Bei seinem Erwachen war es voller Tag geworden. Die Sonne schien hell, die Vögel sangen und er lag gerade an dem Fuß des Riesenhügels, während Kühe und Schafe friedlich um ihn her weideten. Nachdem Fingerhütchen sein Gebet gesagt hatte, war sein erstes Geschäft, mit der Hand nach seinem Höcker zu greifen, aber es war auf dem Rücken keine Spur davon zu finden, und er betrachtete sich nicht ohne Stolz, denn aus ihm war ein wohlgebildeter, behänder Bursche geworden und, was keine Kleinigkeit schien, er sah sich von Kopf bis zu Füßen in neuen Kleidern und merkte wohl, dass die Geister ihm diesen Anzug besorgt hatten.

Nun machte er sich auf den Weg nach der Stadt, er ging so tapfer daher und sprang bei jedem Schritt, als wenn er es sein Lebtag nicht anders gewohnt gewesen wäre. Niemand, der ihm begegnete, erkannte Fingerhütchen ohne den Höcker und er hatte große Mühe, die Leute zu überreden, dass er es wirklich wäre und in der Tat, seinem Aussehen nach, war er es auch nicht mehr.

Wie es aber zu gehen pflegt, die Geschichte von Fingerhütchens Höcker wurde überall bekannt und viel Wesens davon gemacht.

Meilenweit in der Gegend redete jedermann, vornehm oder gering, von nichts als von dieser Begebenheit.

Eines Morgens saß Fingerhütchen an seiner Haustür und war guter Dinge. Da trat eine alte Frau zu ihm und sagte: »Ich suche einen Mann, der Fingerhütchen genannt wird und dem die Elfen sollen einen Höcker von der Schulter genommen haben. Da ist der Sohn meiner Gevatterin, der hat einen Höcker auf sich sitzen, der ihn noch tot drücken wird; vielleicht würde er davon erlöst, wenn er wie Fingerhütchen ein Zaubermittel anwenden könnte. Nun stellt Ihr Euch leicht vor, warum ich so weit hergekommen bin, ich möchte, wenn's möglich wäre, etwas von dem Zaubermittel erfahren.«

Fingerhütchen, das immer gutmütig gewesen war, erzählte der alten Frau den Hergang ganz umständlich, wie es den Gesang der Elfen in dem Grabhügel fortgeführt, wie sie den Höcker von seinen Schultern weggenommen und wie sie ihm einen neuen Anzug von Kopf bis zu Füßen nach obendrein gegeben hätten.

Die alte Frau dankte tausendmal und machte sich wieder auf den Heimweg, zufriedengestellt und ganz glücklich in ihren Gedanken. Als sie bei ihrer Gevatterin angelangt war, erzählte sie genau, was sie von Fingerhütchen erfahren hatte. Danach setzte sie den kleinen buckligen Kerl, der sein Leben lang ein heimtückisches, hämisches Herz gehabt hatte, auf einen Wagen und zog ihn fort. Es war ein langer Weg, »aber was tut das«, dachte sie, »wenn er nur den Höcker los wird«; eben als die Nacht einbrach, langte sie bei dem Riesenhügel an und legte ihn dabei nieder.

Hans Madden, denn das war der Name des Buckligen, hatte noch gar nicht lange gesessen, so hub schon die Musik in dem Hügel an, noch viel lieblicher als je, denn die Elfen sangen ihr Lied mit dem Zusatz, den sie von Fingerhütchen gelernt hatten. Hans, der nur geschwind seinen Höcker los sein wollte, wartete nicht bis die Elfen mit ihrem Gesang fertig waren, noch achtete er auf einen schicklichen Augenblick, um die Melodie weiter, als Fingerhütchen fortzuführen, sondern als sie ihr Lied mehr als siebenmal in einem fort gesungen hatten, so schrie er ohne Rücksicht auf Takt und Weise der Melodie, und wie er seine Worte passend anbringen könnte, aus vollem Halse.

Kaum waren aber die Worte über seine Lippen gekommen, so wurde er aufgehoben und mit wunderbarer Gewalt in den Hügel hineingetragen. Hier umringten ihn die Elfen, waren sehr böse, und schreiend und kreischend riefen sie: »Wer hat unsern Gesang geschändet? Wer hat unsern Gesang geschändet?« Einer trat hervor und sprach zu ihm:

»Hans Madden, Hans Madden!
deine Worte schlecht klangen,
so lieblich wir sangen,
hier bist du gefangen,
was wirst du erlangen?Zwei Höcker für einen! Hans Madden!«

Und zwanzig von den stärksten Elfen schleppten Fingerhütchens Höcker herbei und setzten ihn oben auf den Buckel des unglückseligen Hans Madden und da saß er so fest, als wenn er aufgenagelt wäre. Danach stießen sie ihn mit den Füßen aus ihrer Wohnung und am Morgen, als Hans Maddens Mutter und ihre Gevatterin kamen, nach dem kleinen Kerl zu sehen, so fanden sie ihn an dem Fuß des Hügels liegen, halbtot mit einem zweiten Höcker auf seinem Rücken. Sie betrachteten ihn eine nach der andern, aber es blieb dabei; am Ende war ihnen Angst, es könnte ihnen auch ein Höcker auf den Rücken gesetzt werden. Sie brachten den armseligen Hans wieder heim, so betrübt im Herzen und so jämmerlich anzusehen, wie noch nie ein paar alte Weiber. Hans, durch das Gewicht des zweiten Höckers und die lange Fahrt erschöpft, starb bald hernach, indem er jedem eine schwere Verwünschung hinterließ, der auf den Gesang der Elfen horchen wollte.

Der kleine Sackpfeifer

Vor noch nicht langer Zeit lebte ein rechtschaffenes Ehepaar, Michael und Judy. Diese armen Leute hatten vier Kinder, alle Knaben. Drei davon waren so schöne, wohlgewachsene, gesunde, frisch aussehende Kinder, als die Sonne je beschienen hat, und es war genug, einen Irländer auf das Geschlecht seiner Heimat stolz zu machen, dass er an einem hellen Sommertag zur Mittagszeit diese drei Knaben erblickte, wie sie vor der Haustür ihres Vaters standen mit dem prächtigen Flachshaar, das gelockt von dem Kopf herabhing und eine dicke, lachende Kartoffel einem jeden in der Hand dampfte. Stolz war Michael auf diese schönen Kinder und Judy war auch stolz darauf und beide hatten recht genug dazu. Aber ganz anders verhielt es sich mit dem noch übrigen, welcher der Dritte von oben war. Das war der erbärmlichste, hässlichste und missgeschaffenste Wicht, dem Gott noch je Leben verliehen hatte, so ungestalt, dass er nicht fähig war, allein zu stehen oder seine Wiege zu verlassen. Er hatte langes, struppiges, verfilztes, rabenschwarzes Haar, eine grüngelbe Gesichtsfarbe, Augen wie feurige Kohlen, die immer hin und her blickten und in beständiger Bewegung waren. Ehe er zwölf Monate alt war, stand ihm der Mund schon voll großer Zähne, seine Hände glichen Katzenkrallen, seine Beine waren nicht dicker als ein Peitschenstiel und nicht gerader als eine Sichel. Und was die Sache noch schlimmer machte, er hatte den Magen von einem Vielfraß und sein Mund hörte nicht auf zu bellen, zu kreischen und zu heulen. Die Nachbarn schöpften Argwohn, es mochte nicht ganz richtig mit ihm sein, besonders als sie beobachteten, wie er sich betrug, sobald von Gott oder andern frommen Dingen die Rede war. Wenn dies, nach der Sitte des Landes, abends beim Feuer geschah, in dessen Nähe die Mutter gewöhnlich seine Wiege gestellt hatte, damit der Balg recht warm liege, so pflegte er mitten in diesem Gespräch sich aufzusetzen und zu heulen nicht anders, als ob der Teufel selbst in ihm steckte. Sie ratschlagten deshalb einmal gemeinschaftlich, was mit ihm anzufangen wäre. Einige meinten, man sollte ihn auf eine Schaufel setzen, aber das litt Judys Stolz nicht. »Das wäre schön!«, dachte sie, »mein leibliches Kind auf eine Schaufel legen und hinaus auf den Mist werfen wie eine tote Katze oder eine vergiftete Ratte! Nein, davon will ich nichts hören!« Ein altes Weib, von dem bekannt war, dass es sich auf das Hexenwesen wohl verstand, sprach: »Ich will euch einen sichern Rat geben: legt die Zange ins Feuer, bis sie glutrot ist und packt seine Nase damit; dann ist er gezwungen zu sagen, wer er ist und woher er kommt, darauf könnt ihr euch verlassen.« Denn sie glaubten alle, der Balg sei von dem stillen Volke vertauscht worden. Aber Judy hatte ein zu gutes Herz und liebte das Teufelchen zu sehr, als dass sie hätte dazu einwilligen können, obgleich ein jeder sagte, dass sie nicht recht handelte. Nachdem der eine dies, der andere jenes vorgeschlagen hatte, sagte zuletzt eines, man sollte nach dem Geistlichen, einem frommen und gelehrten Mann senden, dass er das Kind besähe. Dagegen hatte zwar Judy nichts einzuwenden, aber immer wenn sie im Begriff war es zu tun, kam etwas dazwischen und das Ende war, dass der Geistliche das Kind niemals sah.

Eine Zeit lang blieb es daher in dem alten Gleise. Der Balg kreischend und heulend aß mehr als seine drei Brüder zusammen. Streiche aller Art führte er aus und die boshaftesten waren ihm die liebsten. Endlich trug es sich zu, dass ein im Lande umziehender, blinder Sackpfeifer, Tim genannt, hereingerufen wurde und sich zu der Hausfrau beim Feuer niedersetzte, ein wenig zu schwätzen. Nach einiger Zeit holte Tim, der mit seiner Musik gerade nicht zurückhaltend war, die Pfeifen hervor und begann gewaltig zu lärmen. In demselben Augenblick richtete sich das kleine Ding, das bisher in seiner Wiege mäuschenstill gelegen hatte, in die Höhe, grinste und verdrehte sein garstiges Gesicht, focht mit seinen langen, braungelben Armen in der Luft umher, streckte seine krummen Beine heraus, kurz, gab alle

Zeichen der größten Freude über die Musik von sich. Es hatte auch nicht eher Ruhe, als bis es die Pfeifen in seine eigenen Hände bekam, und um ihm den Spaß zu machen, sagte die Mutter zu Tim: »Gib sie ihm auf einen Augenblick.« Tim, der die Kinder gern hatte, war sogleich bereit dazu; weil er aber des Gesichts beraubt war, so nahm Judy selbst das Instrument, brachte es dem Kind zu der Wiege und wollte es ihm vorhalten: aber das war nicht nötig, der Kleine schien sich schon vollkommen darauf zu verstehen. Er setzte die Pfeifen an, nahm Balg und Säcke unter die Arme und handhabte beides, als wäre er schon zwanzig Jahre dabei gewesen und blies ein wohlbekanntes Lied, dass es eine Art hatte. Jedermann war im größten Erstaunen und die arme Mutter bekreuzigte sich, aber Tim, der seiner Blindheit wegen nicht recht wusste, wer bliese, geriet außer sich vor Freude, und als er vernahm, dass der kleine Duckmäuser noch nicht fünf Jahre alt war und sein Lebtag keine Pfeifen gesehen hatte, wünschte er der Mutter Glück zu ihrem Sohn. »Könnt ihr Euch von ihrem trennen, so will ich ihn aus Euern Händen zu mir nehmen, das ist ein geborner Pfeifer, ein Musikus von Natur, noch ein bisschen guter Unterricht bei mir, so gibt's seinesgleichen in der ganzen Grafschaft nicht mehr.« Die arme Frau, in der größten Freude über alles, was sie da hörte, besonders was Tim von natürlichen Gaben sagte, beschwichtigte einige Besorgnisse, die sich in ihren Gedanken erhoben. »So ist doch nicht wahr«, dachte sie, »was die Nachbarn zu verstehen gaben und es freut mich, dass mein liebes Kind einmal nicht nötig hat, herumzuziehen und zu betteln, sondern ehrlich sein Brot verdienen kann.«

Als abends Michael von der Arbeit heimkam, erzählte sie ihm alles, was sich zugetragen und Tim gesagt hatte. Michael war natürlicherweise sehr erfreut über das, was er zu hören bekam, denn der hilflose Zustand des armen Geschöpfs war ihm ein großer Kummer. Den folgenden Tag trieb er ein Schweinchen auf den Markt und mit dem Erlös bestellte er funkelneue Pfeifen von passender Größe für das Kind. Nach vierzehn Tagen kamen sie an;

in demselben Augenblick richtete auch das kleine Ungeheuer seine Blicke darauf, schrie vor Vergnügen, zappelte mit seinen erbärmlichen Gliedmaßen, tobte in der Wiege und wackelte auf eine lächerliche Art herum, bis sie ihm, damit er nur ruhig wurde, die Pfeifen gaben. Alsbald setzte er sie an und spielte ein Lied zur Verwunderung aller, die es anhörten. Der Ruf von seiner Geschicklichkeit verbreitete sich nah und fern, denn in den sechs nächsten Grafschaften war niemand imstande, ihm es nachzutun, wenn er die alten beliebten Lieder und Reigen spielte, bei welchen jedermann tanzen muss, er mag wollen oder nicht. Dabei kargte er gar nicht mit seiner Musik und die Burschen und Mädchen pflegten oft in seines Vaters Hütte zu tanzen. »Wenn er Musik macht«, sagten sie, »ist's als ob wir Quecksilber in die Füße bekämen und bei keinem andern lässt es sich so leicht und lustig tanzen.«

Außer dieser artigen irischen Musik hatte er noch eine ganz wunderliche, ihm allein eigene Weise, die seltsamste, die man je mit Ohren gehört hat. In dem Augenblicke, wo er sie zu spielen begann, schien jedes Ding im Haus Lust zum Tanz zu bekommen. Teller und Schüsseln klapperten auf dem Küchentisch, Töpfe und Henkel raschelten an dem Herd und wer auf dem Stuhl saß, wurde von derselben Neigung getrieben, welche der Stuhl unter ihm empfand. Wie sich das nun auch mit den Stühlen verhalten mochte, so viel ist gewiss, niemand konnte sich lange auf dem Sitz behaupten, denn beides Alt und Jung fiel in tollen Sprüngen zur Erde nieder. Die Mädchen klagten, dass wie er nur diese Weise anfange, sie zum Tanz getrieben würden und ohne ihre Füße länger in der Gewalt zu haben auf den Boden niederfielen, als tanzten sie auf glattem Eis, und jeden Augenblick in Gefahr wären, auf ihrem Rücken oder ihrem Angesicht herumzuzappeln. Und die junge Burschen, die ihre Geschicklichkeit zeigen wollten, ihre neuen Tanzschuhe, ihre glänzenden roten, grünen oder gelben Strumpfbänder, schworen, dass sie nicht imstande wären, ihre kunstreichen Tänze und Wendungen herauszubringen, sondern sich alsbald ganz betäubt und verwirrt fühlten.

Alt und Jung stießen und prallten aneinander, dass es zum Erbarmen war und wenn dann alles auf dem Flur durcheinander wirbelte, so grinste der unselige Wechselbalg, kicherte und ächzte, gerade wie ein Affe, wenn er ein Schelmenstück ausgeführt hat.

Je älter, je schlimmer war er und als er erst sechs Jahr alt war, war das ganze Haus in der Flucht vor ihm; er stellte es immer an, dass seine Brüder sich am Feuer verbrannten oder mit siedendem Wasser begossen oder ihre Beine über Töpfen und Stühlen zerbrachen. Im Herbst, wenn er allein daheim gelassen wurde und seine Mutter kam nach Haus, so fand sie die Katze auf dem Rücken des Hundes sitzen, mit dem Gesicht nach dem Schwanz und die Beine waren ihr fest angebunden. Dazu blies das Alräunchen seine tolle Weise, sodass der Hund heulend umhersprang und das Kätzchen um sein liebes Leben miaute und sein Schwänzchen auf und nieder schlug; und berührte es damit des Hundes Schnauze, so schnappte dieser danach und biss hinein und das war dem Balg eine Herzenslust. Ein andermal, als Michael bei der Arbeit war, trug es sich zu, dass ein ehrbarer Mann eintrat. Judy wischte einen Stuhl mit ihrer Schürze ab und sagte: »Setzt Euch nieder und ruht Euch von Euerm Weg aus.« Der Mann setzte sich mit dem Rücken gegen die Wiege, hinter ihm stand eine Pfanne mit Blut, da Judy Würste machen wollte; das kleine Scheusal lag still in seinem Nest und wartete die Gelegenheit ab, bis es einen an dem Ende einer Schnur befestigten Haken behänd und geschickt in die Zöpfe der zartgekräuselten Perücke, welche der Mann trug, werfen konnte, und dann zog es sie daran herab in die Pfanne mit Blut. Ein andermal hatte seine Mutter die Kuh gemolken und kam mit dem Eimer Milch auf dem Kopf; so wie er sie sah, hob er seine teuflische Musik an und in demselben Augenblick ließ die arme Frau den Eimer los, klatschte die Hände zusammen, fing an zu tanzen und goss die ganze Milch ihrem Mann auf den Kopf, der eben Torf herbeibrachte, das Essen daran zu kochen. Es würde kein Ende nehmen, wenn man alle seine boshaften Streiche erzählen wollte.

Bald darauf ereignete sich an dem Vieh des Pächters ein Unfall nach dem andern. Das Pferd bekam den Schwindel, ein hübsches Kälbchen konnte sich nicht mehr auf den Beinen erhalten, die Kuh war bösartig und trat den Milcheimer um, und die Decke von einem Ende der Scheune fiel herab. Der Pächter setzte sich in den Kopf, dass das unglückliche Kind des Michael schuld an allem diesem Unheil wäre. Eines Tages rief er Michael zu sich und sprach: »Ihr seht selbst, es geht nicht so zu, wie es sollte und um es gerade heraus zu sagen, ich glaube Euer Kind ist die Ursache davon. Ich komme immer weiter herunter und lege mich keinen Abend in mein Bett, ohne zu denken, was wird dir nun morgen wieder begegnen. Es wäre mir daher lieb, wenn ihr Euch nach einer andern Arbeit umschauen wolltet. Ihr seid ein Mann, so brav als einer im Land und Ihr braucht um Arbeit nicht verlegen zu sein.« Michael antwortete, er sei selbst voll Kummer über die Unglücksfälle, er habe sich auch schon Gedanken über das Kind gemacht, das doch einmal sein Kind sei und für das er also auch Sorge tragen müsse. Er versprach auch, sich alsbald nach einer andern Stelle umzusehen.

Demnach machte Michael den nächsten Sonntag in der Kirche bekannt, dass er willens sei, die Arbeit aufzugeben und sogleich kam ein Pächter, der in einer Entfernung von einigen Meilen wohnte und gerade einen Ackermann suchte, zu Michael und bot ihm Haus und Garten an und Arbeit für das ganze Jahr. Michael, der wusste, dass dies eine gute Stelle war, schloss ohne Weiteres seinen Vertrag mit ihm und es war verabredet, dass der Pächter einen Karren senden sollte, sein bisschen Hausrat darauf zu laden und dann wollte er künftigen Donnerstag dort einziehen. An dem bestimmten Tag kam der versprochene Wagen. Michael belud ihn mit dem Hausgerät und stellte die Wiege, worin das Kind mit seinen Pfeifen lag, zuletzt oben auf; Judy setzte sich daneben, um acht zu haben, damit es nicht herausrolle und sich tot stürze. Die Kuh trieben sie vor sich her, der Hund folgte nach, die Katze aber musste zurückbleiben. Die drei andern Kinder liefen nebenher und suchten sich Brombeeren; denn es war ein schöner Tag im Spätherbst.

Sie mussten über einen Fluss, den sie, weil er zwischen hohen Ufern in der Tiefe sein Bett hatte, nicht eher sehen konnten, als bis sie nahe dabei waren. Ein paar Tage vorher war ein anhaltender Regen gefallen, der Fluss angeschwollen und das Wasser rauschte stark. Als sie die Brücke betraten, richtete sich der Wechselbalg, der bisher ganz ruhig in seiner Wiege gelegen hatte, bei dem Rauschen der Wellen in die Höhe und schaute sich um; und als er das Wasser sah und bemerkte, dass sie im Begriff waren darüber zu gehen, so fing er an aufzukreischen und zu ächzen. »Stille, mein Söhnchen«, sagte Judy, »du brauchst dich nicht zu fürchten, ich sage dir, wir gehen über eine steinerne Brücke.« »Dass du versauern möchtest, altes Gerippe!«, rief er, »da habt ihr einen saubern Streich gemacht, mich hierher zu bringen!« Dabei fuhr er fort zu heulen und je weiter sie auf der Brücke kamen, desto lauter war seine Stimme. Endlich gab ihm Michael, der es nicht länger aushalten konnte, einen tüchtigen Streich mit der Peitsche, die er in der Hand hielt und rief: »Der Teufel stopfe dir das Maul, du Klotzkopf, willst du dein Geschrei lassen! Kein Mensch kann ja sein eigenes Wort vor dir hören.«

In dem Augenblick, wo der Junge den Peitschenriemen fühlte, erhob er sich in der Wiege, nahm die Pfeifen in den Arm, grinste den Michael boshaft an und sprang behänd über das Geländer der Brücke in den Fluss hinab. »O, mein Kind! Mein Kind!«, schrie Judy, »es ist verloren auf immer!« Michael und die andern Kinder liefen auf die andere Seite der Brücke und schauten und sahen ihn unter dem Brückenbogen hervorkommen, wie er mit kreuzweis geschlagenen Beinen oben auf einer weißhauptigen Welle saß und seine Pfeifen so lustig blies, als wenn nichts vorgefallen wäre. Das Wasser strömte heftig, er wurde gewaltsam fortgewirbelt, doch er spielte so schnell, ja noch schneller als der Strom rann. Sie liefen zwar so geschwind sie konnten am Ufer mit, aber da sich der Fluss ein paar hundert Schritte unter der Brücke plötzlich um den Berg drehte, verloren sie ihn aus dem Gesicht und keiner hat ihn je wieder mit Augen erblickt. Jeder glaubte nicht anders, als dass er zu den Seinigen, dem stillen Volk, heimgegangen sei, um ihnen Musik zu machen.

Herr und Diener

William Mac Daniel war ein so artiger junger Bursch, als je einer in einer Tanzgesellschaft seine Sprünge machte, eine Kanne leerte oder den Stock, den er unter dem Rock trug, handhabte. Er fürchtete nichts als den Mangel eines Trunks, sorgte für nichts, als wer ihn bezahlen sollte, und dachte an nichts, als wie er dem Wirt deshalb einen blauen Dunst vor die Augen machen wollte. Trunken oder nüchtern, ein Wort und ein Schlag war immer seine Weise, und das ist eine treffliche Weise, entweder einen Streit anzufangen oder zu beendigen. Viel betrübter war es, dass Mac Daniel durch diese Art zu denken, zu fürchten und für nichts zu sorgen in böse Gesellschaft geriet, denn ohne Zweifel ist das stille Volk die schlimmste Gesellschaft, in die jemand geraten kann.

Es trug sich zu, dass Mac Daniel in einer klaren Winternacht nicht lang nach Christtag auf dem Heimweg war. Der Vollmond glänzte; doch obgleich die Nacht so schön war, als das Herz nur wünschen konnte, so fiel ihm doch die Kälte beschwerlich. »Bei meiner Treu«, schnatterte er, »ein gutes Glas Wein wäre auch kein schlimmes Ding, das Herz eines Menschen, der innerlich friert, zu stärken; ich wünschte, ich hätte von dem besten und gut gemessen.«

»Brauchst nicht zweimal zu wünschen, Mac Daniel!«, sagte ein kleines Männchen in einem dreieckigen, mit Goldtressen besetzten Hut und mit großen Silberschnallen auf den Schuhen, so groß, dass es ein Wunder war, wie es sie tragen konnte. Es reichte ihm ein Glas dar, nicht kleiner als seine eigene Person, angefüllt mit einem so guten Wein, als je Augen gesehen oder Lippen gekostet haben.

»Prost, kleiner Mann«, sagte Mac Daniel unerschrocken, wiewohl er gleich merkte, dass er zu dem stillen Volke gehörte, »auf

Euer Wohl und mich bestens zu bedanken; mit der Zahlung hat's gute Wege«, und nahm das Glas und trank es in einem Zug rein aus.

»Prost!«, sagte der Kleine, »und sei herzlich willkommen, aber denke nicht, mich zu prellen, wie du bei andern getan hast. Heraus mit dem Beutel und als ein ehrlicher Mann bezahlt!«

»Bezahlen soll ich Euch?«, antwortete Mac Daniel, »könnte ich Euch nicht aufheben und in meine Tasche stecken wie eine Brombeere?«

»William Mac Daniel«, sagte der Kleine und ward ganz ängstlich, »willst du mir dienen sieben Jahre und einen Tag, so soll das meine Bezahlung sein. Mache dich bereit, mir zu folgen.«

Als Mac Daniel das hörte, reute es ihn, so keck zu dem Kleinen gesprochen zu haben. Er fühlte sich, und konnte doch nicht sagen wie, genötigt, dem fremden Mann durch das Land zu folgen, auf und ab, über Hecken und Graben, Sumpf und Moor, ohne Rast und Ruhe.

Als der Morgen zu dämmern begann, wendete sich der Kleine um und sprach: »Du kannst nun heimgehen, Mac Daniel, aber auf deine Gefahr säume nicht, dich nachts auf dem Fortfield bei mir einzustellen, sonst wird es dir lange Zeit schlecht ergehn. Finde ich dich aber als einen treuen Diener, so wirst du mich als einen nachsichtigen Herrn finden.«

Mac Daniel ging heim; müde und matt, wie er war, ließen ihn die Gedanken an den kleinen Mann keinen Augenblick schlafen. Doch wagte er es nicht, seinem Gebot ungehorsam zu sein, und in der Abendzeit machte er sich auf und ging nach Fortfield. Er war noch nicht lange da, so kam der Kleine auf ihn zu und sagte: »Mac Daniel, ich habe für diese Nacht eine weite Reise vor; sattle mir eins von meinen Pferden, das andere kannst du für dich satteln, denn du sollst mich begleiten und bist wahrscheinlich von deinem Gang in voriger Nacht noch müde.«

Mac Daniel dankte seinem Herrn für diese Aufmerksamkeit. »Doch«, sagte er, »wenn ich mir die Freiheit nehmen darf, Herr, so möchte ich fragen, wo der Weg nach Eurem Stall ist, denn ich sehe nichts als die Burg hier und den alten Dornstamm in der Ecke des Feldes und den Strom, der in dem Tal unten rinnt, und ein Stückchen Moor uns gegenüber.«

»Spare nur deine Fragen«, sagte der Kleine, »aber geh hinüber zu dem Stückchen Moor und bringe mir zwei von den stärksten Binsen, die du finden kannst.«

Mac Daniel gehorchte, verwunderte sich aber, was der kleine Mann damit wollte. Er zog zwei der stärksten Binsen, die er finden konnte, aus, mit einem kleinen Büschel brauner Blüten an jeder Seite, und brachte sie seinem Herrn.

»Sitz auf, Mac Daniel«, sprach der Kleine, indem er eine von den Binsen nahm und quer darüber schritt.

»Wo soll ich aufsitzen, wenn's Euer Gnaden beliebt?«

»Ei, auf den Rücken des Pferdes wie ich natürlich«, sagte der Kleine.

»Wollt Ihr einen Narren aus mir machen, wie Ihr einer seid«, sagte Mac Daniel, »indem Ihr verlangt, ich soll mich zu Pferd auf dieses Stückchen Binse setzen? Ihr möchtet mir wohl weismachen, die Binse, die ich eben drüben aus dem Moor ausrupfte, sei ein Pferd?«

»Auf! auf! ohne Widerrede«, sagte das Männchen und sah ängstlich aus, »das beste Pferd, das du je geritten hast, war nur eine Mähre gegen dieses.«

Mac Daniel dachte, das alles wäre nur ein Scherz, und besorgt, sein Herr möchte verdrießlich werden, beschritt er die Binse. Der Kleine rief dreimal: »Borram! borram! borram!« (Das heißt: Werde groß!), und Mac Daniel tat dasselbe. Augenblicklich schwollen die Binsen zu prächtigen Pferden auf und jagten rasch dahin; aber Mac Daniel, der die Binse zwischen seine Beine genommen hatte, ohne viel zu achten wie, fand sich auf dem Rücken des Pferdes verkehrt sitzen und ganz tölpisch mit dem Gesicht nach dem Schweif. Und so rasch war das Ross mit ihm fortgesprengt, dass es ihm unmöglich war, sich herumzusetzen, und nichts übrig blieb, als sich an den Schweif zu halten.

Endlich gelangten sie zu dem Ziel ihrer Reise und hielten vor der Tür eines ansehnlichen Hauses. »Nun, Mac Daniel«, sagte der Kleine, »tu, was du siehst, das ich tue, und folge mir auf der Ferse; doch da du nicht deines Pferdes Kopf von seinem Schweif unterscheiden konntest, so hüte dich, dass du nicht in deinen eigenen Kopf den Wirbel bekommst und du am Ende nicht recht weißt, ob du auf dem Kopf stehst oder auf den Beinen; denn kann auch nach dem Sprichwort der alte Rebensaft eine Katze zum Sprechen bringen, so kann er auch einen Menschen stumm machen.«

Darauf sprach der Kleine einige wunderlich lautende Worte, aus welchen Mac Daniel keinen Sinn bringen konnte, wiewohl er die Fähigkeit erhielt, sie nachzusprechen. Nun schlüpften beide durch das Schlüsselloch des Tors und so durch ein Schlüsselloch nach dem andern, bis sie in den Keller kamen, der mit allen Arten von Wein wohl versehen war.

Der Kleine fing alsbald an, gewaltig zu trinken, und Mac Daniel, dem das Beispiel keineswegs missfiel, tat dasselbe. »Wahrhaftig, Ihr seid der beste Herr«, sagte Mac Daniel, »einen bessern gibt's auf der ganzen Welt nicht; ich bleibe mit dem größten Vergnügen in Eurem Dienst, wenn Ihr fortfahrt, mir Wein vollauf zu geben.«

»Ich habe keinen Handel mit dir gemacht«, antwortete der Kleine, »und will auch keinen machen; doch auf und folge mir.«

Sie gingen fort von Schlüsselloch zu Schlüsselloch, und beide stiegen auf die Binsen, die sie am Eingangstor gelassen hatten, und kaum waren die Worte »Borram! borram! borram!« über ihre Lippen, so rauschten sie fort, indem sie die dunkeln Wolken wie Schneebälle vor sich herstießen.

Als sie zu Fortfield wieder angelangt waren, entließ der kleine Mann seinen Diener, jedoch mit dem Befehl, in der folgenden Nacht um dieselbe Stunde sich wieder einzustellen. Und so ging es von nun an eine Nacht nach der andern; sie richteten ihre Fahrt bald hierhin, bald dorthin, nördlich, östlich und südlich, bis es in ganz Irland keinen ordentlichen Weinkeller mehr gab, den sie nicht besucht hatten, und sie kannten Blume und Geschmack eines jeden Weines so gut, ja noch besser als der Kellner selbst.

In einer Nacht, als Mac Daniel den kleinen Mann wie gewöhnlich in Fortfield antraf und im Begriff war, nach dem Moor zu gehen und die Reisepferde zu holen, sagte der Herr: »Heute Abend musst du noch ein Pferd mehr mitbringen; möglich, dass wir in größerer Gesellschaft zurückkommen, als wir ausziehen.«

Mac Daniel, der schon wusste, dass er einen Befehl seines Herrn ohne weiteres Fragen auszurichten hatte, brachte noch eine dritte Binse, voll Verwunderung, wer es wohl sein könnte, der in ihrer Gesellschaft zurückreisen würde, und ob er einen Kameraden im Dienst bekommen sollte. ›Ist er nur erst da‹, dachte Mac Daniel, ›so soll er jedes Mal gehen und die Pferde im Moor holen, denn ich sehe nicht, warum ich nicht von Haut und Haar ein ebenso feiner Mann sein soll als mein Meister.‹

Sie machten sich auf den Weg, und Mac Daniel hatte das dritte Pferd am Zügel. Sie hielten nicht eher an, als bis sie zu einem einsam liegenden Pachterhaus in der Grafschaft Limerick gekommen waren, nahe bei der alten Burg von Carrigogunniel, welche nach der Sage von dem großen Brian Boru gebaut war. Drinnen im Haus wurde ein Fest gefeiert, und der Kleine blieb einige Zeit außen stehen, um zu horchen; aber plötzlich kehrte er sich um und sagte: »Mac Daniel, morgen werde ich tausend Jahre alt!«

»Werdet Ihr das, Herr?«, antwortete Mac Daniel, »Gott segne Euch!«

»Aber das sage niemand wieder, Mac Daniel, was ich dir da entdeckt habe, es würde zu meinem Verderben auf immer gereichen. Da ich aber morgen tausend Jahr auf der Welt bin, so denke ich, es ist hohe Zeit, mich zu verheiraten.«

»Das scheint mir auch so, ohne allen Zweifel«, antwortete Mac Daniel, »wenn Ihr willens seid zu heiraten.«

»Und bloß aus diesem Grund bin ich nach Carrigogunniel gekommen, denn in diesem Haus, gerade an diesem Abend ist der junge Darby Riley im Begriff, die Brigitte Runey zu heiraten, und da es ein schlankes und allerliebstes Mädchen ist und von ehrbaren Leuten abstammt, so denke ich sie selber zu heiraten und mit mir fortzunehmen.«

»Und was wird Darby Riley dazu sagen?«, bemerkte Mac Daniel.

»Schweig«, sagte der Kleine und sah ihn mit strengem Blick an, »ich habe dich nicht hergebracht, dass du mir Fragen vorlegen solltest.« Und ohne weiter sich über diesen Gegenstand zu äußern, sprach er jene seltsamen Worte aus, welche die Kraft verliehen, durch die Schlüssellöcher so leicht als durch die freie Luft zu gehen, und dem Mac Daniel gefiel es selbst gar sehr, dass er imstande war, sie ihm nachzusagen.

Beide drangen also hinein, und um die Gesellschaft besser zu sehen, hüpfte der Kleine behänd wie ein Sperling auf einen von den dicken Balken, welche quer durch das Haus über den Häuptern der Leute herliefen, und Mac Daniel tat dasselbe von der andern Seite. Doch nicht gewohnt, auf einem solchen Platz, wie auf einer Hühnerstange, zu sitzen, hingen seine Beine so ungeschickt als möglich herab, und offenbar hatte er sich die Art, mit welcher der Kleine sich zusammenkauchte, nicht zum Muster genommen. Aber dieser, wenn er sein Lebtag ein Schneider gewesen wäre, hätte nicht zufriedener mit unterschlagenen Beinen dasitzen können.

So saßen beide, Herr und Diener, und schauten auf das lustige Fest herab, das vor ihren Augen begangen wurde. Da war der Geistliche, der Pfeifer, der Vater von Darby Riley mit Darbys zwei Brüdern und seines Oheims Sohn; da war der Vater und die Mutter von Brigitte Runey (das alte Paar war diesen Abend stolz auf die Tochter, und das mit allem Recht) und ihre vier Schwestern mit funkelneuen Bändern auf den Mützen und ihre drei Brüder, die alle so frisch und munter aussahen als je drei Burschen in Munster; da waren Oheime und Muhmen, Gevatterinnen und Vettern genug, um das Haus voll zu machen. Da war Essen und Trinken im Überfluss und Platz an dem Tisch für jeden, und wenn die Zahl noch einmal so groß gewesen wäre.

Nun ereignete es sich, gerade als Frau Runey dem Geistlichen bei dem ersten Schnitt in das Haupt des Spanferkels, das mit weißem Wirsing köstlich gefüllt war, hilfreiche Hand leistete, dass die Braut niesen musste. Jedermann an dem Tisch fuhr auf, aber keine Seele sprach: »Gott segne uns!«, denn alle dachten, der Geistliche würde das tun, wie er auch, wenn er seine Pflicht beachtet hätte, tun musste, und niemand wollte ihm das Wort vor dem Mund wegnehmen, während er unglücklicherweise mit dem Haupt des Spanferkels und dem Gemüse beschäftigt war. Nach einem augenblicklichen Stillschweigen machten Scherz und Fröhlichkeit bei dem Fest, dass der fromme Segensspruch vergessen wurde.

Bei diesem Umstand waren beide, Mac Daniel und sein Meister, von ihren erhabenen Sitzen herab keine gleichgültigen Zuschauer.

»Ha!«, rief der Kleine, indem er mit freudiger Bewegung ein Bein unter sich hervorzog und sein Auge mit ungewöhnlichem Feuer funkelte, während seine Augenbrauen sich spitz in die Höhe zogen, »ha!«, sagte er, schielte nach der Braut und dann nach Mac Daniel, »halb habe ich sie; wahrhaftig, lass sie nur zweimal niesen, so ist sie mein, dem Priester, Messbuch und Darby Riley zum Trotz!«

Die schöne Braut nieste zum zweiten Mal, doch so sanft und verschämt, dass wenige, den kleinen Mann ausgenommen, es bemerkten oder zu bemerken schienen und niemand daran dachte zu sagen: »Gott segne uns!«

Mac Daniel hatte während dieser Zeit das arme Mädchen mit den traurigsten Blicken angesehen, denn er musste beständig daran denken, wie betrübt es wäre für ein artiges junges Geschöpf von neunzehn Jahren, mit großen blauen Augen, zarter Haut und Grübchen in den Backen, von Glück und Lust erfüllt, gezwungen zu werden, ein garstiges, kleines Stück von einem Mann zu heiraten, der tausend Jahr weniger einen Tag alt ist.

In diesem entscheidenden Augenblick nieste die Braut zum dritten Mal, und Mac Daniel rief aus allen Kräften: »Gott segne uns!« Ob dieser Ausruf eine Folge seines Selbstgesprächs war oder Macht der Gewohnheit, konnte er selbst nicht genau sagen. Aber kaum waren die Worte heraus, so sprang der kleine Mann, dessen Gesicht von Zorn und Verdruss glühte, von dem Balken, auf welchem er gehockt hatte, herab und schrie mit dem grellen Ton einer kreischenden Sackpfeife: »Ich entlasse dich aus meinem Dienst! Nimm das zum Lohn!«, wobei er dem Mac Daniel einen wütenden Stoß gab, der den armen zappelnden Diener auf Gesicht und Hände mitten zwischen die aufgetragenen Speisen herunterstürzte.

Wenn Mac Daniel erschrocken war, so war es ein jeder in der Gesellschaft, in welche er ohne alle Feierlichkeit eingeführt wurde, noch mehr; doch als sie seine Erzählung hörten, legte Vater Cuney Messer und Gabel hin und traute das junge Paar auf der Stelle. Mac Daniel tanzte die Rinka bei der Hochzeit und aß und trank nach Herzenslust, worauf er mehr hielt als auf den Tanz.

Die Banshee von Bunworth

Um die Mitte des vorigen Jahrhunderts war Pfarrer zu Buttevant in der Grafschaft Cork der ehrwürdige Herr Charles Bunworth, ein Mann von gründlichen Kenntnissen und ungeheuchelter Frömmigkeit. Von den Reichen war er geachtet, von den Armen geliebt, und ein Unterschied im Glauben minderte nicht die Zuversicht, mit der sie sich in einer schwierigen Angelegenheit oder in Zeiten des Missgeschicks an ihn wendeten; denn sie waren gewiss, von ihm Beistand in Rat und Tat zu erhalten, wie ihn ein Vater seinen Kindern zu gewähren pflegt. Zu ihm kamen aus der benachbarten Stadt Newmarket seines Rates und Unterrichts wegen Curran sowohl als Yelverton vor ihrem Eintritt in die hohe Schule zu Dublin. Jung, ohne Vermögen und Erfahrung, empfingen diese späterhin berühmten Männer außer der Belehrung, die sie suchten, noch Unterstützung in Geld, und ihre glänzende Laufbahn in der Folge rechtfertigte den feinen Takt, womit der Geber sie auszeichnete.

Was indessen den Ruf des Herrn Bunworth weit über die Grenzen der nächsten Kirchsprengel verbreitete, war seine Fertigkeit auf der irischen Harfe und die gastfreundliche Aufnahme und Bewirtung der armen Harfenspieler, die von Haus zu Haus in der Grafschaft umherzogen. Dankbar sangen sie auf ihren Wanderungen den Ruhm des Wohltäters zu den rauschenden Tönen ihrer Harfe, indem sie zur Vergeltung seiner Güte reiche Segnungen auf sein weißes Haupt herabriefen und in schlichten, kunstlosen Worten die Reize seiner blühenden Töchter, Elisabeth und Mary, priesen. Es war alles, was diese armen Sänger vermochten; aber wer will an der Aufrichtigkeit ihres Dankes zweifeln, da bei dem Tod des Herrn Bunworth nicht weniger als fünfzehn Harfen auf dem Boden seines Kornhauses sich hinterlegt fanden, die ihm von den letzten Gliedern eines Stammes, der nun aufgehört hat zu bestehen, waren vermacht worden? Geringfügig ohne Zweifel war der eigentliche Wert dieser Überbleibsel; doch in den Gaben des Herzens liegt etwas, das verdient, erhalten zu werden, und es ist zu bedauern, dass nach seinem Tod diese Harfen eine nach der andern zerschlagen und von einem unwissenden Glied der Familie, welchem man, als sie für eine Zeit lang ihren Aufenthalt in Cork nahm, die Sorge für das Hauswesen übertragen hatte, zum Feueranmachen verbraucht wurden.

Die Umstände bei dem Tod des Herrn Bunworth mögen von manchem in Zweifel gezogen werden; doch es leben noch jetzt glaubwürdige Zeugen, welche die Wahrhaftigkeit davon behaupten und gestellt werden können, um die meisten, wo nicht alle Einzelheiten der folgenden Erzählung zu verbürgen.

Ungefähr eine Woche vor seinem Ende bei dem Eintritt der Nacht ward ein Geräusch an der Saaltür vernommen, etwa als ob ein Schaf geschoren würde, ohne dass man damals besonders darauf achthatte. Es war bald elf Uhr in derselben Nacht, als der Hirte Kavanagh von Mallow zurückkehrte, wohin er einiger Arzneien wegen nachmittags war ausgeschickt worden, und Miss Bunworth, welcher er das Glas überreichte, bemerkte, dass er sehr verstört aussah. Zu dieser Zeit glaubte man, was wohl zu beachten ist, dass der Zustand ihres Vaters durchaus nicht gefährlich sei. »Was habt Ihr, Kavanagh?«, fragte sie; aber der arme Mensch, mit ganz verwildertem Blick, brachte nur die Worte hervor: »Der Herr, Miss, der Herr, er verlässt uns!«, und, überwältigt von heftiger Betrübnis, brach er in eine Flut von Tränen aus.

Miss Bunworth, deren kräftige Natur nicht leicht zu schrecken war, fragte, ob er in Mallow etwas gehört hätte, was ihn veranlassen könnte zu vermuten, dass es mit ihrem Vater schlimm stände.

»Ach nein, es war nicht in Mallow …«, antwortete er.

»Kavanagh«, sagte Miss Bunworth mit jenem entschiedenen

Wesen, das in ihrem Charakter lag, »ich fürchte, Ihr habt getrunken, und ich gestehe, dass ich es am wenigsten in dieser Zeit von Euch erwartete, wo Ihr besonders verpflichtet wart, nüchtern zu bleiben. Ich dachte, man könnte sich auf Euch verlassen. Was hätten wir anfangen sollen, wenn die Arzneiflasche zerbrach oder verlorenging? Denn der Arzt hat gesagt, es sei von größter Wichtigkeit, dass der Herr noch heute Nacht davon nehme; doch ich will morgen mit Euch sprechen, wenn Ihr Euch in einem Zustand befindet, in welchem Ihr fähiger seid zu wissen, was Ihr sagt.«

Kavanagh schaute auf mit einem dummen Blick, der nicht dazu dienen konnte, den Eindruck seiner Trunkenheit zu entfernen, sowenig als die trüben, vom Weinen geschwollenen Augen; doch seine Stimme war nicht die eines Berauschten.

»Miss«, sagte er, »so wahr mir Gott helfe! Kein Tropfen ist über meine Lippen gekommen, seit ich dieses Haus verlassen habe; doch der Herr …«

»Redet leise«, antwortete Miss Bunworth, »er schläft, und es geht so gut, als wir nur immer erwarten können.«

»Gott sei gelobt!«, sagte Kavanagh, »doch ach, er verlässt uns, wahrhaftig, Miss, er verlässt uns!« und rang die Hände.

»Was meint Ihr, Kavanagh?«, fragte sie.

»Was ich meine? Die *Banshee* hat sich gezeigt, seinetwegen, und ich bin es nicht allein, der sie gehört hat.«

»Das ist bloßer Aberglaube!«, sagte Miss Bunworth.

»Mag wohl sein!«, versetzte Kavanagh, als wenn die Worte »bloßer Aberglaube« nur in seine Ohren geklungen wären, ohne seine Seele zu erreichen, »mag wohl sein; doch«, fuhr er fort, »als ich durch das Tal von Ballybeg kam, ging sie daher, jammernd und schreiend und die Hände zusammenschlagend; an meiner Seite war sie bei jedem Schritt, den ich auf dem Weg tat; ihr langes, weißes Haar fiel über ihre Schultern, und ich konnte hören, wie sie des Herrn Namen dann und wann aussprach, so deutlich, als ich jemals gehört habe. Wie ich zu der alten Abtei kam, verließ sie mich und wendete sich nach dem Taubenfeld zunächst dem Gottesacker, und, sich in ihren Mantel hüllend, setzte sie sich unter einen vom Blitz gespaltenen Baum und hub an, so bitterlich zu wehklagen, dass es durchs Herz ging, es mit anzuhören.«

»Kavanagh«, sagte Miss Bunworth, die gleichwohl aufmerksam seiner wunderlichen Erzählung zugehört hatte, »mein Vater befindet sich, wie ich glaube, besser, und ich hoffe, er wird bald wieder auf sein und selbst imstande, Euch zu überzeugen, dass dies alles nur Einbildung von Euch ist. Indessen verlange ich von Euch, nichts von dem zu erwähnen, was Ihr mir soeben erzählt habt, denn es ist nicht der Augenblick, die Leute im Haus mit dieser Geschichte in Furcht zu setzen.«

Herrn Bunworths Kräfte nahmen allmählich ab, doch kein besonderer Umstand ereignete sich, bis zu der Nacht vor seinem Tod. In dieser Nacht ließen die beiden Töchter, erschöpft von Wachen und der beständigen, aufmerksamen Pflege, sich überreden, ein wenig auszuruhen; eine ältliche Frau, nahe Verwandte und Freundin der Familie, blieb neben dem Bett des Kranken sitzen. Der alte Mann lag in dem Gesellschaftszimmer, wohin er den Morgen auf sein eigenes Verlangen gebracht worden war, weil er sich einbildete, diese Veränderung würde ihm einige Erleichterung gewähren; mit dem Kopf lag er nahe an dem Fenster. In dem anstoßenden Zimmer saßen einige Freunde, und wie gewöhnlich bei solchen traurigen Anlässen waren in der Küche mancherlei Menschen aus Anhänglichkeit an die Familie versammelt.

Es war eine mondhelle Nacht, der Kranke schlief, und nichts unterbrach die Stille des traurigen Wachens, als die kleine Gesellschaft in dem anstoßenden Zimmer, dessen Tür offenstand, aufgeschreckt wurde durch einen Ton an dem Fenster nahe bei dem Bett. Ein Rosenbaum stand außen, so nahe, dass er die Scheiben des Fensters berührte. Dieses wurde plötzlich mit einigem Geräusch aufgestoßen und leises Wimmern gehört und ein Zusammenschlagen der Hände, wie von einem Weib in tiefem Jammer. Es schien, als käme der Ton von jemand, der seinen Mund ganz nah an das Fenster hielt.

Die Frau, welche neben dem Bett des Kranken saß, stand auf und ging in das Nebenzimmer und fragte mit ängstlichem Ton die Herren, ob sie die *Banshee* gehört hätten. Zwei von ihnen, die an übernatürliche Erscheinungen wenig glaubten, standen sogleich auf, um die Ursache jener Klänge zu entdecken, die sie gleichfalls deutlich vernommen hatten. Sie gingen rund um das Haus, untersuchten jede Stelle, vorzüglich jene in der Nähe des Fensters, woher die Stimme gekommen war; alles Suchen jedoch war vergeblich, sie entdeckten nicht das Geringste, und ununterbrochene Stille herrschte überall. In der Hoffnung, das Geheimnis zu enthüllen, setzten sie ihre Nachforschungen die Straße entlang auf das Genaueste fort, und da diese sehr gerad war und die Nacht vollkommen hell, hinderte sie nichts, rundumher eine ziemliche Strecke zu übersehen; indessen war alles still und öd, und sie kehrten mit Verwunderung und getäuscht in ihren Erwartungen zurück. Umso größer war ihr Erstaunen, als sie vernahmen, dass in der ganzen Zeit während ihrer Abwesenheit jene, die im Haus zurückgeblieben waren, das Wehklagen und Zusammenschlagen der Hände gehört hatten und zwar viel lauter und deutlicher als zuvor, und kaum hatten sie die Tür des Zimmers hinter sich zugemacht, als sie abermals jene klägliche Stimme vernahmen. Der Kranke ward von Stunde zu Stunde schlimmer, und beim ersten Schimmer des Morgens tat Herr Bunworth den letzten Atemzug.

Das gebückte Mütterchen

Margret Barrett war in ihrer Jugend schlank, artig und wohlgesittet und zeichnete sich durch die Vereinigung zweier Eigenschaften aus, die man nicht oft beisammen findet. Sie war nämlich eine sehr sparsame Hausfrau und zugleich die beste Tänzerin in ihrem Geburtsort, dem Dorf Ballyhuley. Gegenwärtig ist sie in den Sechzigern und in den letzten zehn Jahren ihres Lebens durchaus nicht mehr imstande gewesen, sich aufzurichten. Sie geht gebückt, beinahe bis zur Erde, doch ihre Glieder gebraucht sie, soweit es in dieser Stellung möglich ist, mit völliger Freiheit; ihre Gesundheit ist gut, ihr Geist kräftig, und in der Familie ihres ältesten Sohns, bei welchem sie seit dem Tod ihres Mannes lebt, verrichtet sie alle häuslichen Arbeiten, welche ihr Alter und jenes Gebrechen zulassen. Sie wäscht die Kartoffeln, macht Feuer an, kehrt das Haus (lauter Geschäfte, wobei ihr, wie sie mit guter Laune bemerkt, ihr krummer Rücken sehr zustatten kommt), spielt mit den Kindern und erzählt ihren Hausgenossen und den Freunden aus der Nachbarschaft, die sich oft rund um sie beim Feuer versammeln, ihr in den langen Winterabenden zuzuhören, allerlei Geschichten. Die anziehende Kraft ihrer Unterhaltung wird sehr gepriesen sowohl wegen ihrer guten Laune als auch wegen ihrer Erzählungen; und drollige und scherzhafte Begebenheiten, die sich auf ihre gekrümmte Gestalt beziehen, dann aber das Ereignis selbst, welches schuld an diesem Missgeschick ist, sind das Lieblingskapitel ihrer Gespräche. So hörte man sie unter anderem erzählen, wie an einem gewissen Tag, bei dem Schluss einer schlechten Ernte, als verschiedene Pächter in der Gegend, wo sie lebte, auf dem Feld eine Bittschrift um Verminderung des Pachtgelds beschlossen hätten, das Papier zum Schreiben sei auf ihren Rücken gelegt und dieser als ein leidlich guter Tisch befunden worden.

Margret, wie alle gescheiten Erzähler, pflegte sich, sowohl was die Ausführlichkeit als den Inhalt ihrer Geschichten betraf, nach den Zuhörern und den Umständen zu richten. Sie wusste, dass bei hellem Tageslicht, wenn die Sonne glänzend scheint, die Bäume knospen, die Vögel rings um uns singen, rührige und gesprächige Menschen ihren Geschäften oder Vergnügungen nachgehen; sie wusste, doch gewisslich, ohne die Ursache zu kennen oder sich viel darum zu bekümmern, dass, wenn wir mit dem wirklichen Leben und der wirklichen Welt beschäftigt sind, der gläubige Sinn fehlt, ohne welchen Erzählungen, die sonst aufs Gewaltigste die Teilnahme anregen, keinen Eindruck hinterlassen. In solchen Stunden war Margret kurz, hielt sich nur an Tatsachen und berührte das Wunderbare gar nicht. Doch an einem Weihnachtsabend bei dem flackernden Herd, wenn Ungläubigkeit aus allen Gesellschaften verbannt ist, wenigstens bei stiller und einfacher Lebensart, als eine Eigenschaft, welche, um das Geringste zu sagen, in diese Zeit nicht passt; wenn die Winde in düsteren Dezembertagen kalt um die Mauern pfeifen und durch die Türen des kleinen Hauses dringen, eine Mahnung an seine Bewohner, dass, wenn die Welt von Elementen, die stärker als menschliche Kräfte sind, geplagt wird, sie auch Wesen einer höheren Natur besuchen – in solchen Stunden pflegte Margret Barrett ihren Erinnerungen und ihrer Fantasie oder beiden ohne Rücksicht nachzugehen, und bei einer solchen Gelegenheit war es, wo sie umständlich erzählte, wie sie zu dieser gekrümmten Gestalt gekommen sei.

»Es war gerade unter allen Tagen im Jahr der Tag vor dem Mai, wo ich hinaus in den Garten ging, die Kartoffeln zu jäten. Ich wäre den Tag nicht herausgegangen, wäre ich nicht traurig und kummervoll gewesen und gerne für mich allein. Die Burschen und Mädchen im Haus lachten alle, scherzten und machten Bälle zum Schleudern oder Bänder zurecht für die Vermummten am folgenden Tag. Ich konnte das nicht ertragen. Eben erst die vergangenen Ostern, und die letzten Ostern waren es zehn Jahre, ich werde die Zeit niemals vergessen, hatte ich meinen armen

Mann begraben, und ich dachte daran, wie vergnügt und voller Freude ich war so manches lange Jahr vorher eben an diesem Tag, als Robin neben mir saß und ich die Bänder für den Schleuderball schnitt und nähte, die ich den folgenden Tag den Burschen geben wollte mit dem stolzen Gefühl, allen Mädchen an den Ufern des Blackwaters vorgezogen zu werden von dem hübschesten und besten Schleuderer in dem Dorf. Ich verließ das Haus und ging in den Garten. Ich blieb da den ganzen Tag und kam nicht heim zum Essen. Ich weiß nicht, wie es war, und nur soviel, dass ich in kummervollen Gedanken immer fortfuhr zu jäten, einige von den alten Liedern singend, die ich aber und abermals in den Tagen gesungen habe, die nun dahin sind, von dem, der nimmer zurückkehrt, sie anzuhören. Die Wahrheit zu sagen, es war mir unerträglich, hinzugehen und schweigend und finster zu Haus zu sitzen, unter Menschen, die lustig und jung waren und ihre besten Tage vor sich hatten. Es ward spät, ehe ich an die Heimkehr dachte, und ich verließ den Garten erst einige Zeit nach Sonnenuntergang.

Der Mond stand am Himmel; obgleich kein Wölkchen zu sehen war und hier und da ein Stern blinkte, so war der Tag noch nicht lang genug verschwunden, um helles Mondlicht zu haben; doch schien er hinlänglich, um auf einer Seite alle Dinge in des Himmels Licht bleich und silberfarbig zu machen, und ein dünner Nebel begann soeben über die Felder hinzuziehen. Auf der anderen Seite, nach Sonnenuntergang zu, war noch mehr Tageslicht, und der Himmel blickte ängstlich, rot und feurig durch die Bäume, gleich als ob unten eine große Stadt in Brand aufloderte. Überall Schweigen, wie auf einem Kirchhof; nur dann und wann hörte man in der Ferne einen Hund bellen oder eine eben gemelkte Kuh brüllen. Kein lebendes Wesen war zu sehen, weder auf dem Weg noch auf dem Feld.

Ich verwunderte mich erst, dann erinnerte ich mich, dass es der Abend vor dem Mai war und dass mancherlei, Gutes und Böses, in dieser Nacht umherschwärme und ich die Gefahren meiden müsse wie jeder andre. Ich ging so rasch zu, als ich konnte, und gelangte bald an das Ende der Mauer, die das Gut umgibt, wo die Bäume hoch und dicht auf jeder Seite des Wegs aufsteigen und sich meist mit den Wipfeln berühren. Mein Herz hatte ein Vorgefühl, als ich unter ihre Schatten kam. Die Öffnung oben ließ so viel Licht herab, dass ich einen Steinwurf weit vor mir sehen konnte. Plötzlich hörte ich in den Ästen auf der rechten Seite des Wegs ein Rascheln und sah etwas, das einem kleinen schwarzen Ziegenbock ähnlich war, nur mit langen, breiten Hörnern, auswärts gerichtet statt rückwärts gekrümmt; es stand auf den Hinterfüßen am Rand der Mauer und schaute auf mich herab. Der Atem stockte mir, und ich konnte mich fast eine Minute lang nicht bewegen. Ich musste, wie es auch zuging, meine Augen unverwandt dahin richten, aber es schaute immer starr auf mich herab.

Endlich nahm ich mich zusammen und ging fort, aber ich hatte noch keine zehn Schritte getan, als ich dieselbe Erscheinung auf der Mauer zu meiner Linken erblickte, genau in derselben Stellung, nur noch drei- oder viermal so hoch und beinahe so groß als der größte Mann. Die Hörner sahen schrecklich aus, es starrte mich an wie dort.

Meine Beine zitterten, die Zähne schnatterten, und ich glaubte jeden Augenblick, ich würde tot hinfallen. Schließlich war es mir, als wäre ich gezwungen zu gehen, und ich ging wirklich fort, aber ich fühlte nicht, wie ich mich bewegte oder wie meine Beine mich forttrugen.

Eben als ich an der Stelle vorbeikam, wo das entsetzliche Wesen stand, hörte ich ein Geräusch, als ob etwas die Mauer herabspränge, und hatte ein Gefühl, als wenn ein schweres Tier auf mich stürzte, das, mit den Vorderfüßen mich fest um die Schultern packend, die Hinterfüße in meinen faltigen, zusammengesteckten Rock verwickelte. Ich verwundere mich noch und werde es tun, solange ich lebe, wie ich die heftige Erschütterung ertragen habe, aber ich fiel weder noch schwankte ich bei der Wucht, sondern ging darauflos, als hätte ich die Stärke von zehn Männern; jedoch fühlte ich, dass ich gezwungen war, mich fortzubewegen und nicht die Macht hatte stillzustehen, wie ich es wünschte. Doch ich keuchte ängstlich; ich wusste, was ich tat, so deutlich, als ich es in diesem Augenblick weiß; ich versuchte zu schreien, doch ich konnte es nicht, versuchte zu laufen, aber es war nicht möglich, versuchte rückwärts zu schauen, aber Kopf und Nacken waren wie in einem Schraubstock gespannt. Ich konnte nur meine Augen nach beiden Seiten hindrehen, und dann erblickte ich so klar und deutlich, als wäre es in vollem Licht der lieben Sonne, einen schwarzen und gespaltenen Fuß fest auf meine Schulter gelegt. Ich hörte ein leises Atmen in meinem Ohr, ich fühlte, dass bei jedem Schritt, den ich tat, meine Beine an die Füße jener Kreatur stießen, die auf meinem Rücken hing. Endlich sah ich das Haus, und es war mir ein willkommener Anblick, denn ich dachte, ich würde erlöst, wenn ich es erreichte.

Ich kam bald nah an die Tür, doch sie war verschlossen, ich schaute nach dem kleinen Fenster, aber es war auch verschlossen, denn sie waren an diesem Abend vorsichtiger als ich; ich sah innen das Licht durch die Spalten in der Tür, ich hörte sie drinnen reden und lachen. Ich fühlte, nur drei Ellen weit war ich von denen entfernt, die alles würden aufgeboten haben, mich zu retten. Und möge Gott mich bewahren, noch einmal zu fühlen, was ich in jener Nacht gefühlt habe! Ich fand mich gehalten von etwas, das nicht gut sein konnte, ohne Macht, mir zu helfen oder meine Freunde anzurufen oder meine Hand auszustrecken, um zu klopfen, oder nur meinen Fuß zu heben, um an die Tür zu stoßen und sie wissen zu lassen, dass ich außen wäre. Es war, als ob meine Hände an die Seite wüchsen oder meine Füße an den Boden geheftet wären oder als hätte das Gewicht eines Felsens sie daran befestigt. Endlich dachte ich daran, mich zu bekreuzigen, und meine rechte Hand, die sonst nichts tat, tat es für mich. Die Last blieb auf meinem Rücken, und alles war wie zuvor. Ich bekreuzigte mich abermals, es war immer dasselbe. Ich gab mich für verloren, doch ich bekreuzigte mich zum dritten Mal, und meine Hand hatte nicht sobald das Zeichen vollendet, als ich fühlte, wie die Bürde von meinem Rücken sprang. Die Tür fuhr auf, als wenn der Donner sie einschlüge, und ich stürzte vorwärts gerade auf die Stirne mitten in den Flur. Als ich wieder aufstand, war mein Rücken krumm, und ich konnte mich nicht wieder gerade aufrichten von jener Nacht an bis zu dieser Stunde.«

Es entstand eine kleine Stille, als Margret Barrett geendigt hatte. Diejenigen, welche die Geschichte schon kannten, hatten mit dem Ausdruck halb befriedigter Teilnahme, gemischt indessen mit jenem ernsthaften und feierlichen Gefühl, welches eine Erzählung übernatürlicher Wunder erregt, sooft sie auch erzählt wird, zugehört. Sich auf ihren Sitzen bewegend, verließen sie die Stellung, in welcher sie während der Erzählung verharrt hatten, und nahmen eine andere an, welche zu erkennen gab, dass ihre Neugierde in Beziehung auf die Ursache dieser seltsamen Begebenheit schon längst befriedigt war. Diejenigen aber, welche sie noch nicht gekannt hatten, behielten den Ausdruck und die Stellung gespannter Aufmerksamkeit und ängstlicher, aber feierlicher Erwartung. Ein Enkel der Margret von etwa neun Jahren (doch kein Kind des Sohnes, bei welchem sie lebte) hatte noch nie die Geschichte gehört. So wie seine Aufmerksamkeit wuchs, drängte es sich immer fester an die Seite der alten Frau, und beim Schluss schaute es unverwandt nach ihr hin, mit seinem Leib über ihre Knie zurückgebogen und sein Gesicht zu ihr hinauf gerichtet, mit einem Ausdruck, in welchem die Neigung zu weinen mit der Neugierde zu kämpfen schien. Nach einem augenblicklichen Stillschweigen konnte es nicht länger seine Neugierde bezähmen, und ihre grauen Locken mit einem Händchen fassend, während Tränen der Furcht und des Erstaunens gerade von seinen Augenwimpern herabtröpfelten, rief es: »Großmutter, wer war das?« Margret lächelte erst nach dem älteren Teil der Zuhörer, dann nach ihrem Enkel hin, und, ihm sanft über die Stirn streichelnd, sagte sie: »Es war die Phuka!«

Vom Luprechaun, dem Feenschuster

Mary war das Kind einer ehrbaren Bauernfamilie. Eines Morgens, als sie durch einen langen, engen Feldweg zur Schule ging, sah sie vor sich einen Mann gehen, der eigentlich kein Mann war, er war so klein! Er hatte einen dreieckigen Hut auf und trug ein wunderliches Ding auf seinem Rücken, das wie der Stuhl eines Schuhflickers aussah und auf dem einen Ende einen Platz für Wachs, Pfrieme, Zange und alle sonstigen Werkzeuge hatte. Zuerst hielt ihn Mary für einen »Baccach«, das heißt einen von jenen zwerghaften Krüppeln, die im Besitz vieler wichtiger medizinischer Geheimnisse als Ärzte und Zauberer die irischen Märkte und Kirmessen bereisen. Aber da Mary keine Krücke sah und der Fuß des Männleins so natürlich wie der eines jeden andern Menschen erschien, so dachte sie, er müsste zu dem Feenvoll gehören, und fürchtete sich und lief weg. Als sie zu Hause ankam, sagte ihre Mutter, dass es der Luprechaun, der Feenschuster, gewesen sei; und wenn sie ihn gefangen und ihr Auge nicht von ihm gewandt haben würde, so hätte er ihr erzählen müssen, wo sie einen Topf voll Geld finden könnte. Mary sagte, das nächste Mal wolle sie es tun.

Aber alle Tage fängt man keinen März-Hasen, und Mary wurde ein großes Mädchen, ohne dass sie einen Luprechaun wiedersah. Dann ging sie in den Dienst und bekam einen Schatz, mit dem sie gewöhnlich an dem wilden »Dun«, einem altirischen Festungshügel, nahe bei des Meisters Haus zusammentraf.

Da geschah es nun, dass eines Abends im Mai Mary unter einem Baum am Dun saß. Ihr Schatz blieb lange aus und sie war des Wartens fast schon müde, als sie auf einmal – poch, poch, poch – etwas hörte, als ob ein Schuhmacher hämmere. Zuerst erschrak sie sehr; aber dann fasste sie Mut, erhob sich, kroch leise um den Baum herum, der hinter ihr stand, und wen sah sie da? …

Keinen andern als ihren Freund, den kleinen Luprechaun. Rasch stürzte sie auf ihn und packte ihn so plötzlich und fest am Nacken, dass ihm die Pfeife aus dem Mund fiel.

»Gib mir Geld!«, schrie Mary.

»Ich will dir Geld geben«, sagte der Luprechaun, an Händen und Füßen zappelnd, »ich will dir Geld geben, wenn du mit mir über jenes Zaunbrett gehen willst – aber bitte, bitte – erwürg mich nicht!« Mary sagte, sie wolle ihm folgen, und ließ ihn gehen; aber sie wandte kein Auge von ihm, obwohl er allerlei Listen gebrauchte, um ihren Blick von sich abzulenken. Er ging zuerst in dies Feld und dann in das Feld und dann in ein anderes. Aber da er sich endlich überzeugte, dass hier an Entwischen nicht zu denken sei, so stampfte er mit seinem Fuß auf den Boden und sagte: »Hier ist Geld vergraben. Hast du eine Schaufel bei dir?«

»Nein!«, sagte Mary.

»Dann geh nach Haus«, sagte der Luprechaun, »und hole dir eine; und wenn du wieder zurückkommst, so grabe die Erde an diesem Platz auf und du wirst Geldes die schwere Menge finden.«

»Aber wie soll ich diesen Platz wiedererkennen?«, fragte Mary.

»Ach, wenn's weiter nichts ist!«, entgegnete der Luprechaun, »hier nehme ich meine Pfrieme und stecke sie in den Erdboden …« und ehe er noch ausgesprochen hatte, schoss eine dicke Distel empor, dergleichen nie zuvor in Irland gesehen worden war. Mary dachte nun, das sei sicher genug, ließ den Kleinen gehn und lief selber nach Hause, um die Schaufel zu holen. Unterwegs begegnete sie ihrem Schatz, der ungeduldig am Dun auf sie gewartet hatte.

»Wohin, wohin?«, rief er, als sie vorbeilaufen wollte.

»Ach, du bist es?«, entgegnete sie außer Atem – »ach, Paddy … jetzt können wir heiraten – jetzt sind wir reich – jetzt haben wir Geld – jetzt – – komm, Paddy, komm …!« –

Und ohne zu wissen, wie ihm geschah, zog sie ihn mit sich zum Pfarrer und ließ sich mit ihm trauen. Als Pater Lucas seine

Hand nach einer kleinen Belohnung für seine Mühe ausstreckte, da rief Mary: »Ihr sollt genug haben, Sir, aber erst gebt mir eine Schaufel – und nun kommt mit mir – o Paddy, Paddy … was für ein reicher Mann bist du!«

Eine große Menge Menschen folgte den Neuvermählten ins Feld; aber als sie – Mary mit der Schaufel voran – es erreicht hatten, da waren anstatt der einen Distel wohl zwanzigtausend da – das ganze Feld über und über war mit blühenden Disteln bedeckt. Ach – schrie Mary da auf! Die anderen aber liefen, was sie konnten, nach Hause, holten Schaufel und Hacke und fingen an zu graben, und gruben die ganze Nacht fort; aber es war durch die Disteln kein Durchkommen. Schreckliche Disteln waren das; und ehe Mary die sonderbare Geschichte mit dem Luprechaun gehabt hatte, waren solche Disteln auch in ganz Irland niemals gesehen worden.

Aber Mary und ihr Schatz waren nun einmal verheiratet und das ließ sich nicht mehr ungeschehen machen. Denn wenn die Ehe auch ein Knoten ist, den man mit der Zunge bindet, so kann man ihn doch hernach selbst mit den Zähnen nicht wieder lösen, sagt ein irisches Sprichwort. Die Heiden ließen sich's also sauer werden, bekamen ein Haus voller Kinder und brachten sich ehrlich durch.

Als nun im Lauf der Jahre einer der Söhne so alt geworden war, dass er unter die Soldaten musste, da war nun freilich große Not vorhanden. Denn soviel Geld, um einen Stellvertreter kaufen zu können, hatten doch die guten Leute nicht. Also ging denn eines Tages die arme Mutter zu Tode betrübt aus der Hütte; sie ging ganz allein und keiner mit ihr, den Strumpf unter dem Arm und das Garn vor sich in der Schürze und so strickte sie darauf los und war sehr traurig. Sie ging zu dem alten Dun, wo sie einst in jungen Jahren so viel gesessen, und setzte sich wieder an dieselbe Stelle unter den Baum. Und auf einmal hörte sie wieder den alten bekannten Hammerschlag – poch, poch, poch – und rasch war sie auf den Beinen, ließ das Strickzeug fallen, und da sie die Sträuche und Zweige sachte zurückbog, sah sie den kleinen Schuhmacher hart an der Arbeit – den dreieckigen Hut auf, die silbernen Schnallen an den Schuhen, und es schien ihm ganz wohl und vergnüglich zu gehn. »Nun«, dachte Mary, »will ich Geld von dir bekommen, um meinen Sohn von den Soldaten loszukaufen – diesmal sollst du mir nicht wieder entwischen, du kleines Ding, du –« und ehe er sich's versah, hatte sie ihn auch schon am Wickel und ob er nun auch mit Ärmchen und Beinchen strampelte – Mary ließ ihn nicht los.

»Komm ins Feld«, sagte er endlich, »ich will dir zeigen, wo das Geld liegt!«

Aber »Nein!«, sagte Mary – »ich will keine Disteln mehr haben. Gib mir Geld, sage ich dir! Mein Sohn ist gezogen worden, und ich muss Geld haben!«

»O, wenn das der Fall ist«, sagte der Luprechaun, »hier ist eine Börse, die von ihrem köstlichen Inhalt nie leer wird, bis du sagst: verwünschte Börse! Also nimm dich in Acht, das Wort zu sagen«, und damit gab er ihr eine kostbare Börse, ganz voll Geld. Mary, von dem Geklingel ganz entzückt, ließ den kleinen Burschen gehn, der ihren Blicken alsbald entschwand, und eilte selig nach Haus. Aber was denkt ihr, was in der Börse war? ... Ziegendreck war darin! »Verwünschte Börse!«, schrie Mary, und augenblicklich ward sie leer und nichts von dem köstlichen Inhalt mehr war darin zu sehen. Die Börse aber ward dem Lord von Wicklow als eine Kuriosität gegeben, und er soll sie bis auf den heutigen Tag noch bewahren.

Der Phuka

Der Phuka ist der boshafteste Geist von allen und Gott behüte uns vor ihm! Er zeigt sich meist in der Gestalt eines Bullen, dem aus Auge, Mund und Nase Feuer sprüht; und er schleudert denjenigen, der nicht an ihn glauben will, mit den Hörnern in die Luft und galoppiert mit ihm die ganze Nacht herum und lässt ihn zuletzt gegen Morgen von Angst erschöpft und mit Kot beschmutzt am Weg liegen. So ging es dem Paddy Moran, der in Kilgobant wohnt und gar nicht aufhören kann von der Geschichte zu sprechen, obwohl sie sich schon vor zwanzig Jahren zugetragen hat. Als er nämlich zu jener Zeit auf Allerheiligenabend nach Hause gehen wollte und angetrunken, wie er war, auf einer Wiese liegen blieb, da kam um Mitternacht der Phuka, spießte ihn auf seine gewaltigen Hörner und jagte mit ihm auf dem Dach eines himmelhohen Hauses herum, und dem armen Paddy war so weh, er hätte wohl immer schreien mögen, aber es war ihm, als läge ihm etwas auf der Brust, und er konnte nicht schreien. Zuletzt warf ihn der Phuka vom Dach herunter – und Paddy fiel wohl eine halbe Stunde lang immer hinunter, immer hinunter, und als er zuletzt auf den Boden schlug, da erwachte er, und lag auf derselben Stelle in der Wiese, wo er die Nacht hingefallen war, und alle Knochen taten ihm weh.

So ging es auch dem Larry Cronin, der an dem oberen Ende des Lough Leane wohnt. Larry sagte immer, er glaube nicht an Feen und solch Altweibergeschwätz, und ein kräftiger Bursche war er dazumal, und es mochte ihm wohl auch Ernst gewesen sein. Da war er nun einmal mit seinen Kameraden auf einer sehr lustigen Hochzeit gewesen und es gingen ihrer ein ganzer Trupp, selig vom Tanz und Whiskeypunch, heim. So kamen sie bei dem alten Kirchhof von Killare, – eine Meile oder so vom Aghadoe-Hügel – vorbei. Da hängt der grüne Efeu dick um die Grabsteine, und seine vier Mauern stehen in der einsamsten Gegend von Kerry. Als sie nun vorbeigingen, und der Wind in dem Efeu und in dem Gras rauschte und stöhnte, wie das »Kinen« (Totenklage-Singen) eines alten Weibes: da ward ihnen allen Angst. Aber Larrys Kumpane fassten sich bald wieder und sagten: »wenn du nun wirklich keine Angst vor Geistern hast, so geh doch einmal da in die alte Abtei hinunter und bleibe eine Viertelstunde drin.« Larry wollte sich doch von seinen Freunden nicht verspotten lassen und machte sich augenblicklich auf, kletterte über die Mauer, sprang in das Kirchhofgras und begab sich dann zur Abtei. Sein Herz bebte ihm gewaltig, als er in das alte, dunkle Gemäuer kroch und er sagte sein Vaterunser und das Ave. Aber kaum, dass er das letzte Wort gesprochen, da hörte er schon ein Geräusch in der Ferne. Er packte seinen Schillelah (Eichenstock) fester, – aber wie ward ihm, als er nun auf einmal seinen Namen rufen hörte.

»Ha, ha, ha! Larry Cronin, bist du's?«, klang es, wie vom Wind selbst gesprochen, aus der Dunkelheit. Bald aber kam es näher und näher, und da sah er, dass es ein Bulle war, aus dessen Augen Feuer sprühte, der furchtbar große Hörner und ein kohlenschwarzes Fell hatte. »Larry«, sagte der Bulle, »willst du nach Haus reiten?« Ehe dieser noch antworten konnte, da hatte der Bulle ihn schon auf den Hörnern, und ehe er sich's versah, da saß er auf dem Rücken desselben und konnte nicht mehr herunter, wie sehr er auch mit Händen und Füßen arbeitete. Vergebens bat er den Bullochsen, ihn frei zu lassen. »Ach, Euer Gnaden«, sagte er. »lasst mich doch los!« Aber der Bulle sagte: »Nichts da, Larry! Ich bin der Phuka, und wir wollen einen kleinen Ritt zusammen machen!« – Und dann ging's fort, immer fort. Larry dachte, es sei um sein Leben geschehen, so schnell ging es. Nichts war imstande, den jagenden Bullochsen aufzuhalten. Über Sumpf und Heide, über Röhricht und Gräben und Steinlöcher und Ackerland, immer fort. Larrys Beine waren von Dornen fast ganz zerrissen und zerkratzt, und als es eine unendliche Zeit lang so gegangen war, da sagte der Phuka: »Larry, wo sind wir jetzt?«

»Ach, Euer Gnaden«, sagte Larry, »ich glaube, wir sind dicht bei dem alten Turm von Aghadoe.«

»Richtig!«, sagte der Phuka, »da sind wir, und nun wollen wir weiter!«

Und alsbald ging's wieder vorwärts, durchs Feld, bis auf den Kirchhof von Killarney, und auf die Gräber, in denen manch ein Freund von Larry ruhig schlief. Auf einmal hörte er die Stimme von Kitty Moinuhen, die einen Monat vorher gestorben war, und »Willkommen hier, Larry Cronin!«, sagte sie, »was für Neuigkeiten bringst du, Larry Cronin? Und warum kommst du und drängst dich in unsere Gesellschaft, Larry Cronin?«

Indem er noch zitterte, da begann die lieblichste, süßeste Stimme, die er je gehört hatte, zu singen: »Savournin dhilisch! Savournin dhilisch!« Und als dies Lied, das er tausendmal selber gesungen, beendet war, da hörte er lautes Lachen und Scherzen unter den Steinen und Händeklatschen und allerlei Munterkeit. Und dann setzte sich der Bulle wieder in Bewegung und es ging die liebe lange Nacht so durch, bis er selber müde ward. Es fing an zu tagen und die Vögel begannen zu singen. »Larry«, sagte da der Bulle, »nun kannst du absteigen, aber hüte dich, je wieder von den ›Dschintelmin‹ und dem Phuka Übles zu sprechen, sonst kommst du das nächste Mal nicht so gut davon.« Dann warf er ihn ab, und als Larry, der ganz betäubt hingestürzt war, wieder erwachte und die Augen aufschlug, da lag er auf der Spitze des Schechy-Gebirges, auf der andern Seite des Sees, bei Dinis-Eiland, und eben ging über seinem Kopf die Sonne auf.

Der Banschi-Brunnen

Die Banschi war ein gespenstisches weibliches Wesen, welches durch den furchtbaren Schrei, den es nachts ausstieß, Unglück verkündete. Wer die Banschi hörte, konnte sich darauf gefasst machen, dass bald der Tod bei ihm oder einem teuern Mitglied seiner Familie anklopfen würde.

Die Fitzpatricks von Ossory und die Ormonds von Kilkenny waren jahrhundertelang Todfeinde. Da geschah es vor vielen hundert Jahren, dass Ossory von den Ormonds überfallen ward und der Erbe des Hauses Fitzpatrick in das größte Elend geriet und gezwungen wurde, im Schloss O'Mores, des Häuptlings von Leix, Schutz zu suchen. O'More hatte eine sehr schöne Tochter, in die sich Fitzpatrick verliebte; und so schlecht vergalt er seinem Wohltäter die Gastfreundschaft, dass er die schöne Tochter desselben betrog. Da sich nun beide vor dem Zorn des Vaters fürchteten, so beschlossen sie zu fliehen und verabredeten, dass sie sich um die Mitternacht an einem einsamen Brunnen, nicht weit vom Schloss, treffen wollten. Das arme Fräulein erschien und Fitzpatrick erstach sie und warf sie in den einsamen Brunnen. Der Vater, welcher von solchem Verrat nichts ahnte, klagte um den Tod seiner Tochter, und nicht lange darauf gelang es ihm, Fitzpatrick wieder in seine väterlichen Besitzungen zurückzuführen, wo sich dieser nun bald verheiratete und eine zahlreiche Nachkommenschaft gewann. So waren zwanzig Jahre vergangen und der alte O'More war gestorben. Da geriet Fitzpatrick in einen Krieg mit dem Sohne O'Mores, er zog ins Feld, und das Schicksal wollte es, dass er eines Nachts dicht neben dem Brunnen lagerte, wo er vor zwanzig Jahren seine Geliebte ermordet. Als er sich nun wie von unsichtbarer Hand unwiderstehlich geleitet, dem Brunnen näherte, da sah er sie dasitzen; in dem weißen Kleid, das er wohl kannte, in dem er sie oft gesehen, in dem er sie oft geküsst, in dem er sie dazumal erstochen, saß sie unter dem Baum, welcher seine dunklen Zweige traurig über den Brunnen breitete. Sie rang ihre weißen Hände und sah unsäglich betrübt aus. Und in dem Augenblick, wo er sie wahrnahm, stieß sie einen furchtbaren Schrei aus. Als er nun mit schwankenden Knien sich ihr näherte, erneute sie den Schrei, und er war noch furchtbarer und herzzerreißender als der erste. Von Angst und Entsetzen übermannt, sank er auf die Erde nieder; doch als er mit bebender Lippe »Gnade! Verzeihung!«, stammelte, da gab die Erscheinung den dritten Schrei von sich, den fürchterlichsten, den Fitzpatrick je gehört, und wie ein Schatten im Mond schwand sie dahin – das Tal hinunter, und ihr Geschrei hallte lange noch aus der Ferne zurück. Und noch war es nicht verklungen, als auf einmal Schlachtruf und Sporengeklirr sich hören ließ. Der junge O'More, der Herr von Leix, hatte einen nächtlichen Überfall auf das Lager seiner Feinde gemacht; Verwirrung und Flucht herrschte überall und bei der Verfolgung der zersprengten Scharen traf O'More auf Fitzpatrick, welcher noch in dumpfer Verzweiflung fast besinnungslos am Boden lag. Der Kampf war kurz, Fitzpatrick fiel. »Junger O'More!«, sagte er, kurz bevor er seinen letzten Atem aushauchte – »ich habe deine Schwester gesehen! Sie tauchte aus diesem Brunnen empor – sie ging dort hinunter in den Mondenschein – junger O'More, ich bin der Mörder deiner Schwester. Ich habe sie in diesem Brunnen versenkt – ich gehe jetzt hinunter, dort in den Mondenschein …«

Er sprach nichts mehr; er war tot. O'More ließ den Brunnen durchsuchen; es fand sich keine Spur von seiner gemordeten Schwester mehr darin, aber von dieser Zeit an wurde der Schrei der Banschi immer gehört, wenn ein Abkömmling der Fitzpatricks sterben sollte. Ob ein Fitzpatrick nun im Frieden oder im Kriege, daheim oder in der Ferne starb: jahrhundertelang wurde die Banschi gehört.

Später wurden die Fitzpatricks aus Ossory vertrieben und siedelten sich in O'Mores Land an. Fitzpatrick war protestantisch geworden und glaubte nicht an Märchen, Gespenster und Banschis.

Der Brunnen war nicht drei Minuten weit von seinem Haus; man sollte ihn nur rufen, sagte er, wenn sich die Banschi einmal dort hören ließe. Jahre vergingen; keine Banschi ließ sich hören. Da wurde seine Lieblingstochter plötzlich schwer krank; und er musste noch in der Nacht fort, um einen Doktor zu holen. Als er heimkehrte, hörte er einen traurigen, dumpfen Schrei von dem Brunnen herauf. Er spannte seine Pistolen und ging zu dem Brunnen. Da sah er auf der Bank unter dem Baum eine weibliche Gestalt sitzen, die in Weiß gekleidet war, und einen herzbrechend traurigen Schrei ausstieß, als er nahte. »Wenn du nicht augenblicklich mir sagst, wer du bist«, rief er, »so gebe ich Feuer!« Die weiße Gestalt schwieg, und Fitzpatrick gab Feuer. Da aber durchgellte ein Aufschrei so übernatürlich stark, so entsetzlich, die Luft, dass ihm das Blut fast in den Adern gerann, und als er sich umwandte zu fliehen, da kreuzte die Gestalt der Banschi, ganz mit Blut bedeckt, seinen Weg, und indem er dahineilte, huschte sie noch mehrmals dicht bei ihm vorbei. Als er sein Haus erreicht hatte, stürzte er in das Zimmer, in welchem seine Tochter lag; und als er eintrat, rief das kranke Mädchen aus: »Siehst du, o siehst du das schöne Fräulein, ganz mit Blut bedeckt?« – »Wo, o wo?«, rief der Mann. »Im Fenster – dort …« antwortete die Kranke – »o … nein! sie ist verschwunden.«

Am andern Tag um zwölf Uhr starb das Mädchen. Im Zwielicht, als der Vater traurig in seinem Garten ging, da hörte er ein Geräusch, als fahre ein Wagen vorüber, und als er über die Hecke sah, erblickte er sechs schwarze Pferde ohne Kopf, einen Fuhrmann ohne Kopf, der sie trieb, und einen Leichenwagen, den sie zogen, und der nun vor dem Gartentor hielt. Ein Sarg wurde herabgetragen, auf den Wagen gestellt, und in diesem Augenblick erschien auch die blutige Gestalt der Banschi, setzte sich auf das Leichentuch, und der Wagen rollte dumpf weiter. Am andern Tage starb sein anderes Kind, und er konnte keinen Abend nach Dunkelwerden ausgehn, ohne dass ihm die schreckliche Banschi begegnete. Sie kreuzte seinen Weg, mochte er nun reiten, gehen oder fahren; mochte er allein sein oder in Gesellschaft. Der arme

Mann musste seinen heimischen Boden verlassen und ging nach England hinüber, wo er bald starb. Mit der Zeit wurde die Banschi nicht mehr gehört. Aber vor etwa vierzig Jahren, da kam einer von den Söhnen dieses Fitzpatrick nach Irland zurück und beabsichtigte, sich in dem verlassenen Haus seines Vaters wieder anzusiedeln. Aber in der ersten Nacht, die er sich darin aufhielt, umkreiste die Banschi das Haus mit schaurigem Gekreisch und kam jede Nacht wieder, bis der entsetzte Einwohner geflohen war, um nie wiederzukehren.

Die Stadt im Meer

Die Sonne eines lieblichen Sommerabends war eben hinter die dunklen Leinster-Berge gesunken, als die Bauern von Lacken und den benachbarten Dörfern zur Totenwache Peter Revels gingen, dessen Leichnam in seiner geräumigen Scheune ausgelegt worden war. Das Totenhaus, obwohl immer finster, war es diesmal mehr als je. Denn der Tote war der Letzte seiner Familie. Der Tisch, auf welchem sein Leichnam lag, hatte innerhalb der letzten zwölf Monate die Leichname seines Weibes und seiner sechs Kinder getragen.

Lacken ist eine Landzunge in dem Teil der Grafschaft Wexford, welcher Bargie heißt, und sie erstreckt sich von den kleinen Dörfern Duncormick und Bannow ab, allmählich ins Wasser. Dicht vor Lacken liegt die Sandbank von Ballyteige, die das Land vor den Wogen des Sankt Georges Kanals beschützt, während die gefesselten Wasser, welche hier an- und abbrausen, immerwährend einen betäubenden Lärm machen, nach dessen verschiedenem Klang die Bauern den Wechsel in der Witterung vorhersagen. –

Die Totenwache von Peter Revel auf Lacken war sehr besucht. Pfeifen und Tabak lagen zum Überfluss auf dem Tisch; und Brot, Käse und Whiskey wurden mit freigiebiger Hand ausgeteilt. Die Sitte der Totenklage (caoine) war in diesem Teil von Irland nicht gebräuchlich. Es wurde viel gesprochen und geschwatzt.

»Ich bin fest überzeugt«, sagte ein altes Weib, »dass Peter Revel keinen glücklichen Tag mehr gehabt hat, von der Stunde an, wo er sein Haus auf den Pass der Schiogs (Feen) baute, den »das gute Volk« gehn muss, wenn es von dem Rath (Feenhügel) zur Stadt im Meer wandert. Seine Kuh, sein Pferd, sein Schwein, sein Schaf starben; und da er keine Acht auf ihre Warnung hatte, so starben auch seine sechs Kinder, eins nach dem andern, dann sein Weib, und nun er selbst. Wir wissen es ja alle, dass in jeder lieben Nacht die Feen kamen und in seinem Haus spukten.«

»Holla – wir alle! Wer sagt dir, wir alle? Ich weiß nichts davon, zum Beispiel!«, schrie Lukas Sparrow, das Großmaul von Duncormick genannt. Das Großmaul saß in einem Winkel der Scheune, hatte Peggy Roach, sein Mädchen, auf dem Schoß und lachte laut über alle Geschichten, und sagte, er glaube kein Wort davon, weder von den Schiogs noch von der Stadt im Meer, und er wolle alles für Unsinn und Weibergeschwätz halten, bis er sie selber gesehen.

»Aber ich habe sie gesehn«, sagte ein alter Fischer – »ich habe die Stadt im Meer gesehn. Oft und oft, wenn ich darüber hinsegelte, hab ich die Schornsteine und die Zinnen des Schlosses tief unter dem Wasser gesehen. Sie sagen, es sei durch ein Erdbeben dahingekommen; ich aber glaube, es war Zauberei. So klar lag alles da, wie ich über den Rand des Bootes gelehnt, hinuntersah. Es war, als sähe ich von einem Berg in eine Stadt hinunter, aus welcher der Morgennebel aufdampft.«

Aber das Großmaul lachte noch lauter, und wollte nichts glauben, sagte er. Lukas Sparrow war einer von den wenigen Protestanten in dieser Gegend; und obwohl er sich gelegentlich seiner Treue für den englischen König und die englische Kirche rühmte, so nahm er sich doch sehr in Acht, dass er dadurch bei seinen katholischen und irisch gesinnten Freunden und Nachbarn keinen Anstoß errege. Er besuchte daher mit Ausnahme der Kapelle* jeden Ort, wo die anderen Burschen sich zu versammeln pflegten; und da er von ansehnlicher Statur war, sich immer sehr herausputzte und dabei gewaltig schwadronieren und renommieren konnte, so bekam er den Beinamen »das Großmaul von Duncormick.« Und obwohl er behauptete, dass er den Glauben des Volks an Schiogs verachtete, so gab es doch im ganzen Land niemanden, der sich mehr vor der Macht derselben fürchtete.

---

* The Chapel, die Kapelle, das katholische Bethaus im Gegensatz zur Church, der englisch-protestantischen Kirche.

Wenn er bei Nacht einen Kreuzweg passierte, so versäumte er es wahrhaftig nicht, zu pfeifen; und wenn er bei Rath und Mote (Feenhügel) vorüberging oder ritt, so machte er das Zeichen des Kreuzes. Wenn es nichts nütze, so schade es doch nichts, sagte er; und was einem Katholiken erlaubt wäre, würde auch für einen Protestanten nicht sündhaft sein.

Es war um das Jahr 1780; die ersten Vorspiele der irischen Revolution von 1798 zeigten sich. Die Volontairs hatten sich gebildet, eine Nationalarmee von mehr als 40.000 Mann, deren Oberbefehlshaber der Herzog von Leinster war. Diese Armee war dem König noch treu und trug seine Uniform; sie war bloß gegen das englische Parlament gerichtet. Aber nicht lange, so änderte sich mit dem Zustand der Dinge in Irland auch die Stimmung des Volkes und der Volksarmee. Die amerikanische Revolution hatte ihr Beispiel gegeben; die französische Revolution begann. Aus den Volontairs wurden die »United Irishmen«, deren heimlicher Zweck es war, das englische Joch abzuwerfen, um eine Republik zu begründen, und die in späteren Jahren noch eine so blutige Rolle zum eigenen und dem Verderben ihres Vaterlandes spielen sollten. Dass das Großmaul von Duncormick unter die Volontairs ging, versteht sich von selbst, er hatte es schon wegen der schönen Uniform getan. Am Tag nach jener Totenwache musste er Depeschen nach Duncannon bringen und er ritt in seiner Uniform; denn in Dienstsachen ohne Uniform zu reiten, das hätte dem Großmaul wohl einfallen sollen! Früh abends kam er in Duncannon an, und nachdem sein Geschäft besorgt war, ging er mit seinem Vetter, der dort in Garnison lag, ins Bierhaus, und erst spät, ein wenig betrunken, dachte er an die Heimkehr. – Von den beiden Wegen, die er einschlagen konnte, war der über die Sandbank von Barristown der nächste. Lukas sah sich den Mond an.

»Er muss nun über dem Giebel unseres Hauses stehen«, sagte er. – »Die Flut ist fern. Ich will deswegen über die Sandbank reiten und noch einmal bei Peggy Roach vorsprechen, ehe ich heimkehre.« Mit diesem Entschluss wandte er sein Pferd rechts und kam bald nach dem Dorf Tintern. Wie überraschte es ihn aber, als die Dorfglocke Elf schlug, da er die erste Hütte erreicht hatte. Es war ihm ganz unerklärlich, wie die Zeit so rasch vergangen sein sollte; aber er musste auf jeden Fall eilen heimzukommen und gab dem Pferd die Sporen, und vorwärts gings in gestrecktem Galopp. Es dauerte auch nicht lange, so zeigte ihm der schrille Laut des Strandpfeifers und der Schrei der Möwe an, dass er der Sandbank nahe sei; und wenige Minuten darauf lag die breite Fläche von Strand und Wasser vor ihm, weiß wie Silber vom Glanz des untergehenden Mondes. Dieser Anblick befreite ihn bald von aller Furcht vor den Schiogs, die denn doch zuweilen in seinem Gemüt aufgestiegen war, wenn er bei gar so verrufenen Stellen vorübergekommen war; und als er den steilen Hügel, der unmittelbar zum Sand hinunterführt, abwärts ritt, da fing er an zu pfeifen. Denn »pfeife und fürchte dich nicht vor den Feen«, war ein alter Spruch, an den er freilich nur um Mitternacht glaubte, wenn er allein und draußen war. Er fühlte sich nun vollständig sicher und sah sich dreist um; jetzt konnte ihm nichts geschehen. Auf der linken Seite sah er denn auch wirklich nichts als Sand und faulenden Seetang; als er sich aber nach rechts wandte, da erschrak er nicht wenig über die Anwesenheit eines Reiters, der neben ihm hertrabte. Er dachte, dass er den Reiter kennen müsste, und doch – er konnte es nicht sein! War es doch erst gestern Nacht gewesen, dass er den Leichnam Peter Revels auf dem Tisch in seiner eigenen Scheune ausgelegt sah; und doch trug der Reiter neben ihm dieselben Kleider und ritt dasselbe Pferd, wie Peter Revel es allzeit getan.

»Sein Fetsch« (gespenstische Erscheinung, die dem Tod eines Menschen voranzugehen pflegt), dachte Lukas; aber sein Fetsch konnte es nicht sein, denn Peter war ja tot. Es musste sein Geist sein – schrecklicher Gedanke! Aber doch! – vielleicht täuschte ihn die Furcht, und morgen lachte das ganze Kirchspiel über ihn.

Darum fasste er sich ein Herz und mit angehaltenem Atem rief er: »Gott grüß Euch!« Aber kaum, dass er den Namen Gottes genannt hatte, da schlug ein Blitzstrahl dicht vor ihm in den Boden;

und der Geist neben ihm sagte: »Wohin willst du?« »Nach Haus!«, stotterte Lukas, der nun auch die Stimme Peter Revels erkannt hatte. »Zu spät!«, erwiderte dieser; »komm, du sollst eine Nacht mit alten Nachbarn verbringen – komm, komm!« Und hurra, hurra – vorwärts ging's, beide Pferde in sausendem Galopp, vorwärts, immer vorwärts und ins Wasser hinein, als sie zum Kanal zwischen der Sandbank gekommen, und Lukas hörte ein dumpfes Murren, als ob die Wellen sich über seinem Haupt schlössen.

Und siehe! – auf einmal ritten sie einen köstlichen Weg entlang; und es war ein schöner Sommertag, wiewo die Sonne nirgends zu sehen war. Keine halbe Stunde war vergangen, da ritten sie in eine altertümliche Stadt ein, wie sie Lukas nie zuvor gesehen. Er konnte kaum das Lachen unterdrücken, als er die sonderbaren Trachten der Leute sah, die in Geschäften oder zum Vergnügen auf der Straße gingen. Nach einer Weile hielten sie. vor einem geräumigen Haus mit vielen Erkern und geschnitzten Balken stille und stiegen ab. Das Großmaul ward von einer Schar Damen und Herren willkommen geheißen, die allerdings sehr wunderlich angezogen, aber dennoch sehr höflich und sehr liebenswürdig waren. Sie waren so aufmerksam und betrugen sich so ungemein gefällig, dass Lukas seine eigentümliche Lage bald vergaß und eintrat und an den Freuden der Gesellschaft teilnahm. Die Speisen, die man ihm vorsetzte, waren von überaus köstlichem Geschmack, und die Früchte und Blumen dufteten gar bezaubernd; aber über alles schön und lieblich mundete ihm der Whiskey – er übertraf alles, was je seine Lippen genetzt. Und bald war denn auch unser gutes Großmaul, das sich von seinem ersten Rausch kaum erholt hatte, wieder so betrunken, dass er nicht zwei von drei unterscheiden konnte. Er fing an Dinge zu schwatzen, die nicht Hand noch Fuß hatten, lachte, wo nichts zu lachen war, und sang in himmelschreienden Misstönen, bis er zuletzt unter den Tisch fiel und von seinen Kumpanen in eine anstoßende Kammer geworfen wurde. Als er erwachte … wo war das Bett, wo war die Kammer? Er lag auf einem nackten Felsen, dicht am Leuchtturm von Hook, und der Schaum des Meeres spritzte über ihm dahin. Er beeilte sich nun, fortzukommen, und da er sein Pferd nicht finden konnte, so machte er sich, wie er war, in seinen schweren Reiterstiefeln auf, um so rasch als möglich seines Vaters Haus in Duncormick zu erreichen. Wie er so seines Wegs dahinschritt, da wunderte er sich sehr, dass ihm kein Mann begegnete und dass die Frauen und Kinder, die ihm begegneten, in Schreck und Entsetzen vor ihm flohen. Und was das Wunderbarste war: er kannte nicht eins von den Gesichtern, obwohl er keine Stunde weit von seinem Dorf war. Auf einmal hörte er in der Ferne Kriegsgeschrei; und bald darauf kamen ihm fliehende Truppen entgegen; es waren Rotröcke, und da er sich auch zu den getreuen Untertanen und Soldaten Seiner Majestät zählte, so ging er unerschrocken vorwärts; aber seine Kameraden kannten ihn nicht, starrten ihn an und lachten.

»Wer ist das?«, schrien einige.

»Schießt ihn über den Haufen!«, schrie ein anderer.

»Schenkt dem alten Schurken das Leben!«, sagte ein Dritter.

»Wer Schurke …!«, wiederholte Lukas, sehr aufgebracht. Aber als er von ungefähr seine Hand ans Kinn brachte, da stieß er einen wilden Schrei aus; ein Bart, wohl eine halbe Elle lang, hing auf seine Brust nieder. In diesem Augenblick wurde aus der Ferne wieder Geschrei und das Nahen vieler Menschen vernommen. Die Soldaten flohen, und Lukas schritt weiter nach Duncormick zu. Aber er war noch nicht sehr weit gekommen, als eine Schar von Pikenmännern ihm den Weg versperrte.

»Ein Orangemann!«, schrien sie – »rennt ihn ein halb Dutzend Piken durch den Wanst – dem protestantischen Hund!« Und eben wollten sie ihre Drohung ausführen, als Lukas einen Schulkameraden unter ihnen entdeckte. Aber er hätte ihn beinahe nicht wiedererkannt, so gänzlich hatte sich dieser verändert. Er sah an die zwanzig Jahre älter aus als da, wo er ihn zuletzt gesehn.

Mit Mühe machte er sich ihm verständlich; »kennst du mich nicht« – rief er, »kennst du das Großmaul von Duncormick nicht?«

und als er fragte, »wie geht es Peggy Roach?« da antwortete ihm ein Bursch, sechs Fuß hoch: »Dank Euch für gütige Nachfrage – meiner Mutter geht es sehr wohl.« – Das war zu viel für den armen Lukas, und mit der Absicht, sich das Leben zu nehmen, legte er die Hand ans Schwert, aber – es war eingerostet. Und nun ward es allen klar, dass er zwanzig Jahre lang als Gefangener in der Stadt im Meer gelebt! – Während seiner Abwesenheit von der Welt war die Rebellion von Anno 1798 ausgebrochen und es war die von den »United Irishmen« geschlagene königliche Armee, der er auf ihrer Flucht von Wexford nach Duncannon begegnet war.

Der Hexenmeister von Crunaan

In dem Teil von Leinster, wo die Grafschaften Carlow, Kilkenny und Wexford zusammenstoßen, da liegt ein kleines, bergumschlossenes Tal, welches vom Volk »die Feenschlucht von Crunaan« genannt wird.

Vor langer, langer Zeit lebte in der Hütte, die nun eine Ruine ist, im Tal von Crunaan ein fleißiges und ehrbares Ehepaar mit Namen Roach. Der Segen fehlte ihrer Ehe nicht, und zur gehörigen Zeit bekamen sie einen Sohn, den sie – dem Heiligen der Insel zu Ehren – Patrick nannten. Bis zu seinem zweiten Jahr gedieh der kleine Bursche sehr wohl; hatte freundliche, helle Augen, Ärmchen und Beinchen kugelrund, und lachte und hüpfte, wenn man ihn ansah. Da war er nun eines Tages an den heiligen Brunnen, der, wohlumzäunt, sich in der Nähe des elterlichen Hauses befand, gekrochen und spielte mit den wilden Blumen, die im Gras umher wuchsen. Mittlerweile war auch eine fremde Frau zu dem Brunnen gekommen, um Andacht und Gelübde an demselben zu verrichten. Neunmal machte sie auf nackten Knien, die fast zu zart für solche Bußübungen erschienen, um den Brunnen die Runde; dann erhob sie sich, trank dreimal vom wundertätigen Wasser und band eine Locke ihres Haares an einen Zweig des Baumes, der sich über den Brunnen neigte. Dann nahte sie sich lächelnd dem kleinen Patrick, der sich wild im Gras umherkollerte, nahm ihn auf den Arm und küsste ihn. Die Mutter stand von fern und ward sehr stolz darüber; denn die fremde Frau sah gar vornehm aus. Das Kind gefiel der Fremden so ausnehmend, dass sie auf die Einladung der Mutter mit in die Hütte ging, einen Augenblick verweilte und alsdann beiden, der Mutter und dem Söhnchen, eine Kleinigkeit zum Andenken schenkte. Am andern Tag besuchte die fremde Frau ihre neuen Bekannten wieder. Doch kaum war sie in die Hütte eingetreten, so fiel sie in eine Ohnmacht, und die erschreckte Bäuerin lief an den heiligen Brunnen, um Wasser zu holen. Als sie eilig zurückkehrte, war das fremde Weib, welches in einen langen Mantel gekleidet gewesen, verschwunden, und in der Wiege lag ein kleiner, hässlich plumper Balg, den sie nicht für ihr Kind gehalten haben würde, wenn es nicht seine Stimme gewesen wäre, die in der bekannten Weise ihr »Mammy« gerufen hätte. Bleich und kränklich lag das arme Wesen da, das vor fünf Minuten noch so frisch, so gesund gewesen; nur die Stimme, wie gesagt, war dieselbe geblieben.

Die Mutter musste daher wohl denken, dass das Weib im langen Mantel eine Fee oder doch wenigstens ein Weib mit dem »bösen Blick« gewesen sei. Alle Frauen fünf Meilen aus der Runde kamen zusammen, aber was war zu tun? Zum »Dachter« (so nennen die irischen Bauern den Doktor) konnte der Vater doch nicht gehen, da Medizin nichts gegen Feenkraft vermag; und an den Priester durfte man sich schon gar nicht wenden, »denn«, sagte eine alte Gevatterin, »an das gute Volk glauben diese Leute nicht, und dagegen tun können sie doch auch nichts«. Sie aber wusste Rat. Was dem guten Paddy Roach passiert sei, das sei hundert andern auch schon passiert. Das sei gar nicht sein Kind; das sei ein Wechselbalg und Kind der Feen, welches die Fremde unterm Mantel hereingebracht habe, während sie das rechte gestohlen. Man müsste sie nun zwingen, es wieder herauszugeben. Und sie wisse auch schon ein Mittel. Auf ihr Geheiß versammelten sich nun um die Mitternacht einige besonders Ausersehene in Paddy Roachs Wohnung, er lieferte eine neue, noch niemals gebrauchte Handschaufel, und der Wechselbalg, nackt ausgezogen, ward darauf gesetzt, in feierlicher Prozession vor die Hütte, in die schauerlich kalte Nacht hinausgetragen und auf den Düngerhaufen vor die Tür geworfen. Die alten Weiber zogen drei Kreise, und Paddy Roach ging rundum und sang folgenden Zauberspruch:

»All' ihr Feen, groß und klein
Hört Ihr Euer Kind nicht schrei'n?

Scharf und schneidend weht der Sturm –
Aber nackt liegt Euer Wurm.
Kommt darum mit Kutsch' und Ross,
Führt es heim ins Feenschloss.
Denn sobald der Hahn gekräht,
Ein, zwei, dreimal – ist's zu spät.
Grau und hässlich, plump und klein
Wird das Feenkind dann sein.
Aber eh' Ihr's tragt nach Haus,
Gebt das meine mir heraus –
Gebt heraus mein einzig Kind –
Auf, ihr Feen, und macht geschwind!
Und um Eurer Lust zu pflegen,
Will ich Küch' und Herd' auch fegen,
Wasser klar und Wasser rein
Soll für Euch im Kruge sein.
Und zu Eurem nächt'gen Spiele
Kommt, o kommt auf meine Diele!
Aber nun – bevor es eins! –
Nehmt Eu'r Kind und gebt mir meins.«

Dann gingen sie in die Hütte zurück – es rauschte durch den Schornstein und raschelte im Wind der Mitternacht – »das sind die Kutschen!«, sagten die alten Weiber; das Kind ward hereingeholt und, obwohl die alten Weiber behaupteten, nun sei es sein rechtes Kind, so war es doch der Wechselbalg geblieben, der es gewesen. Paddy konnte und konnte es nicht glauben; – ein Ding, blassgrün und schwach, obwohl es mehr fraß, als ein halb Dutzend Männer, und während sein Gesicht ganz alt aussah, ward es doch nicht größer. Auch belauschte er es zweimal im Gespräch mit unsichtbaren Wesen, und der arme Paddy, tödlich darüber bekümmert, starb nach ein paar Jahren. Sein Weib überlebte ihn zwanzig Jahre, während welcher Zeit nun auch Patrick, der Sohn, älter, wenn auch nicht viel größer geworden war. Die Jungen liefen immer hinter ihm her, wenn er sich sehen ließ. Seine Augen schielten, sein Haar war schmutzig rot, seine Beine saßen ihm wie Stelzen am Leib und waren krumm. Er ward allgemein der »Hexenmeister von Crunaan« genannt. Aber obwohl nun alle sich so von diesem Scheusal halb in Furcht, halb in Abscheu abgewandt hatten, so konnte doch die Mutter allein sich nicht von ihm lossagen. Die Tränen kamen ihr jedes Mal in die Augen, wenn sie ihn anblickte, und das Herz tat ihr weh, wenn sie ihn so herumgehen sah. Fröhliche Stunden hatte sie nicht mehr auf dieser Welt, und endlich starb auch sie, und Patrick war ganz verlassen. Er schweifte stets in den entlegensten Tälern, aus Scheu vor den Menschen und ihrem Gespött; wie ein Schatten bewegte er sich zwischen den Felsen oder spukte, wie ein Gespenst, um den heiligen Brunnen, von welchem er nach und nach alle frommen Besucher verscheucht hatte. Er lebte in vollständiger Verlassenheit und seine einzige Gesellschaft war die Kuh seiner Mutter, was ihm den Beinamen »Paudin-a-Boo« (Patrick mit der Kuh) verschaffte. Es geschah erst spät in seinem Leben, dass er anfing sich mit Hexerei abzugeben; aber er ward rasch sehr berühmt – so berühmt, dass sein Andenken noch heute im südlichen Irland lebt, und dass es eine sprichwörtlich gewordene Antwort auf irgendeine schwierige Frage ist: »Das würde selbst den Hexenmeister von Crunaan in Verlegenheit bringen!« Er kurierte Menschen und Tiere, und wenn sie noch so krank waren; er gab an, wo man verlorene Sachen wiederfinden könne, und wenn sie gestohlen worden waren, so nannte er den Dieb. Aber zwei Menschen gab es in der Nachbarschaft, die seine geschworenen Feinde waren: nämlich Mac Shane, der Pfarrer, und Richard Mac Guire, mit dem Beinamen »Dick, der Teufel«, ein forscher junger Pächter, der gern trank und des Pfarrers Nichte liebte, den Hexenmeister von Crunaan aber gewaltig hasste, weil er ihm immer seine Kühe verhexte. An diesen beiden nun wollte sich der Hexenmeister rächen.

Also geschah's ungefähr einen Monat, nachdem der Pfarrer wieder einmal von der Kanzel herunter gegen ihn gedonnert hatte, dass dieser, da er eines Abends in seinem einsam gelegenen

Pfarrhaus gemächlich am Kamin saß und im Brevier las, das Getrappel nahender Rosse vernahm. Das Herzchen der Nichte pochte lebhaft; denn wer anders konnte das sein, als ihr geliebter liebenswürdiger Teufel, Richard Mac Guire? Da rief eine fremde Stimme von unten herauf: »Vater Mac Shane! Vater Mac Shane!« – Der Pfarrer, der an nichts Böses dachte, antwortete: »Hier bin ich!« – eilte hinunter an die Tür, öffnete und … und war verschwunden! Die Tür schlug hinter ihm zu, ein lautes Gelächter ließ sich vernehmen, und als seine Nichte hinunterging, da war nichts mehr zu sehen und zu hören. Nun wusste sie wohl was geschehen. Denn sie glaubte fest an das »gute Volk« und konnte sich's nicht ausreden, dass die Feen Macht über ihren Onkel gewonnen. Denn wer ihnen auf ihr Anrufen antwortet, ehe sie dreimal gerufen, der ist ihnen verfallen.

An demselben Abend ging auch bei Dick Seltsames vor. Seine Kühe waren ihm wieder einmal verhext worden, und ihre Milch wollte keine Butter mehr geben. Deshalb hatte er zu dem in diesem Falle gewöhnlichen Mittel gegriffen. Er hatte die Pflugschar mit vom Feld heimgebracht, und nachdem er sie in ein tüchtiges Torffeuer gelegt, verschloss er die Fensterläden und Türen und stopfte jede Ritze sorgfältig zu, denn vor allen Dingen muss man bei dieser Operation darauf achten, dass die Hand der Butterhexe ferngehalten werde. Denn einerlei, ob sie von der Milch trinkt, oder nur mit der Fingerspitze hineintippt: durch jede Berührung dauert ihr verderblicher Einfluss auf die Milch fort. Dann wurde das Butterfass mitten in die Stube gestellt und das Buttern begann. Die Sache ging gut, der Butterstock ward immer schwerer; und auch das Eisen der Pflugschar war inzwischen rotglühend geworden. Auf einmal hörte man draußen vor dem Küchenfenster eine leise klagende Stimme.

»Wer ist da?«, rief Dick der Teufel.

»Ein armes Weib, das um einen Trunk Wasser bittet!« war die wimmernde Antwort.

»Wart – ich will dich!«, schrie Dick, der die Stimme kannte; »es ist Molly – ich will ihr helfen!«

Man dachte nicht daran, ihr Wasser zu geben, aber draußen ward das Gewinsel immer unerträglicher.

Auf einmal ward es still, und nicht lange darauf kam eine fürchterliche schwarze Katze mit feurigen Augen durch den Kamin heruntergesaust, stieg am Butterfass empor und fing an, vom Schaume zu lecken. Heida! sprang da Dick auf und mit seinem glühenden Pflugeisen auf die Katze los und schlug sie auf die Hinterbeine, worauf die Katze verschwand und draußen ein grauenhafter Schrei gehört ward.

»Nun will ich sie schon kriegen«, sagte Dick und stürzte hinaus. Aber nichts war zu sehen; nur ferner, immer ferner vernahm er das Stöhnen. Dick ging demselben nach und ging in die Irrwischwiese – und wunderliebliche Musik umklang ihn. Es war wie das Rauschen festlichen Gedränges um ihn her. Zuerst war er ganz entzückt davon, aber er kam bald zur Vernunft, und da dachte er nun wohl, dass er unter die Feen geraten. Er zog daher seinen Rock aus, drehte ihn herum, das Innere nach außen, zog ihn wieder an, machte das Zeichen des heiligen Kreuzes auf die Stirn, und die Pflugschar auf der Schulter schritt er mutig weiter. Indem stieß er an etwas, das ihm wie ein menschlicher Körper vorkam. Dick kannte keine Furcht und fragte wer das sei? Es war Molly, welche beim ersten Hahnenschrei ihre menschliche Gestalt wieder hatte annehmen müssen, und hier liegen geblieben war, da sie – die Beine von der glühenden Pflugschar ganz verbrannt – nicht mehr hatte weiter können. Molly gestand, dass sie vom Hexenmeister gegen ihn ausgesandt worden sei, aber nun wollte sie ihm, wenn er schweigen könne, Gelegenheit geben, sich an Paddy mit der Kuh zu rächen. Die Alte schnitt eine Haselrute ab und bat Dick, sie nach der Feenschlucht von Crunaan zu tragen, da sie zu verbrannt sei, um gehen zu können. Als sie zu dem Hügel kamen, da hörte Dick nun auf einmal wieder die Musik, die ihn vor Kurzem so bezaubert hatte.

»Diese Nacht«, sagte Molly, »haben sie da unten ein großes Fest; und da es bereits nach Mitternacht ist, so haben sie keine Gewalt mehr über Euch, wenn Ihr Euch nur – so lieb Euch Eure

Freiheit ist! – vorseht, nichts bei ihnen zu essen, noch zu trinken. Lasst Euch durch keine Pracht täuschen – es ist alles Blendwerk. Nun gebe ich diese Rute in Eure Hand. Ein jeder, den Ihr da unten seht und mit dieser Rute berührt, der ist frei und kann wieder in die Welt zurück.«

Darauf sprach die Hexe die Zauberworte, und auf einmal flogen sie im Wirbelwind durch Glanz, Pracht und Musik dahin, und befanden sich zuletzt in einem wunderbar schönen Saal, der geschmückt mit den prachtvollsten Wandgemälden und voll der lieblichsten Frauen war, die Dick je gesehen. Es wurde ein Kontertanz aufgeführt – und wer war es, der mit der Allerschönsten den Reigen führte? Kein anderer, als Dicks guter Freund, der ehrwürdige Pater Mac Shane. Paar um Paar walzte vorüber, und da Dick eine sehr schöne Dame allein stehen sah, so bat er sie um einen Tanz, der ihm aufs Freundlichste von ihr bewilligt wurde. Nach dem Tanz wollte er sie auch küssen, aber das litt sie nicht, und er konnte nicht dazu kommen, so viel Mühe er sich auch gab. Aber köstliche Früchte und funkelnder Wein in Kristallschalen ward ihm gereicht; er hütete sich jedoch wohl, etwas davon anzunehmen. Worauf sich ihm ein einsames Wesen, das königliche Kleider trug, näherte und ihm zu seiner Rettung Glück wünschte.

»Wer seid Ihr?«, sagte Dick.

»Paddy Roachs Sohn – aus der Schlucht von Crunaan« –, war die traurige Antwort. »Könnt Ihr mir sagen, ob meine Mutter noch lebt? Ich bin hier zum Erben des Feenkönigs ernannt, aber mein Herz sehnt sich nach der Schlucht von Crunaan!«

»Oh, wenn's weiter nichts ist – da sollt Ihr bald sein!«, sagte mein Dick, und hieb ihm mit seiner Gerte über die Schulter, worauf er augenblicklich verschwand. Dann suchte er den Priester und befreite auch diesen, da er eben in zärtlichem Gespräch mit einer anmutigen Dame begriffen, auf einem köstlichen Diwan saß. »Nun mich!«, sagte die Hexe, die ihn hierhergebracht, und er befreite auch sie. »Nun die ganze Feenwirtschaft – sie sollen alle frei sein …« aber, indem er ausholen wollte, verschwand alles, und er stand auf der Irrwischwiese. Da er sehr müde war und auch in der Dunkelheit den Weg nicht finden konnte, so legte er sich nieder und schlief ein. Aber in derselben Nacht ward ein zweijähriges Kind auf den Düngerhaufen vor der zerfallenen Hütte im Tal von Crunaan gefunden, wo einst die Roachs gewohnt hatten. Eine mildherzige Bauernfamilie nahm es zu sich, aber es starb schon nach wenigen Tagen. Dick ward am Morgen nach jener Nacht von den Bauern noch schlafend im Feld gefunden. Sie lachten und sagten, er sei wohl auf dem Weg vom Bierhaus betrunken ins Feld geraten, daselbst niedergesunken und eingeschlafen. Er aber sagte nichts, sondern ging zum Vater Mac Shane und hielt um die Nichte desselben an, die ihm denn auch nicht verweigert wurde. Von dem Hexenmeister von Crunaan aber hat man nie wieder etwas gesehen noch gehört.

O'Donoghues Dudelsack

An den Seen von Killarney, wo die Männer tapfer und die Frauen treu, die Kühe klein und die Berge groß sind, da lebte einst ein blinder Dudelsackpfeifer namens Hugh M'Connell; ein tüchtiger Dudelsackpfeifer, der auf tausend Meilen in der Runde nicht seinesgleichen hatte. Aber Musikanten sind immer durstig, und der gute Hugh wurde nicht nüchtern solang es etwas zu trinken gab, und zu trinken gab es dazumal immer, in den guten Zeiten von Irland.

Da geschah es nun an einem Maiabend, dass Hugh in der Stadt Killarney war, und da er vielen Leuten begegnete, die sich freuten ihn zu sehen, so schüttelte er hier dem einen die Hand und trank dort mit den andern ein Glas Whisky, – ein Kännchen Punsch hier und ein Pint Ale dort, und zuletzt blieb er in einem Gasthaus hängen, bis es tiefe Nacht geworden war. Hugh wurde immer lebendiger und machte gewaltigen Lärm; bis ihm denn endlich die Wirtin sagte, er solle jetzt aufpacken, sie sei müde und wolle in ihr Bett gehen, und es sei für jeden ehrlichen Mann Zeit, sich jetzt in das seine zu begeben. Hugh sagte, es sei schon gut; nahm seinen Dudelsack unter den Arm und einen langen Stock in die Hand und machte sich auf. Ihm war's einerlei, ob die Sonne schien oder nicht, er hatte den Weg so im Gefühl und kannte jeden Winkel und jede Ecke von Kenmare nach Tralee. Also ging er denn in die stockfinstere Nacht hinaus, er ging den besten Weg, den er kannte, und der war schlecht genug, denn Hugh konnte kaum stehen. Er ging und ging und wusste zuletzt nicht mehr, wo er ging; dann setzte er sich auf einen Stein und dachte, es wäre doch einerlei, nahm die Balgstöcke des Dudelsacks unter den Arm, die Pfeifen in den Mund und fing an zu spielen. Doch kaum hatte er den ersten Ton von sich gegeben, so schallte es schon aus der Ferne wie Pferdegetrappel, und bald darauf hielten Reitersleute dicht neben ihm.

»Pfeifer«, sagte einer von ihnen, »willst du mit uns reiten?«

»Wohin soll's denn gehen?«, fragte dieser. »Zu einer Hochzeit oder zu einer Kindtaufe oder zu einer Totenwache?«

»Komm nur, komm nur und mach rasch!«, sagte der ungeduldige Reitersmann.

»Nein, ich kann nicht«, sagte der Pfeifer, »ich muss morgen früh bei Meister Herbert am Tork-See sein.«

»Und diese Nacht bist du bei uns!«, sagte der Reiter und hob ihn ohne Weiteres aufs Pferd, jagte mit ihm davon, jagte immerzu, bis sie am See waren, jagte in den See hinein, tauchte unter und …

Am nächsten Morgen fand Tom M'Gordon, der Bauer von Clogherin Hugh, den Pfeifer, im festen Schlaf unter einem Baum in dem Escamucky-Gebirge. Er hielt ihn natürlich für betrunken und weckte ihn auf; aber Hugh schwur hoch und teuer, er sei nicht betrunken und ihm sei etwas ganz anderes begegnet. Tom wollte wissen, was denn das sei, und Hugh erzählte ihm, wie ihn gestern Nacht Reiter vom Weg mitgenommen und mit ihm in den See geritten wären. Eine Weile sei es durch dick und durch dünn gegangen, bis sie auf einmal gehalten und eine ihm unbekannte Stimme gerufen hätte: »Willkommen in O'Donoghues Schloss!« Und auf einmal hatte ich mein Augenlicht wieder, ich konnte sehen, wie ich in meinen jungen Jahren gesehen habe, und sah eine große, schöne Halle vor mir.

»Wo bin ich?«, rief ich aus.

»In O'Donoghues Schloss bist du!« war die Antwort.

»Dann will ich aber auch eins spielen!«, sagte ich und nahm die Blasebälge unter den Arm und fing an; und kaum, dass ich den ersten Ton geblasen hatte, so kamen wohl hundert Damen und Herren daher, alle in Samt und Seide. Und die Damen lachten vor Freude, und die Herren schrien und sangen zu meinem Ton; nur einer blieb stumm und wurde immer verdrießlicher. Da saß nämlich der alte Harfner in der Ecke, mit einem Bart so lang wie mein Arm, und viel weißer noch als mein Hemd, und der war sehr grämlich und ärgerte sich über die

Maßen, dass ich den Dudelsack so schön spielte, und dass die Damen und Herren so gerne zuhörten. Zuerst hielt er sich die Ohren zu; aber nach einer Weile konnte er's gar nicht mehr aushalten, und auf sprang er, griff nach einem verrosteten Schwert und stach damit in die armen Bälge meines Dudelsacks und paff! – gingen sie zusammen, und Sang und Klang war vorbei. – Ich war sehr traurig darüber, aber einer von den Edelleuten sagte: »Hugh, sei nicht traurig! Hier hast du einen andern Dudelsack, der ist viel besser als es dein alter gewesen.« Darauf fing ich wieder zu spielen an, und alle wurden wieder lustig, ja noch viel lustiger als zuvor. Sie setzten mich in einen gewaltigen Großvaterstuhl, und ich musste immer spielen und bekam das Beste, was man sich denken kann, zu essen und zu trinken. Und darauf begannen sie zu tanzen und tanzten Jigs und Kontertänze, bis die Sonne auf den Lough Leane schien. Und grad in diesem Augenblick, wo der erste Strahl der aufgehenden Sonne das Wasser berührte, tönte eine Trompete, und ich wurde hinausgeführt, auf ein stattliches Ross gesetzt, das für mich bereitstand; auch die andren saßen auf, und so ging's vorwärts – die Pferde gingen über das Wasser des Sees wie Schaumwellen über das Wasser gehn. O'Donoghue selbst auf einem Schimmel ritt nach den Klängen unsichtbarer Musik voran, und dann kehrten wir alle wieder um und ins Schloss zurück. Nun fragte mich O'Donoghue, ob ich immer bei ihm bleiben wollte? Ich sollte es stets sehr gut haben, gutes Essen, gutes Trinken, was ich nur wünschte. Darauf sagte ich aber: »Nein, ich möchte doch lieber wieder in die Welt zurück.«

»Aber dann wirst du auch wieder blind werden!«, sagte O'Donoghue. Aber ich sagte, ich wollte doch lieber gehen, und da kriegte ich einen Stoß in die Seite – Gott weiß, ich fühle den Stoß noch und muss blaue Flecke davon bekommen haben! – und taumelte bewusstlos auf den Boden, und von dem Augenblick an weiß ich nicht, was mit mir geschehen ist, bis zu dem, wo du mich unter dem Baum gefunden und geweckt hast, Tom! So erzählte Hugh, der Dudelsackpfeifer, und

Tom, der Bauer von Clogherin, sagte, das wäre ein schöner Traum gewesen und weiter nichts. Aber Hugh schwur bei allen Heiligen, es sei kein Traum, sondern die reine Wahrheit; und dann zeigte er ihm den Dudelsack, welchen er aus O'Donoghues Schloss mitgebracht. Der sah nun allerdings seltsam genug aus; aber Tom sagte: »Du bist just wie mein Weib Kate, die glaubt auch an die Feen und würde einen Eid darauf ablegen, dass unser jüngstes Kind von den Feen ist. Ein wunderlich Wesen ist es, das ist wahr; mit Beinchen so dürr wie Spindeln, mit Händchen so dünn wie Fladen, und obgleich es schon zehn Jahre alt ist, so ist es doch nicht viel größer als ein Ferkel.«

»Wunderlich – das ist wahr!«, erwiderte Hugh. »Aber wie geht dir's denn sonst?«

»Auch schlecht genug«, sagte Tom. »Das bisschen Land ist zu teuer, der Zins zu hoch, und obendrein ist nun auch der Zehnte noch aufgeschlagen worden. Du siehst, Hugh, es geht mir schlecht genug. Aber komm – zum Frühstück wird Kate doch wohl noch etwas haben!«

Hugh ging mit, das versteht sich. Denn er pflegte von dem zu leben, was Gott ihm schickte und gute Menschen ihm gaben. Sie traten in die Hütte und dürftig genug sah es darinnen aus. In der Ecke am Feuer stand die hölzerne Wiege und Toms Junge darin, der hässliche Bengel, der einen Schrei ausstieß in dem Augenblick, wo er Hugh sah, und mit Händen und Füßen so lange zappelte und dabei weinte und tobte, bis man ihm den Dudelsack reichte, worauf er sich zufrieden gab und vor Freude lachte. – Kaum jedoch hatten sie sich zum Frühstück niedergesetzt, so tat sich die Tür wieder auf, und herein trat der Klostereinnehmer, um den Zehnten im Namen des Bischofs einzufordern. Tom redete noch mit ihm und wollte ihn bitten, die Zahlung zu stunden, da tat sich die Tür abermals auf und herein trat zuerst des Grundherrn Büttel, und zu zweit der Zinsvogt der Gemeinde, und zuletzt der Küster, welcher die Kirchengelder erheben wollte.

»Gott segne euch alle!«, sagte der arme Tom, indem er sich umkehrte, um heimlich die Tränen abzuwischen, die ihm in den Augen standen. – Auf einmal hörte man einen seltsamen Klang – und siehe da, es war der Junge in der Wiege, der hässliche Bengel, welcher auf dem Dudelsack blies. Und wie sie den ersten Ton gehört hatten, da mussten sie alle anfangen laut zu lachen; und sie mussten so lange lachen, als der Junge spielte. Darauf wechselte er die Melodie, und die Leute fingen nun an zu schreien, so laut sie konnten. »Und nun einen Jig!«, rief der kleine Satanskerl, wechselte wieder mit der Melodie und – Hopdidudendu! ging's, aufsprang wie ein Tollhäusler der Klostereinnehmer, und der Büttel und der Küster und der Zinsvogt, und sie tanzten. Jeder mit seinem Stock in der Hand, bis sie nicht mehr atmen konnten. »Fogha-Boileagh!«, schrie da der kleine Balg – »alle aufeinander!« – und dabei wechselte er wiederum seinen Ton, und nun flogen – hast du nicht gesehen! – die Stöcke in die Luft und auf die Köpfe, und der Klostereinnehmer und der Büttel und der Küster und der Zinsvogt hauten sich so windelweich, dass den andern Angst und Bange wurde und Hugh unter den Tisch kroch und Tom auf die Anrichte sprang und Kate sich im Aschenwinkel versteckte. Und nun veränderte der kleine Hexenmeister die Melodie noch einmal, und siehe da! – anstatt Tom zu pfänden, liefen sie was sie konnten und waren hernach für kein Geld in der Welt in das verzauberte Haus zurückzubringen. Tom aber dankte dem lieben Gott für diese unerwartete Hilfe aus großer Not. Kate jedoch sagte: »Nun seh ich klar, dass du von den Feen bist, du Wechselbalg, du!«, und ohne viel Besinnens packte sie den Kleinen in der Wiege, den hässlichen Bengel, und warf ihn ins Torffeuer. Und wie eine Blase stieg er in den Kamin hinauf und ward nie wieder gesehen; aber als Kate sich umsah, da saß auf dem Rand der Wiege ein hübscher Junge von zehn Jahren, den sie mit dem Ausruf: »Das ist mein kleiner Tom! Das ist mein Junge! Gott sei Dank!« in die Arme schloss.

Hughs Dudelsack aber, den er aus O'Donoghues Schloss mitgebracht, wurde kurze Zeit darauf für eine große Summe, welche der Bischof, der Pfarrer, der Grundherr und die Gemeindeältesten zusammengeschossen hatten, angekauft. Denn diese sahen wohl ein, dass an Zinsen und Zehnten nicht zu denken sei, solange sich dieser Dudelsack in den Händen des irischen Bauernvolks befände; Hugh und Tom aber teilten sich den Erlös und lebten glücklich und zufrieden bis an ihr Ende.

Das Land der ewigen Jugend

Vor alten Zeiten, als Irland noch groß und herrlich und glücklich war, als die schönen Schlösser noch standen, in denen seine Könige und Ritter, die Fenier, wohnten, und die Harfen noch klangen, die nunmehr still und stumm geworden sind: da lebte ein hochberühmter Barde, der seinesgleichen nicht hatte, noch haben wird, bis an der Welt Ende. Sein Name war Oisín. Er war der Sohn des Riesen Fionn Mac Cumhaill und sein Sohn, ein ritterlicher, tapferer Jüngling, hieß Oscar. Lange lebten sie in Glück und Freude, geliebt vom großen König, der zu Tara wohnte, geehrt vom irischen Volk, und Oisíns Gesang und Harfenspiel waren der Stolz und Ruhm der grünen Insel. Da aber entstanden einmal Zank und Hader zwischen dem großen König und seinen Rittern; es kam zu einer fürchterlichen und blutigen Schlacht, in welcher – an einem Tag – die ganzen Ritter von Irland erschlagen wurden. Oisín war allein übrig geblieben; und nachdem er an der Leiche seines Sohnes die Totenklage gesungen, in welche die Raben und Adler, die das Schlachtfeld umschwirrten, kreischend einstimmten, da machte er sich auf in seiner Trauer und wanderte in die entfernten Heiden seines Landes, in dem er nun so einsam und verlassen war. So kam er auch an den Rand der Seen von Killarney und eines Tages, als er am Lough Leane ein Rehkalb verfolgte, das aus dem Dickicht gebrochen war, da erschien ihm plötzlich in einiger Entfernung eine edle weiße Stute, mit einer Reiterin darauf.

Betroffen blieb Oisín stehen; er glaubte, es sei nur eine Erscheinung, wie sie ihm oftmals vorgeschwebt war, wenn er früher an der Harfe saß, um zu singen. Aber die Reiterin auf der weißen Stute näherte sich, und Oisín sah nun wohl, dass es eine Jungfrau von außerordentlicher Schönheit sei, mit goldenem Haar und sanftblauen Augen, in goldgestickte Gewänder von kostbarer Seide gehüllt. Sie redete den ritterlichen Sänger an und sagte ihm, dass sie Niamh mit dem goldenen Haar sei, die Tochter des Königs in Tir-na-n'Og, dem Land der ewigen Jugend. Sie sei gekommen, sagte sie weiter, um ihre Hand dem Sänger Oisín anzutragen, unter der Bedingung, dass er zu ihr aufs Ross steige und mit ihr in ihr Königreich, in das Land der ewigen Jugend reite. Da solle er von ihr geliebt werden und herrlich sein wie sie; und Krankheit und Tod sollten keine Gewalt haben über ihn. Oisín bestieg ohne Zaudern das weiße Ross, und beide reisten über das große Meer, bis sie zu einer gewaltigen Stadt kamen, woselbst ein fürchterlicher Riese herrschte, der vor einiger Zeit die Tochter des Königs von Tir-na-m'Beo, dem Land des Lebens, geraubt hatte. Oisín nun tötete den verruchten Riesen, und nachdem er die Hauptstadt vom Land der ewigen Jugend, das im Meer gegen Westen liegt, erreicht hatte, heiratete er die Jungfrau mit dem goldenen Haar. Und herrlich und paradiesisch war das Leben und das Land, in welchem Oisín nun wohnte; und er blieb daselbst dreihundert Jahre. Inzwischen hatte auch Niamh mit dem goldenen Haar dem Sänger Oisín zwei Söhne und eine wunderschöne Tochter geboren; aber da erwachte die Sehnsucht in ihm, seine alten Freunde, die nebst ihm die große Schlacht überlebt hatten, noch einmal wiederzusehen und ein letztes Lebewohl von ihnen zu nehmen. Er glaubte, es seien nur wenige Jahre seit seinem Abschied von Irland vergangen, so vollkommen war sein Glück gewesen. Sein Weib gab sich zwar alle Mühe, ihn von seinem Entschluss abzubringen, aber umsonst. Zuletzt musste sie ihm seinen Wunsch bewilligen, ließ sich jedoch zuvor das Versprechen von ihm geben, dass er nicht von dem weißen Ross herabsteigen wolle, sonst würde er auf ewig von ihr getrennt sein und dürfe nie wieder ins Land der ewigen Jugend zurückkehren. Darauf bestieg er die weiße Stute und ritt über das große Meer nach Irland zurück. Er besuchte alle die Plätze, auf denen er einst mit den Rittern zusammen gewesen, aber nicht eines mehr von den bekannten Gesichtern war zu erblicken. Die Riesengräber und großen Festungshügel waren alle zerstört, und die einzige Antwort, wenn er nach den Rittern von Irland fragte, war, dass solche Leute einst wohl gewesen, aber dass sie nunmehr gestorben seien, seit Jahrhunderten. Zuletzt hatte er Gleann an smoil, das Drosseltal, erreicht, eine Schlucht, sechs Meilen von Dublin, das Oisín wohl kannte, weil einst die Ritter von Irland, die Fenier, hier gerne geweilt. Hier sah er eine Anzahl von Leuten, welche sich bemühten, einen großen Granitblock aufzurichten. Einer von den Aufsehern bat ihn, seinen Arbeitern helfen zu wollen; Oisín willigte ein, und indem er sich auf die eine Seite neigte, fasste er den Stein und rückte ihn auf die gehörige Stelle. Dabei jedoch sollte sich's unglücklicherweise ereignen, dass sein Fuß die Erde berührte. In diesem Augenblick flog die weiße Stute dahin und verschwand im blauen Duft der Ferne; Oisín aber war ein schwacher, hilfloser, blinder alter Mann.

Schön Nora

In der Grafschaft Meath, zwanzig, dreißig Meilen westlich von Dublin, lebte vor langer Zeit ein Mann, der viel trinken konnte und viel zu erzählen wusste, der »gläserne Paddin« genannt, weil er mit Gläsern und Töpfen handelte, und bekannt war er auch – das weiß Gott! –, denn fünfzig Meilen in der Runde war kein Flecken noch so klein, den er nicht jährlich mehrere Male mit seinem Gaul und seiner Ware besucht hätte. Da geschah es nun in einer Nacht, dass er und sein alter, schwerbeladener Gaul auf ihrem Weg zum Markt nach Trim waren, und da Paddin kein eigenes Gras hatte, so hielt er sich gewöhnlich an das, was anderen Leuten gehörte, trieb also seinen Gaul auf einen Anger, an dem sie vorbeikamen. Als er sein Tier weit genug hineingetrieben hatte, damit niemand, der etwa des Weges noch vorüberziehen möchte, etwas davon gewahr werde, da ließ er es nach Herzenslust weiden und streckte sich selber behaglich ins Gras nieder. Kein Zweifel, dass er im Gras lag; es rauschte und wehte im Nachtwind über seinem Haupt zusammen; dass dies Gras aber auf einem »Rat« wuchs – das wusste er nicht, wiewohl er's bald erfahren sollte. Ein Rat nämlich ist einer von jenen uralten Erdhügeln, auf welchen vor vielen tausend Jahren die Könige von Irland ihre Schlösser und Festungen erbaut hatten. Die Schlösser und Festungen sind lange gesunken und verschollen; aber in die unterirdischen Hallen und Gänge der Hügel sind die Feen und Kobolde eingezogen, die daselbst ihr lustiges Wesen treiben. Und der gläserne Paddin hatte auch noch nicht lange dagelegen, als die kleinen Herren mit ihren roten Käppchen heraushüpften, einer nach dem andern, und um ihn herumzutanzen anfingen. Sie waren fröhlich und guter Dinge, und tranken Tautropfen aus ihren Händen.

»Hier ist ein Glas für euch!«, sagte Paddin, indem er sich aufrichtete und aus einem seiner Körbe ihnen ein Glas darreichte. Sie versammelten sich um ihn und fragten ihn: »Wie geht es dir, gläserner Paddin?«

»Oh, ich danke Euch, recht gut!«, erwiderte der Gefragte. »Wie geht es Euch und Eurer Familie?«

»Oh«, sagte der Kobold »ich habe keine Familie mehr. Meine Frau, die ist gestorben.«

»Oh«, sagte Paddin, »ist das möglich? Aber Ihr könnt ja wieder heiraten, denn Mädchen gibt es ja jetzt so viele in Irland als Brombeeren am Strauch.«

»Weißt du denn ein recht schönes Mädchen für mich, Paddin?«, fragte der Kobold.

»Freilich weiß ich ein recht schönes Mädchen für Euch«, erwiderte Paddin; »denn es gibt kein schöneres im ganzen Land als Nora, die Tochter Lukas Margareths, des Müllers. Aber die wohnt sehr weit von hier, im Norden, bei Enniskillen, in der Grafschaft Cavan, wohl hundert Tagereisen von hier!«

»Wenn's nicht weiter ist«, sagte der kleine Rotkapp, »dann wollen wir schon hinkommen. Willst du mit uns reiten, Paddin?«

»Mitreiten wollt ich wohl schon – aber wer besorgt mir denn morgen den Markt?«

»Markt hin, Markt her«, versetzte der Kobold, »es soll dein Schaden nicht sein, komm nur mit!« Und darauf zog jeder von den Kobolden einen Binsenstängel aus dem Boden, setzte sich rittlings darauf und – siehe da! – es wurde ein schönes Pferd daraus. Paddin machte es wie sie, und er saß bald auf einem ebenso schönen Pferd wie alle anderen, und auf ein Kommandowort ging's in die Luft, und ehe man noch hätte drei zählen können, hielt die berittene Gesellschaft vor dem Haus Lukas Margareths, des Müllers. Da ging es heut Nacht nun gerade sehr lustig her; es wurde getanzt, und die schönsten Mädchen und die flinksten Burschen aus dem ganzen Kirchspiel waren zusammen. Paddin musste ein paar Worte sprechen, die ihm der Kobold vorsagte, und im Umsehen saßen sie, in Hähne und Hennen verwandelt, auf den Holzsparren unter dem Strohdach.

»Bei meiner roten Kappe!«, sagte der kleine Kobold, »Nora ist das schönste Mädchen in Irland; wenn ich es nun veranstalten kann, dass sie dreimal niest, ohne dass einer Gesundheit ruft, so ist sie mein für ewig.«

Dem gläsernen Paddin aber tat es jetzt doch leid, dass er die Nora so ins Verderben stürzen sollte. Der alte Lukas war immer sein guter Freund gewesen, und oft genug hatte er an seinem Tisch gegessen und getrunken. Aber was sollte er tun? Obendrein zitterte er noch am ganzen Leib vor Furcht, dass er von seinem Sparren herunterfallen möchte. Als Nora zu Ende getanzt hatte, setzte sie sich an der Seite ihres Schatzes Charley Smith nieder, und Charley, der ein kräftiger, stattlicher Bursche war, legte seinen Arm um ihren Nacken und küsste sie. Mein kleiner Herr, der Kobold, der ein Auge hatte wie ein Habicht, passte die Gelegenheit ab, hüpfte wie ein Spatz herunter, hinter sie, und kitzelte ihr mit einem Strohhälmchen die Nase. Darauf nieste sie, aber keiner sagte »Gesundheit!«, denn anmutig und leise, wie sie alles tat, hatte sie auch geniest, sodass keiner es hörte oder darauf achtete. Zum zweiten Mal kitzelte er sie mit dem Strohhalm, zum zweiten Mal nieste Nora, und wieder fiel es keinem ein, »Gesundheit« zu rufen. Aber als er es nun zum dritten Mal getan, da konnte Paddin es vor Herzensangst nicht länger aushalten, und aus Leibeskräften schrie er in dem Augenblick, als Nora zum dritten Mal nieste: »Gesundheit!« – und in demselben Augenblick fiel er, zum großen Erstaunen der versammelten Gäste, mitten auf die Diele und war wieder der gläserne Paddin, der er vorher gewesen.

Der armen Nora aber sollte es nachher noch sehr schlimm ergehen. Denn der Kobold hatte nun einmal sein Auge auf sie geworfen und er ruhte nicht eher, als bis sein Helfershelfer, der Captain Dearg, der rote Captain, durch seine geheimen Künste und trotz aller Vorsicht, die ihre Leute dagegen anwenden mochten, sie ihrem Elternhaus entführt hatte. Charley Smith, ihr Schatz, ging auf alle Berge und in alle Täler und rief nach ihr und suchte sie; aber er konnte sie nicht wiederfinden. Eine weise Frau, die in Feengeschichten sehr bewandert war, riet ihm, er solle an den Carn gehen und laut sagen, er wolle ihn verbrennen, dann würden ihm die Feen und Kobolde, die darin wohnten, das gefangene Mädchen vielleicht wieder herausgeben. Aber auch das war umsonst. Die arme Nora hätte da unten bleiben können bis zum Jüngsten Gericht, wenn sich nicht Folgendes zugetragen hätte. Nell Wilson war die berühmteste Hebamme im ganzen Land; und eines Nachts, als sie zu Bett gehen wollte, da hörte sie einen donnernden Schlag an die Tür.

»Mach rasch, mach rasch!«, rief eine Stimme von außen, »mein Weib liegt in Kindesnöten und befindet sich sehr schlecht; mach rasch, mach rasch!«

Nell tat ihr Möglichstes, und in zwei Sekunden war sie unten und sprang auf das Sattelkissen hinter dem Reiter, der auf sie wartete. Und fort ging's, wie Sturmwind; und sie hielten bald vor einem großen, prachtvollen Gebäude, wie das eines Edelmanns. Nell machte ihr Geschäft leicht und glücklich ab. Die Dame wurde von einem starken Knaben entbunden, und Nell wurde reichlich für ihre Mühe belohnt. Man gab ihr das Beste, was Küche und Keller vermochten, und alsdann bekam sie ein kostbares Gewand, um es dem neugeborenen Kind anzuziehen, zuvor jedoch sollte sie das Kind mit einer Art von Öl einreiben, welches man ihr in einem Fläschchen reichte. Indem sie tat, wie ihr geheißen, geschah es, dass ihr linkes Auge sie juckte, und da sie nun ihren Finger erhob, um es zu kratzen, da kam etwas von dem Öl an ihre Wimpern, und – siehe! – da war es, als ob ihr auf einmal die Schuppen von den Augen fielen. Denn anstatt des schönen Palastes, den sie bisher gesehen, sah sie nur Höhlen und Löcher voll kleiner, hässlicher Kobolde, in deren Mitte sie einige ihrer ehemaligen Nachbarn erkannte, und unter andern auch Schön Nora, die Tochter des armen Lukas Margareths, des Müllers. Sie sagte nichts, aber die Gelegenheit wahrnehmend, suchte sie in die Nähe Noras zu kommen.

»Wie geht's dir? Was machst du?«, raunte sie ihr hastig zu.

»Oh, sehr gut«, antwortete Nora, »wenn ich nur von diesem Ort wegkommen könnte! Hebamme – um Gottes willen … sag Charley Smith, wenn er mich je geliebt, so solle er auf Allerheiligenabend kommen und mich befreien. Die weise Frau kann ihm sagen, was er tun soll … Husch! Es kommt einer!«

Die Hebamme stellte sich, als ob nichts vorgefallen sei; und als nun endlich alles getan war, weswegen sie hierherberufen, da sollte sie wieder nach Haus gebracht werden. Man hieß sie aufs Pferd steigen, und obwohl sie nichts sah als einen Kobold, der rittlings auf einem Binsenstängel saß, so tat sie, wie ihr geheißen, und rasch ging's durch die Luft, und bald stand sie wieder munter und wohlbehalten vor der Tür ihres Hauses! Sie hatte des Nachts keine Ruhe, und früh schon am andern Morgen ging sie, um Charley zu erzählen, was sie gesehen und gehört. Charley war eben nach dem Markt der nächsten Stadt fortgegangen, und, um keine Zeit zu verlieren, beschloss Nell ihm zu folgen und ihn dort aufzusuchen. Als sie auf den Platz kam, wo die Marktbuden standen, da sah sie wohl zehntausend kleine Kobolde, die ihre roten Kappen mit Kuchen, Äpfeln und Nüssen füllten, die sie aus den Buden stahlen, ohne dass jemand es sehen konnte. Sie ging indessen zu einem von ihnen, den sie von der letzten Nacht her kannte, und fragte: »Wie geht's Euch?«

»Sehr gut und danke schön!« war die Antwort.

»Wie geht's der Mutter und dem Kind?«, fragte sie wieder.

»Sehr gut und danke schön!« war die Antwort. »Aber wie kommt es, dass du mich kennst?«

»Ei«, sagte Nell, »war ich denn nicht gestern Nacht bei Euch?«

»Ja, ja«, sagte der Kobold, »aber wie siehst du mich?«

»Mit dem Auge«, war die Antwort.

»Mit welchem Auge?«

»Mit dem linken!«

Puff! – hatte Nell einen Schlag ins linke Auge, dass ihr Hören und Sehen verging. Als sie wieder zu sich selbst gekommen, da sah sie den kleinen Mann nicht mehr. Sie sah überhaupt mit dem linken Auge nie wieder; es blieb von dem Augenblick an blind bis zu ihrem seligen Ende.

Indessen traf sie nun Charley, erzählte ihm, was sie ihm zu erzählen hatte, und dieser machte sich unverzüglich auf den Weg zu der weisen Frau.

»Charley«, sagte die weise Frau, »Nora wird auf Allerheiligen mit viel Tausend andren dahergeritten kommen. Du sollst sie daran erkennen, dass sie ein weißes Kleid und auf der rechten Hand einen Handschuh trägt. Nimm nun einen Sack voll Sand sowie eine Flasche voll Weihwasser und begib dich damit in der Nacht von Allerheiligen auf irgendeinen Kreuzweg zwischen dem Carn und der Stadt Tara, woselbst du einen Kreis um dich herum ziehen musst. Und wenn nun Nora nahe genug gekommen ist, so erfasse ihre Hand und ziehe sie in den Ring hinein. Aber halte sie fest und nimm dich um Gottes willen in Acht, dass sie dich nicht aus dem Kreis herausziehen.«

Charley tat nach der Vorschrift der weisen Frau, und während die anderen am Allerheiligenabend Kuchen aßen und nach Äpfeln suchten, begab er sich auf den Kreuzweg. Um neun Uhr abends kam ein Reiter dahergaloppiert.

»Platz da!«, rief er, »ich bin der rote Captain, und meine Leute werden dich in Grund und Boden reiten, wenn du nicht machst, dass du da wegkommst!«

Bei diesen Worten standen Charleys Haare zu Berge wie Weidenruten; aber da er ein beherzter Bursch war und ans Ende dachte, so bekreuzte er sich auf Brust und Stirn und beschloss, nicht von der Stelle zu weichen. Indem kamen nun die Scharen heran und sausten ihm bei Tausend und Tausend vorbei. Er dachte, der Weg würde nie mehr leer werden, solch ein Drängen und Reiten war es. Aber wie hoch schlug sein Herz, als er nun endlich Schön Nora, seine eigene Nora, ganz in Weiß gekleidet, des Weges heraufkommen sah. Als sie dem Ring nahe gekommen war, streckte sie ihre rechte Hand mit dem Handschuh aus, und Charley ergriff sie.

»Lass sie los!«, rief einer von den roten Gesellen.

»Ich werde sie nicht loslassen –!«, entgegnete Charley und versuchte sie in den Kreis zu ziehen.

»Du musst!«, schrie der andere, und zog sie wieder zurück.

»Ich muss nicht!«, sagte Charley, der sich aus Leibeskräften bemühte, Nora zu sich herüberzuziehen.

Und so zogen und zerrten sie das arme Wesen um den Kreis herum, die ganze Nacht, bis der Hahn krähte; und in dem Augenblick, wo dies geschah, warf der Kobold sie in den Kreis, aber sie war ohnmächtig und hatte das Bewusstsein gänzlich verloren. Freudig trug Charley seine geliebte Nora auf den Armen nach Hause; aber sie schlug die Augen nicht wieder auf, sie erkannte keinen von den Ihrigen mehr, sie gab auf alle Fragen keine Antwort, und am andern Tag, vor Sonnenuntergang, war sie tot.

Fionn im Land der Riesen

Eines Tages begab sich Fionn an Bord seines Schiffes, um sich ein wenig zu zerstreuen. Als die Nacht anbrach und Nebel aufkam, verirrte sich sein Schiff. Fionn verspürte großen Hunger. Da erblickte er auf einmal eine Insel und ging dort an Land. Die Insel war mit Schnee bedeckt, und da sah er die Spur eines menschlichen Fußes. Er legte sich daneben, und obwohl er ein groß gewachsener Mann war, war die Fußspur länger als er.

»Gott beschütze uns!«, sagte er. »Jetzt bin ich verloren, wenn Leute solcher Art auf dieser Insel wohnen!«

So schlich er denn am Rand von Hecken entlang, und versuchte sich zu verstecken.

Es war nicht leicht für den Riesen Seachran, ihn zu entdecken, denn in seinen Augen war Fionn nicht einmal so groß wie ein dreijähriges Kind.

»Komm her, kleiner Junge, und wärme dich!«, redete der Riese ihn an. Fionn kam näher, doch sehr langsam, denn er hatte vor dem Riesen Angst. Der hatte sich eben einen großen Stier gebraten und lud Fionn ein, mitzuessen.

Fionn hatte Hunger. Er ließ sich nieder und begann zu essen. Dann sagte der Riese, dass es bald einen großen Kampf zwischen ihm und seinem Bruder Glunreamar gäbe.

Und schon kam der Bruder des Riesen und sagte: »Schurke, warum hast du diesen Stier getötet?«

Und sie begannen zu kämpfen. Fionn erklärte, er helfe dem, der ihm zu essen gegeben habe, als er Hunger hatte. Er stand auf und zog sein Schwert, aber es gelang ihm nicht, höher als bis zur Wade von Glunreamar zu treffen.

Der Riese meinte, eine Biene hätte ihn gestochen, und gab Fionn einen Fußtritt, dass er ihn bis zum Himmel schleuderte. Dort oben wirbelte Fionn so lange herum, bis er in das Horn des

Stieres fiel, das im Saft schmorte. Hätte er nicht schwimmen können, er wäre ertrunken.

Glunreamar und seine Mutter hassten Seachran schon seit Langem. Schon am nächsten Abend erhielt nun Seachran eine Einladung, zu den beiden zu kommen.

»Ich vermute, Kleiner«, sagte er da zu Fionn, »dass du keine Lust hast, mit mir zu kommen.«

»Ich komme mit«, entgegnete Fionn, aber er empfand keine Eile, sich auf den Weg zu machen. Doch schließlich brachen sie auf.

Dort angekommen, gab es Tanz, Musik und derlei Dinge. Doch Glunreamar und die Mutter hatten auf dem Speicher einen Bottich voll Schwefel stehen. Damit wollten sie Seachran töten. Es wurde ausgelassen getanzt. Da kam auf einmal von oben eine behaarte Kralle herab, packte zu und nahm alle mit fort. Seachran erkannte sogleich, was das zu bedeuten hatte, nämlich, dass man ihn töten wollte. Er ließ die Musik nicht mehr lange spielen, warf sich auf die Kralle und hopp! wurde er nach oben mitgerissen. Als er oben angekommen war, stand seine Mutter auch schon bereit, ihn in den wallenden Kessel zu werfen. Schnell sprang er aus der Kralle, und ergriff seine alte Hexenmutter und warf sie kopfüber in den Kessel.

Dann gingen er und Fionn fort, um nach Hause zurückzukehren. Doch Glunreamar verfolgte sie in seinem Zorn. Als sie unterwegs auf dem Schiff waren, tötete er Seachran; aber Fionn tötete daraufhin auch ihn und warf ihn ins Meer. Den Leichnam Seachrans nahm er mit sich.

Bei ihrer Abreise hatte die Frau Seachrans Fionn geraten, eine bestimmte Fahne zu hissen, das wäre dann das Zeichen, dass ihr Gatte tot sei. Aber Seachran hatte Fionn gesagt, er solle das nicht tun.

Sie kehrten also ins Schloss zurück, und Fionn trauerte um Seachran und war untröstlich. Nun besaß er aber die Macht, alle Dinge zu erkennen, wenn er sich in seinen Daumen biss. Er biss sich also in den Daumen, um zu erfahren, ob es außer Gottes

Hilfe noch ein Mittel gebe, Seachran ins Leben zurückzurufen. So erfuhr er, dass es nur ein einziges gäbe, nämlich dreimal über einem bestimmten Ring zu trinken, und dass nur Diarmaid Donn ihm diesen Ring bringen könne. Diarmaid war zu Haus geblieben, und so schickte Fionn nach ihm.

Diarmaid machte sich sogleich auf den Weg, mit seinen Kleidern und einer Rüstung angetan, das Schwert an seiner Seite. An einer Strohhütte, in der eine vortreffliche Frau wohnte, machte er unterwegs halt. Die Frau half ihm und sagte ihm, wie er den Ring finden könne. Dann ging er an Bord des Schiffes und stach in See. Aber er konnte sich der Küste nur bis auf eine Entfernung von sieben Meilen nähern, da sich bereits viele Schiffe dort aufhielten. Da band er sein Schiff mit einem Knoten, der ein Jahr und einen Tag halten sollte, an einem anderen Schiff fest. Er ging über die anderen Schiffe hinweg nach Sliabh na Fideoige, dem Berg des weiblichen Regenpfeifers. Nachdem er über alle Schiffe geschritten war, schwang er sich über die Körper von Kriegern zum Menhir und zum weiblichen Regenpfeifer, der den Ring unter seiner Kralle hatte. Der Vogel sang die lieblichste Weise der Welt und versuchte, Diarmaid so zu berücken, wie er die Krieger berückt hatte.

Diarmaid fürchtete, durch diese Zaubermusik das gleiche Schicksal wie sie zu erleiden, und so stieß er sich sein Schwert in die Wade zwischen Fleisch und Knochen und näherte sich dem Regenpfeifer. Und so gelangte er zum Menhir. Er stürzte sich mit seinem Schwert auf den Regenpfeifer, und der Vogel stieß einen solchen Schrei aus, dass man ihn auf der ganzen Welt hätte hören können. Dann ergriff Diarmaid den Ring und steckte ihn in seine Tasche. Kaum hatte er aber dies getan, da erhoben sich alle Krieger, die bis dahin unter dem Zauber gestanden hatten, als ob nichts gewesen wäre. Und schon entbrannte unter ihnen allen der Kampf. »Du hast den Ring!«, schrien sie sich gegenseitig an. Diarmaid schlug nach allen Seiten und rief zurück: »Du hast den Ring!« Und er eilte zu seinem Schiff, das in dem Ruf stand, von keinem anderen eingeholt werden zu können, wenn es nur einen Augenblick Vorsprung hatte.

Die Krieger sahen, wie er vom Ufer abstieß, und schrien, dass der kleine Mann mit dem Ring entkomme. Sie verfolgten ihn, konnten aber nichts ausrichten, denn das Schiff war bald vor ihrer Verfolgung in Sicherheit. So gelangte Diarmaid zum Schloss Seachrans.

Fionn und Seachrans Frau fragten ihn: »Hast du den Ring mitgebracht?«

»Ich habe ihn mitgebracht«, entgegnete Diarmaid, »aber was nützt mir das jetzt. Hinter mir ist das Meer schwarz von Schiffen mit Männern darauf, die mich und alle anderen, die da sind, töten wollen.«

»Das lass nur meine Sorge sein«, sagte Seachrans Frau.

Sie stieg hoch auf die Zinnen des Schlosses, schaute auf das Meer hinaus und sah, dass das Meer schwarz vor Schiffen war.

Durch einen Zauber aber, der in ihrer Macht lag, ließ sie sie alle mit Mann und Maus untergehen.

Nun gaben sie Seachran drei Schlucke über dem Ring zu trinken, und sogleich erhob er sich und war munter wie nie zuvor.

Fann MacCuil und der schottische Riese

Da der große irländische Riese Fann MacCuil bereits vierzig Jahre alt geworden war, ohne einen gefunden zu haben, der ihm an Stärke gleichkam, war er so stolz wie ein Pfau und glaubte jedem eine unaussprechliche Ehre zu erweisen, wenn er ein Wort mit ihm spreche. Er hatte eine große und starke Festung im Moor von Allen, wo er sich mit seinen Leuten mit allerlei Kriegsspielen die Zeit vertrieb. Von dort aus warfen sie zentnerschwere Steine in den Hafen von Dublin, sodass die Bewohner dieser Stadt sehr bequem einen Damm bauen konnten.

Nun waren eines Tages all seine Leute ausgegangen und er befand sich allein zu Haus und wusste vor Langeweile nicht, was er anfangen sollte. Nachdenkend ging er herum und sann hin und her, doch es kam ihm kein besserer Gedanke, als sich ruhig ins Bett zu legen und so wenigstens bequem die Rückkehr seiner Gefährten abzuwarten. Kaum trat er jedoch in die Stube, da kam ein Bote atemlos hereingestürzt und der Schweiß floss nur so an ihm herab.

»Was gibt's Neues?«, fragte er ihn.

»Far Rua, der große schottische Riese, ist auf dem Weg hierher! Er kommt mit langen Schritten über den Hochweg, der von Schottland nach Irland führt, und wird im Augenblick hier sein. Er hat von dir gehört und will sich mit dir messen!«

»Eine schöne Geschichte«, sprach Fann, »ich bin drei Fuß größer als der größte Mann in Irland, und Far Rua ist noch drei Fuß größer als ich. Da muss ich denn doch einmal meine Mutter um Rat fragen.«

Kurz danach stand der mächtige Schottländer mit einem Schwert so breit wie ein Tisch und einem Spieß so lang wie Fannys Haus vor der Tür und fragte: »Ist der große Riese von Irland zu Hause?«

»Nein«, erwiderte der Bote, »er ist auf der Hirschjagd; aber seine Mutter ist zu Hause; sie wird sich freuen, dich einmal zu sehen. Komm herein!«

In dem Hausgang lag ein großer Tannenbaum mit einer eisernen Spitze und ein Holzblock mit einem eisernen Reifen, der größer als vier Karrenräder war. »Dies ist der Spieß und Schild von Fann«, sprach Far Ruas Begleiter.

»Sei uns willkommen!«, sprach die Hausfrau; »lass dich nieder und nimm mit dem Wenigen vorlieb, das ich zu bieten vermag!« Darauf stellte sie ihm einen großen Pfannkuchen, in den die Pfanne, aus der sie vorher aber ein Stück gebrochen hatte, mit hineingebacken war, und ein mit hartem Fleisch überzogenes Brett vor. Als nun der Riese in den Kuchen biss, brach er sich drei Zähne ab und als er das Fleisch versuchen wollte, blieben ihm die Zähne darin stecken. »Frau, das ist eine harte Speise«, sagte er.

»Gott sei mit euch«, erwiderte die Frau, »meine Kinder haben sich noch nie darüber beklagt. Lasst uns doch sehen, wie sie meinem Jüngsten in der Wiege schmeckt!«

Darauf reichte sie Fann, der im Bett lag, die Stelle des Kuchens hin, wo das Stück an der Pfanne fehlte und er biss so sanft hinein wie in eine reife Birne.

»Das ist ein merkwürdiges Volk!«, sagte der Schottländer zu sich und trank aus Ärger das ganze Fass voll Bier aus, das man ihm vorgestellt hatte. »Aber zeigt mir doch auch«, fuhr er dann fort, »mit welchen Spielen sich Fann und seine Leute gewöhnlich nach dem Mittagessen unterhalten.«

»Komm mit in die Scheune«, antwortete Fanns Diener und führte ihn an den bezeichneten Platz, wo eine Masse mannsgroßer Steine lag. »Die«, fuhr der Diener fort, »schnellen sie gewöhnlich mit dem Finger nach Dublin und wenn einer drüber hinauswirft, so ist er mit seinem Wurf zufrieden. Versuche es auch einmal!«

Der Riese packte einen Stein und schleuderte ihn eine halbe Meile weit weg. »Nun«, sprach der Diener, »das wird schon besser gehen, wenn du ausgewachsen bist und dich ein Jahr lang mit Fann geübt hast.«

Hole diesen Fann der Teufel, dachte der Riese bei sich und fragte, ob sich die Leute hier noch mit anderen Spielen unterhielten. »O, ja«, erwiderte der andere, »sie haben hier einen Ball – dabei deutete er auf einen ungeheuer schweren Stein – den werfen sie über das Haus und fangen ihn auf der andern Seite wieder; willst du es auch einmal versuchen?«

»Es wird wohl nicht gut aufs erste Mal gehen; der Stein könnte leicht aufs Dach fallen und die alte Frau erschrecken. Ich werde ihn also gerade in die Luft werfen und du kannst mir dann sagen, wie hoch er geflogen ist.« Darauf warf er den Stein dicht am Hause in die Höhe.

»Wie hoch ist er?«

»Am Fenster.«

»Jetzt?«

»Am Dach.«

»Wo ist er jetzt?«

»Auf deinem Kopf.«

Und so war es auch, der Riese konnte von Glück sagen, dass er noch mit dem Leben davon kam. »Fann kommt wohl heute Abend nicht nach Hause?«, fragte er.

»Wir erwarten ihn nicht vor einer Woche.«

»Grüße mir die alte Frau und sage ihr, ich müsse nach Hause eilen, da mich sonst die Flut auf dem Hochweg überrascht!« Darauf ging er fort und ließ sich nie mehr in Irland blicken.

Die Königin von Sciana Breaca

Fion, der Sohn Cumhails, hatte sich eines Tages verirrt und war auf eine große Wiese gekommen, auf der er die zwölf Söhne von Bawr Sculloge Ball spielen sah. Sobald diese ihn sahen, liefen sie ihm entgegen und begrüßten ihn als den Beschützer der Unterdrückten und als Verteidiger der Insel gegen die Fremden und luden ihn ein mitzuspielen.

Als das erste Spiel, bei dem sich Fion durch seine erstaunliche Geschicklichkeit ausgezeichnet hatte, vorbei war, trat ein fremder Mann, der in einem Boot gekommen war, vor den Sohn Cumhails und sprach:

»Die Königin von Sciana Breaca lädt dich durch mich ein, sie auf ihrer Insel zu besuchen. Sie wird von der Hexe Chluas Haistig verfolgt, und es ist ihr geraten worden, dich um Hilfe anzusprechen.«

»Da wendet sie sich vielleicht an den Unrechten«, erwiderte Fion; »dadurch, dass ich den *Lachs der Wissenschaft* aß, habe ich zwar die Gabe der Allwissenheit erhalten, aber nicht die Kraft, gegen die Stärke einer Hexe ankämpfen zu können.«

»Zögere nicht«, sprach darauf der älteste Sohn von Bawr Sculloge zu ihm; »meine beiden Brüder, Bechunach und Chluas Guillin, und ich werden dich begleiten; wir sind schon länger als einen Tag auf der Welt!«

Nun brach Fion zwei Zweige von einem Haselstrauch ab und als sie ans Ufer kamen, ward aus dem einen ein Boot und aus dem andern ein Mast. Ein günstiger Wind trieb sie schnell nach der Insel der Königin, wo sie sehr freundlich aufgenommen wurden.

»Ich hatte zwei schöne Kinder«, sprach sie, »und sobald jedes seinen zweiten Geburtstag feierte, ward es krank und wurde in der dritten Nacht von der bösen Zauberin Chluas Haistig geholt.

Mein Jüngstes ist jetzt gerade ein Jahr alt und seit zwei Tagen unwohl; sicherlich wird die Hexe diese Nacht kommen und es holen, wenn ihr mir nicht helft.«

Als es Abend ward, gingen Fion und die drei Brüder in das Schlafzimmer des kranken Kindes; Grunne Ceanavaltha (der Älteste) und Bechunach spielten Schach, Chluas Guillin hielt Wache und Fion ließ sich auf das Sofa nieder und schlief schnell ein. Bald überlief es den Wächter kalt und das Kind fing an ängstlich zu jammern. Ein langer, magerer, mit rauen Haaren bewachsener Arm kam durch den Kamin; die Brüder fuhren vor Schreck auf und nur Chluas Guillin hatte den Mut zuzugreifen. Die Hexe wehrte sich verzweifelt; doch er hielt sie fest und zog sie in das Zimmer. Dann fiel er erschöpft nieder; doch ehe ihm die andern zu Hilfe gekommen waren, war die Zauberin mit dem Kind verschwunden.

»Grunne«, rief Chluas, »nimm Bogen und Pfeile und lass sie uns verfolgen!«

Gleich eilten sie fort, sprangen in ihr Boot und fuhren dem verzauberten Schloss der Hexe zu. Es schien aus Eisen gebaut zu sein und eine blaue Flamme umkreiste es beständig mit Blitzesschnelle. Als sie ans Ufer traten, murmelte Chluas einige Zauberformeln vor sich hin und bat seine Schutzgeister, die Hexe in tiefen Schlaf fallen und die Flamme stillstehen zu lassen. Sein Wunsch wurde augenblicklich erfüllt und Bechunach warf seine mit einem Haken versehene Strickleiter auf das Dach, wo sie auch hängen blieb. Mit der Gewandtheit einer wilden Katze kletterte er hinauf und sah durch eine Öffnung, wie die Zauberin aus einer klaffenden Wunde blutend am Boden lag und wie die drei Kinder neben ihr saßen und weinten. Er ließ sich ins Zimmer hinab, holte die Kinder und reichte eins nach dem andern seinen Gefährten, die sie in das Boot trugen. Dann kletterte Chluas wieder die Leiter hinunter und stieg ins Boot; kaum hatte er es jedoch betreten, da verließ die Hexe der Zauber und sie eilte unter schrecklichem Geheul ans Ufer, sprang in ihr Boot und ruderte den waghalsigen Abenteurern nach. »Nimm den Bogen zur Hand«, sprach Chluas zu Grunne; dieser zog die Sehne an und im nächsten Augenblick tat der Kahn der Hexe einen Krach und sank mit ihr in die Tiefe. Eine bläuliche Flamme bezeichnete noch lange danach die betreffende Stelle.

Die Kinder wurden der Königin überliefert und Fion blieb mit seinen Gefährten noch drei Monate in ihrem Schloss.

Die Eierschalen-Brauerei

Frau Sullivan war eine unglückliche Frau, denn sie glaubte, ihr jüngstes Kind sei von Elfen geraubt und durch ein anderes ersetzt worden; und zu diesem Glauben war sie vollkommen berechtigt, denn ihr rechtmäßiges Kind war ein schön gewachsener, blauäugiger Sohn gewesen. Statt dessen sah sie eines Morgens ein zum Gerippe abgemagertes, hässliches und beständig schreiendes Kind in der Wiege liegen. Die Leute sagten ihr, sie solle es einfach über das Feuer hängen oder ihm die Nase mit einer glühenden Zange zwicken oder es auf die Landstraße in den Schnee werfen; aber dazu konnte sie sich nicht recht entschließen, denn es konnte möglicherweise doch ihr Kind sein.

Da begegnete ihr eines Morgens die alte Ellen Leah, eine wegen ihrer Klugheit weit und breit bekannte Frau. Diese wusste, wo sich die Toten befanden und konnte die Mittel zur Ruhe ihrer Seelen genau angeben; auch konnte sie Warzen vertreiben und sonst noch eine Menge nützlicher Geschäfte mit großer Geschicklichkeit ausführen.

»Du siehst sehr traurig aus, Frau Sullivan«, sagte sie.

»Ich habe auch Grund genug dazu; denn mein schöner Knabe ist gestohlen und ein ganz abscheuliches Kind an seiner Stelle zurückgelassen worden. Sicherlich haben das die Elfen getan!«

»Willst du meinen Rat annehmen und befolgen, auch wenn er dir noch so verrückt vorkommt?«

»Kannst du mein Kind wieder zurückbringen?«

»Wenn du tust, was ich dir jetzt sagen werde. Hänge den großen Kochtopf mit Wasser gefüllt über das Feuer, und wenn es kocht, nimmst du ein Dutzend frisch gelegter Eier, zerbrichst sie und wirfst die Schalen hinein. Danach wirst du schon herausfinden, ob du dein rechtmäßiges Kind vor dir hast oder einen Wechselbalg. Ist

Letzteres der Fall, so stößt du ihm augenblicklich das glühende Schüreisen in den Hals.«

Frau Sullivan ging nach Hause und tat wie ihr befohlen. Das Kind lag in der Wiege und beobachtete ihr Tun mit großer Aufmerksamkeit.

»Was machst du, Mutter?«, rief der Knabe.

»Ich braue!«

»Was braust du, Mutter?«

Dieses sprach er aber mit solcher Stimme, dass seine eigentliche Herkunft nicht mehr zu bezweifeln war. Da das Schüreisen noch nicht rot genug war, so ließ ihn die Mutter geraume Zeit auf die Antwort warten.

»Was hast du gesagt, mein Söhnlein?«

»Ich möchte gern wissen, was du braust.«

»Ich braue Eierschalen!«

»Oh!«, rief der Kleine aus und richtete sich auf. »Ich bin«, fuhr er mit tiefer Bassstimme fort, »schon über fünfzehnhundert Jahre alt und habe schon manches gesehen; von einer Eierschalen-Brauerei aber habe ich noch nicht gehört!«

Augenblicklich ergriff Frau Sullivan das Schüreisen und eilte nach dem Bett. Unglücklicherweise aber stolperte sie und fiel hin, und als sie sich wieder aufgerafft hatte und dem Wechselbalg den Garaus machen wollte, fand sie zu ihrem größten Erstaunen und zu ihrer größten Freude ihr eigenes Kind schlafend in der Wiege liegen.

Die Legende von Loch na Piasta, dem Drachenteich

In dem großen Teich neben der Brücke von Thuar hauste ein schrecklicher Drache, der das ganze Land ringsherum verheerte und nur von Menschenfleisch lebte. Sein Atem war so stark, dass er ein Pferd auf die Entfernung von drei Meilen anziehen konnte, und so war denn kein lebendes Wesen vor ihm sicher.

Da gingen die Leute einstmals zum König und baten ihn, er möge ihnen doch einen seiner berühmten Ritter schicken, der das Ungetüm umbringen solle. Doch der König konnte sich hinsichtlich der Wahl nicht recht entschließen, und da es von jeher unter den Irländern Hitzköpfe genug gab, so boten sich drei, O'Brien, O'Farrel und O'Kennedy, an, dies Wagestück zu unternehmen und gleich am nächsten Tage abzureisen.

O'Brien schien jedoch über Nacht andere Gedanken bekommen zu haben, denn er erschien nicht zur festgesetzten Stunde und ließ sagen, es sei ihm auf einmal so unwohl geworden, dass er keine zehn Schritte gehen könne. Mag dem nun so gewesen sein, wie es wollte, die beiden anderen glaubten es nicht und ergingen sich in allerlei ehrenrührigen Bemerkungen über ihn. Dies ärgerte nun seinen jüngeren Bruder, der bis dahin die Kühe gehütet hatte, so sehr, dass er, um die Schande von seiner Familie zu wälzen, hin zum König lief und ihn bat, ihn mitziehen zu lassen. Der König sah ihn so verwundert an, als ob er Hörner hätte, und konnte sich nicht entschließen, den schönen Jüngling ziehen zu lassen, da er im Kriegshandwerk noch zu unerfahren war. Als er ihm jedoch mit seinen Bitten gar keine Ruhe ließ, sprach er: »Nun, ziehe in Gottes Namen! Der kleine David tötete ja auch den Goliath mit einem Stein!«

Danach zogen die drei ab und kamen auf den Coolgarrow-Berg, von wo sie das Ungeheuer erblicken konnten.

»Wenn ihr's erlaubt«, sagte der Jüngling, »so wage ich den Kampf zuerst und wenn ich dabei umkomme, ist nicht viel verloren!« Doch dies waren die anderen nicht zufrieden und sagten, sie wollten darum losen. Das taten sie auch und das Los fiel auf den Jüngling.

»Der Drache schläft jetzt«, sprach er, »und wir beginnen am besten gleich mit der Arbeit. Lasst uns ein paar Bäume umhauen und sie verbrennen. Die Kohlen löschen wir alsdann aus und tun sie in einen Sack; ich verstecke mich dann darin mit meinem Schwert und ihr rollt ihn dann den Berg hinunter, wo ihn der Drache schon ausschnüffeln und in der Hoffnung, einen guten Fund getan zu haben, verschlucken wird. Für das Weitere werde ich alsdann schon sorgen; bleibt ihr nur ruhig auf dem Berg und wenn ihr drei Stunden danach hier unten ein großes Feuer seht, so lauft zum König und sagt ihm, der Drache sei erschlagen.«

Dies wurde denn auch getan, und kaum war der junge Mann in den Sack gekrochen, da regte sich der Drache schon, und da er Menschenfleisch witterte, so schnüffelte er so stark, dass ihm der Sack wie ein Pfeil in den Rachen fuhr. Gleich zog der Jüngling sein Schwert aus der Scheide und durchstach den Magen des Ungetüms. Wild und wütend sprang der Drache umher und wusste sich nicht zu helfen. Bald aber regte er sich nicht mehr und der Jüngling kroch munter heraus und zündete ein großes Feuer an, wonach der König seine Heldentat erfuhr und ihn fürstlich belohnte.

Wie der Killarney-See entstand

Ein fremder Ritter war in das Tal von Killarney gekommen und hatte sich in die Tochter eines dortigen Landmannes verliebt.

Das Mädchen liebte ihn ebenfalls, aber sie hatte keine Lust, ihre Heimat zu verlassen, um mit ihm fortzuziehen.

Nun kam er eines Abends in das Haus ihrer Eltern und hielt um die Hand des Mädchens an, die ihm auch nicht versagt wurde. Da sie nicht zugegen war, so fragte er, wo sie hingegangen sei.

»Sie ist«, erwiderte ihre Mutter, »zum Feenbrunnen gegangen, wie es die allgemeine Sitte unter den jungen Mädchen ist.«

Gleich eilte er ihr nach und fand sie mit einem halbvollen Eimer am Brunnen stehen und nachdem er ihr die freudige Mitteilung gemacht hatte, dass ihre Eltern ihre Verheiratung billigten, ließ sie den Eimer stehen, hing sich an seinen Arm und beide lustwandelten im Mondschein umher. Die Stunden wurden zu Minuten und ehe sie ans Nachhausegehen dachten, dämmerte der Tag bereits.

Schnell wollte sie nun zum Brunnen zurückeilen, um ihren Eimer zu holen, doch sah sie zu ihrem größten Schrecken, dass sich an jener Stelle ein großer See gebildet hatte. Dieser wuchs von Minute zu Minute und die Talbewohner packten schon ihre Habseligkeiten zusammen und retteten sich auf die höchsten Bergspitzen.

Dieser See erhielt späterhin den Namen »Killarney-See.«

St. Patrick und die Druiden

Der König hatte am Bealteine-Abend, dem ersten Mai, seine vornehmsten Ritter in Tara versammelt und der Hauptpriester der Druiden stand bereit, das heilige Feuer anzuzünden, als der König ein anderes Feuer auf einem östlichen Hügel bemerkte.

»Wer erlaubt sich«, rief er wütend aus, »sein Feuer anzuzünden, ohne dass wir mit dem unsrigen zuerst das Zeichen dazu gegeben haben?«

»König«, erwiderte der Druide, »wenn dies Feuer nicht augenblicklich ausgelöscht wird, so wird es unsere heiligen Gebräuche zerstören und der Verwegene wird Irland bis ans Ende der Zeit regieren.«

»Löscht sein Feuer aus und lasst ihn herbringen!«

»Ich werde mit einigen Leuten gehen«, antwortete der Druide; »aber diejenigen, welche zurückbleiben, müssen dem unerlaubten Feuer den Rücken kehren. Auch müssen sie inzwischen unsern heiligen Scheiterhaufen anzünden, damit sich ganz Erin an seinem Lichte erfreue. Niemand darf dem Fremden bei seiner Ankunft Ehre erzeigen!«

Danach ging der Druide mit einigen Priestern und Rittern fort.

»Was sollen diese Beschwörungen?«, fragte er barsch, als er bei den Fremden war und ihre zahlreichen Bücher und eigentümliche Kleidung bemerkte; »löscht das verderbliche Feuer augenblicklich aus und begleitet mich zum König!«

Als sie beim König ankamen, stand niemand außer dem alten Druiden Dubhthach und dem jungen Dichter Fiech auf, sie zu begrüßen.

Der König sah die Fremden mürrisch an und sagte: »Kennt ihr nicht das Gesetz dieses Landes, dass niemand am Bealteine das Feuer anzünden darf, ehe er den Scheiterhaufen von Tara leuchten sieht?

Wisst ihr auch nicht, dass jeder Zuwiderhandelnde sein Leben verwirkt?«

Darauf fing Patrick an, von der Dreieinigkeit Gottes, vom Sündenfall, der Erlösung und dem ungesetzlichen Götzendienst zu predigen und bat die Anwesenden, die neue Religion anzunehmen und sich der ewigen Seligkeit zu versichern. Und er predigte nicht ganz tauben Ohren; der König ließ ihm und seinen Gefährten Nachtherberge anweisen und ersuchte die Druiden, am nächsten Morgen mit ihm über den Glauben zu reden.

Am folgenden Morgen erschienen Tausende von Neugierigen, um dem wichtigen Wortgefecht zu lauschen.

»Wenn der Sohn Gottes«, fing der Oberpriester der Druiden an, »die Welt erlöst und er dich zu uns geschickt hat, so wäre es gut, wenn du die Wahrheit deiner Aussage durch ein Wunder bewiesest!«

»Ich mag die Vorsehung nicht herausfordern, um eure Neugierde zu befriedigen«, erwiderte der Heilige bescheiden.

»Nun, dann werde ich dir etwas zeigen, was du mir nicht nachmachst.«

Darauf beschrieb er mit seinem Zauberstab einen Kreis in der Luft, murmelte einige Beschwörungsformeln dazu, und alsbald fiel ein mehrere Fuß hoher Schnee und es ward so kalt, dass den Leuten die Zähne klapperten.

»Du hast deinen Anhängern keinen lobenswerten Dienst erwiesen«, sagte St. Patrick; »lass lieber die warme Sonne scheinen und banne Eis und Schnee weg!«

»Das kann ich nicht vor morgen früh«, erwiderte er.

»Du hast also nur die Gabe, Böses zu tun; dein Meister hat es sicherlich nicht gut mit dir gemeint.« Nun machte er das Zeichen des Kreuzes und der Schnee sank in den Boden, was ihm den einstimmigen Beifall der Anwesenden einbrachte.

»Seht her, was ich jetzt tun werde!«, rief der Druide ärgerlich, und gleich umgab alle dichte Finsternis. Auf das Gebet des Heiligen verschwand sie jedoch bald wieder.

Der König wünschte noch andere Beweise und sprach zu beiden:

»Jeder werfe sein Buch ins Wasser und welches trocken bleibt, enthält die reine Wahrheit!«

»Damit bin ich nicht einverstanden«, entgegnete der Druide; »mein Feind beherrscht das Wasser!«

»Dann werft eure Bücher ins Feuer!« »Er hat auch das Feuer in seiner Macht!«

»Jetzt habe ich aber genug der Widerrede! Jeder von euch setze sich in eine Hütte aus dürren Zweigen, die danach angezündet werden sollen!«

»Nein«, fiel St. Patrick ein, »lasst eine aus grünen Zweigen bauen; diese werde ich meinem Widersacher überlassen.«

Darauf bat der junge St. Benin, ein Begleiter St. Patricks, sich in die dritte Hütte setzen zu dürfen, was ihm auch gewährt wurde.

Ehe er hineinging, wechselte er mit dem Druiden den Mantel und dann wurden beide Hütten zu gleicher Zeit angezündet.

In einem Augenblick war die grüne Hütte mit dem Druiden in einen Haufen Asche verwandelt; nur der Mantel des jungen Priesters blieb unversehrt. Die Hütte St. Benins verbrannte auch mit dem Mantel des Druiden; dem Apostel aber wurde dabei kein Haar versengt.

Darauf erklärten sich alle für den Glauben St. Patricks.

Knocksheogowna oder Der Berg des Elfen-Kalbes

In Tipperary befindet sich ein Hügel von sehr auffallender Gestalt. Seine Spitze sieht aus wie eine Zipfelmütze, die man nachlässig auf den Kopf gesetzt hat. Dieser Platz diente von jeher den Elfen zum Aufenthalt, und man kann es ihnen daher nicht verargen, dass es ihnen keine große Freude machte, als sie sahen, wie er allmählich bebaut und bewohnt wurde. Das Brüllen des herumlaufenden Viehes beleidigte ihre zarten Ohren und der kahl gefressene Boden behagte ihren feinen Füßen auch nicht. Deshalb beschloss die Elfenkönigin, die Eindringlinge zu vertreiben, und dies tat sie in folgender Weise. Wenn die Herde schlief und der Hirt den Sternenhimmel träumend betrachtete, erschien sie ihm in allen denkbaren Schauergestalten. Sie kam als Pferd mit Adlerflügeln und Drachenschwanz und spie verheerende Funken nach allen Seiten. Dann erschien sie wieder als Affe mit Entenfüßen und Pfauenschwanz und dann wieder als lahmer Zwerg mit einem Ochsenkopf. Man könnte einen ganzen Tag lang erzählen, wenn man alle ihre verschiedenen Gestalten beschreiben wollte.

Der arme Hirte bedeckte sein Gesicht und rief alle Heiligen um Hilfe an. Aber das half auch rein gar nichts, denn jeden Abend kamen die schrecklichen Gestalten wieder und heulten und lärmten womöglich noch schlimmer. Und was das Schlimmste war, er konnte sein Gesicht nie von ihnen abwenden und es schien, als zwinge ihn eine unsichtbare Macht dazu. Sein Haar stand dann gewöhnlich zu Berge und seine Zähne fielen ihm beinahe aus infolge des beständigen Klapperns. Das Vieh lief wie verrückt umher und alle Augenblicke brach eins ein Bein oder verlor sein Leben in einer Grube.

Der Eigentümer des Platzes war ganz ratlos und zuletzt blieb ihm, wenn er kein blutarmer Mann werden wollte, nichts anderes übrig, als seine Stelle zu verlassen.

Als er nun eines Tages traurig auf der Landstraße einherging, begegnete ihm Larry Hoolahan, welcher der beste Flötenspieler in ganz Irland war. Er war ein furchtloser Geselle und nahm es, wenn er einen guten Schluck getan hatte, mit dem Teufel auf.

»Was fehlt dir?«, fragte dieser ihn, »du siehst ja aus, als ob du gehängt werden solltest!«

Der Bauer erzählte ihm in kurzen Worten sein Unglück.

»Wenn's weiter nichts ist«, sagte Larry, »da kann dir leicht geholfen werden. Wenn auch so viele Elfen auf Knocksheogowna sind wie Kartoffeln in ganz Irland, ich werde schon mit ihnen fertig werden!«

»Wenn du dein Wort hältst und mir eine Woche mein Vieh auf dem Berg hütest, so sollst du so lange bei mir zu essen haben, bis sich die Sonne so klein wie ein Talglicht gebrannt hat.«

Damit waren sie handelseinig. Larry ging mit dem Bauern nach Hause und hütete am Abend das Vieh auf dem Berg.

Er setzte sich ruhig auf einen großen Stein, drehte dem Wind den Rücken und blies ein lustiges Stücklein auf seiner Flöte. Bald darauf kam auch das Elfenheer und eine sagte zur Königin: »Da sitzt schon wieder ein verwegener Hirte, geh hin und lass ihn deine Macht fühlen!« Als Larry aufsah, bemerkte er zwischen sich und dem Mond eine große schwarze Katze stehen, deren Miauen dem Klappern einer nahen Mühle glich. Allmählich ward sie so groß, dass sie mit ihrem Rücken den Himmel berührte; auch hob sie die Beine auf, als ob sie tanzen wollte.

»Tanze nur zu«, rief Larry, »ich will gerne spielen!« Und er spielte lustig weiter.

Da die Königin sah, dass er sich nicht fürchtete, zog sie andere Saiten auf und verwandelte sich in ein milchweißes Kalb und näherte sich ihm in der Hoffnung, ihm so eher etwas anhaben zu können. Larry legte seine Flöte weg und sprang dem Kalb auf den Rücken und im nächsten Augenblick war das Kalb mit ihm an dem Ufer des Shannon-Flusses, der mehr als zehn Meilen entfernt war.

»Das war kein übler Sprung für ein Kalb«, sagte Larry, als es ihn zu Boden warf.

Die Elfenkönigin sah ihn verwundert an und verwandelte sich in ihre eigentliche Gestalt. »Du bist ein kühner Mann«, sagte sie; »soll ich dich wieder zurücktragen?«

»Wenn du es willst«, erwiderte Larry. Darauf nahm sie wieder die Kalbsgestalt an und war gleich danach wieder auf dem Knocksheogowna.

Dort erschien sie wieder als Königin und sprach: »Da du so großen Mut gezeigt hast, so sollst du mit deiner Herde nie mehr weder von mir noch von meinem Volk belästigt werden und wenn ich dir sonst einmal einen Gefallen tun kann, so brauchst du dich nur an mich zu wenden!«

Danach verschwand sie und ließ sich nie mehr sehen. Dem lustigen Larry gebrachs nun an nichts mehr; er aß und trank bei dem Bauern so viel ihm schmeckte, und abends setzte er sich auf den Hügel und spielte nach Herzenslust.

Der König mit den Pferdeohren

Eine Geschichte, wie ich sie jetzt erzähle, hört man nicht jeden Tag. Sie stammt von dem alten Schulmeister Tom Kennedy, der sie in einer vergessenen Geschichte Irlands gelesen haben will.

Es war einmal ein König Namens Lora Lonshach, der ließ sich jedes Jahr einmal das Haar schneiden; und da man nie danach den Barbier den Palast verlassen sah und auch sonst nichts mehr von ihm hörte, so hieß es, er habe ihn umbringen lassen. Sieben dieser Leute war schon die große Ehre zuteilgeworden, den Kopf seiner Majestät zu scheren, und da sich zuletzt niemand mehr zu dieser Arbeit hergab, so gab er ein Gesetz heraus, nach dem die Barbiere seines ganzen Landes darum losen sollten.

Das verhängnisvolle Los fiel dem einzigen Sohn einer alten Witwe zu, und als sie dies vernahm, fiel sie fast in Ohnmacht. Sie weinte und klagte den lieben, langen Tag; aber da sie sehr gut wusste, dass das ihrem Sohn nicht half, so machte sie sich eines Tages nach dem Palast auf.

Sie schlüpfte durch die Reihe der wachhabenden Soldaten und eilte in den Saal des Königs.

»Wer bringt dies alte Weib hierher?«, schrie Lora Lonshach; »Wächter, lege die Soldaten in Eisen und gib jedem dreißig Schläge! Was willst du denn eigentlich hier, alte Sünderin?«

»Ich bitte dich, edle Majestät, lass mir meinen Thigueen, damit ich jemanden habe, der mir einst ein anständiges Begräbnis verschafft!«

»Wer ist denn dieser Thigueen?«

»Es ist der unglückliche Barbier, der morgen dein Haar schneiden soll; sicherlich werde ich ihn danach nicht wieder sehen.«

»Ruf mir den Wächter herbei«, sprach er darauf zu seinem Kammerdiener.

»Er sieht zu, wie die Soldaten geprügelt werden«, erwiderte dieser.

»Dann rufe meinen Ausläufer!«

»Der gibt auf den Wächter Acht.«

»Dann rufe den Kutscher!«

»Der beobachtet den Wächter und den Ausläufer, damit sie sich nicht besaufen.«

»Rufe die Soldaten!«

»Sie bekommen jetzt Prügel!«

»Mach, dass du wegkommst, alte Spitzbübin!«, rief er der Frau zu, »es tut mir leid, dass ich dir deinen verdienten Lohn nicht auszahlen kann! Wenn du dich wieder in meiner Nähe blicken lässt, lasse ich dich am höchsten Baum Irlands aufknüpfen! So ist mir wieder der ganze Tag verdorben!«

Sie ging fort und am andern Tag kam ihr Sohn in den Palast und sah so traurig aus, als erwarte er sein Ende in jedem Augenblick.

»Junger Mann«, sprach der König zu ihm, »wenn du mein Haar geschnitten hast, kannst du hingehen, wohin du willst, doch musst du erst einen Eid leisten, nichts von dem zu sagen, was du siehst!«

Das tat er und der König entblößte seinen Kopf; doch wie erschrak Thigueen, als er zwei lange Pferdeohren darauf erblickte!

Als er mit seiner Arbeit fertig war, gab ihm der König fünf schwere Goldstücke und sprach: »Wenn du jemals ein Wort über mich sagst, so hänge ich dich auf oder lasse dich im Meer ersäufen; ja, ich werde vielleicht noch Schlimmeres mit dir tun und dich an das zanksüchtigste Weib Irlands verheiraten!«

Darauf verließ der Barbier das Schloss und begegnete seiner Mutter vor dem Tor. Aber er sagte kein Wort über das, was er gesehen hatte, so sehr sie ihn auch deshalb anging. Doch das Geheimnis lag so schwer auf seiner Seele, dass er krank ward und der Doktor gerufen werden musste.

Der Doktor ließ sich die Zunge zeigen und fühlte den Puls, aber was ihm eigentlich fehlte, konnte er nicht herausbringen.

»Doktor«, sagte der junge Mann, »zerbrich dir den Kopf nicht über meine Krankheit; ich habe ein Geheimnis, und wenn ich dies nicht sagen darf, werde ich sterben; aber ich habe geschworen, es keinem Geschöpf mit Zunge und Ohren mitzuteilen!«

»Da kann dir ja leicht geholfen werden«, erwiderte dieser, »geh in den Wald, mache ein Loch in einen Baum und rufe dein Geheimnis hinein, dann bist du es los.«

Kaum hatte er das Haus verlassen, so eilte Thigueen nach dem Wald, spaltete einen Baum und rief *»Da Chluais Chapail ar Labhradh« (Der König hat Pferdeohren)* hinein. Danach fühlte er sich so leicht, als ob ihm ein großer Berg von der Brust gefallen wäre.

Nach einem Jahr hatte er das Haar des Königs wieder zu schneiden. Im Palast hatten sich diesmal alle hochgestellten Personen Irlands versammelt, um dem Wettgesang zwischen Craftine, dem berühmten Harfenspieler Lora Lonshachs, und einem fremden Sänger beizuwohnen.

Nun hatte eine Woche vorher Craftine herausgefunden, dass das Holz an seiner Harfe etwas wurmstichig geworden war, und war in den Wald gegangen, um sich einen Baum auszusuchen, mit dem er sein Instrument wieder herstellen konnte. Merkwürdigerweise fiel seine Wahl auf den Baum, dem Thigueen sein Geheimnis anvertraut hatte.

Am bestimmten Tag versammelte sich der König mit seinen zahlreichen Gästen im schönsten Saal seines Palastes und rief Craftine auf, den Wettgesang zu beginnen. Dieser griff zur Harfe und spielte ein so trauriges Lied, dass alle zu weinen anfingen. Da dies aber dem König nicht gefiel, stimmte er ein lustiges Lied an, und die Leute hätten sicherlich alle getanzt, wenn nur Platz dafür da gewesen wäre; denn sie saßen alle so eng aneinander, dass sich keiner rühren konnte. Danach spielte er »Brian Borus Kriegsmarsch«, was den anwesenden Kriegern so sehr gefiel, dass sie die Schwerter zogen und ihre Fürsten hochleben ließen. Dann sang er ein Lied so süß und andächtig, als ob die Engel im Himmel die Ankunft von einem Dutzend frommer Seelen begrüßten. Jeder fiel auf seine Knie und warf das Gold haufenweise auf Craftine.

Danach spielten die Sänger von Leinster, Munster, Connaught und Ulster; sie sangen alle sehr schön, aber mit Craftine konnten sie sich doch nicht vergleichen.

»Singe uns noch ein schönes Lied«, sprach der König zu ihm, »damit uns das Essen besser schmeckt.«

»Ich fürchte mich vor der Harfe«, erwiderte er; »meine Finger schlugen die Saiten nicht und ich fürchte, es widerfährt nur etwas Böses!«

»Unsinn! Spiel nur zu!«

Craftine gehorchte. Als er die Saiten berührte, erklangen sie wie ferner Donner, und es schien, als regnete es Steine auf das Schlossdach. Jeder Anwesende hielt sich die Ohren zu, aber der Lärm drang durch und das schreckliche Wort *»Da Chulais Chapail ar Labhradh«* ward deutlich vernehmbar.

Der König stand wie erstarrt da und hätte sicherlich halb Irland darum gegeben, wenn er zehn Meilen weg, wenn auch unter der Erde, gewesen wäre. Verzweifelnd raufte er sich die Haare und dachte nicht daran, dass er sich dabei die Kopfbedeckung abriss und seine verdächtigen Ohren zeigte. Die Anwesenden schrien, als ob der Teufel vor ihnen stände und liefen wie besessen davon.

Das Ansehen des Königs war dahin; zwar suchte er es dadurch zu gewinnen, dass er den Verwandten der ermordeten Barbiere ein bedeutendes Jahrgehalt bewilligte; aber im Allgemeinen wollte niemand mehr mit ihm etwas zu tun haben.

Lirs Kinder

Obgleich Lir ein Halbgott war, so fehlte ihm doch die häusliche Ruhe, da er sein geliebtes Weib verloren hatte. Er suchte Trost im Reisen und kam an den Hof von Bogha Derg, dem König von Conacht, wo er sich mit der tugendhaften Prinzessin Anby verheiratete.

Nach einem Jahr gebar ihm diese Zwillinge, Fionulda und Aodh, und als sie zum zweiten Mal niederkam und die Knaben Fiachra und Conn gebar, starb sie.

Kurze Zeit danach kam Lir wieder an den Hof seines Schwiegervaters und nahm die Schwester seiner Frau zum Weib, da er glaubte, sie würde seinen Kindern eine zärtliche Mutter sein. Aber da irrte er sich, denn diese ärgerte sich so sehr über die Liebe ihres Mannes zu Fionulda, dass sie während eines ganzen Jahres das Bett nicht verließ. Ein böser Druide fand endlich die wahre Ursache ihrer Krankheit heraus und beredete sie, ihrem Vater einen Besuch abzustatten, wobei sie die Kinder mitnehmen und unterwegs umbringen sollte.

Kurz danach reiste sie mit denselben ab und da ihr Fuhrmann auf ihren verbrecherischen Plan nicht eingehen wollte, so war sie gezwungen, selber Hand an sie zu legen. Sie sagte ihnen also, sie sollten sich alle im nahen See baden, doch Fionulda beredete ihre Brüder, es nicht zu tun, worauf alle durch den Druiden, der sie begleitet hatte, in Schwäne verwandelt wurden.

Als sie zu ihrem Vater kam und dieser nach seinen Enkeln fragte, sagte sie, sie seien krank; dieser aber merkte, dass etwas nicht richtig war, und berührte sie heimlich mit seinem Zauberstab. Darauf fiel sie in tiefen Schlaf und erzählte in Gegenwart des ganzen Hofes ihre Freveltat. Dann weckte er sie wieder auf und verwandelte sie, nachdem er ihr eine derbe Strafpredigt gehalten hatte, in einen grauen Adler, der bis in alle Ewigkeit die Luft durchsegeln sollte.

Nun gingen alle an das Seeufer und ergötzten sich am Gesang der vier Schwäne. Bald aber flogen diese fort und flogen so nach dem Zauberspruch ihrer bösen Schwiegermutter dreihundert Jahre lang umher. Ihre menschliche Gestalt sollten sie erst dann wieder bekommen, wenn Männer mit glatten Köpfen nach Irland kämen und alle Leute dort ihre Tische in den östlichen Teil ihrer Häuser stellten.

Dreihundert Jahre flogen sie also zwischen Erin und Alba (Schottland) umher und als sie einst in ihrer Heimat die Messe singen hörten, erhielten sie ihre frühere Gestalt wieder und ließen sich taufen. Kurz darauf starben sie.

Oisíns Jugend

Als die Fianna eines Tages auf der Jagd waren, lief auf einmal ein schnellfüßiges Reh an ihnen vorbei, dem sie lange, jedoch vergebens, nachsetzten. Einer nach dem andern gab die Verfolgung als nutzlos auf und zuletzt jagte nur noch Fion mit seinen Hunden hinter ihm her. Wie das Reh dies bemerkte, hielt es plötzlich ein und legte sich ruhig in das Gras. Bald hatten es die Hunde eingeholt, aber statt es zu fassen, legten sie sich neben es und leckten ihm zärtlich das Gesicht.

Ein solches Tier zu töten, schien Fion eine Sünde und er beschloss, es mit nach Hause zu nehmen, wohin es ihm auch willig folgte. Als er nun am Abend allein in seinem Zimmer war, trat eine reichgekleidete Frau vor ihn und sagte: »Ich bin das Reh, das du heute verjagt hast; weil ich die Liebe des Druiden Fear Doirche zurückwies, verurteilte er mich, drei Jahre lang in Rehgestalt in den Wäldern zu leben; doch teilte mir sein mitleidiger Diener mit, dass ich erlöst würde, sobald ich ins Gebiet des Fürsten von Almuin käme. Ich stellte daher meine Flucht ein, als ich mich nur von deinen Hunden Brann und Sceoluing verfolgt sah, denn ich wusste sehr gut, dass sie das Gemüt und den Verstand eines edlen Menschen besitzen und mir kein Leid zufügten.«

In den folgenden Monaten ging Fion weder auf die Jagd noch in den Krieg, sondern lebte nur für die gerettete Prinzessin. Nun geschah es aber, dass die Loch-Leannach (Skandinavier) in sein Land einfielen und er mit den Fianna gezwungen war, gegen dieselben zu ziehen. Nach einer Woche war der Friede wieder hergestellt und Fion konnte wieder nach Hause eilen; doch als er in der Nähe seiner Burg war, kamen ihm seine Diener weinend entgegen und begrüßten ihn mit halblauter Stimme.

»Warum kommt denn die Blume des Landes, meine Prinzessin, nicht?«, fragte er.

»Tadle uns nicht, edler Herr«, antworteten sie, »als du die Streitaxt gegen die weißen Eindringlinge schwangst, erschien auf einmal dein Bild und das deiner beiden Hunde hier auf dem Hügel, und wir vernahmen den Ton deines Zauberhorns Dord Fionn. Die gute Saav sprang augenblicklich auf dich. »Meinen Beschützer, den Vater meines ungebornen Kindes muss ich sehen!«, rief sie. Sie stürzte sich in die Arme des Luftgebildes; aber mit einem herzzerreißenden Schrei flog sie wieder zurück und die Gestalt schlug sie mit einer Haselgerte. In demselben Augenblick stand ein schlankes Reh an ihrer Stelle, das von den beiden Hunden den Berg hinab getrieben wurde. Mehrmals versuchte es umzukehren, aber jedes Mal fassten es die Hunde am Hals und zogen es mit Gewalt fort. Wir waren nicht müßig dabei, doch als wir unsere Waffen geholt hatten, waren Zauberer, Reh und Hunde verschwunden.«

Fion warf verzweifelnd seinen Schild zur Erde und stierte wild vor sich hin. Dann ging er, ohne ein Wort zu sagen, in sein Gemach und ließ sich nicht vor dem nächsten Tag sehen.

Sieben Jahre lang durchsuchte er ganz Erin nach der geliebten Saav, aber nirgends war eine Spur von ihr zu entdecken.

Im achten Jahr geschah es, dass seine Hunde auf der Jagd ein kleines Gebüsch umzingelten und durch ihr Bellen anzeigten, dass sie etwas ganz Besonderes gefunden hatten. Fion eilte herbei und fand einen kleinen, schwarzhaarigen Knaben, an dem Brann und Sceoluing freudig hinaufsprangen. Sein Gesicht war das der geliebten Saav und auch aus seinem scheinbaren Alter schien hervorzugehen, dass er ihr Sohn sei. Fion nahm ihn mit nach Hause und als er groß geworden war und ordentlich sprechen gelernt hatte, erzählte er Folgendes:

»Ich und eine Hirschkuh, die mich zärtlich liebte, lebten in einem großen Garten, der mit einem hohen eisernen Zaun umgeben war. Von Zeit zu Zeit kam ein schwarzer Mann zu ihr und sprach zuweilen in zärtlichem und auch sehr häufig in grobem Ton mit ihr; aber was er sagte, konnte ich nicht verstehen. Er verließ sie stets sehr missmutig. Sie versuchte häufig mit mir zu entfliehen, aber es gelang ihr nicht. Bei seinem letzten Besuch schlug er sie mit einer Haselgerte, wonach sie ihm willenlos folgte. Ich wollte ihr nacheilen, aber ich war noch zu schwach, um zehn Schritte gehen zu können. Tag und Nacht suchte und schrie ich nach ihr und wenn mich die Hunde nicht aufgefunden hätten, wäre ich sicher den Hungertod gestorben.«

Der Knabe erhielt den Namen Oisín und ward späterhin der berühmte Sänger der Taten der Fianna in Erin.

Die drei Schwestern

Es war einmal eine alte Frau, die hatte drei Töchter und die Älteste sagte eines Tages zu ihr: »Mutter, gib mir ein Stück Brot und lass mich fortziehen, um anderswo in der Welt mein Glück zu suchen.« Die Mutter versprach es ihr und fragte sie am nächsten Morgen, als sie reisefertig vor sie trat, ob sie nicht lieber das halbe Brot mit ihrem Segen als das ganze mit ihrem Fluch haben wolle. »Fluch oder nicht«, erwiderte sie, »gib nur das Brot her, wie es ist, es ist doch klein genug!«

Die Mutter gab es ihr und ließ sie ohne Fluch, doch auch ohne Segen gehen. Als sie einen halben Tag auf der Reise war und sich an der Landstraße niedergesetzt hatte, um sich ein wenig auszuruhen, kam eine alte Frau zu ihr und bat sie um einen Mund voll Brot.

»Das ist alles, was ich habe«, erwiderte sie, indem sie ihr das Stückchen zeigte, das sie in der Tasche hatte. Dann kehrte sie ihr den Rücken.

Am Abend kam sie in ein großes Bauernhaus und fragte um eine Schlafstelle nach.

»Die sollst du haben«, sagte die gute Hausfrau, »und noch einen Spaten voll Gold und eine Schaufel voll Silber dazu, wenn du bei meinem toten Sohn wachen willst, der im nächsten Zimmer liegt.«

Sie versprach es und setzte sich neben den Leichnam. Nach einer Weile stand der Tote auf und fragte sie: »Bist du allein, schönes Mädchen?«

Doch sie gab keine Antwort, und nachdem er zum dritten Mal vergebens gefragt hatte, gab er ihr einen Schlag mit einer Gerte, wonach sie in einen grauen Pflasterstein verwandelt wurde.

Nach einer Woche verließ ihre zweite Schwester ebenfalls das elterliche Haus und kümmerte sich nicht darum, ob sie den Fluch oder den Segen ihrer Mutter mitnahm. Sie kam in dasselbe Haus und war am nächsten Morgen ebenfalls ein grauer Pflasterstein.

Endlich ging auch die jüngste Schwester fort, aber nicht ohne den mütterlichen Segen. Auch teilte sie ihr Brot mit der armen Frau am Weg und bewachte in der nächsten Nacht den toten Jüngling. Sie setzte sich neben das Feuer, spielte mit dem Hund und der Katze und aß die Äpfel und Nüsse, die ihr die gutmütige Hausfrau gegeben hatte.

Während sie nun so den schönen Toten bewachte, stand dieser auf einmal auf und fragte: »Bist du allein, liebes Mädchen?«

»Ganz alleine bin ich nicht;
Hund und Katze sind bei mir;
Nüss und Äpfel hab ich hier
Und ich schenk sie alle dir!«,
erwiderte das unerschrockene Mädchen.

»Du bist ein Mädchen, das Mut hat, aber ich glaube, du würdest doch nicht mit mir gehen. Mein Weg führt erst durch einen bodenlosen Morast und dann durch einen brennenden Wald. Dann muss ich die Höhle des Schreckens durchwandern, danach einen himmelhohen gläsernen Berg ersteigen und mich dann von der Spitze hinab in das tote Meer stürzen.«

»Ich gehe mit dir!«, antwortete das Mädchen.

Darauf sprang er aus dem Fenster und das Mädchen ebenfalls. Als sie eine kurze Strecke gewandert waren, kamen sie an den bodenlosen Morast und der leichte Tote marschierte ruhig darüber. Während sich nun das Mädchen besann, wie es ihm folgen könne, erschien plötzlich die alte Bettlerin in schönen Kleidern vor ihr und berührte ihre Füße mit einem Zauberstab, wonach sie sich nach allen Seiten so weit ausdehnte, dass sie so bequem über den Morast gehen konnte.

Als beide am Ende dieser traurigen Gegend waren, kamen sie an den ewig brennenden Wald, und die gute Fee warf ihr schnell einen feuerfesten Mantel um, sodass ihr kein Haar versengt wurde.

Dann kamen sie in die Höhle des Schreckens, wo ihr sicherlich durch das furchtbare Geschrei der bösen Geister die Ohren zersprungen wären, wenn sie ihr die alte Frau nicht vorher verstopft hätte.

Darauf musste sie den gläsernen Berg besteigen und das Mädchen erhielt vorher die nötigen Schuhe dazu. Dort angekommen, sprach er: »Gehe nun heim zu meiner Mutter und sage ihr in meinem Namen Lebewohl!« Kaum hatte er das letzte Wort gesprochen, so sprang er hinunter in die Tiefe und das Mädchen sprang ihm besinnungslos nach. Als sie wieder zu sich kam, sah sie sich auf einer grünen Wiese an der Seite des Jünglings sitzen; aber sie war so müde, dass sie gleich einschlief, und als sie wieder erwacht war, befand sie sich im Haus der gastfreundlichen Wirtin, deren Sohn ihre Hand in der seinigen hielt.

Der junge Mann hätte nämlich früher eine Hexe heiraten sollen, aber da er dazu keine Lust hatte, so brachte ihn diese so weit in seine Gewalt, dass sie ihn in einem scheintoten Zustand hielt, aus dem er nicht eher befreit werden sollte, bis ein junges Mädchen für ihn die besagten schweren Aufgaben vollbracht hatte.

Auf Bitten des jungen Mädchens erhielten nun ihre Schwestern ihre frühere Gestalt wieder und wurden mit einem Spaten voll Gold und einer Schaufel voll Silber nach Hause geschickt; sie aber blieb bei dem jungen Mann und vermählte sich mit ihm.

Sculloge

Lange Zeit, ehe die Dänen in Irland einfielen, lebte in Muskerri ein reicher Mann, der ein fleißiger Bearbeiter seines Landguts war. Da er stets sparsam gewesen war, so hinterließ er seinem Sohn nach seinem Tod mehrere Kisten und ein Dutzend große Strümpfe voll Goldstücke. Dieser dachte nun durchaus nicht daran, seinen Reichtum zu vermehren, sondern seine einzige Sorge war, sein Erbe unter die Leute zu bringen. Statt zu arbeiten, lief er auf den Jahrmärkten herum und erging sich mit gleich gesinnten jungen Leuten in allerlei Belustigungen, spielte und trank ganze Nächte hindurch und sprach nur von der Jagd und guten Hunden.

Ehe er sichs versah, waren die Kisten und Strümpfe leer, und er suchte nun die Sparpfennige hervor, die sein Vater unter dem Dach und in andern Winkeln versteckt hatte. Als auch diese aufgezehrt waren, borgte er Geld auf sein Landgut und nahm sich vor, eine Mühle, die seinem Vater stets viel eingebracht hatte, zu beziehen und sich darauf durch fleißiges Arbeiten wieder aufzuhelfen. Doch sobald er wieder Geld in Händen hatte, vergaß er seinen guten Vorsatz und dachte erst wieder daran, als er den letzten Penny ausgegeben hatte. Dann aber führte er seinen Plan aus und ging nach der Mühle. Aber er fand diese in einem Zustand, der ihn nicht zur Hoffnung auf bessere Zeiten berechtigte. Das Dach war eingefallen, die Räder waren zerbrochen, der Damm war so zerrissen, dass er keinen Fingerhut voll Wasser nach der Mühle führte und keine heile Wand war am ganzen Haus.

Still und traurig setzte sich Sculloge vor das verödete Haus und dachte über sein Schicksal nach. Da fiel ihm nun ein, dass sein Vater häufig an einem Stein, der vor ihm lag, herumgearbeitet hatte, und weil er glaubte, er habe vielleicht Geld darunter vergraben, machte er sich daran und wälzte ihn von seiner Stelle.

Er hatte sich nicht geirrt, denn bald hielt er einen Beutel mit fünfzig Guineen darin in der Hand und rief freudig aus: »Jetzt werde ich sicherlich alles zurückgewinnen, was ich verloren habe!«

Anstatt nun die Mühle in brauchbaren Stand zu setzen und einen neuen Lebenswandel anzufangen, eilte er zu lustigen Brüdern und trank und spielte, bis seine Taschen wieder so leer wie vorher waren. Dann sprach er: »Jetzt werde ich mir ein Pferd borgen und zum letzten Mal auf die Jagd reiten; morgen aber beginnt ein anderes Leben!«

Als er am Abend von der Jagd zurückkehrte und seinen Weg durch eine einsame Schlucht nahm, sah er einen alten, närrisch aussehenden Mann im Gras sitzen und auf einem Brett den Würfelbecher zum Spiele bereithalten. Ein großer, voll gefüllter Beutel lag neben ihm. Er fluchte, schimpfte und schrie, als ob ein Dutzend Spieler da säßen, und er war doch ganz allein und ließ seine rechte Hand gegen die linke spielen. Er schien die Letztere zu begünstigen, obwohl er nicht das geringste Glück damit hatte.

»Meine liebe Linke«, sagte er, als er ein neues Spiel anfing, »wenn du verlierst, so musst du der Rechten eine große Mühle bauen; und du spitzbübische Rechte, musst für deine Schwester ein großartiges Schloss mit hohen Türmen und prächtigen Gärten bauen. Ich wette auf die Linke, obgleich ich weiß, dass sie verlieren wird. Was wettest du, junger Sculloge?«

»Ich habe nur sechs Pence«, erwiderte dieser, »und wenn du es erlaubst, werde ich sie auf die Rechte setzen.«

»Angenommen! Wenn du gewinnst, bekommst du hundert Guineen. Ich weiß, ich habe kein Glück, aber meine liebe Linke werde ich nie aufgeben!«

Darauf warf er die Würfel abwechselnd mit beiden Händen auf den Tisch. Die Rechte gewann und ein Krach ward gehört, als ob der Himmel einstürze. Als Sculloge um sich blickte, sah er eine Mühle in seiner Nähe, die in vollem Gang war.

»Hier ist dein Gewinn«, sagte der Alte zu ihm und überreichte ihm einen Beutel mit hundert Guineen.

Merkwürdigerweise eilte Sculloge am nächsten Morgen nicht damit zum Wirtshaus, sondern bezahlte seine Schulden und beauftragte einige Arbeiter, sein Haus wieder in den gehörigen Stand zu setzen.

Doch seine Liebe zur Jagd verlor er nicht und noch in derselben Woche ritt er wieder in den Wald. Auf seiner Rückkehr begegnete er wieder dem alten Narren und sprach zu ihm:

»Ich freue mich sehr, dich wiederzusehen, denn deine Bekanntschaft hat mir Glück gebracht. Darf ich vielleicht deinen Namen wissen!«

»Spare die Komplimente! Meines Namens brauche ich mich nicht zu schämen; ich bin der Elfen-Druide Lassa Buaicht und bin seit meiner Kindheit mit einer unersättlichen Liebe zum Spiel behaftet, obwohl ich nie gewonnen habe noch jemals gewinnen werde. Ich wette stets auf meine linke Hand, und wenn du mitspielen willst, dann setze dich nieder. Wenn du verlierst, so musst du tun, was ich dir sagen werde, sobald das Spiel vorbei ist; du aber kannst dir gleich jetzt ausbitten, was ich dir geben soll!«

Sculloge verlangte nur seine alte Mühle in brauchbaren Zustand gesetzt zu sehen und da der Alte damit einverstanden war, begannen sie das Spiel. Der Druide verlor und murmelte einen unverständlichen Fluch vor sich hin. »Sobald du morgen früh aufstehst«, sprach er zu Sculloge, »sieh dir einmal deine Mühle an!«

Dies war denn auch natürlich das Erste, was Sculloge am nächsten Morgen tat. Der Druide hatte sein Wort gehalten; denn die schönste Mühle von ganz Muskerry stand da und war in vollem Gang. Sculloge war überglücklich; er eilte sogleich an die Arbeit und ward von dieser Stunde an ein arbeitsamer, tüchtiger Mann. Er verabscheute Karten und Würfel und die Schnapsflasche war ihm ein Gräuel. Das Einzige, was ihm noch fehlte, war eine Frau, damit er sich die langen Abende angenehmer vertreiben konnte.

Nun begegnete er einstmals dem alten Elfen-Druiden wieder

und es dauerte nicht lange, so waren sie am Würfeln. Der Zauberer hatte eine schöne Frau zu besorgen, wenn er verlor, und Sculloge verpflichtete sich dagegen, ihm in allen Dingen Folge zu leisten. Er gewann wie gewöhnlich.

Sculloge ging an jenem Abend spät zu Bett, aber vor Tagesanbruch konnte er nicht einschlafen. Doch kaum hatte er einige Minuten geschlummert, da kam seine alte Haushälterin in sein Schlafzimmer gestürzt und rief: »Lieber Herr, wach auf! Vor dem Haus steht eine fremde Frau, die wie eine Königstochter gekleidet und so schön ist wie – ja, ich weiß nicht wie!«

In seinem Leben hatte er sich nicht so schnell angezogen wie diesmal, obgleich er sich nicht mit seinem Alltagsanzug bekleidete. Als er die wunderschöne Frau erblickte, fiel er beinahe vor Entzücken auf die Knie. Übrigens war er auch kein unansehnlicher Mann und er hatte sich besonders seit der Zeit, da er nicht mehr spielte und trank, bedeutend zu seinem Vorteil verändert.

»Ich war gezwungen«, redete ihn die Fremde an, »hierherzukommen, einerlei ob ich wollte oder nicht. Lieber, dass ich jedoch einen schlechten Mann heirate, möchte ich sterben. Ich glaube, dass du mich nicht gegen meinen Willen zwingen wirst.«

»Ich würde mir lieber die rechte Hand abhauen, als deinem Wunsch entgegenhandeln.«

Sie blieben also beieinander und liebten sich mit jeder Minute mehr und zuletzt blieb nichts anderes übrig, als nach dem Pfarrer zu schicken, der sie zu einem Ehepaar machte.

Sie vergaß bald, dass sie die Tochter eines Königs war und arbeitete wie die fleißigste Bauersfrau, trotzdem er es gar nicht zugeben wollte. Auch tat es ihrem Gemahl sehr leid, dass er ihr keine stattlichen Kleider kaufen konnte, da die mitgebrachten bei der Arbeit bald zerrissen waren; aber sie sagte stets, sie wolle lieber in einfacher Kleidung gehen.

»Weißt du was«, sagte er eines Abends zu ihr, »ich gehe wieder einmal zu dem Elfen-Druiden Lassa Buaicht und spiele mit ihm. Ich kann mit dem besten Gewissen um tausend Pfund wetten, denn es unterliegt keinem Zweifel, dass ich gewinne. Dann kaufe ich dir ein schönes Haus und kleide dich, wie es einer Königstochter geziemt!«

»Mein lieber Gemahl«, erwiderte sie, »wenn du weder mich noch dein Leben verlieren willst, dann darfst du mit diesem betrügerischen Alten nicht spielen. Ich habe geschworen, seine früheren Taten nicht zu enthüllen; aber glaube mir nur und folge meinem Rat.«

Obgleich Sculloge kein Wort mehr davon erwähnte, so waren seine Gedanken dennoch stets beim alten Druiden, und eines Tages stahl er sich heimlich zu ihm. Dieser lächelte stillvergnügt, als er ihn kommen sah. »Um was sollen wir heute Abend spielen?«, rief er ihm entgegen, »um zwei Mühlen, tausend Guineen oder noch eine Frau? Du kannst auch zehntausend Guineen auf meine rechte Hand setzen; wenn du verlieren solltest, verlange ich nur, dass du meine Befehle ausführst!«

Sculloge wettete um zehntausend Pfund, und das Spiel begann. Diesmal aber verließ ihn das Glück und das Gesicht des alten Druiden ließ nichts Gutes ahnen.

»Närrischer Sculloge«, sprach er zu ihm, »du darfst keine zwei Mahlzeiten von ein und demselben Tisch essen und nie zwei Mal im gleichen Bett schlafen, bis du mir die ›*Fios Fath an aon Sceil*‹ (vollständige Erzählung der einzigen Geschichte) und das ›*Cloidheamh Solais*‹ (Schwert des Lichtes) vom Furch O'Duda (Rabe, Enkel von Soot), der im ›*Donn Teagh*‹ (braunes Haus) wohnt, gebracht hast!«

Als er zu Hause ankam, war er mehr tot als lebendig, und seine Frau sah ihm auf den ersten Blick an, was ihm begegnet war. Ohne ihn weiter deshalb zu befragen, fiel sie ihm um den Hals und sagte: »Lieber Mann, verzage nicht; Lassa Buaicht ist zwar stark und listig, aber er soll den Sieg doch nicht davontragen.« Dann gab sie ihm die nötigen Ratschläge und am nächsten Morgen führte sie ihm ihr schönes Pferd, auf dem sie gekommen war, vor und nahm zärtlichen Abschied von ihm.

Das Pferd trabte so leicht dahin, als berührten seine Füße den Boden gar nicht, und Sculloge sah an den Hecken und Bäumen, dass es mit Windesschnelle lief. Bald stand es vor einem großen Wasser, aber es hielt nicht ein, sondern ging so sicher über die Wellen wie über eine Wiese.

Gegen Abend kam Sculloge an ein großes Schloss. Sobald ihn der Wächter bemerkte, ließ er gleich die Zugbrücke herab und führte ihn in das königliche Gemach, während einige Knechte das Pferd, das sie sehr gut zu kennen schienen, streichelten und liebkosten.

Der König und die Königin schienen dem Aussehen nach die Eltern seiner Frau zu sein, und als ihm diese einen Becher Wein reichen ließen, warf er, nachdem er ihn geleert hatte, Saavs Ring hinein und sandte ihn zurück. Sobald sie den Ring sahen, stiegen sie von ihren Thronsitzen und umarmten ihren Schwiegersohn. »Es ist nicht nötig«, sagte die Königin, »zu fragen, ob es meiner Tochter gut geht; denn wenn sie irgendwie unzufrieden wäre, hätte sie dir den Ring nicht gegeben. Wenn du dich ausgeruht hast, werden wir dir sagen, wie du in Besitz der *›Fios Fath an aon Sceil‹* und des *›Cloidheamh Solais‹* gelangen kannst.«

Darauf führte man Sculloge in ein Schlafgemach und als er am nächsten Morgen ein stärkendes Frühstück zu sich genommen hatte, sprach sein Schwiegervater zu ihm:

»Mein lieber Sohn, der Fiach O'Duda, Lassa Buaicht und ich sind Brüder. Lassa ist der Jüngste und in mancher Beziehung der Stärkste, er hat stets seinen ältesten Bruder wegen des Schwertes des Lichtes beneidet. Da ich nur allein die Macht besitze, dieses zu erlangen und er wohl weiß, dass ich Fiach kein Leid zufügen werde, so hat er mir meine Tochter gestohlen und dich dadurch in seine Gewalt gebracht. Jetzt denkt er nun, dass ich Saav nicht unglücklich machen, also dir zur Erlangung besagten Schwertes behilflich sein werde.

Fiach wohnt in einem Schloss, das von drei Mauern umgeben ist und auf einer Heide im Süden liegt. Der Rappe, den ich dir morgen geben werde, wird am schnellsten das Tor der äußern Mauer erreichen, dann wird Fiach kommen und dich nach deinem Vorhaben fragen; du musst alsdann auf deiner Hut sein.«

Sculloge setzte sich danach auf den Rappen und ritt dem braunen Schloss zu.

»Ich fordere dich auf, großer Fiach O'Duda«, rief er, als er vor der Außenmauer stand, »mir die *›Fios Fath an aon Sceil‹* zu erzählen und mir das *›Cloidheamh Solais‹*. zu überliefern!«

Kaum hatte er ausgesprochen, so öffneten sich die Tore und ein großer Mann mit dunkler Hautfarbe und rabenschwarzem Haar trat ihm entgegen und schlug mit dem Schwert nach ihm. Sculloge gab jedoch seinem Pferd eine geschickte Wendung, sodass er gar nicht und es nur unbedeutend beschädigt wurde.

Danach kehrte er wieder nach Hause zurück. »Das ist alles«, sagte der König zu ihm, »was wir heute tun können; der nächste Tag wird uns mehr Arbeit bringen!«

Den ersten Teil der folgenden Nacht verbrachten sie mit Essen und Trinken, den zweiten verplauderten und versangen sie und den dritten verschliefen sie.

Am Morgen machte sich Sculloge auf einem Schimmel nach dem braunen Schloss. Die Außenmauer war inzwischen eingefallen, und als er vor die Tür der zweiten Mauer kam, kam ihm Fiach mit einem mürrischen Gesicht entgegen und wollte Ross und Reiter mit seinem Schwerte zerspalten. Sculloge aber war auf seiner Hut und er und das Pferd kamen wieder ohne nennenswerten Schaden davon.

Die folgende Nacht wurde in derselben Weise wie die vorhergehende verlebt und am Morgen danach bestieg Sculloge das braune Pferd, das er mitgebracht hatte, und ritt nach dem Schloss.

Da die zweite Mauer auch umgefallen war, so war er gleich im Hof. Fiach brauchte er auch nicht zu rufen, denn dieser stand bereits mit seinem Schwert vor ihm und holte zum vernichtenden Streich aus. Doch Sculloge kam wieder glücklich davon und erreichte ohne einen Unglücksfall das Schloss seines Schwiegervaters.

Am Morgen darauf gab ihm dieser statt eines Pferdes eine Clarsech (kleine Harfe) und eine mit allerlei wertlosen Dingen gefüllte Tasche und schickte ihn wieder nach dem braunen Schloss.

Als er in dessen Nähe kam, griff er in die Saiten und es kam ihm vor, als befände er sich plötzlich auf einer Wolke und genieße die Freude des zukünftigen Lebens. Die Bäume winkten ihm den Dank mit ihren Zweigen zu; das Gras bog sich und die wilden Raubvögel versammelten sich furchtlos um ihn. Die Diener Fiachs, die an der umgefallenen Mauer beschäftigt waren, ließen ihre Arbeit im Stich und stellten sich um den Sänger.

Nun öffnete Sculloge seine Tasche und zerstreute den Inhalt nach allen Winden. Die Arbeiter fielen wie rasend darüber her, da sie glaubten, es sei alles Gold. Während dieses Tumults eilte er nun ins Schloss und kam in das Schlafzimmer Fiachs. Dieser schlief so fest, als sei er tot; das Schwert des Lichts, welches das fensterlose Zimmer erleuchtete, hing neben dem Bett.

Sculloge nahm es von der Wand, zog es aus der Scheide und rief: »Fiach O'Duda, steh auf und erzähle mir die *›Fios Fath an aon Sceil‹;* um das *›Cloidheamh Solais‹* brauche ich dich nicht zu bitten, denn ich habe es bereits in meiner Rechten!«

Der Druide war so bestürzt, dass er gar nicht antworten konnte. Allmählich erholte er sich jedoch und erzählte die

»Fios Fath an aon Sceil«.

»Ich bin der Älteste von drei Brüdern; Draoi und Lassa Buaicht sind die Jüngsten. Da ich laut des Geburtsrechtes das berühmte *›Cloidheamh Solais‹* erbte, wurde ich stets von meinem jüngsten Bruder beneidet und er versuchte auch alles Mögliche, um mir es zu entreißen. Da ich aber ebenfalls ein Druide bin, so konnte er mir nichts anhaben.

Doch um ihm aus den Augen zu sein und um die Welt ein wenig zu sehen, ging ich nach Griechenland, wo ich mit dem König so gut bekannt wurde, dass er mir seine Tochter zur Frau gab. Beide verstanden Zauberei und er hatte einen Stab, mit dem er alles in irgendeine Form verwandeln konnte. Diesen Stab aber stahl ihm meine Frau und nahm ihn mit sich nach Irland.

Als ich wieder in meiner Heimat angekommen und eines Tages auf die Jagd gegangen war, fanden meine Hunde einen wild aussehenden, aber schön gewachsenen jungen Mann in einem Gebüsch. Ich eilte auf ihr Gebell hinzu, und da er seine Hände flehend gegen mich ausstreckte und ihm die Tränen aus den Augen liefen, rief ich die Hunde zurück und nahm ihn mit nach Hause. Ich ließ ihm das Haar schneiden, schenkte ihm schöne Kleider und gab mir große Mühe, ihm das Sprechen beizubringen. Nie aber hätte ich geglaubt, dass er ein verkappter Bösewicht war, den mir mein Bruder zugeschickt hatte, um meine Frau zu verführen und ihm zum Besitz des Schwertes des Lichts zu verhelfen.

Eines Tages kam ich von der Jagd zurück und hörte zwei Personen im Gebüsch flüstern. Ihre Stimmen waren mir bekannt, und als ich deshalb etwas näher nachsah, entdeckte ich meine Frau in verdächtiger Umarmung mit ihrem Buhlen. Augenblicklich wollte ich ihm meinen Jagdspieß durch den Bauch jagen, als mich meine Frau sah und den Zauberstab auf mich warf, wonach ich zu einem Pferd ward.

Ich verlor jedoch die Besinnung nicht und versuchte den Verführer mit den Hufen zu zerstampfen, aber ehe ich ihn erreichte, war er auf einen Baum geklettert. Meiner Frau wollte ich nichts zuleide tun; doch alle Leute, die sie schickte, um mich einzufangen, biss und schlug ich dermaßen, dass sich keiner mehr in meine Nähe wagte.

Kurz danach schlug sie mich abermals mit dem Zauberstab, wonach ich zum Wolf ward. Glücklicherweise hatte sie nicht die Macht, mich zu töten; aber sie beredete ihren Vater, der sich damals in meinem Schloss auf Besuch befand, Jagd auf mich zu machen und er fing mich auch.

Als mich gerade die Hunde zerreißen wollten, kam er selber auf mich zu; ich streckte ihm meine Vorderpfoten entgegen und heulte und weinte so bitterlich, dass er mich mit nach Hause nahm. Seit dieser Zeit wich ich nicht mehr von ihm. Meine Frau und ihr Geliebter hatten inzwischen das ganze Haus nach dem

Schwert des Lichts durchsucht, sie hatten es nicht gefunden, da ich es zu gut versteckt hatte. Nun versuchte sie alles, mich umzubringen.

Eines Tages sang sie unser Kind in den Schlaf und bespritzte es und mich mit Blut. Dann rief sie ihren Vater, zeigte ihm den blutigen Säugling und sagte, ich habe ihn gebissen. Dieser aber untersuchte das Kind genau und da er keine Wunde fand, nahm er die Zauberrute, schlug mich und sprach: ›Hier ist ein Geheimnis; ich beschwöre dich, nimm deine natürliche Gestalt an!‹

Im nächsten Augenblick stand ich als Mensch vor ihm und mein Weib verließ das Zimmer so schnell sie konnte. Doch sie ward bald wieder eingeholt und auf einen Stuhl gebannt. Der Verführer aber ward geknebelt, und als ich meinem Schwiegervater den ganzen Sachverhalt getreu mitgeteilt hatte, schlug ihm dieser mit dem Zauberstab ins Gesicht und gleich stand ein hässlicher, buckliger Kerl vor ihm.

Meine Frau schrie und weinte vor Ärger und Scham und wagte nicht, einen von uns anzusehen. Der bucklige Kerl ward gleich darauf auf einem lodernden Scheiterhaufen verbrannt.

Darauf fragte mich der König, was er mit seiner treulosen Tochter machen sollte; ich bat ihn, sie wieder mit nach Hause zu nehmen, was er auch tat. Seit jener Zeit bin ich stets gegen die Umtriebe meines Bruders auf der Hut gewesen.

Aber nun sage mir auch, was dich bewog, meine Schlossmauern zu zerstören, und mir mein Schwert zu rauben? Ohne die Hilfe meines guten Bruders hättest du es nicht fertig gebracht.«

Sculloge erzählte nun seine ganze Lebensgeschichte und versicherte ihm, er würde nicht mehr lange ohne das ›*Cloidheamh Solais*‹ sein und wegen seines bösen Bruders keine Mauern mehr brauchen.

Dann setzte er sich auf sein braunes Pferd und ritt durch das große Wasser nach Hause. Doch unterwegs begegnete er dem verschmitzten Lassa Buaicht und setzte sich neben ihn; dieser wandte kein Auge von der kostbaren Waffe und sprach: »Die Geschichte brauchst du mir nicht zu erzählen, denn ich kenne sie gut genug; gib mir nur das Schwert und es soll dir in Zukunft an Goldstücken nicht fehlen.«

»Wie soll ich es dir reichen?«, fragte Sculloge. »Wie du willst!«

»Da hast du es, elender Wicht!« Und damit schlug er ihm den Kopf ab.

Dann ging Sculloge nach Hause, wo ein zärtlicher Empfang seiner harrte. Er verkaufte seine Mühle und zog mit seiner Frau zu seinen Schwiegereltern, wo beide herrlich und in Freuden lebten.

Die Lords von Muskerry führen ihren Stammbaum auf dieses Paar zurück.

Die goldene Schlafnadel (An Braon Suan or)

Die liebliche Fiongalla war die Tochter von Glas, dem Fürsten von Desmond, über dessen Familie seit mehr als zwei Jahrhunderten der Fluch verhängt war, dass sich keine Jungfrau daraus verheiraten durfte, wenn ihr Geliebter nicht den »Craov Cuilleann« (Stechpalmenzweig), das »Luis Bui« (Dotter- und Ringelblume) und die roten Beeren des »Uhar« (Eibenbaum) aus dem »Donn Thir« (dunkles Land) brächte. Ein »Corrochan« (mit Leder überzogenes Boot) lag seit Menschengedenken bereit, die waghalsigen Abenteurer aufzunehmen, aber keinen von denen, die hineingestiegen waren, sah man je zurückkehren. In dieser Familie lebte auch die Zauberin Amarach, von der kein Mensch sagen konnte, wie alt sie war, und sich auch niemand erinnerte, sie jemals mit einem jüngeren Gesicht gesehen zu haben.

Nun kam eines Tages Feargal, der Sohn des Edelmannes Ciocal, der viel von der Schönheit und Anmut Fiongallas gehört hatte, zu Glas und bat ihn, sein Glück versuchen zu dürfen. Die edle Jungfrau bat ihn inbrünstig, doch von seinem Vorhaben abzulassen, da schon so viele tapfere Ritter dadurch ihren Tod gefunden hätten; Feargal aber stand unter dem Schutz der mächtigen Finncaev, die ihm ihren Beistand versprochen hatte, und so ließ er sich durch nichts abhalten.

Auch die alte Amarach versuchte den Jüngling davon abzuhalten, aber aus ganz andern Gründen, denn sie war die Hexe, der die Familie von Glas diesen Fluch zu verdanken hatte, und sie wusste recht wohl, dass Feargal unter dem Schutz der Finncaev stand, die ihren Einfluss leicht untergraben könne.

Feargal machte sich also auf den Weg nach dem Strand. Er kam an mehreren Gräbern längst verstorbener Helden vorbei, wo sich ihm eine lange, weiße Gestalt entgegenstellte. Es war seine Schutzgöttin.

»Du hast«, sprach sie, »eine gefährliche Arbeit übernommen; folge daher meinem Rat, damit du dabei nicht den Tod findest. Wenn du im Boot an die dunkle Küste kommst, darfst du nicht eher aussteigen, bis du meine drei Diener am Ufer siehst. Ich werde sie dir jetzt vorstellen.«

Darauf schlug sie einen großen, neben ihr liegenden Stein mit ihrer Zauberrute, wonach dieser in tausend Stücke brach. »Cusch fe Crisch!« (festgebundener Fuß), rief sie, »komm heraus!« Augenblicklich kroch ein großer Mann, der das eine Bein in der Hand hielt, hervor. Dann schlug sie einen andern Stein und rief: »Fir na Saghaidh« (Mann der Pfeile), »komm heraus!«

Der Stein zerteilte sich und ein Bogenschütze mit einem voll gefüllten Köcher kam hervor. Als sie den dritten schlug, kam »Fir na Mulla Headha«, ein Mann mit einem schrecklich großen Mund und dick aufgeblasenen Backen, hervor.

Alle neigten sich vor dem Jüngling und fragten ihn, womit sie ihm dienen könnten. Er sah nach Finncaev, aber sie war verschwunden.

»Ich weiß nicht, wie ihr mir helfen könnt«, sagte er, »was ich aber von euch haben muss, und zwar schon morgen Abend zur Zeit des Sonnenuntergangs, sind der Stechpalmenzweig, die roten Beeren des Eibenbaumes und die Ringelblume aus dem dunklen Land in der großen See.«

»Eine schwere Aufgabe ist es allerdings, die mächtige Amarach zu besiegen«, antwortete Cusch, »und damit ich mein Ziel nicht überspringe, werde ich den rechten Fuß festgebunden lassen. Du, Fir na Saghaidh, hast stets treffende Pfeile im Köcher und du, Fir na Mulla Headha, kannst durch die ganze Erde sehen und durch deinen Atem die schrecklichsten Stürme hervorrufen. Nun zur Arbeit! Ich eile zum Boot der Amarach und du, junger Ritter, hältst dich mit deinem Schiff in der Nähe des Ufers, bis ich wieder zurück bin!«

Bald darauf stand Cusch vor dem Boot der Zauberin. Sie saß in der Gestalt eines blühenden Mädchens darin und lud ihn freundlichst ein, zu ihr hineinzukommen. »Ich möchte dein

Boot auf kurze Zeit haben«, sprach er, »denn ich will drei heilige Gaben für Feargal vom dunklen Strand holen; da ich aber erst morgen zurück sein muss, so habe ich Zeit genug übrig, um ein Stündchen mit dir zu verplaudern.«

Als er ihre Hand ergreifen wollte, glitt er unversehens aus und fiel hin. Sie gab ihm gleich einen magischen Schlaftrunk ein, der ihn der Besinnung beraubte, und dann zog sie die »Braon suan or«, die goldene Schlafnadel, aus ihrem Haar und steckte sie ihm in seines, wonach ihn keine Macht der Erde wieder erwecken konnte.

Seine beiden Gefährten kamen eine Stunde nach ihm an und waren sehr erstaunt, ihn regungslos im Boot liegen zu sehen. Doch sahen sie auch gleich die Ursache seines Schlafes, und der Bogenschütze schoss einen gut gezielten Pfeil darauf ab, worauf die Nadel auf den Boden fiel. Nun fuhr Cusch im Boot schnell wie ein Vogel nach dem dunklen Land und Fir na Mulla Headha sah durch den Seenebel, wie er die verlangten Gaben holte.

Groß war die Freude der beiden, als er wieder zurückkehrte. Doch Cusch sprach: »Die Amarach ist in einem anderen Boot südlich gefahren und wird sicherlich Fiargal bewegen, an Land zu steigen, ehe wir bei ihm sind. Setz dich, Mulla Headha, auf meinen Rücken und lass mich mit dir zu ihm eilen.«

Mulla Headha tat dies und im Nu hatte er das Boot Amarachs in Sicht. Gleich ließ er seinem Atem freien Lauf und die böse Hexe tanzte hoch in der Luft herum.

Als Feargal das Ufer betrat, wurden ihm die drei heiligen Gaben eingehändigt und Finncaev, die auch erschienen war, wünschte ihm Glück zu seiner baldigen Verheiratung. Sie und ihre drei Diener verschwanden darauf im Nebel und Feargal lag bald in den Armen der liebenden Fiongalla.

Die drei Kronen

Es war einmal ein König, der hatte drei Töchter. Die beiden Ältesten waren sehr stolz und eingebildet, aber die Jüngste war desto besser in jeder Beziehung. Nun kamen eines Tages drei Prinzen, um sie zu heiraten, und zwei davon waren gerade desselben Charakters wie die Ältesten; nur der Jüngste war ein ganz liebenswürdiger, anspruchsloser Jüngling.

Als diese drei Paare einst mit dem König an den See spazieren gingen, sprach sie ein armer Mann um eine kleine Gabe an; doch nur das jüngste Paar gab ihm außer freundlichen Worten ein ansehnliches Geschenk; die übrigen würdigten ihn kaum eines Blickes.

Am Ufer des Sees stand ein wunderschönes Boot, in das sich alle setzten; die Jüngste hatte zwar anfangs keine rechte Lust, da sie es für verzaubert hielt, doch ließ sie sich zuletzt von ihrem Vater bereden, sich ebenfalls hineinzusetzen.

Kaum hatten sie sich vom Ufer entfernt, da sprang ein winziger, kaum sieben Zoll hoher Zwerg unter einem Sitz hervor und befahl ihnen in barschem Ton, sich ruhig zu verhalten. Die Prinzen, denen eine solche Sprache ungewohnt vorkam, griffen augenblicklich nach dem Schwert, doch keiner davon konnte es aus der Scheide ziehen.

»Sagt euren Bräuten auf unbestimmte Zeit Lebewohl«, sagte der Zwerg zu den Männern, »denn euer mitleidsloses Betragen muss bestraft werden. Der jüngste Bräutigam braucht sich jedoch nicht zu grämen, denn er wird seine Prinzessin zur rechten Zeit wiederfinden und glücklich mit ihr werden. Böse Leute sind nicht reich, auch wenn sie nichts als Gold am Leib haben. Banacht lath!«

Die Mädchen rangen verzweiflungsvoll ihre Hände, aber keines konnte ein Sterbenswörtchen sprechen. Inzwischen flog das

Schiff pfeilschnell über den See und war am jenseitigen Ufer, ehe sich eine Katze hätte die Pfote nass machen können. Nun mussten die Männer aussteigen und die Jungfrauen wurden vom Zwerg an einer seidenen Schnur in einen tiefen Brunnen gelassen, von dessen Existenz vorher niemand etwas gewusst hatte. Als die Letzte verschwunden war, sprach der jüngste Prinz: »Lass mich auch hinab; ich will sie entweder zurückbringen oder mein Leben dabei verlieren!«

»Ich bin der Älteste«, erwiderte ein anderer Prinz, »und habe das Vorrecht.« Da sich die anderen damit einverstanden erklärten, so ließen sie ihn zuerst in den Brunnen. Doch sie warteten vergebens auf ein Zeichen von ihm und gingen dann, als es anfing dunkel zu werden, ohne ihn nach Hause. Am nächsten Tag wurde der Zweite und, als dieser ebenfalls nichts von sich hören ließ, am dritten Morgen der Jüngste hineingelassen.

Als dieser unten am Boden war, sah er sich in einer reizenden Gegend; vor ihm war ein schönes Wäldchen und hinter ihm ein weites, grünes Feld mit einem stolzen Schloss darauf und von oben lachte der blaue Himmel auf ihn herab.

Da das Schlösschen weit offen stand, so ging er ruhig durch den Hofraum in die inneren Gemächer, von denen immer eines schöner als das andere war. Das Letzte war das Allerschönste und darin stand ein fein gedeckter Tisch mit den kostbarsten Delikatessen. Da er nun trotz seines großen Hungers nicht uneingeladen zugreifen wollte, setzte er sieh still an den Kamin und wartete, bis jemand käme. Und da brauchte er nicht lange zu warten, denn bald trat der Zwerg mit der jüngsten Prinzessin am Arm herein und fragte: »Aber warum isst du nicht?«

»Der Anstand erfordert, dass man dies nicht eher tut, bevor man eingeladen worden ist.«

»So dachten die anderen freilich nicht; kaum waren sie eingetreten, so machten sie sich auch darüber her und als ich mir über dieses freie Benehmen einige Bemerkungen erlaubte, wurden sie grob und schimpften mich aus. Jetzt werden sie wohl keinen Hunger mehr verspüren.«

Dabei deutete er auf zwei marmorne Statuen in einer Nische Der Prinz erschrak zu Tode, sagte aber kein Wort. Darauf musste er sich mit seiner Braut zu Tisch setzen und als beide gegessen und getrunken hatten, sprach der Zwerg zum Prinzen:

»Du musst heute mit der Sonne reisen und wenn sie untergeht, wirst du in das Schloss eines Riesen kommen, in dem sich die zweite Prinzessin befindet. Am nächsten Tag reist du in derselben Richtung weiter und dann wirst du auch die Dritte in einem Schloss bei einem Riesen finden. Bringe sie beide mit; sie werden von nun an etwas mildtätiger gegen die Armen sein und sie wie Ihresgleichen behandeln.«

Mit Sonnenuntergang erreichte der Prinz das erste Schloss. Die Prinzessin war fast vor Freude außer sich und wollte ihm gleich ein gutes Abendessen bereiten, doch da hörte sie plötzlich den Riesen vor der Tür und sie versteckte den Prinzen schnell in ihrem Schlafgemach. Der Riese trat ein, schnüffelte herum und sagte: »Ich rieche Menschenfleisch in der Nähe!«

»Du irrst dich«, erwiderte die Prinzessin, »ich habe heute ein junges Kalb geschlachtet.«

»Dann gib es her, denn ich bin hungrig.« Sie tat so und der Riese setzte sich wieder, aß das ganze Kalb auf einmal auf und trank ein großes Fass voll Wein dazu.

»Aber ich rieche das Menschenfleisch noch immer in meiner Nähe«, sagte er, als er fertig war.

»Du bist schläfrig, lege dich nun ins Bett.«

»Du hast recht; aber sage mir doch zuerst, wann du mich eigentlich heiraten willst?«

»Am heiligen Tibbs Abend.«

»Wann das ist, weiß ich nicht; doch es scheint mir, als verzögertest du die Hochzeit absichtlich!« Wenige Augenblicke danach fiel er in tiefen Schlaf und der Prinz konnte unbehindert seine Weiterreise antreten. Am Abend kam er in das Schloss der ältesten Prinzessin, wo ihm dasselbe passierte. Als diese ihren zukünftigen Gemahl in tiefen Schlaf gesungen hatte, holte sie seine beiden schnellsten Pferde aus dem Stall und fort ging's über

Stock und Stein zur zweiten Schwester, die sie auf einem Pferd erwartete. Die Riesen jagten ihnen zwar nach, aber ehe sie sie einholten, waren sie bereits innerhalb der Zauberhecke des Zwerges in Sicherheit.

Die jungen Mädchen waren fast außer sich vor Freude und um diese zu erhöhen, berührte der Zwerg die beiden Statuen mit seiner Zauberrute und diese erhielten ihre frühere Gestalt wieder. Danach setzten sich alle vergnügt an den Tisch und aßen und tranken nach Herzenslust. Als sie damit fertig waren, führte sie der Zwerg in ein hohes Gemach, in dem alle Gegenstände von Gold und Silber waren. Auf einem Tisch lagen drei Kronen, die glänzten so hell, dass man sie kaum ansehen konnte. Jede der Prinzessinnen erhielt eine zum Geschenk und der Zwerg sagte: »Nehmt diese Kronen in Acht und lasst euch darin trauen, und zwar alle an einem Tag, wenn ihr meinen Fluch fürchtet. Geht nun eures Weges!«

Danach nahmen sie zärtlichen Abschied und ein Paar nach dem andern setzte sich in einen Korb und ließ sich von den oben wachenden Dienern hinaufziehen.

Als die Reihe an das jüngste Paar kam, riefen die Diener herunter, das Seil sei für zwei Personen nicht mehr stark genug und die Prinzessin möge sich deshalb allein in den Korb setzen. Sie tat es auch; doch da sie den andern Prinzessinnen nicht traute, so gab sie ihrem Bräutigam die Krone und sagte, er solle, wenn die Reihe an ihn käme, einen schweren Stein in den Korb legen und unten abwarten, was sie tun würden.

Ihr Verdacht war begründet. Als der Korb halbwegs oben war, ward das Seil plötzlich durchgeschnitten und es wäre sicherlich kein Knochen am Prinzen heil geblieben, wenn er sich darin befunden hätte.

Diesem blieb nun nichts anderes übrig, als zum Zwerg zurückzugehen und ihm seine Not zu klagen.

»Gräme dich nicht darüber«, sagte der Zauberer darauf; »so lange du bei mir bist, soll es dir an nichts fehlen.«

Zu essen und zu trinken war freilich genug da, aber dies allein tröstete den Prinzen nicht und er war nahe daran, zu verzweifeln. Da sprach eines Tages der Zwerg zu ihm: »Ich glaube, mein lieber Prinz, das Leben in meinem Schloss wird dir allmählich doch zu langweilig!«

»Ja, wenn ich meine Prinzessin hier hätte, würde mir freilich die Zeit rascher vergehen!«

»Das kann ich mir lebhaft vorstellen; doch das wird sich alles schon machen. Bewahre die Krone nur recht gewissenhaft und wenn du mich brauchst, so öffne einfach diese Schnupftabaksdose, die mein gewöhnlicher Schlafplatz ist. Gehe heute einmal in dem Garten spazieren und wenn du müde bist, kommst du wieder zurück!«

Der Prinz ging fort und blickte in tiefes Nachdenken versunken beständig vor sich hin. Wie lange er so hinschlenderte, wusste er selber nicht und als er endlich seine Augen aufrichtete, sah er sich im Hof eines Schmiedes, ungefähr eine Meile von dem Schloss seiner Verlobten.

»Es ist eine Schande«, sagte der Schmied, »dass ein so kräftiger, junger Mann in zerrissenen Kleidern herumläuft und nicht arbeitet! Wenn du den Hammer schwingen willst, dann komme her; du wirst es nicht umsonst tun!«

Der Prinz trat in die Schmiede und arbeitete fleißig mit.

Am anderen Tag kam ein geschwätziger Schneider zum Schmied und erzählte ihm allerlei wichtige Neuigkeiten. Er war im königlichen Palast gewesen und hatte zugesehen, wie die beiden Prinzen mit ihren Bräuten in die Kirche gingen, um sich trauen zu lassen. Als sie jedoch vor dem Altar standen, öffnete sich plötzlich der Boden unter ihnen und sie sanken hinunter in die Grabgewölbe und wie sie wieder herausgezogen wurden, waren sie voller Schmutz, dass die Farben an ihren Hochzeitskleidern nicht mehr zu unterscheiden waren. Darauf erklärte der König, dass es Vermessenheit sei, die Hochzeit zu feiern, ehe seine jüngste Tochter ihre Krone wieder habe. Wer sie ihm bringe, dem gebe er das Mädchen zur Frau.

»Ich wünsche, ich könnte es«, sagte der Schmied, »aber ich glaube, es ist keiner auf der ganzen Erde, der eine solche Krone schmieden kann.«

»Ein Feigling hat noch nie eine Jungfrau gewonnen«, erwiderte der Prinz, »und wenn du mir heute das Muster der verlangten Krone besorgst, so soll sie morgen früh fertig sein.«

»Ist das dein Ernst?«, fragte der Schmied erstaunt.

»Gewiss!«

Darauf lief dann der Schmied in den Palast, brachte sein Anliegen vor und da er allgemein als ein ehrlicher Mann bekannt war, so gab ihm der König eine Krone als Muster mit.

Der Prinz hämmerte nun die ganze Nacht durch in der Schmiede, ließ aber niemanden zu sich herein, und als der Meister am nächsten Morgen aufstand, fand er die Krone fertig. Nun sollte der Prinz mit zum König gehen, aber er wollte nicht.

»Was soll ich nun tun«, sagte der König, als ihm der Schmied die Krone überreichte, »du bist ein verheirateter Mann und wirst unter diesen Umständen meine Tochter nicht zur Frau verlangen können!«

»Gewiss nicht!«, erwiderte der Schmied; »auch habe ich die Krone nicht selber gemacht, sondern ein Landstreicher, der seit zwei Tagen bei mir beschäftigt ist.«

»Dann wird dieser der Gemahl meiner Tochter!«

»Das bin ich auch zufrieden!«, sprach die Prinzessin freudig; denn sie hatte inzwischen die Krone genau angesehen und sich überzeugt, dass sie von ihrem Liebsten kam.

Darauf bat der König den ältesten Prinzen, seine beste Kutsche zu nehmen und den kunstgeübten Schmied in den Palast zu bringen. Dass er es sehr ungern tat, ist wohl nicht nötig zu sagen.

»Bist du der Kerl, der die Krone gemacht hat?«, fragte er den Prinzen, als er in die Schmiede trat.

»Der bin ich!«

»Dann wasche und kämme dich und steige in die Kutsche, denn der König wünscht dich zu sehen. – Die Prinzessin tut mir leid!«

Der junge Prinz stieg ein und als er sich in der Nähe des Palastes sah, zog er die Schnupftabaksdose, die er samt dem Zwerg darin mitgenommen hatte, heraus und öffnete sie.

»Was fehlt dir jetzt noch?«, fragte der Zauberer.

»Lass die Kutsche mit schweren Steinen füllen, ich werde mich unbemerkt fort schleichen!«

»Soll gleich geschehen!«

Und es geschah auch augenblicklich. Als der König die Kutsche ankommen sah, lief er ihr eiligst entgegen, um seinen zukünftigen Schwiegersohn zu empfangen. Doch wie er die Tür öffnete, begrüßte ihn ein solcher Steinregen, dass er besinnungslos niederfiel. Der Prinz entschuldigte sich, so gut er konnte, doch ward allgemein angenommen, dass er unhöflich gegen den jungen Schmied gewesen sei.

Nun musste der zweite Prinz gehen. Da er nicht besser als sein Kamerad war, so ward ihm unterwegs die Kutsche mit Kot gefüllt und der König kam in noch größere Verlegenheit, als er den Schlag aufmachte.

»Der Fuchs hat keinen bessern Boten als sich selbst«, sagte der König darauf und fuhr nach der Schmiede. Er bat den jungen Mann, sich neben ihn zu setzen, doch dieser sagte, er wolle lieber die Pferde lenken und auf dem Bock sitzen.

Unterwegs zog er die geheimnisvolle Schnupftabaksdose heraus und öffnete sie.

»Was willst du?«, fragte der Zwerg.

»Gib mir Kleider, welche meinem Rang entsprechen!«

»Die sollst du haben. Und hiermit sage ich dir Lebewohl. Die einzige Lehre, die ich dir noch zum Abschied gebe, ist: Liebe dein Weib!«

Darauf verschwand er. Als die Kutsche vor dem Palast ankam, öffnete sie der Prinz selber und sprang heraus und das Erste, was er tat, war, dass er seine geliebte Braut zärtlich umarmte. Bald fand dann auch die Hochzeit statt und die beiden ältesten Paare verließen danach den Palast; der junge Prinz aber blieb mit seiner lieben Frau beim alten König.

Kathleen

Ein junges Mädchen von Innis-Sark hatte einen Liebsten, einen hübschen jungen Burschen, der aber bald bei einem Unfall sein Leben verlor. Groß war da der Schmerz von Kathleen – so hieß nämlich das Mädchen – und sie grämte sich sehr.

Eines Abends bei Sonnenuntergang saß sie einmal vor ihrer Haustür an der Straße und weinte sich die Augen aus. Da kam eine wunderschöne Frau des Weges; sie war weiß gekleidet und tippte Kathleen sachte an die Wange.

»Weine nicht, Kathleen«, sagte sie zu dem Mädchen, »deinem Liebsten geht es gut. Nimm nur diesen Kranz aus Kräutern und schau hindurch, dann wirst du ihn sehen. Er lebt in einer großen Runde, trägt einen goldenen Reif auf seinem Haupt und eine rote Binde um seine Hüfte.«

Da nahm Kathleen den Kräuterring, schaute hindurch und in der Tat sah sie ihren Liebsten inmitten einer großen Gesellschaft, wie er auf einem Hügel tanzte. Er sah ganz bleich aus, war aber stattlicher denn je mit dem goldenen Reif auf seinem Haupt, wie ein Prinz tanzte er im Reigen.

»Nun denn«, sagte da die Frau in Weiß, »hier ist ein größerer Kranz aus Kräutern. Nimm ihn, und wann immer du auch deinen Liebsten sehen willst, dann pflücke ein Blatt davon ab und verbrenne es. Dann wird sich ein großer Rauch erheben und du wirst in einen Schlaf verfallen. Dein Liebster wird dich dann hinwegtragen zum Feenhügel *(rath)*, und dort kannst du dann die ganze Nacht mit ihm auf dem grünen Rasen tanzen. Aber hüte dich vor einem: Sprich kein Gebet und mache kein Kreuzeszeichen, wenn der Rauch sich erhebt, sonst wird dein Liebster für immer entschwinden.«

Von da an entstand ein großer Wandel bei Kathleen. Sie sprach keine Gebete mehr, kümmerte sich um keine Priester mehr und machte nie mehr ein Kreuzzeichen. Aber jede Nacht schloss sie sich in ihre Kammer ein und verbrannte ein Blatt vom Kräuterkranz, wie die weiße Frau es sie geheißen hatte. Und wenn der Rauch aufstieg, fiel sie in einen todesähnlichen Schlaf und weiter wusste sie von nichts mehr. Aber am Morgen erzählte sie allen, dass sie nachts weggetragen worden sei von den Feen auf einen Hügel, wo sie mit ihrem Liebsten tanzte, und das obgleich es so aussah, als läge sie in ihrem Bett und schliefe. Sie war sehr glücklich in ihrem neuen Leben und wollte von Priestern und Messen nichts mehr hören. Dort auf dem Hügel tanzten im Reigen alle Toten und alle Leute, die sie früher gekannt hatte. Sie hießen sie willkommen, gaben ihr Wein in Kristallgläsern zu trinken und erzählten ihr, sie müsse bald wiederkommen und mit ihrem Liebsten für immer bei ihnen bleiben.

Nun war Kathleens Mutter eine gute, ehrbare und vor allem fromme Frau und sie grämte sich sehr über den Zustand ihrer Tochter, denn sie wusste gar wohl, dass ihre Tochter von einem Feenstrahl getroffen war. So beschloss sie, die Augen aufzubehalten. Und eines Nachts, als Kathleen wie üblich allein in ihre Kammer zum Schlafe ging, schlich ihre Mutter ihr heimlich nach und schaute durch eine Ritze in der Tür in die Kammer. Da sah sie, wie ihre Tochter den Kranz aus Kräutern aus einem geheimen Versteck im Schrank nahm und ein Blatt abpflückte. Rauch erhob sich, und ihre Tochter verfiel in einen todesähnlichen Schlaf.

Da konnte die Mutter nicht länger still halten, denn sie sah, dass der Teufel am Werk war. Sie fiel auf ihre Knie und betete laut: »Oh Gottesmutter Maria, verjage den bösen Geist aus meinem Kind!« Dann stürzte sie sich in die Kammer hinein und machte das Kreuzeszeichen über ihre schlafende Tochter. Und sofort fuhr Kathleen hoch und schrie: »Mutter, Mutter! Die Toten kommen für mich. Sie sind hier! Sie sind schon hier!« Dabei wanden sich ihre Gesichtszüge wie bei einem Anfall.

Sofort schickte die Mutter nach einem Priester. Der kam auch sogleich und sprengte Weihwasser auf das Mädchen und sprach

Gebete über sie. Er nahm auch den Kranz aus Kräutern, der neben ihr lag, und verfluchte ihn auf ewig. Auf der Stelle verfiel dieser zu Staub und lag wie graue Asche auf dem Fußboden. Da wurde Kathleen ruhiger und es sah aus, als sei der böse Geist aus ihr gefahren. Aber sie war zu schwach, um sich zu rühren oder zu sprechen oder gar zu beten. Und bevor die Glocke in dieser Nacht Zwölfe schlug, war sie tot.

Ein Abenteuer der Fenier

Die Fenier oder auch Fionna genannt waren im alten Irland eine Schutztruppe tapferer Männer, die unter der Führung des Helden Fionn Mac Cumhaill für die Sicherheit des irischen Hochkönigs verantwortlich war. Einer von Fionns weisen Lehrern fing einmal den Lachs der Weisheit. Er gab Fionn den Fisch zum Kochen, aber dieser verbrannte sich den Daumen, lutschte daran und auf diese Weise erlangte er die Weisheit. Jedes Mal wenn er künftig an seinem Daumen lutschte, konnte er die Zukunft voraussehen. Die Fenier erlebten viele Abenteuer, und eines ging so:

In der rauen irischen Landschaft Connemara lag einst eine Festung namens *Lis-na-Keeran.* Eines Tages lud der mächtige Herr, der auf dieser Festung lebte, Fion Mac Cumhaill mit seinem Enkel Oscar und der Truppe der Fenier dorthin zu einem Festmahl ein. Als die Gäste aber ankamen, fanden sie in der Festhalle keine Stühle für sie vor, es gab nur raue Holzbänke, die um einen Tisch herum standen. Oscar und sein Großvater nahmen nicht Platz. Sie blieben stehen, denn sie witterten Verdacht. Die tapferen Fenier aber zeigten keine Furcht und setzten sich zum Festmahl nieder. Kaum aber hatten sie sich gesetzt, so klebten sie durch eine Zaubermacht so fest auf den Bänken, dass sie weder aufstehen noch sich überhaupt rühren konnten. Da begann Fionn auf seinem Daumen zu kauen – denn dies sagte ihm immer die Zukunft voraus – und er sah, wie ein großer, fürchterlicher Krieger wild auf die Festung zu galoppierte. Wenn man diesen nicht daran hinderte – das wusste Fionn sofort – eine gewisse Furt zu überqueren, dann müssten alle sterben. Nur dazu hatte man sie nach *Lis-na-Keeran* geholt, um von diesem verräterischen Feind erschlagen zu werden. Wenn der Verräter nicht getötet und sein Blut auf die Fenier gesprengt würde, dann müssten sie alle für immer und ewig auf diesen Holzbänken festkleben.

Da stürmte der tapfere Oscar mit dem Pferd aus der Festung heraus, um auf den verräterischen Feind zu treffen. Er schleuderte seinen Speer gegen den mächtigen Gegner, und wild tobte der Kampf bis zum Untergang der Sonne. Doch Oscar obsiegte. Er schlug seinem Gegner den Kopf ab, spießte diesen auf seinen Speer und trug das bluttriefende Haupt zur Festung. Dort ließ er Tropfen für Tropfen Blut auf seine Freunde die Fenier fließen, und sogleich war aller Zauber gebrochen. Alle waren von der Bank gelöst und sprangen ohne Schaden auf, alle bis auf einen, denn diesen einen hatte kein Tropfen Blut berührt. So klebte er denn wie vorher auf der Bank fest. Da versuchten denn die Fenier ihn mit Gewalt von der Bank los zu ziehen, was auch gelang. Aber dabei blieb die Haut seiner Oberschenkel an der Bank kleben und es sah aus, als müsse er sterben. Da töteten sie ein Schaf und wickelten sein warmes Fell um ihn, damit die Wunde heile. Und so geschah es auch. Er wurde wieder gesund, aber so seltsam es klingen mag, so lange er lebte, konnte man jedes Jahr fast einen Zentner Wolle von seinem Körper scheren.

Die Höhlenfeen
oder Die letzte Liebe der Etain

Die Tuatha-de-Danann waren eine alte irische Götterfamilie, die letzte Göttergeneration, die Irland vor der Invasion der Milesier regierte. Sie waren große Könner in der Magie und exzellente Baumeister, Dichter und Musiker. Nach ihrer Besiegung durch die Milesier zogen sie sich als Feen in die Unterwelt zurück, in die Feenhügel (sidhe, rath) oder in Seen und Teiche, wo sie in glänzenden Palästen wohnten. Doch oft griffen sie auch ins Leben der Sterblichen ein.

Auch die schöne Etain war eine der Tuatha-de-Danann. Sie war die zweite Frau des Gottes Midir und wurde von dessen erster Frau gnadenlos verfolgt, bis sie schließlich dem König von Munster begegnete:

Einst geschah es, dass der König von Munster ein wunderschönes Mädchen beim Baden sah. Sogleich wurde er in Liebe zu ihr ergriffen und machte sie zu seiner Königin. Im ganzen Land war keine Frau so wunderbar anzuschauen wie die schöne Etain. Der Ruf ihrer außerordentlichen Schönheit kam auch dem großen und mächtigen Herrscher der Tuatha-de-Danann zu Ohren. So machte sich denn dieser Feenkönig, Midir mit Namen, auf und gelangte als wandernder Barde verkleidet an den Hof des Königs von Munster, denn er wollte die ausnehmende Schönheit Etains mit eigenen Augen bewundern. Und er forderte den König zu einem Schachspiel heraus.

»Wer ist dieser Mann, dass ich Schach mit ihm spielen sollte?«, fragte der König.

»Versuch es mit mir«, entgegnete der Fremde, »du wirst in mir einen ebenbürtigen Gegner finden.«

»Aber das Schachbrett ist in der Wohnung der Königin«, sprach da der König, »und ich kann sie nicht stören.«

Als die Königin jedoch vernommen hatte, dass ein Fremder ihren Mann zum Schachspiel herausgefordert hatte, schickte sie ihren Pagen mit dem Schachbrett hin und dann kam sie selbst, um den Fremden willkommen zu heißen. Und Midir war so von ihrer Schönheit geblendet, dass er nicht sprechen konnte. Er konnte sie nur unentwegt anschauen. Auch die Königin schien darüber verwirrt und nach einer Weile ging sie zurück in ihre Wohnung und ließ die beiden allein.

»Nun, um was spielen wir?«, wollte der König wissen.

»Lass den Gewinner den Preis bestimmen«, antwortete der Fremde, »und was auch immer er begehrt, das soll ihm gewährt werden.«

»Einverstanden!«, erwiderte der König.

Dann spielten sie, und der Fremde gewann.

»Was begehrt Ihr?«, rief der König, »Ich habe mein Wort gegeben, dass alles, was Ihr als Preis nennt, Euch gewährt werden wird.«

»Ich verlange als Preis Lady Etain, die Königin«, sprach da der Fremde. »Aber ich verlange nicht, dass Ihr sie mir jetzt sofort gebt, sondern heute in einem Jahr.« So sprach der Fremde und schon brach er auf und entschwand.

Der König war darüber äußerst verwirrt, aber er merkte sich die Zeitfrist wohl. Und in der Nacht genau zwölf Monate später, feierte auf seinem Hof Tara für alle Prinzen ein großes Fest. Und er stellte um seinen Palast herum drei Reihen seiner besten Krieger und verbot ihnen bei Todesstrafe, jeden Fremden in den Palast zu lassen. Als er glaubte, alles sei sicher, nahm er an der Festtafel Platz. Zu seiner Seite saß die Königin Etain. Eine goldene Krone schmückte ihr Haupt und sie erstrahlte vor lauter Juwelen.

Das Fest wurde prächtig gefeiert, und es war schon Mitternacht, als der König entsetzt aufschaute: In der Mitte der Halle stand der Fremde, und niemand schien ihn zu sehen außer dem König allein. Der Fremde starrte die Königin an und ging auf sie zu. Dann spielte er auf seiner goldenen Harfe und sang dazu jene liebliche Weise:

Oh, Etain, komm doch mit mir,
Zu dem wunderschönen Palast, der meiner ist.
Weiß sind dort die Zähne und schwarz die Brauen,
Und rot wie Met sind die Lippen deiner Liebsten.
Oh Frau, wenn du zu meinem stolzen Volk kommst,
Wird eine goldene Krone dein Haupt schmücken,
Du wirst an den süßen Strömen meines Landes wohnen
Und in den Armen deines Geliebten Met und Wein trinken.

Dann legte er höflich die Hand um die Hüften der Königin, zog sie von ihrem Sitz herab zu sich und durch die Mitte aller Gäste entschwand er mit ihr. Niemand hinderte ihn daran. Der König aber glaubte, es träume ihn. Er konnte nicht sprechen, noch sich rühren. Als er aber wieder zu sich kam, erfuhr er, dass der Fremde, der die Königin in seinen Palast hinweggetragen hatte, niemand anderes war als einer der Feenkönige der Tuatha-de-Danann.

Da schickte er Boten zu allen Königen von Erin, dass sie alle Paläste und Wohnungen der verhassten Tuatha-de-Danann zerstören sollten. Sie sollten alle erschlagen und niemanden von ihnen am Leben lassen, bis seine junge Frau zu ihm zurück gebracht worden wäre.

Aber sie kam nicht zurück. Da war der König außer sich vor Rachegelüsten und befahl seinen Männern, dass alle Ställe, in denen die edlen Pferde der Tuatha-de-Danann gehalten wurden, zugesperrt werden sollten, auf dass die Rösser vor Hunger sterben sollten. Aber die Pferde waren von so edlem Geblüt, dass keine Stangen und Riegel sie halten konnten. Sie brachen aus den Ställen aus und wie ein Wirbelwind sprengten sie über das ganze Land dahin. Als die anderen Könige von Erin die edlen Rosse sahen, vergaßen sie, nach Etain suchen zu lassen. Sie wollten nur noch eins: eines der stolzen Rosse mit ihren silbernen Hufen und goldenen Zügeln ihr Eigen zu nennen.

Der König konnte nicht mehr vor Zorn und so ließ er den Obersten der Druiden zu sich rufen. Er sagte diesem, er wäre des Todes, wenn er nicht die Stelle entdeckte, wo die Königin versteckt gehalten würde. So ging denn der Druide durch ganz Irland und suchte. Er machte Zaubersprüche und schließlich schnitt er vier dieser Sprüche in einen Haselstrauch: Da wurde ihm offenbart, dass Königin Etain mitten im Herzen Irlands tief in einem Hügel im Zauberpalast des Feenkönigs Midir versteckt war.

Und der König sammelte um sich ein großes Heer. Die Soldaten umzingelten den Hügel und gruben tiefer und tiefer, bis sie endlich zum Mittelpunkt des Feenhügels vorstießen. Und gerade als sie am Tor von Midirs Palast ankamen, sandte der Feenkönig durch einen Zauber fünfzig wunderschöne Frauen heraus, um die Aufmerksamkeit der Krieger abzulenken. Alle fünfzig sahen haargenau so aus wie die Königin Etain, trugen auch die gleiche Kleidung, sodass nicht einmal der König von Munster selbst herausfinden konnte, ob seine Frau unter ihnen weilte.

Als Etain aber ihren Gatten so nah bei sich sah, da erfasste wiederum die Liebe zu ihm ihr Herz, und die Macht des Zaubers fiel von ihr. Sie ging auf ihn zu, und dieser hob sie auf sein Pferd, küsste sie zärtlich und brachte sie sicher zurück zu seinem Königspalast in Tara, wo sie fortan glücklich zusammen lebten.

Bald danach aber war die Macht der Tuatha-de-Danann für immer gebrochen, und diejenigen, die von ihnen noch übrig geblieben waren, zogen sich in Höhlen zurück. Dort leben sie noch heute und sind vor dem Tode sicher bis zum Jüngsten Gericht.

Condlas Jenseitsfahrt

Condla mit dem Feuerhaar war der Sohn Conns, des Siegers in hundert Schlachten. Eines Tages, da er an seines Vaters Seite auf der Höhe von Usna stand, erblickte er eine seltsam gekleidete Jungfrau, die auf ihn zukam. »Woher kommst du, Jungfrau?«, sagte Condla. »Ich komme aus den Gefilden derer, die da ewig leben«, sagte sie, »von da, wo es weder Tod noch Sünde gibt. Wir haben dort ewigen Feiertag und bedürfen keiner Hilfe in unsrer Lust. Und bei all unsrer Freude gibt es keinen Streit. Und weil wir unsre Heimat in den runden grünen Hügeln haben, nennen uns die Menschen das Hügelvolk.«

Der König und alle, die mit ihm waren, wunderten sich sehr, eine Stimme zu hören, da sie doch niemanden sahen. Denn nur Condla allein, sonst niemand sah die Elbenjungfrau. »Mit wem redest du, mein Sohn?«, sagte Conn der König. Darauf antwortete die Jungfrau: »Condla spricht zu einer jungen, schönen Maid, die weder Tod noch Alter erwartet. Ich liebe Condla, und nun rufe ich ihn hinweg zu den Gefilden der Lust, Moy Mell, wo Boadag ewig König ist, und in jenem Land hat es keine Klage und Sorge gegeben, seit er den Thron bestieg. Auf, komm mit mir, Condla mit dem Feuerhaar, das rötlich wie die Morgenröte leuchtet auf deiner lohfarbenen Haut. Eine Feenkrone wartet deiner für dein schönes Antlitz und deine königliche Gestalt. Komm, und niemals soll deine Schönheit welken noch deine Jugend bis zum jüngsten furchtbaren Tag des Gerichts.«

Der König, der in Furcht geriet über das, was die Jungfrau sprach, welche er hörte, obwohl er sie nicht sehen konnte, rief laut nach seinem Druiden, Coran genannt: »O Coran mit den vielen Zaubersprüchen«, sagte er, »und mit den Listen der Schwarzkunst, ich rufe nach deiner Hilfe. Eine Aufgabe ist mir auferlegt, die zu schwer ist für meine Geschicklichkeit und für meinen Witz, eine Aufgabe, die größer ist als jede, die mir auferlegt wurde, seit ich Krone trage. Eine unsichtbare Maid hat sich uns zugesellt und mit ihrer Zaubermacht möchte sie meinen lieben, meinen schönen Sohn von mir nehmen. Wenn du nicht hilfst, so wird er deinem König entführt durch Weiberlist und Hexenwerk.« Darauf trat Coran der Druide vor und sang seine Zaubersprüche gegen den Ort hingewendet, wo die Stimme der Jungfrau vernommen worden war. Und niemand hörte ihre Stimme wieder, noch konnte Condla sie länger sehen.

Nur warf sie, als sie vor des Druiden mächtigem Zauberbann verschwand, Condla einen Apfel zu. Von diesem Tag ab wollte Condla einen ganzen Monat lang weder Speise noch Trank nehmen, sondern aß nur von diesem Apfel. Aber was er davon aß, das wuchs wieder, und der Apfel blieb immer unversehrt. Und während dieser ganzen Zeit erstand in ihm ein mächtiges Sehnen und Verlangen nach der Jungfrau, die er gesehen hatte. Aber als der letzte Tag des Monats der Erwartung kam, da stand Condla an seines Vaters, des Königs Seite in der Ebene von Arcomin, und wieder sah er die Jungfrau auf sich zukommen und wieder sprach sie zu ihm: »Eine glänzende Stellung, fürwahr, nimmt Condla ein unter den kurzlebigen Sterblichen, die auf den Tag des Todes harren. Aber jetzt bittet dich das Volk des Lebens, die Ewig-Seienden, und fleht dich an, du mögest nach Moy Mell, den Gefilden der Lust kommen, denn sie lernten dich kennen, als sie dich in deinem Heim unter deinen Lieben sahen.«

Als Conn der König die Stimme der Maid vernahm, rief er laut nach seinen Leuten und sprach: »Holt rasch meinen Druiden Coran, denn ich sehe, dass sie heute wieder Gewalt hat zu reden.« Darauf sagte die Jungfrau: »O mächtiger Conn, Fechter in hundert Schlachten, des Druiden Macht wird wenig geschätzt; sie genießt wenig Ehre in dem gewaltigen Land, das bevölkert ist mit so viel Aufrechten.« Wenn das Gesetz Gottes kommen wird, so wird es die Zaubersprüche der Druiden hinwegfegen, welche von den Lippen des falschen schwarzen Dämons kommen.

Nun bemerkte Conn der König, dass, seit die Jungfrau erschien, sein Sohn Condla mit niemandem redete, der ihn ansprach. Daher sagte Conn, der Sieger in hundert Schlachten, zu ihm: »Geht es dir zu Herzen, was die Jungfrau sagt, mein Sohn?« »Es liegt schwer auf mir«, sprach Condla darauf, »ich liebe mein Volk über alles, und dennoch, und dennoch ergreift mich ein Sehnen nach der Jungfrau.« Als das die Maid vernahm, antwortete sie und sprach: »Der Ozean ist nicht so wild wie die Wogen deiner Sehnsucht. Komm mit mir in meinen Kahn, meinen glimmernden, geradeausgleitenden Kristallnachen. Bald können wir Boadags Reich erreichen. Ich sehe die strahlende Sonne sinken, aber so fern es ist, wir können es erreichen, bevor es dunkelt. Es ist noch ein anderes Land, das deine Reise wert ist, ein Land, das allen, welche es aufsuchen, Ergötzen bereitet. Nur Weiber und Mägde wohnen dort. Wenn du willst, so können wir es aufsuchen und dort ganz allein zusammen in Wonne leben.« Als die Maid aufhörte zu reden, da stürmte Condla mit dem Feuerhaar von ihnen hinweg und sprang in den Kahn, den glimmernden, geradeausgleitenden Kristallnachen. Und dann sahen alle, der König und sein Hof, wie er hinausglitt über das schimmernde Meer der untergehenden Sonne entgegen. Weiter und weiter, bis ihn kein Auge mehr zu sehen vermochte, und Condla und die Jungfrau nahmen ihren Weg über das Meer und wurden nie mehr gesehen und niemand konnte erfahren, wohin sie gelangten.

Wales

Warum der rote Drache das Sinnbild von Wales ist

Nach dem Verrat der Langmesser rief König Vortigern seine zwölf weisen Männer zusammen und fragte sie, was er tun solle. Sie sagten zu ihm: »Ziehe dich zurück in die entlegensten Grenzen deines Königreichs und baue dort eine befestigte Stadt zu deiner Verteidigung. Die Sachsen, die du aufgenommen hast, sind Verräter und suchen dich nur durch Arglist unterwürfig zu machen. Schon während deiner Lebenszeit, wollen sie aller Länder, die deiner Macht unterworfen sind, habhaft werden. Wieviel mehr werden sie erst nach deinem Tod an sich reißen wollen!«

Mit diesem Ratschlag war der König wohl zufrieden, und zusammen mit seinen weisen Männern brach er auf, um einen Platz ausfindig zu machen, der für den Bau einer solch befestigten Stadt geeignet wäre. So weit sie auch reisten, nirgendwo konnten sie aber einen passenden Platz finden, bis sie eines Tages in die Berge von Eryi in Gwynedd kamen. Auf einem Gipfel dieser Berge, der damals Dinas Ffaraon hieß, fanden sie endlich eine schöne Stelle, um dort eine Festung zu errichten. Und die weisen Männer sagten zum König: »Baue hier eine Stadt, denn das hier ist die rechte Stelle, wo du vor den Barbaren sicher sein kannst.«

Also schickte der König nach Handwerkern, Zimmerleuten und Maurern und ließ alles nötige Material zum Bauen herbeibringen. In der Nacht aber war alles wieder verschwunden, und am nächsten Morgen war nichts mehr von allem, was er besorgt hatte, zu sehen. Und man holte von allen Seiten wieder neue Baustoffe herbei, und wiederum war in der folgenden Nacht alles verschwunden. Und noch ein drittes Mal brachte man alles nötige Baumaterial zusammen, umsonst, denn am nächsten Morgen war keine Spur mehr davon da. Also rief Vortigern seine

Weisen zusammen und fragte sie, was der Grund für dieses sonderbare Vorgehen sei. Seine weisen Räte antworteten ihm: »Du musst ein Kind finden, das ohne Vater geboren ist. Dann töte dieses und besprenge mit seinem Blut den Grund, auf dem du deine Stadt erbauen willst. Tust du das nicht, wirst du dein Vorhaben nie verwirklichen können.«

Das schien König Vortigern kein so seltsamer Plan, als es uns heute erscheint. Man muss nämlich wissen, dass es in älteren Zeiten grausame Bräuche gab, die mit dem Bauen in Verbindung standen. Manchmal ward ein Menschenopfer gebracht, damit sein Blut sozusagen als Zement diente. Zu anderen Zeiten wurde eine lebende Person in den neuen Bau eingemauert – und oft war dies ein unschuldiges kleines Kind.

Der König hielt den Rat seiner weisen Männer für gut und sandte Boten durch ganz Britannien, die ein Kind finden sollten, das ohne Vater geboren ist. Nachdem sie vergeblich alle Provinzen durchstöbert hatten, kamen sie eines Tages zufällig zu einem Feld in Bassaleg, wo eine Gruppe von kleinen Jungen gerade Ball spielte. Zwei von denen stritten sich, und der eine sagte zum anderen: »Du Kind ohne Vater, dir wird es schlecht ergehen!« Das hörten auch die Boten und sie schlossen daraus, dass dies wohl der Knabe war, nach dem sie schon so lange suchten. So nahmen sie ihn mit sich fort und führten ihn vor den König Voltigern.

Schon am nächsten Tag versammelten sich der König, seine Soldaten und sein Gefolge, seine Handwerker, Zimmerleute und Maurer, um den Knaben zu Tode zu bringen. Da fragte der Junge den König: »Warum haben mich Eure Diener hierher gebracht?« – »Damit du hier getötet wirst«, erwiderte der König, »und mit deinem Blut wird der Grund, auf der meine Festung dereinst stehen soll, gesprengt werden, sonst kann ich diese nicht errichten.« – »Wer hat Euch geheißen, dies zu tun?« – »Meine weisen Männer«, sodann der König. »Dann lasst sie mal hierherkommen!«, gab der Junge zurück.

So geschah es auch, und der Knabe fragte dann die weisen Räte: »Wodurch ist es Euch offenbart worden, dass die Festung nur erbaut werden kann, wenn man den Grund mit meinem Blut besprengt? Sprecht ohne Hehl und sagt mir, wer Euch zu mir geführt hat.«

Dann wandte er sich zum König und fuhr fort: »Bald werde ich Euch alles erklären. Aber zuvor will ich noch Eure weisen Männer befragen. Sie sollen Euch sagen, was unter diesem festen Boden hier verborgen ist.« Dazu aber waren diese nicht imstande und sie gestanden auch ihre Unkenntnis. Daraufhin sagte der Knabe: »Darunter ist ein stehendes Gewässer. Kommt und grabt nach!«

Das taten sie denn auch und fanden ein stehendes Gewässer, so wie der Knabe es gesagt hatte. »Nun sagt mir«, so wandte sich dann der Junge an die weisen Männer, »was ist in dem Wasser?« Aber beschämt wussten diese auch darauf keine Antwort. »Ich kann es Euch entdecken«, fuhr da der Knabe fort, »auch wenn die weisen Männer es nicht wissen. Im Wasser sind zwei Gefäße.« Sie forschten nach und fanden, dass es so war. »Was ist aber in den Gefäßen?«, fuhr der Knabe da fort. Und wieder Stille! »Darin ist ein Zelt«, sagte der Knabe, »öffnet die Gefäße und Ihr werdet es finden.«

So taten sie auf des Königs Befehl, und wirklich fanden sie darin ein zusammengefaltetes Zelt. Und der Knabe fragte die weisen Männer weiter und wollte wissen, was denn in dem Zelt sei. Aber auch darauf wussten sie keine Antwort. »So will ich es Euch denn sagen«, so dann der Knabe, »darin sind zwei Schlangen: eine weiße und eine rote. Faltet jetzt das Zelt auseinander!« So taten sie denn, und zum Vorschein kamen zwei schlafende Schlangen. »Schaut mal genau hin!« sagte dann der Knabe, »was machen die Schlangen da?«

Auf einmal begannen die zwei Schlangen miteinander zu kämpfen. Die Weiße richtete sich auf, warf die andere auf das Zelt hinab und trieb sie manchmal bis zum Zeltrand. Dreimal wiederholte sich dies. Schließlich aber nahm die Rote, die offensichtlich die Schwächere der beiden war, alle ihre Kraft zusammen, und vertrieb die Weiße vom Zelt. Sie verfolgte sie so lange durchs Wasser, bis sie entschwand.

Dann fragte der Junge die weisen Männer, was dieses wundersame Zeichen zu bedeuten habe, und wiederum mussten sie ihre Unkenntnis zugeben.

Und dann sagte er zum König gewandt: »Ich will Euch nun die Bedeutung dieses Geheimnisses offenbaren: Das Wasser ist das Sinnbild dieser Welt, und das Zelt bedeutet Euer Königtum. Die zwei Schlangen sind zwei Drachen. Die rote Schlange ist Euer Drachen, aber die weiße Schlange ist der Drache der Sachsen, die schon mehrere Provinzen Britanniens in ihrem Besitz haben, fast von Meer zu Meer. Letztendlich aber soll sich Euer Volk erheben und das Sachsenvolk hinaustreiben übers Meer, woher es gekommen ist. Aber zu Euch! Verlasst nur diesen Platz, auf dem Ihr keine Festung bauen dürft! Ihr müsst Euch eine andere Stelle dafür suchen.«

Als Vortigern bemerkt hatte, dass die Zauberkundigen keine Ahnung haben und ihn betrogen hatten, befahl er, sie hinrichten zu lassen. Ihre Gräber wurden in einem nahe gelegenen Feld ausgehoben; das Leben des Knaben aber wurde verschont. Später wurde er bekannt als der große Zauberer Myrddin Emrys oder Merlin, wie er in England heißt. Und das Gebirge, wo er zum ersten Mal seine Zauberkraft bewiesen hatte wurde später in Dinas Emrys umbenannt. In diesen Bergen blieb er lange Zeit, bis ihn Aurelius Ambrosius aufforderte, mit ihm zu kommen. Als sie aufbrechen wollten, legte Myrddin all seine Schätze in einen goldenen Kessel und verbarg diesen in einer Höhle. Und vor den Eingang dieser Höhle rollte er einen gewaltigen Stein, den er mit Erde und Torf bedeckte, damit niemand ihn finden konnte. Dieser Schatz nämlich sollte erst jemandem in der Zukunft zuteilwerden. Dieser Erbe wird ein junger Mann mit blondem Haar und blauen Augen sein, und wenn er in das Dinasgebirge kommt, dann wird eine Glocke zu läuten anheben, die ihn in die Höhle führt. Diese wird sich dann von selbst auftun, sobald sein Fuß sie berührt hat. Und alle Schätze werden sein Eigen.

Elidore

Einst lebte in Wales ein Priester, Elidurus, dem eine seltsame Geschichte widerfahren ist. Als er ein zwölfjähriger Junge war – damals noch Elidore gehießen –, ging er jeden Tag hoch auf den Berg zu den Mönchen ins Kloster, wo er lesen und schreiben lernte, denn seine Mutter wünschte, er solle Priester werden. Und da die Mönche nach der alten salomonischen Weisheit verfuhren: »Die Wurzeln des Lernens sind bitter, aber die Früchte sind süß«, wurde Elidore des Lernens bald überdrüssig. Um den dauernden Schlägen und Schelten seiner Lehrer zu entgehen, rannte er einfach davon.

Der Junge versteckte sich in einer Höhle im Steilhang eines Flusses. Hungernd und frierend kauerte er zwei lange Tage dort, als plötzlich zwei kleine Gestalten vor ihm standen und sagten: »Komm mit uns, wir werden dich in ein Land führen, in dem Spiel und Spaß ohne Ende sind.« Da konnte Elidore nicht widerstehen; schnell stand er auf und folgte seinen Begleitern durch einen Pfad, der immer tiefer und dunkler in den Fels führte, bis sie schließlich in ein wunderschönes Land kamen. Üppige Wiesen und Flüsse gab es da, Wälder und Täler, doch es herrschte Zwielicht und Dämmerung. Hier ließ sich die Sonne nicht blicken, Wolken hingen tags am Himmelsgewölbe, und nachts war es stockfinster, kein Mond und keine Sterne ließen sich sehen.

Die beiden Zwerge brachten Elidore vor ihren König und stellten ihn dem ganzen Hofstaat vor. Der Zwergenkönig fragte ihn lange aus und wollte wissen, wer er sei und was er mache. Nun hatte der König aber noch einen kleinen Sohn, und für den sollte Elidore der Spielkamerad und Begleiter werden.

Das Zwergenvolk war von äußerst kleiner Statur, für die winzige Gestalt aber erstaunlich gut proportioniert. Alle Zwerge waren blond, und ihr wallendes Haar fiel ihnen wie bei den Frauen bis auf die Schultern. Sie hatten Pferde, die so klein waren wie sie und die Windhunden glichen. Nie aßen sie Fleisch noch Fisch, sondern ernährten sich von Milch, die sie mit Safran mischten. Nie leisteten sie auch einen Eid, denn sie verabscheuten nichts mehr als Lügen. Und sooft sie auch von unserer oberirdischen Welt in die ihre tief unter der Erde zurückkehrten, sprachen sie verächtlich von den Lastern der Menschen: sie verabscheuten unseren Ehrgeiz, unsere Untreue und unsere Unbeständigkeit. Aus Gold waren viele ihrer Gebrauchsgegenstände, und so hatte dieses Metall keinen Wert für sie. Auch schien es, dass sie keine religiöse Gemeinschaft kannten, nur die Wahrheit war Maßstab ihres Handelns.

Es ging Elidore im Zwergenreich gut. Oft kehrte er auch in unsere oberirdische Welt zurück, manchmal auf dem ersten Pfad, auf dem er dorthin gelangt war, manchmal auf einem anderen. Die ersten Male begleiteten ihn die Zwerge, später dann ging er allein, da er den Weg schon kannte. Doch nur seiner Mutter erzählte er von der wunderbaren Welt der Zwerge, von ihrer Gestalt und ihren Sitten und Gebräuchen. Doch als er ihr von den goldenen Spielsachen erzählte, mit denen er sich vergnügte, da ward ihre Habgier geweckt. Und inständig bat sie ihren Sohn, er solle ihr doch ein Geschenk aus Gold mitbringen, wenn es schon in diesem Land so viel davon gäbe. Das versprach er ihr und kehrte ins Zwergenreich zurück.

Nun hatte er oft mit dem Sohn des Zwergenkönigs Ball gespielt, und dieser Ball war aus reinem Gold. Und sobald es möglich war, ergriff er diesen Ball und eilte ohne Begleitung der Zwerge mit ihm auf die Oberwelt zu seiner Mutter. Die Zwerge aber hatten den Diebstahl bemerkt und waren ihm gefolgt. Schneller und schneller rannte Elidore. Schon spürte er auf der Schwelle von Mutters Tür Tritte hinter sich, als er stolperte und hinfiel. Die zwei Zwerge, die ihn verfolgt hatten, fingen den goldenen Ball auf, der aus Elidores Hand gesprungen war, spuckten vor ihm höhnend aus und verschwanden dann.

Nachdem er sich von seinem Sturz erholt hatte, war Elidore

voller Scham, und er verfluchte den bösen Rat seiner Mutter. Doch als er auf seinem gewohnten Weg in das unterirdische Reich der Zwerge zurückkehren wollte, fand er keinen Eingang mehr. Fast ein ganzes Jahr lang suchte er danach, aber es war ihm kein Erfolg beschieden. Die Zeit verging. Elidore ging in die Klosterschule zurück, lernte Latein und Griechisch und vieles andere und wurde schließlich ein Priester, der sich Elidurus nannte. Sooft auch sein Bischof ihn besuchte, erzählte Elidurus, der auch die Sprache der Zwerge gelernt hatte, ihm von den wunderbaren Ereignissen beim Kleinen Volk, und nie konnte er dabei die Tränen unterdrücken.

Jolo ap Hugh, der verzauberte Fiedler

In einem der nördlichen Kirchspiele Cambriens liegt ein kahler und steiler Hügel, an dessen Abhang sich ein kleines Dorf lehnt. In der Mitte dieses Felsens ist eine Höhle mit Vorsprüngen, so rau und schroff wie der Hügel selbst, in den sie sich öffnet. Von hier aus sollen nun an die tausend Ströme zu Marschen und Mooren unterirdisch dahin fließen und es heißt, wer sich dieser Höhle bis auf fünf Schritte nahe, der sei unrettbar verloren. Dieser Glaube ist sehr verbreitet; denn rings um die Höhle her wächst das Gras so dick wie in den Urwäldern von Nordamerika, ein menschlicher Fuß ist hierher gewiss seit Jahrhunderten nicht gekommen. Auch über den Ursprung der Höhle erzählt man sich viel seltsam unheimliche Geschichten. Die einen sagen, sie sei eine Zufluchtsstätte der alten Heiden gewesen, andere, der Zauberer und Sternseher Idris habe darin gewohnt und noch andere, der Böse selbst habe darin gehaust. Aber nicht bloß die Menschen, – auch die Tiere fürchten sich so sehr vor der Höhle, dass der Fuchs, wenn er gejagt wird, mit gesträubtem Haar umkehrt, wenn er der Höhle zu nahe kommt. Dann wollen aber auch die Hunde nicht mehr an ihn, wenn sie den Geruch der Höhle an ihm wittern.

Einst nun, im Zwielicht eines Allerheiligenabends, musste ein alter Schäfer auf dem Heimweg an der Höhle vorbei und umging sie in weitem Bogen. Da auf einmal klang eine süße Melodie herunter, die an dem Felsen über der Höhle auf und nieder zu tanzen schien. Bald klang sie aus dem einen Stein, bald aus dem anderen und endlich schien jeder Kiesel des Berges gar Ton und Stimme bekommen zu haben. Der Schäfer erschrak aufs Äußerste; aber auch sein Hund ward so davon beängstigt, dass er winselnd und stöhnend den Schwanz zwischen die Beine schlug. Plötzlich sammelte sich die Musik an einem Ort und nahm die

Weise einer geschlossenen Melodie an, die aber der Schäfer nie zuvor gehört hatte. Kaum aber hatte sie einen bestimmten Ton angenommen, so verklang sie plötzlich wieder in zitternden, sehr raschen Klagetönen, die nicht selten geradezu unharmonisch und schneidend wurden. Und auf einmal erschien da dem Schäfer eine ihm wohlbekannte Gestalt. Sie trug eine Laterne, vor sich in den Gürtel gebunden, spielte auf der Fiedel und tanzte dazu.

»Das ist Jolo ap Hugh!«, rief der Schäfer aus. »Ich erinnere mich noch, dass er einst, vor vielen Jahren gewettet hat, er wolle den ganzen Hügel hinuntertanzen und dabei auf der Violine spielen. Er fürchte sich nicht vor der Höhle. – Aber man hat seitdem nicht wieder von ihm gehört.«

Kaum hatte der alte Schäfer das gesagt, als er zu seinem neuen Schreck gewahrte, dass Jolo ihn in den Zauberkreis hineingefiedelt und getanzt hatte. Er schrie und schrie, bis die entferntesten Berge widerhallten, aber Jolo schien vollständig taub. Er schwenkte seinen Kopf und die Laterne nach wie vor und trieb dabei, tanzend und fiedelnd, den Schäfer vor sich her. Da ging der Mond auf und sie standen vor der Öffnung der Höhle, und nun konnte der Schäfer den armen Jolo sehen. Sein Gesicht war kreideweiß, seine Augen starrten, als wären sie gebrochen und sein Kopf baumelte lose auf den Schultern; sein Arm schien den Fiedelbogen zu bewegen, ohne dass Jolo noch ein Gefühl davon hatte. Der Schäfer sah ihn noch einen Augenblick am Rand der Höhle stehen, dann verschwand er, aber es war, als ob er von hinten hineingezogen würde.

Tage, Monate und Jahre vergingen; man hatte fast ganz an den armen Jolo vergessen. Da, an einem kalten Sonntagabend im Dezember, als der alte Schäfer und seine Gemeindeleute in der Kirche waren und der Küster eben die Lichter anstecken wollte, da tönte auf einmal aus dem dunklen Seitenschiff eine seltsame Musik, wanderte hinüber nach dem Chor, starb dahin und war bald nicht mehr von dem Rauschen des Windes zu unterscheiden, der durch die alte Kirche brauste. Die ganze Gemeinde geriet in heftigen Schreck, der alte Schäfer aber erkannte sogleich die Melodie wieder, die vor Jahren Jolo an der Öffnung der Höhle gespielt hatte, und der Pfarrer des Kirchspiels zeichnete sie auf.

Nach einigen ist Jolo Jäger des Feenkönigs geworden, und muss an jedem Allerheiligenabend die Höllenhunde über die Gipfel des Cadair Idris treiben, wobei seine Fiedel in ein Hifthorn verwandelt ist; nach anderen ist er im Innern der Höhle in einem Feenring gefangen und muss da tanzen bis zum Jüngsten Gericht. In gewissen Nächten des Schaltjahrs steht ein Stern der Höhlenöffnung gegenüber, bei dessen Schimmer man Jolo und die anderen Höhlenbewohner sehen kann, und wenn man auf Allerheiligenabend sein Ohr an die Öffnung legt, so kann man ganz deutlich jene Melodie herausklingen hören.

Die Zauberharfe

Die Feen besuchten zuweilen in der Dämmerung und in mannigfachen Verkleidungen die Hütten in Nordwales, um den Charakter der Bewohner zu prüfen. Wenn sie nicht gut aufgenommen wurden, so ging es denen, die sie beleidigt hatten, fortan sehr schlecht. An einem Abend nun saß Morgan ap Rhys allein in seiner Hütte am Kamin, schmauchte sein Pfeifchen und trank dazu sein Gläschen Bier in aller Gemütlichkeit. Da klopfte es zart an die Tür und – nachdem Morgan: »Herein!« gerufen hatte – traten die Feen, als Bettler verkleidet, ein. Sie baten um etwas Essen, da sie sehr arm und bedürftig seien. Morgan gab ihnen, was er hatte, Käse und Brot, und die Feen – die er freilich nicht dafür ansah – packten es in ihren Quersack. Darauf sagten sie ihm, er solle sich etwas wünschen und sie wollten es ihm zum Lohn für seine Wohltätigkeit gewähren. Da Morgan ein großer Liebhaber der Musik war, so wünschte er sich eine Harfe – und kaum gesagt, so stand schon die Harfe vor ihm und die Feen – die er nun freilich als solche erkannte – waren verschwunden.

Da kamen seine Frau und einige Nachbarn herein und Morgan, um zu zeigen, was er bekommen hatte, fing an auf seiner Harfe zu spielen. Aber kaum, dass der erste Ton heraus war, so war auch schon die ganze Gesellschaft auf den Beinen – hast du nicht gesehen – fingen sie an zu tanzen, als ob sie den Verstand verloren hätten, sprangen bis an die Decke, schlenkerten die Beine weit aus und setzten über Tisch und Stühle weg. Dabei schrien und flehten sie unablässig, Morgan solle aufhören zu spielen – aber der alte Spaßvogel harfte so lange, bis ihm selber die Finger wehtaten, und da hörten auch die Tänzer auf zu springen und sanken todmüde nieder.

Von der Zeit an wollte keiner mehr zu Morgan ins Haus gehen, denn alle fürchteten sich vor der Harfe, die er immer spielte, wenn er zu viel getrunken hatte; und da dies sehr oft geschah, so war niemand sicher vor ihm. Und da galt keine Ausnahme. Greise, alte Weiber, Mädchen, Kinder – einer wie der andere musste tanzen, sobald er die Harfe hörte. Die Gegend, wo Morgans Haus stand, ward zuletzt ganz verrufen, und die Nachbarn hätten gern ihre Häuser losgeschlagen, wenn nur einer gewesen wäre, der sie hätte kaufen mögen.

Da, eines Morgens, nachdem Morgan am Abend zuvor zum großen Verdruss seiner Nachbarn, wieder sein Unwesen auf der Harfe getrieben hatte, war sie plötzlich verschwunden. Man glaubte, die Feen hätten sie ihm wieder genommen, da sie das Unheil, das er damit anrichtete, gesehen und Mitleid mit den armen Nachbarn bekommen hätten.

Rhys auf dem Feentanz

Rhys und Llewellyn, zwei Farmersknechte, welche den ganzen Tag über für ihren Herrn Kalk gefahren hatten, trieben, da sie von ihrem Tagwerk heimkehrten, im Zwielicht ihre Bergpferde vor sich her. Da sie eine kleine Ebene erreicht hatten, sagte Rhys zu seinem Kameraden, er solle doch mal stehen bleiben und auf die Musik hören, denn ihm wäre, als klänge da eine Melodie, nach welcher er wohl schon hundertmal getanzt hätte, und nun wolle er auch hingehen und tanzen. Er bat ihn dann, mit den Pferden fortzugehen, er würde ihn bald wieder einholen. Llewellyn konnte nichts hören und redete ihm sehr ab; aber Rhys lief fort und Llewellyn rief umsonst hinter ihm her. Er ging nach Haus, stellte die Pferde ein, aß sein Abendbrot und legte sich dann zu Bett, da er dachte, Rhys habe nur einen Vorwand gesucht, um ins Bierhaus zu kommen. Als am anderen Morgen aber noch immer nichts von Rhys zu hören und zu sehen war, erzählte er seinem Herrn die Geschichte, worauf man den Knecht zu suchen begann. Aber man konnte ihn nicht finden. Da stieg der Verdacht auf, Llewellyn habe ihn ermordet, und er ward ins Gefängnis geworfen, obgleich kein Beweis gegen ihn vorlag. Ein Farmer aber, der in Feengeschichten sehr bewandert war, hatte seine besonderen Gedanken über diesen Vorfall und so schlug er vor, er selbst und einige andere sollten Llewellyn nach dem Ort begleiten, wo er mit Rhys zuletzt gewesen sei. Als sie dahin kamen, fanden sie den Platz so grün, wie einen Vogelbeerbaum.

»Pst!«, rief Llewellyn auf einmal, »ich höre Musik – ich höre liebliche Harfen!«

Wir alle lauschten, sagte der Erzähler (denn derjenige, welcher diese Geschichte mitgeteilt hat, war einer von denen, die Rhys suchten) – aber wir konnten nichts hören.

»Setz deinen Fuß an meinen, David!«, sagte er zu mir; sein eigener Fuß stand nämlich am Rand des Feenrings. Ich tat, wie er geheißen, und – einer nach dem anderen – machten es nun alle so; und da hörten wir denn den Klang vieler Harfen, und sahen in einem Kreis von ungefähr zwanzig Fuß Durchmesser eine Menge kleiner Wesen – nicht größer als Kinder von drei oder vier Jahren – welche immer rundum tanzten. Unter ihnen sahen wir Rhys; Llewellyn ergriff ihn, als er ihm nahe genug gekommen war, beim Kittel und zog ihn aus dem Kreis heraus.

»Wo sind die Pferde? Wo sind die Pferde?«, rief er.

»Pferde hin, Pferde her – mach nur, dass du nach Haus kommst!«, erwiderte Llewellyn.

Aber Rhys bat ihn, er möge doch allein nach Haus gehen und ihn erst den Tanz zu Ende bringen lassen, da er ja nicht länger als fünf Minuten gedauert habe. Sie mussten ihn mit Gewalt fortziehen. Aber er blieb dabei, er sei nur fünf Minuten fort gewesen; über die Leute aber, bei denen er gewesen war, konnte er weiter keine Angaben machen. Er ward immer trauriger, musste sich zu Bett legen und starb bald darauf.

Am anderen Morgen, schloss der Erzähler, gingen wir nach dem Platz, wo wir Rhys gefunden hatten. Der Umkreis des Ringes war ganz rot, wie der Rasen zu werden pflegt, wenn er ausgetreten ist, und ich konnte noch die Spuren kleiner Fersen sehen, ungefähr so groß, wie der Nagel meines Daumens.

Yantos Jagd

Vor Jahren lebte unter den Hügeln ein Mann mit Namen Evan Shone Watkin; man nannte ihn aber meistens Yanto'r Coetcae, d. h. Yanto (Volksausdruck für Evan) vom Holzanger. Nun geschah es einmal, dass Yanto nebst andern Freunden und Nachbarn zu einem Mann, der an der Grenze von Glamorganshire wohnte, eingeladen ward, um eine Taufe zu feiern. Der Abend ward, wie das bei solchen Gelegenheiten zu geschehen pflegt, in großer Heiterkeit verbracht; sie tranken vom stärksten Ale, sie zechten vom besten Met und sangen Pennillion (walisische Volksliedchen) zur Harfe. So war es beinahe Mitternacht geworden, ehe sich Evan erinnerte, dass er noch einen weiten Weg nach Hause hatte. Da seine Anwesenheit zu Haus am andern Morgen schon in aller Früh dringend notwendig war, so beschloss er denn nun auch endlich aufzubrechen. Allein zu einer solchen Wanderung muss man sich stärken, und er leerte darum sein Bierglas mit doppelter Behändigkeit; und da er an das Sprichwort dachte: »ein Sporn im Kopf ist besser, als zwei an den Fersen«, so nahm er noch einen Abschiedstrunk Met und machte sich alsdann auf seinen Weg, der über die Berge von Carno führte.

Er war schon eine Zeit lang gegangen und hatte bereits eine beträchtliche Strecke in den Bergen hinter sich, als er auf einmal in weiter Entfernung Musik zu hören glaubte, und zwar beinahe in derselben Richtung, die er ging. Indem er weiter schritt, fand er, dass sich die Klänge näherten und dass die Musik von einer Harfe und mehreren Stimmen, die sie begleiteten, herrührte. Sogar den Ton konnte er unterscheiden; es war nämlich der *»Ar hŷdy nôs«*. Aber da die Nacht sehr dunkel war und der Nebel dick um ihn lag, so konnte er die Personen, die sich so vergnügten, nicht ausfindig machen. Da er wusste, dass weit in der Runde kein Haus war, so wurde er durch das, was er hörte, sehr neugierig gemacht; und da die Musik fort klang und nur ein paar Schritte von seinem Weg zu sein schien, so glaubte er, es sei keine Sünde, wenn er ein wenig seitwärts ginge, um zu sehn, was es wäre. Obendrein dachte er, es würde doch Unrecht sein, so dicht an einer lustigen Gesellschaft vorbeizugehen, ohne nur ein paar Minuten zu verweilen und an ihrer Lustbarkeit teilzunehmen. Demgemäß bog er in der Richtung der Musik vom Weg ab und da er reichlich weit gegangen war, um den Platz erreicht zu haben, auf welchem er die Musik vermutete, so wunderte er sich nicht wenig, dass sie doch noch eine Strecke weiter war. Indessen, da Yanto ein guter Philosoph war, so sagte er sich, dass Töne in der Nacht, wo alles still sei, auf weitere Entfernungen hinaus gehört würden als bei Tag, und da er nun einmal so weit von seinem Weg abgewichen sei, so wolle er nun auch nicht eher ruhen, als bis er die Musik gefunden hätte.

Aber – wie dem nun auch sein mochte – je weiter er ging, je weniger schien es wahrscheinlich, dass er sie erreichen würde. Zuweilen wichen die Töne vor ihm aus – und dann beschleunigte er seine Schritte, um sie nicht ganz zu verlieren und bei der Dunkelheit der Nacht rannte er mehr als einmal kopfüber in ein Torfmoor. Wenn er sich herausgearbeitet hatte und wieder auf seinen Beinen stand, so nahm er sich jedes Mal vor, diese Jagd aufzugeben. Aber immer in demselben Augenblick hörte er die Töne lieblicher als zuvor, gleichsam als wollten sie ihn aufmuntern. Ja, seine Bemühungen wurden nicht selten dadurch angefeuert, dass er sich bei seinem Namen »Evan! Evan!« rufen hörte.

Da dies nun in der Tat die anständigste Weise, ihn anzureden war (denn Yanto sagten doch nur die Bauern!), so vermutete er, dass diejenigen, die er suchte – wer und wo sie immer auch sein mochten – mindestens doch sehr wohlerzogene Leute sein müssten, und deswegen wuchs sein Verlangen, mit ihnen zusammen zu sein. Sobald er folgte, hörte er sich denn freilich bei seinem ihm weniger angenehmen Namen: »Yanto! Yanto!« rufen. Wenn ihm dieser nun allerdings auch nicht so sehr schmeichelte als der andre, so musste er doch in jedem Falle von guten Freunden kommen, war deshalb zu entschuldigen und bestimmte ihn, weiterzugehen. Gleich der Musik aber waren auch diese Grüße oft so verworren, dass er zuweilen nicht genau unterscheiden konnte, ob es denn wirklich Musik und Stimmen oder die Birkhühner und Kiebitze wären, die er bei jedem Schritt aus der Heide aufjagte.

Endlich, voll Ärger, dass alle seine Versuche fehlschlugen und obendrein außerordentlich ermüdet, beschloss er sich auf die Erde niederzulegen bis zum andren Morgen. Aber kaum lag er, da klang die Harfe wieder lockender als je zuvor und dabei so nah, dass er die Worte verstehe konnte, die dazu gesungen wurden. Darauf erhob er sich denn wieder und fing die Jagd von Neuem an, tappte wieder ins Moor, watete knietief durch den Sumpf und zerriss sich die Beine, indem er sich durch den Ginster arbeitete, bis endlich seine Geduld und seine letzte Kraft ihn verließ. Aber wie groß war seine Freude, als er – in dem Augenblick, wo er eben zusammenbrechen wollte – eine kleine Strecke von sich entfernt, Lichter wahrnahm, die aus einem Haus her schimmerten, in welchem allem Anschein nach eine fröhliche Gesellschaft beisammen war und sich, gleich derjenigen, die er am Abend verlassen hatte, mit Musik, Trinken und andren guten Dingen unterhielt. Bei solch einem Anblick nahm er zum letzten Mal seine Lebensgeister zusammen, ging in das Haus, setzte sich beim Feuer nieder und forderte ein Glas Ale. Aber ehe noch das Glas gebracht war oder er auch nur Zeit gehabt hätte, mehr von den Personen, die ihn umgaben, zu beobachten, da sank er, von der übergroßen Müdigkeit und dem zuvor getrunkenen Ale und Met bewältigt, in einen tiefen Schlaf.

Ohne Zweifel, – er schlief lang und fest. Denn er erwachte erst am andren Morgen, als ihm die Sonnenstrahlen im Gesicht spielten. Aber als er die Augen öffnete und rund um sich sah, wie groß war sein Erstaunen, sich ganz allein zu finden, und von all dem, was er gestern Abend doch so genau gesehen hatte, ehe er einschlief, keine Spur mehr entdecken zu können. Von Haus und Gesellschaft war nichts zu sehn und anstatt behaglich am Feuer zu sitzen, lag der arme Yanto fast erfroren auf einem kahlen Felsen, auf einer der luftigsten Spitzen des Darren y Killai, wohl tausend Fuß hoch, und zwar so dicht am Rand, dass er senkrecht da hinuntergestürzt wäre, wäre er in der Richtung nur noch ein oder zwei Fuß weitergegangen.

Maen du yr Arddu, der schwarze Stein von Arddu

In Betta Garmon, am nordwestlichen Abhang des Snowdon, wohnte ein wohlhabender Farmer, der eine einzige Tochter, namens Meredith, hatte. Das Mädchen war sehr schön, aber dabei recht eigensinnig. Ein böses Herz hatte sie wohl nicht, aber sie war verzogen und voller Launen. Da sie, wie gesagt, reich, schön und jung war, so konnte es ihr an Freiersleuten nicht fehlen; aber sie schlug jeden aus. An jedem hatte sie etwas auszusetzen; der eine war ihr zu groß, der andere zu klein, – sie wies alle mit Spott zurück, sie wollte ganz was Apartes haben. Da war nun im Dorf auch ein Farmerssohn, mit Namen Huwcyn Sion. Der war nicht reich, aber der Rechtschaffenste, und weil er so bieder war der Angesehenste im ganzen Kirchspiel. Dabei hatte er ein männliches Wesen und ein paar Augen im Kopf, die schon manches Mädchen toll gemacht hatten. Was konnte Huwcyn dazu? Er liebte, seit er denken konnte, nur eine, und das war Meredith, die schöne, reiche Farmerstochter. Es sollte nun so kommen, dass auch Meredith ihn lieben musste, und so tief und warm solch ein schönes Mädchen nur lieben kann. Sonst hätte Huwcyn gar nicht daran zu denken gewagt, um sie zu freien. Allein Merediths Vater, der sein einzig Kind glücklich sehen wollte und auf keinen mehr hielt als auf Huwcyn, weil er so brav und rechtschaffen fleißig war, der ermutigte ihn, seinen Antrag nur zu machen. Da zog sich Huwcyn aufs Beste an und machte sich auf den Weg. Meredith konnte den ganzen Tag tun, was sie wollte; sie jagte die Fohlen auf dem Anger vor der Farm. Als sie Huwcyn so stattlich gekleidet sah, rief sie aus: »Sag mir doch, Huwcyn, ist es heut Sonntag?« »Wenn Du willst, so ist es heut Sonntag für mich«, erwiderte Huwcyn und sagte ihr dann, warum er gekommen sei. Da aber lachte Meredith aus Leibeskräften, ja sie lachte so laut, dass die

Fohlen über den Anger setzten; dann sagte sie: »Seht doch! Ei – seht doch! Meinst Du denn, ich wäre für einen Farmer nicht zu gut? Einen Barden will ich haben, sag ich Dir, einen Barden! Und eh Du nicht ein rechter Barde geworden bist, eher kann ich Dich auch nicht gebrauchen!« Damit lief sie wieder die Wiese hinauf zu den Fohlen. Huwcyn ging in tiefster Betrübnis von dannen. Hätte er sich nur einmal umgesehen! Denn kaum war er fort, so kam auch Meredith wieder herunter, setzte sich auf die Gattertür und sah ihm nach, so lange sie konnte. Er aber war sehr betrübt, und sah nicht rechts noch links.

An einem steinigen Platz, *yr Arddu*, der schwarze Weiler genannt, an dem man vorüberkommt, wenn man den Snowdon besteigt, liegt ein großer Stein, welcher *Maen du y Arddu* heißt. Nun geht die Sage, dass, wenn zwei Personen eine Nacht auf diesem Stein schlafen, der eine sich am anderen Morgen, wenn die Sonne aufgeht, mit der Gabe des Bardentums beschenkt sehen, der andere aber wahnsinnig geworden sein würde. »Ich ginge hinauf«, sagte Huwcyn, »gleich! Denn wenn ich die Gabe des Sängers erhalte, so würde ich glücklich werden; und werde ich wahnsinnig, so fühle ich ja nichts von meinem Unglück! – Aber es müssen zwei sein, die da hinaufgehen – und wen darf ich bitten, auf solchem Gang mich zu begleiten?«

Indem begegnete ihm Huw Belissa. Er konnte ihm seinen Kummer nicht verbergen, denn Belissa war von Jugend auf sein liebster und bester Freund gewesen. Belissa war unter allen jungen Burschen als der größte Waghals berühmt; und kaum hatte er die Geschichte seines Freundes vernommen, als er schon fröhlich entschlossen ausrief: »Huwcyn, ich begleite Dich!« Je mehr Huwcyn abredete, umso fester ward Belissas Vorsatz, und so traten sie denn nun gemeinschaftlich ihren Weg an. Als sie bei Merediths Farm vorüberkamen, da stand das Mädchen vor der Tür.

»Wohin des Weges?«, fragte sie.

»Da hinauf!«, sagte Belissa, und zeigte zum Gipfel des Snowdon empor, der im Abendrot strahlte – »zum schwarzen Weiler!«

Bei diesem Wort fiel es dem Mädchen schwer aufs Herz. Allein sie fasste sich bald wieder und wünschte den Männern eine glückliche Reise. Auch glaubte sie, die beiden hätten nur spaßen wollen. Über eine Weile jedoch, da sie wieder hinaus sah, bemerkte sie die beiden schon ganz weit in der Abenddämmerung hoch über den Tiefen. Da ward ihr Angst und sie musste den ganzen Abend an den schwarzen Weiler denken. Als sie sich zu Bett gelegt hatte, kam es ihr wieder im Traum vor – es war ihr, als sei Huwcyn wahnsinnig geworden – ihretwegen … sie kämpfte, sie flehte, sie litt … da erwachte sie, schweißgebadet, und vom Kirchturm schlug es eben Mitternacht. Da konnte sie's auf dem Bett nicht mehr aushalten; sie sprang auf, zog sich eilig an, und lief hinaus. Von Liebe und Gewissensangst gejagt, klomm sie den Snowdon hinan. Es war eine finstere Nacht, nur einzelne Sterne funkelten aus dem Gewölk, und der Sturm, der am Snowdon nimmer rastet, jagte schauerlich durch die Höhlen und Löcher. Das arme Mädchen verirrte sich bei der Dunkelheit, und schon fing der Morgen zu grauen an, als sie noch immer in der unwegsamen Felswildnis kletterte. Endlich findet sie den Weg, endlich darf sie hoffen, noch früh genug zu kommen, um die Schlummernden zu wecken und zu retten. Da, als sie mit dem letzten Aufwand ihrer Kraft den Gipfel erreicht, und den Namen des Geliebten ruft, – da, mit dem Klang zugleich trifft der erste Strahl der aufgehenden Sonne das Antlitz der Schläfer … sie erwachen – und das Verhängnis ist erfüllt. Auf dem nebelumwallten Felsen, als wie auf einer Wolke schwebend, steht Huwcyn, vom Morgenrot das edle Haupt verklärt, und mit dem Lachen des Wahnwitzes weckt Belissa das Echo der Klüfte des Gebirges. Meredith, von Liebe und Schmerz hingerissen, sank vor Huwcyn nieder, und umfasste weinend seine Knie.

Dieser aber sagte: »Ich habe nur noch eine irdische Sorge, und das ist Huw Belissa – weiter habe ich nichts mehr auf Erden!«

Huwcyns Harfe ward das Entzücken seines Volkes; nur für Meredith war jeder ihrer Klänge wie ein Schwertstich. Sie, die Rose von Betta Garmon, welkte vor der Zeit, und starb als Mädchen; aber in Schloss und Hütte berühmt wurde Huwcyn Sion, mit dem Beinamen *y Canu*, der Sänger. Denn nicht vor, nicht nach ihm war ein bessrer Sänger in Cambrien.

Die Jungfrau vom See

I.

In einer Wiese am See Cwellyn versammelten sich – wie man erzählte – in schönen stillen Mondnächten die Feen, um daselbst zu tanzen. Eines Abends nun versteckte sich ein junger Mann, der Besitzer der Farm, zu welcher die Feenwiese gehörte, in einem Gebüsch dicht bei dem Ort, wo die Feen tanzen sollten. Und wirklich – mit dem Mond erschienen sie. Als er, während sie sich mit Tanz und Gesang vergnügten, aus seinem Versteck hervorbrach und eine von ihnen festhielt, liefen die andren sogleich fort und verschwanden. Ohne auf ihr Jammern und Weinen zu hören, nahm er sie mit sich nach Haus und behandelte sie so freundlich, dass sie zufrieden war, als seine Magd bei ihm zu bleiben. Aber er konnte sie nicht dazu bewegen, ihm ihren Namen zu nennen. Einige Zeit nachher, da es sich wieder so traf, dass er die Feen auf seiner Wiese sah, hörte er eine von ihnen sagen: »Als wir zuletzt hier waren, da wurde uns unsre Schwester Penelope von einem Sterblichen geraubt!«

Erfreut, dass er nun den Namen seiner Unbekannten wusste, kehrte er heim, und da sie sehr schön und äußerst fleißig war, so machte er ihr den Antrag, sie zu heiraten, was sie jedoch eine lange Zeit ausschlug. Endlich jedoch willigte sie unter der Bedingung ein: »dass wenn er sie je mit Eisen berührte, sie ihn verlassen und nie zu ihm zurückkehren würde!«

Viele Jahre lebten sie glücklich zusammen, und er hatte von ihr einen Sohn und eine Tochter. Durch ihre tätige und weise Führung des Haushalts wurde er einer der reichsten Männer des Landes; zu seinem Gut erwarb er noch allen Boden in der Umgegend.

Da folgte Penelope eines Tages ihrem Mann ins Feld, um ein

Pferd einzufangen; und er, in Wut über das Tier, das ihm unter den Händen entwischte, warf den Zügel nach ihm und dieser fiel unglücklicherweise auf die arme Penelope. Sogleich verschwand sie und er sah sie nie wieder. Aber einst in der Nacht hörte er ihre Stimme durchs Kammerfenster folgende Worte singen, süß und klagend, als habe sie nach ihren Kindern, für deren Wohl sie so besorgt war, die tiefste Sehnsucht:

Dass warm mein Herzenssöhnchen ruh',
Deck' ihn mit Vaters Mantel zu;
Dass es nicht frier' mein Töchterlein,
Hüll' es ins Kleid der Mutter ein.

Diese Kinder und ihre Nachkommen hießen »Pellings«, welchen Namen man von Penelope ableitet; und es lebt noch jetzt in der Gegend des Snowdon eine reiche und ehrenwerte Familie, welche von diesen Pellings abstammen soll.

II.

Ein Mann, welcher in einem Farmhaus wohnte, hatte einst einige Lämmer auf einem benachbarten Markt gekauft, die er dann am kleinen Fan-See in den schwarzen Bergen grasen ließ. So oft er nun zu seinen Lämmern kam, sah er drei sehr schöne Jungfrauen am Gestade des Sees wandeln. Mehrere Male verfolgte er sie, um sie zu erhaschen, doch stets umsonst. Denn die bezaubernden Wesen liefen vor ihm weg und wenn sie den See erreicht hatten, so riefen sie höhnisch aus:

Wer da isst gebackenes Brot
uns zu fangen vergeblich droht!

Eines Tages schwamm feuchtes Brot von dem See an die Ufer. Der Farmer verzehrte es mit großer Begierde und am andern Tag war er bei seiner Verfolgung wirklich so glücklich, dass er eine von den drei schönen Jungfrauen fing. Nach einer kurzen Unterhaltung mit ihnen fasste er sich ein Herz und machte einer von ihnen einen Heiratsantrag. Seine Auserwählte willigte für den Fall ein, dass er sie am folgenden Tag von ihren Schwestern würde unterscheiden können. Dies war für den jungen Farmer eine neue und sehr große Schwierigkeit; denn die schönen Wassergeister waren sich in Gestalt und Gesicht so ähnlich, dass er kaum einen Unterschied zwischen ihnen wahrnahm. Er merkte sich indes ein unterscheidendes Zeichen an den Riemen ihrer Sandalen und daran erkannte er sie am folgenden Tag. Einige jedoch, welche diese Geschichte erzählen, sagen, die Jungfrau vom See habe ihrem Liebhaber heimlich angedeutet, sie wolle sich am entscheidenden Tag zwischen ihre beiden Schwestern stellen und daran möge er sie erkennen. Wie dem nun auch sei – er wählte die rechte und sie verließ sogleich den See und begleitete ihn nach seiner Farm. Bevor sie ging, stiegen auf ihren Befehl sieben Kühe, zwei Ochsen und ein Bulle aus dem See und folgten ihr.

Sie versprach nun dem Farmer, so lange bei ihm bleiben zu wollen, bis er sie dreimal ohne Ursache geschlagen hätte. Mehrere Jahre lebten sie behaglich zusammen und sie gebar ihm drei Söhne, welche späterhin unter dem Namen die Doktoren von Myddfi noch sehr berühmt wurden.

Eines Tages, als er sich anschickte, einen Markt in der Nachbarschaft zu besuchen, bat er sie aufs Feld zu gehn, um das Pferd zu holen. Sie sagte: »Ja!«, doch da sie ein wenig langsam machte, so sagte er scherzend zu ihr: »Geh! Geh! Geh!« und tippte dabei dreimal mit seinem Handschuh auf ihren Arm.

Da war aber die Bedingung ihrer Heirat gebrochen – sie ging sogleich fort und nahm ihre sieben Kühe, ihre zwei Ochsen und den Bullen wieder mit sich. Die Ochsen waren grade beim Pflügen im Feld, aber da sie die Herrin rufen hörten, folgten sie sogleich und nahmen den Pflug mit sich. Die Furche, welche der Pflug von dem Feld aus bis zum Rand des Sees zog, ist noch heutigen Tags an mehreren Stellen jener Gegend zu sehn.

Einst, lange nach der Trennung von ihrem Mann, traf sie zwei ihrer Söhne in einem Tal, welches seitdem das Doktorental heißt, und gab jedem von ihnen ein Bündel mit einigen Sachen, von denen man nicht recht weiß, was es gewesen sein mag. Man glaubt aber, dass es seltene Medikamente waren. Denn diese Leute wurden die ersten Heilkünstler ihrer Zeit, schrieben berühmte Werke, von denen sich noch heute in der Bibliothek von Grays Inn Lane, London, ein Exemplar befindet.

III.

Von dem Fan-See gibt es auch noch eine andere Geschichte. Es soll nämlich in der Neujahrsnacht nach der zwölften Stunde auf diesem See eine Jungfrau erscheinen, welche der Geist aus dem Fan heißt. Sie trägt ein weißes Gewand mit goldenem Gürtel; ihr Haar ist lang und golden, ihr Antlitz bleich und traurig. Sie sitzt in einem goldenen Boot und führt ein goldnes Ruder.

Vor vielen Jahren lebte in der Nähe dieses Sees ein junger Farmer, der, weil er so viel von der Schönheit dieser Jungfrau gehört hatte, eine brennende Sehnsucht empfand, sie zu schauen und sich zu überzeugen, ob sich denn wirklich alles so verhalte. In der nächsten Silvesternacht ging er daher zu dem Rand des Sees, welcher ruhig und klar im Schein des Vollmonds dalag, und wartete ängstlich auf den zwölften Glockenschlag. Da schallte die Mitternacht aus den entfernten Dörfern herüber, und er schaute nun, wonach er so lange sich gesehnt, die Jungfrau, welche sich in ihrem goldnen Boot über den silbernen See hin und her schaukelte. Endlich sank der Mond hinter die Berge, die Sterne verlöschten in der Morgendämmerung und die Jungfrau fing an schon im Dunst dahinzuschwinden. Da aber, unfähig sich länger zu halten, rief er laut zu, sie möge bleiben und sein Weib werden. Aber mit einem bangen Schrei schwand sie vor ihm dahin.

Nacht für Nacht konnte man ihn nun am Gestade schweifen sehn – aber alles umsonst. Seine Farm lag wüst, sein Leib verzehrte sich vor Sehnen, und Trauer und Trübsinn lagen auf seinem Gesicht. Endlich vertraute er sein Geheimnis einem weisen Mann im Gebirge an. Dieser riet ihm, den schönen Geist mit Geschenken von Käse und Brot zu erobern. Der Rat wurde befolgt und in der Johannisnacht ging der verliebte Farmer an den See hinunter und ließ einen großen Käse nebst einem Laib Brot ins Wasser fallen. Aber der Geist erschien nicht; nur kam es dem Farmer so vor, als ob die Stelle, wo er sie einst gesehn hatte, mit mehr als gewöhnlichem Glanze leuchtete und als ob harmonische Klänge durch die Felsen bebten. Durch diese Zeichen ermutigt warf er nun Nacht für Nacht Brot und Käse in den See, aber noch immer erschien der Geist nicht. So kam die Neujahrsnacht wieder heran. Er zog seine besten Kleider an, nahm seinen größten Käse und sieben von seinen weißesten Broten und begab sich zu dem See. Als die mitternächtliche Stunde herankam, warf er eins nach dem andern ins Wasser und verharrte dann in schweigender Erwartung. Der Mond stand hinter einer Wolke, aber bei dem schwachen Licht, das er warf, sah der Bebende das zauberhafte Schifflein nahen und auf ihn zufahren. Die Jungfrau hielt am Land, hörte auf die Schwüre des jungen Mannes und willigte ein, sein Weib zu werden. Als Brautschatz brachte sie Schafe, Ziegen, Rinderherden und andre Dinge für die Landwirtschaft mit. Nur das machte sie ihm zur Bedingung, dass er sie nicht schlagen dürfe; denn wenn er sie zum dritten Mal geschlagen hätte, so müsse sie verschwinden.

So heirateten sie und waren glücklich. Nach drei oder vier Jahren wurden sie zu einer Kindtaufe geladen und zum Erstaunen aller Anwesenden brach der Geist mitten in der heiligen Handlung in Tränen aus. Ihr Mann warf ihr ärgerliche Blicke zu und fragte sie barsch, warum sie sich so närrisch betrage?

Da antwortete sie: »Das arme Ding tritt in eine Welt voll Sünden und Sorgen ein und Elend liegt vor ihm. Warum soll ich mich freuen?«

Da versetzte er ihr einen Stoß. Sie aber warnte ihn, dass er sie nun schon einmal geschlagen habe.

Einige Zeit danach waren sie wieder zusammen eingeladen, um dem Leichenbegängnis desselben Kindes beizuwohnen. Da lachte der Geist und tanzte und sang. Ihr Mann wurde ganz wütend darüber und fragte sie, warum sie sich so närrisch betrage?

»Das Kind«, sagte sie, »hat eine Welt voller Sünden und Sorgen verlassen, und Seligkeit liegt vor ihm. Warum soll ich weinen?«

Da gab er ihr einen Stoß und zum zweiten Mal warnte sie ihn. Darauf lebten sie glücklich wie zuvor.

Da trug es sich einmal zu, dass sie zu einer Hochzeit eingeladen wurden, wo die Braut jung und schön, der Bräutigam aber ein altes, vertrocknetes Männchen war. Mitten in der Festlichkeit begann der Geist heftig zu weinen, und da ihr Mann sie verdrießlich fragte, warum sie sich so närrisch betrage, da antwortete sie, dass alle es hörten:

»Weil Sommer und Winter sich nicht vertragen können. Für elendes Gold ist Jugend dem Alter verkauft worden. Ich sehe, dass Elend das Los der beiden ist. Es ist des Teufels Werk!«

Ihrer Warnungen nicht gedenk, stieß sie ihr Mann nun in heftigem Ärger von sich. Sie blickte ihn zärtlich und schmerzensvoll an und sagte: »Du hast mich nun zum dritten und letzten Mal geschlagen. Fahre wohl!«

Damit verließ sie den Ort. Er lief hinter ihr her und als er sein Haus erreicht hatte, sah er sie schon dem See zuschreiten. All ihre Herden, Schafe und Ziegen gingen hinter ihr her. Er eilte ihr mit schwerem Herzen nach, aber umsonst. Seine Augen sahen sie nie wieder.

Owen Llawgoch mit seinen tausend Kriegern

Owen Llawgoch, d. h. Owen mit der blutigen Hand, einer von den Letzten, welche heldenmütig gegen die Sachsen gefochten haben, ist noch nicht gestorben. Mit seinen tausend Kriegern liegt er in einer Höhle unter einem Hügel in einem Zauberschlaf und wartet auf die Zeit, wo sie alle erwachen werden, um einem feindlichen Heer am Fford Rhyd goch arddy faych und am Llyn pent y Weryd zu begegnen, denn die Geschicke Britanniens hängen von der Tapferkeit und dem Sieg der Erwachten ab.

Von diesem Hügel erzählte ein alter Mann folgende Geschichte. Wer in einer Entfernung von zwanzig bis vierzig Minuten weit vom Hügel steht, der kann auf dessen Spitze einen großen, schönen Eibenbaum erblicken; aber steigt man nun hinauf und nähert sich der Stelle, so ist der Eibenbaum verschwunden. Entfernt man sich jedoch, so erscheint der Baum wieder wie zuvor.

Eines Tages nun war ein Hirtenjunge auf diesem Hügel, und da er gerade einen Stock brauchte und nicht weit von sich eine Haselstaude sah, so schnitt er sich eine Gerte davon ab. Nicht lange nach diesem Tag ward er seines Hirtenlebens satt und beschloss, seine Heimat zu verlassen, um sein Glück in der Welt zu versuchen. Er brach auf und ging. Er war aber noch nicht lange gegangen, da begegnete er einem Mann von gutem Aussehen, der ihn und den Haselstock, den er in der Hand trug, gar ernsthaft ansah. Endlich redete er ihn an und sagte: »Mein Junge, wo hast du den Stock da bekommen? Kannst du mir den Ort genau angeben?«

»Ja, mein Herr!«, erwiderte der arme walisische Junge.

»Und willst du's tun?«, fragte der Fremde ernst weiter.

»Ich würde es gern tun«, versetzte der Knabe, »wenn es nicht so weit von hier wäre.«

Der Fremde jedoch versprach ihm eine große Belohnung, worauf der Knabe sich zur Umkehr entschloss. Sie brachen zusammen auf und kamen an der Haselstaude an. Der Knabe blieb stehen und sagte: »Dies, mein Herr, ist der Stamm, von welchem ich meinen Stock geschnitten habe.«

Der Fremde hieß den Knaben nun unter dem Baum suchen, bis er eine Falltür fände, die ihn in einen gewölbten Gang führen würde. Durch diesen Gang würde er dann in eine Halle gelangen, worin viele bewaffnete Krieger im Schlaf lägen, und am Eingang sei ein Seil, an welchem er sich weiterfühlen müsse. »Aber«, sagte er, »nimm dich mit diesem Seil in Acht, denn es ist an einer Glocke befestigt, die den Hauptmann mitsamt seinen Kriegern aufwecken wird, wenn sie sich rührt. Sollte das aber doch wider Erwarten der Fall sein und der Hauptmann aufwachen, so wird er dich fragen: ›Ist es Tag?‹ Worauf du sogleich antworten musst: ›Nein!‹« – »In diesem Gemach«, fuhr der Fremde fort, »liegt unter einer Schicht Waffen eine große Menge Goldes verborgen. Und dieses Gold sollst du mir forttragen. Aber sei vorsichtig und merke dir, was ich dir gesagt habe!«

Der Bube gehorchte nach einigem Zögern. Er fand die Falltür, stieg nieder und gelangte in die von seinem Gefährten beschriebene Halle. Da sah er die Krieger auf ihren Waffen schlafen, und nicht weit von dem Hauptmann waren die Schwerter und Schilde aufgeschichtet, unter welchen der Haufen Goldes liegen sollte. Der unerschrockene Knabe näherte sich demselben, um ihn zu heben und war eben damit beschäftigt, als die Waffen mit einem furchtbaren Dröhnen zusammenstürzten und Owen Llawgoch erwachte. Er streckte seine Hand aus, die so breit war wie ein Schild, und rief dabei mit einer Stimme, die wie der Donner nachhallte, aus: »Ist es Tag? Ist es Tag?« – worauf alle die bewaffneten Männer erwachten und dieselbe Frage wiederholten. Der junge Waliser antwortete furchtlos: »Nein! Nein! Schlaft nur wieder!«, worauf sich alle wieder zum Schlafen niederlegten.

Der Knabe nahm sich darauf soviel Gold mit, als er nur tragen konnte, und kehrte damit zu dem Ausgang der Höhle zurück, wo er es dem Fremden ablieferte. Dieser bat ihn, noch einmal hinabzusteigen, um den Rest zu holen, er solle auch einen guten Teil davon abhaben. Diesmal fand der Knabe weder Strick noch Gewölbe noch Krieger und Schätze und erst nach viel Arbeit und Furcht kam er wieder zur Falltüre zurück. Aber da war sein Gefährte auch verschwunden und er hörte niemals wieder von ihm.

Seit jener Zeit sind auch die Höhle und der Eibenbaum nicht wieder sichtbar geworden, und niemand mehr hat den Zauberschlaf Owen Llawgochs und seiner tausend geharnischten Krieger gestört.

Die Entstehung des Llyn Tegid oder Bala-See

In Merionetshire liegt ein See mit steilen Ufern, von Baum- und Buschwerk dunkel bekleidet, den die Engländer Bala-See und die Waliser Llyn Tegid nennen. Er ist ungefähr zwei Stunden lang, und an manchen Stellen vierzig Faden tief. Gebirge schließen ihn ein, und der luftige Gipfel des Arran Fowddwy spiegelt sich in dem stillen Bergsee.

Tief unter dem Wasser hat der alte Schiffer, wenn der klare Herbstmond scheint, Türme und Mauern gesehen; und oft in stürmischen Dezembernächten kann er am Schaumwirbel der Oberfläche noch den Ort unterscheiden, wo die höchste Spitze emporragt und wenn der Sturm eine Weile ruht, haben schon manche eine feine Stimme rufen hören: »Edifar! Edifar!« (Reue! Reue!).

In dem Tal, wo nunmehr der See ist, lebte zu der Zeit, da Cambrien noch seine eigenen Fürsten hatte, ein sehr stolzer Fürst. Aber all seine Schätze, Schlösser und Wälder waren durch Sünde erworben, durch Mord und Raub; und als er einmal seinen Fürstensitz betrat, da hörte er eine Stimme von den entfernten Bergen rufen: »Edifar a ddaw! Edifar a ddaw!« (die Reue kommt! die Reue kommt!)

»Wann wird sie kommen?«, fragte der Fürst.

»Nach dir im dritten Geschlecht!«, erwiderte die Stimme und zugleich donnerte es stark, dass es in allen Bergen widerhallte.

Der halsstarrige Fürst lachte, als er die Stimme gehört hatte, fuhr in seinem bösen Lebenswandel mit Plündern und Rauben fort und lachte immer, wenn er die Orgel und den Gesang aus der Kirche hörte.

Viele, viele Jahre vergingen. Da ward eines Nachts ein alter Harfner aus den benachbarten Bergen aufs Schloss bestellt. Es ward nämlich ein Fest dort gefeiert, weil dem ältesten Sohn des Fürsten auch ein Sohn geboren worden war. Als der arme Harfner in die Halle trat, da war da solch ein Glanz und eine solche Menge von stolzen und schönen Damen und Herren, als er nie zuvor gesehen.

So kam Mitternacht heran. Es ward mit dem Tanzen eine Pause gemacht und man ließ den alten Harfner in seiner Ecke ganz allein sitzen. Da – plötzlich – hörte er halb singend und halb flötend sich ins Ohr rufen: »Edifar! Edifar!« Er kehrte sich um und sah einen kleinen Vogel, der in der Luft flatterte und ihm winkte, mitzukommen. Er folgte, so schnell ein alter, schwacher Mann nur kann. Er wusste zwar nicht, was das bedeute; allein ihm war, als müsse er folgen. Endlich waren sie aus all den Gängen und Hallen des Schlosses heraus und draußen im klaren und kalten Mondenschein. Der alte Mann blieb unschlüssig stehen. Aber da sah er den kleinen Vogel zwischen sich und der Mondscheibe und dieser winkte ihm so bekümmert und rief dabei wieder sein »Edifar! Edifar!« so traurig, dass er nicht anders konnte und ihm aufs Neue folgte. So gingen sie durch Sümpfe, durch Wälder und Dickicht, der kleine Vogel flog immer voran und zeigte ihm die besten Wege an. Aber wenn er auch nur einen Augenblick stehen blieb, so rief der Vogel wieder: »Edifar! Edifar!« und das in einem Ton, der ihn an den Todesschrei seiner kleinen, lang gestorbnen Gwenhwyar erinnerte, den sie ausstieß, da sie in Glas Llyn, dem blauen See, ertrank und niemand sie retten konnte.

So erreichten sie die Spitze des Berges, und der Harfner war müde und erschöpft. Er blieb stehen … aber der kleine Vogel sang nicht mehr. Er lauschte, – aber er hörte nichts als das Rauschen eines Bergquells zu seinen Füßen und die Glocke eines Schafs von weit herauf. Nun dachte er, alles sei nur Gaukelei gewesen; er ärgerte sich, dass er solch ein Narr gewesen und dem Vogel gefolgt war, und wandte sich um, nach dem Schloss zurückzukehren, um zum nächsten Tanz früh genug da zu sein. Aber wie erstaunt war er, als er sich umdrehte und nichts mehr vom Schloss gewahren konnte! Alles, was er unter sich sah, war das weite, ruhige Wasser eines Sees, auf dessen Fläche, die der Mond bestrahlte, seine Harfe schwamm!

Eilians Flucht

Ein alter Mann und sein Weib lebten dereinst zu Garth Dorwen vor langer, langer Zeit. Sie begaben sich einmal nach Carnarvon zur Messe, um eine Dienstmagd zu heuern; es war dies gerade am Allerseelentag. Es war Brauch bei den jungen Männern und Mädchen, die sich verdingen wollten, zur Zeit der Messe sich dort auf einer kleinen grünen Anhöhe aufzustellen, die noch jetzt die »Maes« genannt wird.

Der alte Mann und sein Weib gingen zu jener Stelle und gewahrten dort ein Mägdlein mit flachsgelben Haaren, das von den Übrigen etwas abseits stand.

Die alte Frau trat auf sie zu und fragte, ob sie einen Dienstplatz brauche. Sie entgegnete, dass sie einen suche und verdingte sich auf der Stelle; und zur festgesetzten Zeit erschien sie auch an ihrem Dienstort.

In jener Zeit war es während der langen Winterabende üblich, dass man nach dem Abendbrot sich zum Spinnrocken setzte. Nun liebte es die Magd, wenn es Mondschein war, sich auf die Wiese hinauszusetzen, um dort zu spinnen. Da pflegten die Tylwyth Teg zu ihr zu kommen, um zu singen und zu tanzen. Doch einstmals im Frühling, als die Tage länger geworden, da entfloh Eilian, das Mädchen, mit einem der Tylwyth Teg und ward nicht wieder gesehen.

Das Feld, wo man sie zuletzt erblickt hatte, wird bis zum Tage »Eilians Feld« genannt und die Wiese dabei heißt noch der »Mädchenanger«.

Die alte Frau zu Garth Dorwen war als eine »hilfreiche Frau« berühmt, die ihren bettlägerigen Mitschwestern geschickt beizustehen verstand und darum suchte man nach ihr weit und breit.

Einige Zeit nach Eilians Flucht erschien ein Gentleman auf einem Ross vor ihrem Tor, just in einer Nacht, da es Vollmond war, dieser jedoch von dichtem Nebel verhüllt wurde, der sich ringsumher niederließ. Der Fremde war gekommen, um die alte Frau zu seinem Weib zu holen.

So ritt sie denn hinter dem Fremden auf dessen Ross dahin und sie gelangten in die Gegend von Rhos y Cowrt. Dort befand sich zu jener Zeit, gerade im Mittelpunkte von Rhos, eine Art erhöhten Erdwerks, das einer alten Festung ähnlich sah, umgeben von einer Unzahl mächtiger Steinblöcke rings auf der Höhe und gegen Norden durch einen breiten Wall aus Steinen geschützt. Es ist bis zur Stunde noch dort zu sehen und führt den Namen Bryn y Pibion.

Nachdem die beiden zu jener Stelle gelangt waren, betraten sie eine weite Höhle und gingen von da in ein Gemach, wo die Frau in ihrem Bett lag. Es war der herrlichste Raum, den die Alte in ihrem ganzen Leben gesehen hatte.

Nachdem nun die junge Frau glücklich mit einem Kind niedergekommen war, begab sich die Alte in die Nähe des Feuers, um das Kindchen zu reinigen. Sobald das geschehen war, trat der Hausvater mit einer Flasche Salböl zur Alten und trug ihr auf, die Augen des Kindes damit zu benetzen, warnte sie jedoch, die eigenen Augen damit zu berühren.

Nun aber, nachdem sie die Flasche gebraucht und beiseitegestellt, begann das eine Auge der Alten zu jucken und sie rieb es mit dem nämlichen Finger, womit sie die Augen des Kindes eingerieben hatte.

Da sah sie nun mit diesem Auge, wie das junge Weib auf einem Bündel von Binsen und welkem Farnkraut lag, in einer großen Höhle mit riesigen Steinen ringsumher und mit ein wenig Feuer in einem Winkel. Und sie entdeckte auch zu ihrer Überraschung, dass jene keine andere als Eilian war, ihre einstige Magd.

Nicht lange nach diesem Begebnis ging die Alte nach Carnarvon zum Markt, wo sie den Ehemann erblickte, der sie damals in der Nacht geholt hatte. Und sie fragte ihn:

»Wie geht es Eilian?«

»Sie ist bei bestem Wohlsein«, sagte er zur alten Frau, »doch mit welchem Auge vermagst du mich zu sehen?«

»Mit diesem hier!«, gab sie zur Antwort.

Darauf ergriff er eine Binse und stieß ihr damit das eine Auge aus.

Olwen und Einion

Einstmals trieb ein junger Hirte seine Herde einen Berg hinan. An jenem Tag, wie an so manchem schon bevor, herrschte ein dichter Nebel. Obgleich er nun mit der Gegend gar wohl vertraut war, verlor er dennoch seinen Weg und ging bald vorwärts und bald rückwärts, durch so manche lange Stunde.

Schließlich gelangte er an eine tiefer gelegene, abschüssige Stelle, wo er vor sich kreisrunde Ringe gewahrte. Da begriff er sogleich, an welch einem Platz er sich befand, und begann für sich das Schlimmste zu befürchten.

Er hatte zu hunderten Malen schon von den traurigen Erfahrungen jener gehört, die in solche Ringe geraten waren, von manch einem Schafhirt, der zufällig den Tanzplatz oder die Kreise der Feenfamilie betreten hatte.

Er eilte daher davon, so schnell er nur konnte, damit er nicht wie die Übrigen verloren wäre. Doch obgleich er sich dermaßen anstrengte, dass ihm die Schweißtropfen von der Stirn liefen und der Atem ihm versagte, fand er sich doch immer wieder an derselben Stelle stehen und so blieb er denn da für geraume Zeit.

Schließlich erschien vor ihm ein altes fettes Männchen mit munteren blauen Augen, das ihn fragte, was er hier suche.

Der Jüngling antwortete, dass er bestrebt wäre, seinen Weg nach Haus zu finden.

»Oh«, sagte das Männlein, »folge mir nach, doch rede kein Wort, bis dass ich es dir befehle!«

Der junge Hirte gehorchte und folgte dem Männlein, bis dass sie zu einem ovalen Stein gelangten. Das alte dicke Männlein hob diesen nun empor, nachdem es zuvor mit seinem Spazierstock dreimal darauf geschlagen hatte. An dessen Stelle befand sich ein schmaler Pfad in die Tiefe, der dann und wann von Treppen unterbrochen ward. Und eine Art von geisterhaftem Licht, ungefähr zwischen grau und blau, ward zwischen den Steinen zugleich sichtbar.

»Folge mir ohne Furcht«, sagte das fette Männlein, »und nichts Schlimmes soll dir widerfahren!«

So schritt denn der arme Jüngling hinterdrein, so widerwillig wie ein Kalb, das geschlachtet werden soll.

Doch alsbald breitete sich eine herrliche, fruchtbare und bewaldete Landschaft vor ihnen aus, mit zierlich angeordneten Herrenhäusern übersät, während allerlei Zeichen von Wohlstand und Pracht dem Auge sich darboten und alles in der Landschaft zu lächeln schien.

Die blitzenden Wasser der Flüsse schlängelten sich zwischen den gewundenen Ufern und die Hügel waren mit dem üppigen Grün ihrer Waldbestände überdeckt, die Berghöhen mit einem leuchtenden Vlies von glatten Weideflächen.

Mittlerweile hatten sie sich einem stattlichen Herrensitze genähert. Des jungen Mannes Sinne waren wie berauscht von den süßen Tönen der Lieder, welche die Vögel in den Büschen ringsumher erklingen ließen.

Im Herrenhaus gewahrte er allüberall leuchtendes Gold, das seine Augen blendete, und silberne Strahlen machten ihn vollends wirr. Er sah dort auch alle Arten von Musikinstrumenten und die verschiedensten Dinge zum Spiel und Vergnügen. Doch konnte er nirgends einen Bewohner entdecken!

Sodann saßen das Männlein und der Jüngling nieder, um zu essen, und da kamen die Speisen von selbst auf den Tisch vor ihre Plätze und verschwanden wieder, sobald sie sie genossen hatten.

Dies machte den jungen Hirten über alle Maßen neugierig, mehr aber noch der Umstand, dass er rings um sich her Leute miteinander reden hörte, gleichwohl er, was immer er auch tat, keinen anderen um sich sehen konnte als seinen alten Gefährten.

Schließlich sagte das fette Männlein zu ihm:

»Nun kannst du reden, so viel es dir gefällt.«

Doch als er seine Zunge bewegen wollte, da rührte sie sich nicht. Wie wenn sie ein Klumpen Eis geworden wäre, so unbeweglich war sie, was ihn gar arg erschreckte.

In diesem Augenblick erschien eine zierliche Dame bei ihnen, deren Gesicht von Gesundheit und Wohlwollen strahlte. Sie blickte leicht lächelnd auf den Hirten. Die Dame ward von ihren drei Töchtern begleitet, welche wunderschön waren. Sie sahen mit neckischem Blick nach ihm und begannen schließlich, zu ihm zu reden; allein seine Zunge rührte sich nicht.

Darauf trat eines der Mädchen zu ihm heran, spielte mit seinen blonden gekrausten Locken und gab ihm schließlich einen herzhaften Kuss auf seine jugendroten Lippen. Dies löste den Bann, der seine Zunge gefesselt, und er begann nun zu sprechen, freimütig und beredt.

Und so stand er denn unter dem Zauber jenes Kusses, das Herz erfüllt von der Wonne höchster Glückseligkeit. In diesem Bann verblieb er ein Jahr und einen Tag, ohne dass er selbst es ahnen mochte, dass er mehr als einen Tag bei dem Mädchen verbracht hatte; denn er war in ein Land gelangt, wo man die Zeit nicht rechnete.

Doch nach und nach begann er etwas wie Sehnsucht nach seinem alten Heim zu empfinden, das er besuchen wollte, und er fragte daher das feiste Männlein, ob er dahin gehen könnte.

»Harre noch ein wenig«, sagte jener, »und du sollst für geraume Zeit dahin können.«

Auch diese Frist verging und er machte sich zum Aufbruch bereit; doch Olwen – so hieß die junge Fee, die ihn geküsst hatte – zeigte sich sehr ungehalten darüber, dass er sie verlassen wollte. Sie sah ein jedes Mal betrübt darein, wenn er von seinem Fortgehen sprach. Aber auch er dachte nur ungern daran, dass er sie verlassen sollte, und er tat dies niemals, ohne einen kalten Schauer zu empfinden, der seinen ganzen Körper durchrieselte.

Gegen das Versprechen der baldigen Rückkehr erlangte er schließlich auch ihre Einwilligung, sich zu entfernen, und er ging dahin, versehen mit einer Menge Gold und Silber, mit Flitterwerk und Edelsteinen.

Als er daheim anlangte, erkannte ihn niemand; hatte man doch den Glauben gehegt, dass er durch einen anderen Schafhirten getötet worden war, der sich genötigt sah, eilends zu flüchten, ansonst er sicherlich gehenkt worden wäre.

Doch nun war Einion Lâs zu Hause und jeder erstaunte gar sehr, ihn zu erblicken und zu sehen, dass er das Äußere eines Weltmannes hatte. Seine Manieren, seine Kleidung, seine Redeweise und die Schätze, die er mit sich brachte, all das trug dazu bei, ihm den Anstrich von Vornehmheit zu geben.

In einer Donnerstagnacht aber, am ersten Neumond in jenem Monat, entfernte er sich wieder und verschwand ebenso plötzlich wie einstmals und niemand wusste, wohin er geraten war.

Da war große Freude in dem unterirdischen Land, als Einion dahin zurückkehrte, doch niemand freute sich wohl mehr darüber als Olwen, seine geliebte Braut.

Die beiden ersehnten nun nichts heißer, als sich verheiraten zu können; doch musste dies unbedingt in aller Stille geschehen, denn die Familie in der Unterwelt verabscheute nichts mehr als Lärm und Getöse.

So wurden sie denn in einer halb geheimen Weise einander vermählt.

Einion war nun außerordentlich begierig, noch einmal unter seine Landsleute zu gehen, begleitet natürlich diesmal von seiner Gattin. Nachdem er längere Zeit den alten Mann um Erlaubnis gedrängt, machten sich beide auf zwei schneeweißen Ponys dahin auf den Weg.

So gelangte er denn mit seiner Gemahlin in sein altes Heim und aller stimmten dort darin überein, dass Einions Gattin die schönste Frau war, die sie jemals gesehen. Während sie daheim weilten, wurde ihnen ein Söhnchen geboren, dem sie den Namen Taliessin gaben.

Einion erfreute sich nun des höchsten Ruhmes unter seinen Landsleuten, die auch seiner Frau den gebührenden Respekt entgegenbrachten. Ihr Vermögen war ansehnlich und sie erstanden sich einen ausgedehnten Grundbesitz.

Doch währte es nicht lange, dass die Leute nach der Familie von Einions Gattin zu forschen begannen. In der Gegend war man der Ansicht, dass es nicht mit rechten Dingen zugehen müsse, wenn man keine Familienzugehörigkeit nachzuweisen habe. Einion wurde darüber befragt, ohne dass er jedoch eine zufriedenstellende Antwort gegeben hätte. Und da kam denn einer zu der Vermutung, dass sie von einer Feenfamilie herstammen müsse.

»Gewiss«, entgegnete Einion, »da kann kein Zweifel sein, dass sie aus einer wahren Feenfamilie ist, denn sie besitzt zwei Schwestern, die ebenso feenhaft schön sind wie sie; wenn ihr sie beisammen sehen möchtet, würdet ihr zugeben müssen, dass ›Feenfamilie‹ die einzig zutreffende Bezeichnung für sie ist.«

Dies ist der Grund, weshalb die vornehmste Familie in der Gegend von Hud a Lledrith heute noch die »Feenfamilie« genannt wird.

Cornwall

Der Riese vom St. Michael's Mount

Wie fast überall in der Mythologie weltweit gehören auch im keltischen Bereich die Riesen zu den Ureinwohnern des Landes. Auch St. Michael's Mount, ein winziges Inselbollwerk direkt vor der Küste Cornwalls, soll von einem Riesen erbaut worden sein, mit dem schon König Artus blutige Kämpfe ausgetragen hatte, die schon die frühen Chronisten der Artussage (Geoffrey of Monmouth und Thomas Malory) schildern. Auch kornische Volksmärchen erzählen Geschichten von diesem Riesen, unter anderem folgende:

Der Riese, der auf dem St. Michael's Mount wohnte, war schon sehr alt geworden und hatte all seine Zähne verloren. Aber er war immer noch der Schrecken der Nachbardörfer. Das schreckliche alte Ungetüm, das nur ein Auge und das mitten auf der Stirn hatte, ging oder watete hinüber aufs Festland nach Market-Jew, wenn es Hunger hatte, und das war sehr oft. Dort suchte sich der Riese die beste Kuh in der Nachbarschaft aus, schwang sie über die Schulter und ging dann auf seine Insel zurück.

Oft hatte der Riese Vieh vom Landgut Pengerswick geraubt, und eines Tages verspürte er wieder Lust auf ein auserlesenes Stück. Also trottete er wie immer durch das Meer zur Pengerswick-Bucht. Allerdings wusste das Scheusal noch nicht, dass der Gutsherr, ein wahrer Meister in der weißen Zauberkunst, aus dem Osten nach Hause gekommen war. Der Zaubermeister hatte den Riesen heranstapfen sehen und begann sogleich, seinen Zauber auszuführen. Der Riese war ganz verwirrt, wusste aber noch nicht warum. Mit viel Mühe fing er sich schließlich doch ein schönes Kalb, band ihm die vier Beine zusammen, steckte seinen großen Kopf zwischen den Vorder- und Hinterbeinen hindurch und trottete freudig wieder zum Ufer, das Kalb auf seiner Schulter. Wie er so daherstapfte, war er sich des Weges gar nicht mehr recht bewusst und auf einmal befand er sich am Rand des großen steilen Felsens, der noch heute die Westseite der Pengerswick-Bucht begrenzt. Und als ob der Fels ein Magnet wäre, so war der Riese plötzlich daran wie festgekettet. Er wand sich, drehte sich, mühte sich ab, loszukommen, aber vergeblich. Er merkte, wie er mehr und mehr steif wurde und schließlich konnte er weder Hände noch Beine mehr rühren. Aber seine Sinne waren wacher denn je. Eine ganze lange Winternacht musste der Riese so festgebannt bleiben, und dabei blökte ihm noch das Kalb so fürchterlich ins Ohr, wie kein anderes je zuvor. Am anderen Morgen meinte der Hexenmeister, der Riese sei nun genug bestraft, stieg auf sein Pferd und ritt hinunter zur Küste. Dort löste er den Riesen von seinem Bann, gab ihm noch einen ordentlichen Hieb mit seiner Pferdepeitsche, sodass der Riese das Kalb von seinen Schultern herab fallen lassen musste. Dann drosch er immer weiter auf ihn ein, bis der Unhold vom Felsen ins Meer sprang. Und in großer Pein watete er dann durchs Wasser zurück zu seinem Inselberg. Von diesem Tag an hat er sich nie mehr wieder aufs Festland getraut.

Der Gespensterbräutigam

Vor langer, langer Zeit lebte in Boscean ein Bauer namens Lenine. Er hatte nur einen Sohn, Frank Lenine, und beide Eltern ließen dem Jungen jeden Willen. Neben anderen Knechten und Mägden gab es auf dem Hof auch ein junges Mädchen, Nancy Trenoweth; sie half Frau Lenine bei verschiedenen Arbeiten im Haushalt. Nancy war ein hübsches Mädchen, und wenn sie auch keine großartige Bildung genossen hatte, so besaß sie doch bei ihrer natürlichen Anmut Gaben, die sie zur Führung eines kleinen Hofes befähigten. Kurzum: Nancy lebte auf dem kleinen Hof wie eine Tochter des Hauses, und Frank und sie wie Bruder und Schwester. Und es kam so, wie es kommen musste.

Bald empfand Frank eine tiefe Zuneigung zu Nancy, und auch sie teilte sein Gefühl. Und obwohl bald die ganze Pfarrei wusste, dass die beiden füreinander bestimmt waren, hatten die Eltern des jungen Mannes keine Ahnung davon. Umso überraschter waren sie, als Frank eines Tages zu ihnen kam und um die Erlaubnis bat, Nancy heiraten zu dürfen. Franks Eltern hatten ihrem Sohn zwar von Kindheit an seinen eigenen Willen gelassen, sodass er tun konnte, was er wollte. Jetzt aber in einer Lage, in der das größte aller menschlichen Gefühle im Spiel war, blieben sie hart: Sie verweigerten ihre Zustimmung. Der alte Lenine hielt es nicht für standeswürdig, dass sein Sohn eine Trenoweth heirate, und nie würde er dazu seine Zustimmung geben. So entließ man kurzerhand Nancy aus dem Dienst und schickte sie zu ihren Eltern zurück. Und obendrein verboten die Eltern Frank strengstens, das Mädchen je wiederzusehen.

Die Gebote der Alten sind im Allgemeinen wirkungslos für die Jungen, wenn es um Herzensangelegenheiten geht, und das war auch bei Frank der Fall. Er, der abends selten das Anwesen um den Hof verlassen hatte, war nun fast dauernd weg, und die

Stimmung zu Hause, die früher so angenehm war, änderte sich schlagartig. Es gab Streitereien, und man ging sich aus dem Weg.

Kaum verging ein Abend, da sich Nancy und Frank nicht heimlich an einem abgelegenen Ort trafen. Die »Heilige Quelle« war solch ein Lieblingsplatz, und hier machten beide die feierlichsten Schwüre. Sie tauschten Haarlocken, sie nahmen einer Leiche den Ehering vom Finger, brachen ihn, wobei sie schworen, für immer vereint zu bleiben, tot oder lebendig. Sie kletterten sogar nachts auf die Granitfelsen von Treryn und taten beim Logan Rock denselben Schwur.

Die Zeit ging dahin, und Liebe und Leidenschaft wuchsen bei beiden. Und Nancys Eltern merkten bald, dass die Treffen zweier ungestümer Liebender beim Mondenschein nicht ohne Folgen geblieben waren und drangen auf eine Heirat der beiden.

Doch der alte Lenine war dazu auf keinen Fall zu bewegen und beschloss, seinen Sohn ganz aus der von ihm so gehassten Nähe der Trenoweths zu entfernen. Um dem Liebeswahnsinn, wie er es nannte, ein Ende zu machen, fuhr er mit Frank nach Plymouth. Hatte der arme Junge auch die beste Absicht, er war zu schwach, sich auf die Dauer seinem strengen Vater zu widersetzen. So heuerte er denn auf einem Schiff an, das nach Indien in See stach, und sagte seiner Heimat Lebewohl.

Auf See konnte Frank ihr nicht schreiben, und damals ging es mit der Beförderung der Post auch nicht so schnell: also hörte Nancy nie mehr etwas von ihrem Liebsten. Inzwischen wurde Nancys Kind in diese trübe Welt geboren, und es war der ganze Trost der jungen Mutter. Sie lebte für ihr Kind und in der Erinnerung an seinen Vater. Wo auch immer Frank sein mochte, da war sie bei ihm, das gab ihr Stärke und Hoffnung. Sie fühlte, dass keine Entfernung ihre Seelen trennen konnte und dass keine Zeit lang genug sein konnte, das Band zwischen ihnen zu zerschneiden.

Bald darauf aber geriet ihre Familie in große Not, und Nancy musste das Haus wieder verlassen und in Dienst auf einen Hof gehen. Ihre Mutter übernahm die Sorge für das Kindchen. In ihrer neuen Stellung machte Nancy die Bekanntschaft mit mehreren Töchtern von Kleinbauern der Umgebung, und diese Mädchen waren noch voller Aberglaube.

Der Winter kam näher, und es waren fast drei Jahre ins Land gezogen, seit Frank Lenine seine Heimat verlassen hatte. Und noch immer gab es kein Lebenszeichen von ihm. Auch die Lenines machten sich Sorgen um ihn. Sie wünschten jetzt sogar, Nancys Kind bei sich zu haben, aber die Trenoweths wollten sich nicht von ihm trennen. Die Lenines wollten sogar Nancy wieder bei sich aufnehmen, nur um das Kind um sich zu haben. Nancy wollte dies indes nicht.

Es war Halloween, der Vorabend von Allerheiligen, an dem nach altem Glauben die Geister der Toten zurückkehren. Da überredeten zwei der Mägde Nancy, und das war für sie nicht schwer, mit ihnen zu kommen und Hanfsamen zu säen. Um Mitternacht stahlen sich die drei Mädchen unbemerkt aus dem Haus und gingen auf den Marktplatz von Kimyall, um dort ihre Beschwörung vorzunehmen. Nancy, die Mutigste der drei, trat als Erste vor, streute den Samen aus und sprach dabei:

»Hanfsamen, ich säe dich,
Nun wachse und mehre dich,
Und wer mein Liebster will sein,
Komme hinter mir drein,
Er nun mir erschein!«

Das wurde dreimal wiederholt, und als sie hinter sich über ihre linke Schulter blickte, sah sie Frank Lenine. Aber er sah so erzürnt aus, dass sie vor Angst aufschrie und den Zauber brach. Eines der anderen Mädchen beschloss, den Zauber nochmals zu bannen – und da wurde plötzlich ein weißer Sarg sichtbar. Große Furcht überkam nun die drei Mädchen, sie gingen bekümmert nach Hause und verbrachten alle eine schlaflose Nacht.

Der November kam mit seinen Stürmen, und in einer solch sturmumtobten Nacht wurde ein mächtiges Schiff gegen die Klippen geworfen; von den gewaltigen Wellen getroffen, war es bald zerbrochen. Unter den Seeleuten, die an Land gespült wurden, war auch Frank, einer der Wenigen, die noch nicht tot waren. Man fand ihn, und seine einzigen Worte waren die Bitte, nach Nancy Trenoweth zu schicken, auf dass sie noch vor seinem Tod ihm angetraut würde. Seine Freunde trugen ihn, dem es zusehends schlechter ging, auf einer Bahre nach dem heimatlichen Boscean, aber er starb, als man den Marktplatz erreichte. Seine Eltern waren so von den eigenen Sorgen überwältigt, dass sie nicht daran dachten, Nancy Bescheid zu geben, und so wurde Frank auf dem Friedhof von Burian zur letzten Ruhe getragen, ohne dass sie von seiner Rückkehr wusste.

In der Nacht nach der Beerdigung ging Nancy wie gewöhnlich die Haustür verriegeln und schaute noch einmal in die Nacht hinaus. In dem Augenblick trabte in wilder Hast ein Reiter vorbei und rief sie mit einer solchen Stimme beim Namen, dass ihr das Blut in den Adern gerann. Es war Frank Lenines Stimme, die sie nie hatte vergessen können. Und das Pferd, das sie nun sah, war sein Lieblingsfüllen, auf dem er so oft nach Alsia, dem Haus ihrer Eltern, geritten kam. Der Reiter war nicht deutlich zu erkennen, aber er sah sehr bekümmert und totenblass aus, trotzdem erkannte Nancy, dass es ihr Frank war. Er erzählte ihr, dass er gerade erst nach Hause zurückgekehrt sei und den ersten freien Augenblick genutzt habe, seine Liebste abzuholen, um sie zu seiner Braut zu machen. Nancys Erregung war so groß, dass sie sich leicht überreden ließ, hinter ihm aufzusitzen, damit sie sein Heim noch vor Morgengrauen erreichten.

Als sie aber Franks Hand ergriff, überlief sie ein kalter Schauer, und als sie um seine Hüfte griff, um fester zu sitzen, wurde ihr Arm so starr wie Eis. Sie verlor ihre Sprache und litt gewaltige Angst, ohne dass sie selbst wusste warum. Der Mond war inzwischen aufgegangen und brach nun mit heller Lichtflut durch die schweren Wolken, die ihn bis jetzt verfinstert hatten. Das Pferd setzte seinen Ritt mit voller Geschwindigkeit fort, und wenn es vor Müdigkeit langsamer wurde, spornte die eigentümliche Stimme seines Reiters es zu neuen Kräften an. Davon abgesehen wurde kein Wort gesprochen, seit Nancy hinter ihrem Liebsten aufgestiegen war. Sie kamen nun zu dem Trove Bottom, über den damals noch keine Brücke führte, und platschten hinein in den Fluss. Voll schien der Mond auf ihre Gesichter. Nancy schaute in den Fluss und sah, dass der Reiter in ein Leichentuch und andere Grabgewänder gehüllt war. Nun wusste sie, dass sie mit einem Gespenst davonritt, doch hatte sie keine Kraft, sich zu retten, ja sie wollte es nicht einmal.

Weiter ging der Ritt in wildem Galopp, bis sie zu der Schmiede von Burian kamen, und Nancy erkannte am Licht in der Schmiede, dass der Meister noch an der Arbeit war. Nun gewann sie ihre Sprache wieder. »Rette mich, rette mich!«, schrie sie aus allen Leibeskräften. Der Schmied sprang vor die Tür, ein rotglühendes Eisen in den Händen, und als das Pferd vorbeibrauste, ergriff er Nancys Gewand und zog sie vom Pferd auf den Boden. Aber auch das Gespenst ergriff Nancys Kleid mit einer Hand, und sein Griff war so fest wie ein Schraubstock. Das Pferd sauste dahin wie der Wind, und Nancy und der Schmied wurden bis zu den alten Armenhäusern am Friedhof mitgerissen. Hier hielt das Pferd einen Augenblick, und der Schmied nutzte das aus und trennte mit seinem glühenden Eisen den Kleiderfetzen durch, den der Reiter ergriffen hatte. Nancy war gerettet, mehr tot als lebendig. Der Reiter aber war inzwischen auf seinem Pferd über die Friedhofsmauer gesprungen und in dem Grab verschwunden, in dem Frank erst vor wenigen Stunden beigesetzt worden war.

Der Schmied nahm Nancy mit sich in sein Haus und weckte bald einige Nachbarn, die das arme Mädchen nach Alsia zu ihren Eltern brachten, die sie auf ihr Lager betteten. Nancy sprach kein Wort, außer dass sie nach ihrem Kind fragte und ihre Mutter bat, es zu den Lenines zu bringen und sie selbst neben Frank zu begraben. Und bevor der Morgen graute, hatte Nancy ihren letzten Atemzug getan.

In jener Nacht sah man ein Pferd pfeilschnell durch St. Burian galoppieren, und am nächsten Morgen fand man Franks Füllen tot an den Bernowhall-Klippen. Es stand ihm Schaum vor dem Maul, die Augen waren ihm aus dem Kopf gequollen, und geschwollen hing ihm die Zunge aus dem Hals heraus. Auf Franks Grab fand man den Fetzen von Nancys Kleid, den das Gespenst noch in seiner Hand behielt, als der Schmied sie mit seinem Eisen vom Gespenst getrennt hatte.

Man erzählt sich auch, ein oder zwei Seemänner, die den Schiffbruch überlebt hatten, hätten nach dem Begräbnis berichtet, dass sich Frank Lenine in jener Nacht vor Allerheiligen wie verrückt gebärdet habe. Sie hätten ihn kaum noch auf dem Schiff halten können. Er schien mehr im Traum als wach, und nach einer heftigen Erregung sei er wie tot auf Deck gesunken und stundenlang dort liegen geblieben. Als er wieder zu sich kam, soll er erzählt haben, er sei in das Dorf Kimyall geholt worden, und wenn er je die Frau heiraten werde, die den Zauber ausgeführt habe, würde er sie hart dafür büßen lassen, dass sie ihm die Seele aus dem Körper gezogen habe.

Die arme Nancy wurde in Franks Grab beigesetzt, und ihre Gefährtin beim Hanfsäen, die den weißen Sarg gesehen hatte, ruhte binnen eines Jahres an ihrer Seite.

Schottland

Der Elfenritter

In Schottland gibt es ein einsames Moor, in dem in vergangenen Zeiten ein Elfenritter sein Unwesen getrieben haben soll. Dieser Ritter wurde nur selten gesehen, einmal in sieben Jahren etwa. Doch die Furcht vor ihm lag bleiern über dem ganzen Land, denn von vielen Leuten, die das Moor durchqueren wollten, hörte und sah man später nichts mehr. Und obwohl man jedes Stückchen des Grundes genau absuchte, fand man keine Spur mehr von den Verschwundenen, und die Schar der Sucher ging mit einem Schauer im Rücken heim, schüttelte das Haupt und flüsterte, der Verlorene sei in die Hände des fürchterlichen Elfenritters gefallen.

So wurde das Moor mehr und mehr menschenleer und verlassen, denn niemand wagte, es zu durchqueren, noch weniger, dort zu leben. Und es wurde nach und nach zum Schlupfwinkel aller Arten von Tieren, die dort ihre Unterkunft suchten, weil sie herausgefunden hatten, dass sich dort kein Jäger mehr hin traute.

Nun lebten einst in der Gegend zwei junge Edelleute, der Earl St. Clair und der Earl Gregory. Beide waren eng befreundet; sie ritten und jagten zusammen, und wenn es vonnöten war, kämpften sie auch zusammen. Da beide große Freunde des Waidwerks waren, schlug Earl Gregory eines Tages vor, in das Moor zu gehen, in dem es spukte, und das trotz des Elfenritters.

»An den glaube ich kaum«, lachte der junge Mann. »Mich dünkt, das alles ist nur altes Weibergeschwätz, um die Kinder zu erschrecken, damit die nicht ins Moor gehen und sich dort verirren. Und es ist jammerschade, dass so ein schöner Zeitvertreib wie die Jagd verloren geht, weil wir, zwei erwachsene Männer, solchem Geschwätz unser Ohr schenken.« Aber der Earl St. Clair machte eine strenge Miene: »Es ist nicht nur Kindergerede«, sagte er da, »dass Leute, die das Moor durchqueren wollten, urplötzlich wie vom Erdboden verschwunden sind und dass man nie wieder von ihnen reden hörte. Aber es ist jammerschade, dass uns so ein schöner Zeitvertreib genommen wird, nur weil ein Elfenritter das Land für sich beansprucht und uns Sterblichen das Recht streitig macht, einen Fuß darauf zu setzen. Aber ich habe mal davon gehört, dass man vor der Macht des Elfenritters gefeit ist, wenn man das Zeichen der heiligen Dreifaltigkeit trägt. Wir sollten es also an unseren Arm binden und ohne Furcht losreiten.«

Bei diesen Worten brach Sir Gregory in gewaltiges Gelächter aus: »Glaubst du etwa, dass ich wie die Kinder bei jedem dummen Geschwätz vor Angst zittere und dass ein einfaches Kleeblatt mich schützen kann. Nein, nein! Trag du nur ruhig das Zeichen an dir! Ich vertraue auf meinen guten Bogen und meine Pfeile.«

Aber der Earl St. Clair achtete nicht auf die Worte seines Freundes, denn er erinnerte sich daran, dass seine Mutter ihm als kleiner Junge auf ihren Knien erzählt hatte, dass niemand, der das Zeichen der Dreifaltigkeit trage, Furcht vor Zauber haben müsse. Keine Hexe, keine Feen, kein Elf und kein Dämon könne so einem was anhaben. So ging er denn hinaus auf die Wiese, pflückte sich ein Kleeblatt und band es mit einem seidenen Tuch an seinem Arm fest. Dann stieg er auf sein Ross und ritt mit Sir Gregory hinaus in das einsame und öde Moor.

Einige Stunden ging alles gut, und die beiden Jäger hatten in der Hitze der Jagd alle Furcht vergessen. Aber plötzlich zügelten beide ihre Pferde; mit erschrockenem Gesicht saßen sie sich gegenüber und starrten sich nur an: Ein fremder Reiter hatte ihre Bahn gekreuzt, und die zwei wären froh gewesen, wenn sie gewusst hätten, wer es war und woher er kam. »Bei meiner Treu«, sagte da schließlich Sir Earl Gregory, »wer auch immer das gewesen sein mag, der ist so schnell geritten wie der Wind. Obwohl ich immer meinte, kein Pferd der Welt könne es mit meinem an Schnelligkeit aufnehmen, für jede Meile, die mein Pferd zurücklegt, hat das da sieben zurückgelegt. Wir wollen ihm folgen und sehen, aus welchem Landstrich der Welt es kommt!«

»Unser Herr und Gott verbietet uns, dass wir dem da mit unseren Pferden nachjagen«, entgegnete da der Earl St. Clair fromm und ehrfürchtig. »Das da ist der Elfenritter. Kannst du denn nicht sehen, dass er nicht auf festem Grund daher reitet, sondern dass er durch die Lüfte fliegt. Obwohl er auf einem gewöhnlichen Pferd zu reiten scheint, wird er doch in Wirklichkeit von mächtigen Schwingen dahin getragen, die die Lüfte wie ein Vogel durchteilen. Folge ihm nur! Es wird für dich böse ausgehen!«

Aber der Earl St. Clair hatte vergessen, dass er einen Talisman am Arm hatte, sein Freund aber nicht, und dass er die Dinge sehen konnte, wie sie wirklich waren, während die Augen seines Freundes davor verschlossen waren. Und so war er erschrocken darüber, als Sir Gregory ihn in scharfem Ton anging: »Dein Verstand ist über den Elfenritter verrückt geworden. Ich sage dir, der geheimnisvolle Reiter war ein tapferer Ritter. Grün bekleidet saß er auf einem großen schwarzen Ross. Und da ich wackere Ritter mag, würde ich gerne seinen Namen und seinen Stand kennenlernen. Ich werde ihm nachreiten, bis ich ihn finde, und sei es bis ans Ende der Welt.«

Sprach's und gab seinem Pferd die Sporen und galoppierte in die Richtung davon, in der der geheimnisvolle Reiter verschwunden war. Da stand nun der Earl St. Clair allein im Moor. Seine Finger berührten das heilige Kleeblatt, und mit zitternden Lippen murmelte er Gebete zum Schutz für seinen Freund. Er wusste nämlich, dass dieser mit einem Zauber belegt war. Und als wahrer Freund wollte er ihm sogar bis ans Ende der Welt folgen und versuchen, ihn von diesem Zauber zu lösen.

Inzwischen war Earl Gregory weiter und weiter geritten immer auf der Spur des grünen Ritters über Moore und Heideland, bis er in eine einsame und öde Gegend kam, die er nie in seinem Leben gesehen hatte. Dort blies der Wind kalt wie von Schneefeldern, und der Raureif lag dick und weiß auf dem verwitterten Gras zu seinen Füßen. Und plötzlich sah er genau gegenüber etwas, was jeden Sterblichen in Furcht und Schrecken versetzt: Es war ein gewaltiger Ring, der auf den Boden gezeichnet war. Inmitten dieses Kreises war das Gras nicht verwittert und gefroren wie außerhalb, sondern üppig, saftig und grün, und Hunderte von wesenlosen Elfen und Feen tanzten dort, bekleidet mit mattblauen durchsichtigen Gewändern, die sich wie Girlanden von Rauch um sie drehten und ringelten. Diese unheimlichen Wesen sangen und schrien beim Tanz, warfen ihre Arme über ihren Kopf und wirbelten so wild über den Boden, als seien sie toll geworden. Als Earl Gregory sein Pferd gerade am Rand des Kreises anhielt, winkten sie ihn mit ihren dünnen Fingern zu sich.

»Komm hierhin, komm hierhin«, schrien sie, »tanz mit uns, und danach werden wir auf dich aus dem Lieblingsbecher unseres Königs trinken.«

Und so seltsam es auch klingen mag, der Zauber, in dem der junge Earl gefangen war, war so mächtig, dass er sich trotz seiner Angst zu den Feen und Elfen hingezogen fühlte. So folgte er ihrer Aufforderung. Er zügelte sein Pferd und wollte gerade zu ihnen eilen, als ein alter grauer Elf aus dem Elfenreigen trat und sich ihm näherte. Offensichtlich traute der sich nicht, aus dem Zauberkreis herauszutreten, denn genau am Rand davon blieb er stehen. Dann bückte er sich, als wollte er etwas pflücken, und leise flüsterte er dem Earl zu: »Ich weiß nicht, wer du bist noch woher du kommst, edler Ritter. Aber wenn dir dein Leben lieb ist, versuch nicht, in diesen Zauberring zu kommen und uns in unserer Feier Gesellschaft zu leisten, sonst ist es mit dir für immer vertan.«

Aber Earl Gregory lachte nur schallend. »Ich habe gelobt, dem grünen Ritter zu folgen und das werde ich tun, und wenn dieses Wagnis auch bis in die Hölle führt«. Mit diesen Worten trat er über den Rand in das Zauberrund mitten in den Kreis der wesenlosen Tänzer. Da schrien sie noch lauter und tanzten noch toller und sangen noch lebhafter. Auf einmal aber überkam sie plötzlich ein Schweigen. Die ganze Gesellschaft teilte sich und ließ in der Mitte einen Weg frei, durch den sie den Earl nun zu gehen baten. So tat er auch. Er ging durch ihre Reihen, bis er in die Mitte des Zauberkreises kam. Und dort saß an einem Tisch aus rotem Marmor der Ritter, den er so lange gesucht hatte, grün wie Gras war sein Gewand. Vor ihm auf dem Tisch stand ein wundervoller Becher aus Smaragd, seinen Rand schmückten blutrote Rubine. Der Becher war mit Bier gefüllt, das über den Rand hinaus schäumte. Und als der Elfenritter Sir Gregory erblickte, stand er vom Tisch auf und reichte ihm den Becher mit einer großen Verbeugung. Sir Gregory war sehr durstig und trank. Und wie er so trank, merkte er, dass der Becher nie leerer wurde und dass das Bier immer am Becherrand schäumte. Und zum ersten Mal schwante ihm Böses und er wünschte, er wäre nie zu diesem seltsamen Abenteuer aufgebrochen. Aber leider war die Zeit fürs Bereuen vorbei, denn schon wurden seine Glieder allmählich taub, und eine frostige Blässe legte sich auf sein Gesicht. Noch bevor er einen einzigen Hilfeschrei von sich geben konnte, entglitt der Becher seinen kraftlosen Fingern und er fiel dem Elfenkönig wie tot zu Füßen. Und sogleich erhob sich in der ganzen Festgesellschaft großes Triumphgeschrei, denn wenn es etwas gab, was ihre Herzen mit Freude erfüllen konnte, war es, einen unbedachten Sterblichen in ihren Kreis zu locken und ihn mit ihrem unheimlichen Zauber zu umgarnen, sodass er viele Jahre lang in ihrer Gesellschaft verbringen musste.

Aber bald schon begannen ihre Freudenschreie zu verstummen, und sie flüsterten und wisperten untereinander, und auf ihren Gesichtern zeichnete sich so etwas wie Furcht ab. Ihre feinen Ohren hatten nämlich einen Ton gehört, der sie in Schrecken versetzte. Es war der Laut menschlicher Fußstapfen, die so frei und ungehemmt waren, dass das kleine Völkchen sofort merkte, dass der Fremde noch in keinem Zauber verfangen war und er leicht ihren Gefangenen befreien könnte. Und ihre Furcht bewahrheitete sich: Der wackere Earl St. Clair näherte sich nämlich; furchtlos war er und stark, denn er trug das heilige Zeichen an seinem Arm. Sobald er den Zauberring und die Elfentänzer erblickte, wollte er sogleich über die magische Grenze schreiten, als der kleine alte Elf, der vorher mit Earl Gregory gesprochen hatte, auch zu ihm kam und ihm zuflüsterte: »Oh weh, oh weh«, rief er und runzelte sorgenvoll sein Gesicht, »bist du nun wie dein Gefährte da gekommen, um dem Elfenkönig deinen Tribut an Jahren zu entrichten? Wenn du Weib und Kinder zu Hause hast, so flehe ich dich an, bei allem was dir heilig ist, kehre um, bevor es zu spät ist!« – »Wer bist du und woher bist du gekommen?«, fragte ihn da der Earl und schaute freundlich zu dem kleinen Wesen ihm gegenüber hinunter.

»Ich komme aus dem Land, aus dem auch du kommst«, klagte da der Kleine. »Denn ich war ein sterblicher Mensch wie du. Dann aber ging ich in das verhexte Moor, und der Elfenkönig erschien mir in der Gestalt eines wunderschönen Ritters und er sah so tapfer, edel und vornehm aus, dass ich ihm bis hierhin folgte und von seinem Heidebier getrunken habe. Nun bin ich dazu verdammt, hier sieben lange Jahre zu verbringen. Auch dein Freund hat von dem verwünschten Bier getrunken und liegt nun wie tot vor den Füßen unseres Herrn und Königs. Er wird wieder zum Leben erwachen, dann aber in der gleichen Gnomsgestalt wie ich, und er wird dem Elfenkönig denselben Tribut an Jahren zollen müssen.« –

»Gibt es denn nichts, was ich zu seiner Rettung tun kann?«, rief da der Earl St. Clair. »Ich fürchte mich nicht vor dem Zauber seines grausamen Entführers, denn ich trage das Zeichen von jemandem an mir, der stärker ist als er. Antworte mir sofort, denn die Zeit drängt!« –

»Da gibt es nichts anderes, was du tun kannst«, flüsterte da der Gnom, »als einen letzten verzweifelten Versuch zu unternehmen. Missglückt der dir, so kann dich nicht einmal die Macht dieses gesegneten Zeichens retten.« – »Und was kann ich tun?«, fragte da der Earl ungeduldig. Da entgegnete ihm der Wicht: »Du musst bewegungslos in Kälte und Frost dastehen, bis der Morgen graut und die Stunde kommt, wenn sie in der heiligen Kirche die Frühmette singen. Dann musst du langsam neun Mal um den Rand des Zauberkreises herum schreiten und dann kühn hindurch gehen zum Marmorsitz des Elfenkönigs.

Auf diesem Sitz wirst du einen Smaragdbecher stehen sehen,

der mit Rubinen besetzt und mit Heidebier gefüllt ist. Den musst du an dich nehmen und wegbringen, aber ohne dass ein Wort über deine Lippen kommt. Dieser verzauberte Boden nämlich, auf dem wir tanzen, sieht nur für sterbliche Augen fest aus, in Wirklichkeit ist er es aber nicht. Hier ist ein Sumpf, der bebt und zittert, und darunter ist ein großer See, darin haust ein fürchterliches Ungeheuer. Und wenn ein Sterbenswörtchen über deine Lippen kommt, solange du noch deinen Fuß hier auf diesem schwankenden Boden hast, wirst du durch das Moor hindurch nach unten versinken und dort umkommen.«

So sprach der alte Wicht und ging zu seinen Gefährten zurück und ließ den Earl allein am Rand des Zauberkreises stehen. Der wartete dort, zitterte vor Kälte in den langen dunklen Stunden, bis der Morgen oben über den Hügeln graute. Und mit dem Morgengrauen begannen die Elfen vor ihm zu entschwinden und zu entfleuchen.

Und zu der Stunde, als der Klang der Frühmette sanft über das Moor hinüberschallte, begann er seinen feierlichen Gang. Runde um Runde machte er um den Kreis und ging unbeirrbar seinen Weg, obwohl sich lautes Zornesgemurmel von den Elfenschatten erhob. Auch der Grund, auf dem er sich bewegte, begann zu beben und sich zu erheben, als ob er diesen frechen Eindringling von seiner Oberfläche schütteln wollte. Aber durch das heilige Zeichen an seinem Arm kam der Earl unverletzt und ohne Schaden davon. Als er seine Runden um den Kreis abgeschlossen hatte, stapfte er kühn in den Kreis hinein. Wie groß war sein Erstaunen, als er all die vor Kurzem noch munteren Elfen und Gnome in winzige Eisklumpen eingefroren daliegen sah, sodass er getrost hindurch schreiten konnte, ohne auf einen von ihnen zu treten. Als er sich der Marmortafel näherte, stellten sich ihm dic Haare vor Grauen: Der Elfenkönig saß hinter seinem Tisch. Wie seine Gefolgschaft war er steif und starr vor Frost, und ihm gegenüber lag Sir Gregory, den dasselbe Schicksal ereilt hatte. Nichts rührte sich außer den zwei pechschwarzen Raben, die jeder auf einer Seite des Tisches saßen. Als wollten sie den Smaragdbecher bewachen, schlugen se mit ihren Flügeln und krächzten heiser. Als der Earl St. Clair den kostbaren Becher erfasste und hochhob, schwangen sie sich in die Lüfte, umkreisten sein Haupt, schrien voller Wut und drohten, ihm mit ihren Klauen den Becher aus der Hand zu schlagen. Auch die eingefrorenen Elfen und sogar ihr mächtiger König rührten sich in ihrem Schlaf und setzten sich halb auf, als wollten sie den frechen Eindringling abhalten. Aber die Macht des heiligen Zeichens hielt sie zurück, sonst wäre der Earl St. Clair unweigerlich verloren gewesen.

Als er sich wieder aus dem Kreis heraus bewegte, klangen fürchterliche Stimmen um ihn herum. Die Raben kreischten und die eingefrorenen Gnome schrien und tief von unten aus dem verborgenen See erklang das Fauchen des schrecklichen Ungeheuers, das dort begierig nach Beute auf der Lauer lag. Aber der tapfere Earl ließ sich von alledem nicht irre machen. Er schritt mutig voran in vollem Vertrauen auf die Macht des heiligen Zeichens, das er an sich trug. Das trug ihn auch sicher durch alle Gefahren, und als gerade die letzten Töne der Frühglocke verklangen, war er wieder auf festem Grund angekommen und schleuderte den Zauberbecher weit von sich. Und siehe! Alle eingefrorenen Elfen entschwanden zusammen mit ihrem König und seinem Marmortisch und nichts blieb mehr auf dem üppiggrünen Gras zurück außer Earl Gregory. Der erwachte langsam aus seinem Zauberschlaf. Er reckte und streckte sich, stand auf und schaute verwirrt um sich, als könne er sich kaum daran erinnern, wo er sich befand. Da rannte Earl St. Clair hin zu ihm, nahm ihn in seine Arme, bis er wieder ganz zu sich gekommen war und das warme Blut durch seine Adern floss. Und die beiden Freunde kehrten zu der Stelle zurück, wo der Earl St. Clair den Becher weggeworfen hatte. Sie fanden dort nichts außer einem Stück von einem rauen grauen Stein mit einem Tropfen von Tau, der sich in einem kleinen hohlen Riss an seiner Seite versteckt hatte.

Thomas der Reimer

Von all den jungen Kämpen in Schottland war im dreizehnten Jahrhundert keiner liebenswerter und gefälliger als Thomas Learmont, der Herr des Schlosses von Ercildoune in Berwickshire. Er liebte Bücher, Dichtung und Musik, was in jenen Zeiten ungewöhnlich war. Vor allem aber begeisterte ihn die freie Natur, und nichts war ihm angenehmer als die Tiere zu beobachten, die sich in den Feldern und Wäldern um sein Schloss herum tummelten.

Nun geschah es, dass Thomas an einem sonnigen Maimorgen sein Schloss verließ und in die Wälder am Huntly Burn wanderte, ein kleines Wasser, das von den Abhängen der Eildon-Berge herab rauschte. Es war ein herrlicher Morgen, frisch, heiter und warm, und alles war so wunderschön wie im Paradies. Die zarten Blätter waren schon am Sprießen und bedeckten die Bäume mit ihrem frischgrünen Mantel. Zwischen dem Moosteppich zu Füßen des jungen Thomas streckten gelbe Primeln und sternenförmige Anemonen ihre Köpfchen in den Morgenhimmel. Die Vögel zwitscherten aus voller Kehle und Hunderte von Insekten schwirrten im Sonnenschein. Thomas fühlte sich so glücklich inmitten all dieser Heiterkeit, dass er sich an einer Baumwurzel zu Boden legte, um all das Leben um sich herum zu beobachten.

Wie er nun so dalag, hörte er das Hufgetrappel eines Pferdes, das sich seinen Weg durch die Büsche bahnte. Und als er aufschaute, sah er die schönste Dame, die je in seinem Leben vor seine Augen gekommen war, auf einem grauen Zelter auf sich zu reiten. Sie trug ein Jagdgewand aus schimmernder Seide, so grün wie das junge Frühlingsgras. Von ihren Schultern hing ein Mantel aus Samt, der wunderbar zu ihrem Reitrock passte. Ihr blondes Haar hing wie rieselndes Gold lose um die Schultern, und auf ihrem Kopf funkelte ein Diadem aus kostbaren Steinen, die wie Feuer im Sonnenlicht blitzten. Ihr Sattel war aus reinem Elfenbein und die Satteldecke aus blutrotem Satin, die Gurte aus gerippter Seide und die Steigbügel aus geschliffenem Kristall. Die Zügel des edlen Rosses waren aus gehämmertem Gold und in seiner Mähne hingen kleine Silberglocken, die beim Reiten die zarteste Feenmusik erklingen ließen. Offensichtlich war sie auf der Jagd, denn sie trug ein Horn und ein Bündel Pfeile, und sie führte eine Koppel von sieben Windhunden mit sich, während genauso viele Spürhunde frei neben dem Pferd liefen.

Als sie die Schlucht hinunterritt, trällerte sie ein Stück aus einem alten schottischen Lied. Sie trug sich mit einer solch königlichen Anmut und ihr Gewand war so prächtig, dass Thomas nicht anders konnte, als am Wegesrand niederzuknien und sie zu verehren, denn er meinte, er habe die Heilige Jungfrau Maria selbst vor Augen. Aber als die Reiterin auf ihn zu kam und seine Gedanken merkte, schüttelte sie traurig ihr Haupt. »Ich bin nicht die Heilige Jungfrau, wie du glaubst«, sagte sie, »Die Menschen nennen mich Königin, aber in einem anderen fernen Land. Ich bin die Königin des Feenreiches und nicht die Himmelskönigin.«

Und was sie sagte, schien wahr zu sein: Denn seit diesem Augenblick war es so, als ob ein Zauber über Thomas gekommen sei, der ihn alle Vorsicht und Klugheit vergessen ließ. Er wusste schon, dass es für sterbliche Menschen gefährlich ist, sich mit Feen einzulassen, doch er war von der Schönheit der Dame so berückt, dass er sie bat, ihm einen Kuss zu geben. Und gerade das hatte sie gewollt, denn sie wusste, dass der junge Mann ihr durch einen einzigen Kuss verfallen würde, dann hätte sie ihn ganz in ihrer Gewalt. So entzog sie sich ihm nicht. Doch kaum hatten sich ihre Lippen berührt, überkam die Schöne eine fürchterliche Veränderung. Ihr schöner Umhang und ihr seidener Reitrock begannen dahinzuwelken und ließen ihr nur eine graue und wie Asche fahle Hülle. Ihre Schönheit schien ebenso zu verfliegen, und sie wurde alt und bleich. Ihr üppiges blondes Haar wurde grau und stumpf. Ihre eine Seite war wie vom Schlagfluss gelähmt und ein Auge quoll ihr aus dem Kopf. Sie wurde zum hässlichsten alten Weib, das man sich nur denken konnte. Als sie Thomas' entsetztes Gesicht sah, brach sie in höhnisches Gelächter aus: »Jetzt bin ich nicht mehr so schön wie zuvor«, sagte sie, »aber das macht nichts, denn du hast dich mir verkauft, Thomas, sieben lange Jahre wirst du mein Sklave sein. Wer die Feenkönigin küsst, muss mit ihr ins Feenland ziehen und ihr dort zu Diensten sein, bis die Zeit abgelaufen ist.«

Als Thomas diese Worte hörte, fiel er vor ihr auf die Knie und bat um Gnade. Aber die bekam er nicht gewährt. »Nein, nein«, lachte sie ihm ins Gesicht, »du hast den Kuss gewollt und nun musst du den Preis dafür zahlen. Trödele jetzt nicht länger und setz dich hinter mich aufs Pferd. Es ist hohe Zeit für mich zu gehen.«

So stieg Thomas mit manchem Seufzer und Schauer hinter ihr aufs Pferd, und schon zog sie die Zügel an und das graue Ross jagte dahin; schneller und schneller brausten sie davon wie die vier Winde des Himmels. Schon hatten sie das Land der Lebenden hinter sich gelassen und gelangten nun an den Rand einer großen Einöde, die sich dürr und kahl vor ihnen bis zum weit entfernten Horizont erstreckte. Als Thomas schon verzweifelt war, jemals wieder ins Land der Lebenden zurückkehren zu können, straffte die Feenkönigin plötzlich die Zügel, und der graue Zelter hielt ein in seinem wilden Ritt.

»Nun musst du absteigen, Thomas«, sagte sie und schaute über ihre Schulter zurück auf ihren unglücklichen Gefangenen. »Beuge dich hinunter und leg deinen Kopf in meinen Schoß. Dann will ich dir verborgene Dinge zeigen, die sterbliche Augen nie zu Gesicht bekommen.«

So tat Thomas auch, und als er nochmals über die Einöde schaute, schien alles wie verändert. Er sah jetzt drei Wege quer hindurch führen, die hatte er vorher gar nicht bemerkt. Und jeder dieser Wege sah anders aus.

Einer von ihnen war breit und eben und verlief ganz gerade.

Auf ihm konnte man sein Ziel nicht verfehlen. »Das ist der Weg der Verderbtheit«, erklärte ihm die Königin, »Er führt zu keinem guten Ende.«

Der zweite Weg war davon grundverschieden. Er war schmal, gewunden und lang. Dornensträucher und Rosenhecken umsäumten ihn eng und hoch, dass jeder Reisende seine größte Mühe gehabt hätte, sich seinen Weg hindurch zu bahnen. »Das ist der Weg der Rechtschaffenheit«, so die Königin, »er ist beschwerlich und lästig. Aber wer ihn wählt, der gelangt in eine ruhmreiche Stadt, die die Stadt des Großen Königs genannt wird.«

Die dritte Straße war wie keine der beiden anderen. Sie war wunderschön und schlängelte sich auf zwischen Farnen und Heidekraut und Ginsterbüschen. Es musste eine Freude sein, auf dieser zu reisen. »Diese Straße«, sagte dann schließlich die Königin, »die kenne ich wohl. Aber kein Sterblicher war je dort, wohin sie führt. Dies ist die Straße, die wir nehmen, denn sie ist der Weg ins Feenreich. Aber eines merke dir, Thomas: Wenn du dein Schloss Ercildoune jemals wiedersehen willst, dann hüte deine Zunge, bis wir am Ende unserer Reise sind. Sprich kein einziges Wort zu irgendeinem außer mir. Denn der Sterbliche, dem auch nur ein Wort im Land der Feen entschlüpft, hat seine Freiheit verwirkt und muss für immer bei uns bleiben.«

Dann hieß sie ihn wieder den Zelter besteigen, und weiter ging es. Der Weg zwischen den Farnen war allerdings nicht mehr so angenehm wie zu Beginn, denn alsbald gelangten sie in einen schmalen Hohlweg. Kein Lichtstrahl zeigte ihnen hier den Pfad, und die Luft war feucht und schwer. Überall hörte man Wasser rauschen, in das zuletzt der Zelter auch noch mitten hinein geriet. Das Wasser stieg immer höher, zuerst an Thomas' Füßen, dann kroch es empor bis über seine Knie, kalt war es und frostig. Seitdem sie kein Tageslicht mehr sahen, war sein Mut mehr und mehr gesunken, und er war schier am Verzweifeln, je mit seiner Gefährtin wohlbehalten ans richtige Ziel zu kommen. Er fiel in Ohnmacht nach vorne, und wenn er sich nicht gerade noch am grauen Gewand seiner Begleiterin festgehalten hätte, wäre er sicher vom Pferd gefallen und ertrunken. Aber alles im Leben, Gutes wie Böses, hat sein Ende und geht vorbei, und so begann sich allmählich die Finsternis zu lichten, es wurde immer heller, je weiter sie ritten, und endlich tauchten sie wieder bei hellstem Sonnenschein ans Tageslicht empor. Als Thomas wieder Mut gefasst hatte, schaute er auf, und wie herrlich war es anzuschauen: Sie ritten durch einen herrlichen Obstgarten, in dem Äpfel und Birnen, Datteln und Feigen und Weintrauben in üppiger Fülle wuchsen. Seine Zunge war so ausgetrocknet, und er fühlte sich so schwach, dass er nach einer der Früchte lechzte, um sich zu erholen. Schon reckte er seine Hand hoch, um eine davon zu pflücken, als seine Herrin sich im Sattel umdrehte und es ihm verbot: »Du darfst hier nichts essen außer einem Apfel, den ich dir gleich geben werde. Wenn du etwas anderes auch nur anrührst, musst du für immer im Feenreich bleiben.«

So musste sich Thomas so gut er konnte zurückhalten, und sie ritten weiter, bis sie schließlich zu einem niedrigen Apfelbäumchen kamen, an dem überall saftig rote Äpfel prangten. Die Feenkönigin bückte sich, pflückte einen und reichte ihn Thomas mit den Worten: »Den hier kann ich dir geben und ich tue es gern! Denn dies sind die Äpfel der Wahrheit, und wer von ihnen isst, dem wird nie eine Lüge über die Lippen kommen.« Thomas nahm den Apfel und aß ihn, und für immer blieb die Gnade der Wahrheit auf seinen Lippen. Deshalb nannte man ihn später auch Thomas den Wahren.

Nun war es nicht mehr weit. Sie hatten nur noch ein kleines Stück Weges vor sich, bis sie ein prächtiges Schloss erblickten, das sich auf einem Hügel erhob.

»Drüben ist mein Reich«, sprach sie und zeigte stolz zum Hügel. »Dort wohnt mein Herr und Gatte und alle Edlen seines Hofes. Und da mein Gatte es nicht gern sieht, wenn ein fremder Kavalier an meiner Seite ist, bitte ich dich, mit niemandem, der zu dir spricht, ein Wort zu wechseln. Und wenn jemand mich fragen sollte, wer du bist und was du hier tust, so sage ich, dass du stumm bist. So wirst du unbehelligt durch die Menge kommen.«

Mit diesen Worten setzte sie ihr Jagdhorn an den Mund und blies. Dabei ging wieder ein merkwürdiger Wandel bei ihr vor: Ihr aschgraues Gewand fiel von ihr ab, das graue Haar verschwand, ihre Züge wurden wieder ebenmäßig und jung, und sie war wieder mit ihrem herrlichen Gewand und dem Reitrock angetan. Aber auch bei Thomas war eine Änderung eingetreten. Als er zufällig an sich herunter sah, bemerkte er: Seine groben Kleider vom Land hatten sich in ein Gewand aus schönem braunen Tuch verwandelt, und an seinen Füßen trug er Schuhe aus Satin.

Sobald der Ruf des Horns verklungen war, flogen die Tore des Schlosses auf, und der König eilte der Königin entgegen, begleitet von einer großen Schar von Rittern und Damen, Spielleuten und Pagen. Thomas war inzwischen vom Zelter abgestiegen und hatte keine Mühe, dem Wunsch seiner Dame zu gehorchen, und gelangte unbemerkt in den Palast. Alle schienen froh zu sein, ihre Königin wiederzusehen. Man versammelte sich im großen Saal, und sie sprach huldvoll zu allen und erlaubte es ihnen, ihre Hand zu küssen. Dann schritten sie und ihr Gatte durch den weiten Saal zu einem Hochsitz, auf dem zwei Thronsessel standen. Dort ließ sich das königliche Paar nieder, um die nun beginnenden Festlichkeiten anzuschauen.

Der arme Thomas stand derweil abseits am anderen Ende des Saales und fühlte sich einsam, aber doch ergriffen von dem herrlichen Schauspiel, das er jetzt zu sehen bekam. In einem Teil des Saales tanzten all die schönen Damen, Hofleute und Ritter, in einem anderen Teil sah man Jäger kommen und gehen, die brachten Hirsche mit großen Geweihen, die sie erlegt hatten, und warfen sie übereinander auf den Boden. Neben dem toten Wild aber standen reihenweise Köche, zerlegten es und trugen es in Stücken zum Braten fort. Das war alles ein so seltsames, fantastisches Bild, dass Thomas gar nicht gewahr wurde, wie die Zeit verstrich. Er stand nur da und schaute wieder und wieder verwundert, was da vor sich ging, ohne aber mit jemandem nur ein Wort zu wechseln.

Das ging drei lange Tage so. Da erhob sich die Königin von ihrem Thron, schritt durch den langen Saal und kam auf Thomas zu. »Nun ist es Zeit zu satteln und zu reiten, wenn du je wieder dein schönes Schloss Ercildoune wiedersehen möchtest«, sprach sie zu ihm. Thomas schaute sie verwundert an. »Ihr habt von sieben langen Jahren gesprochen, schöne Dame«, rief er, »und ich bin aber erst drei Tage hier.« Lächelnd antwortete ihm die Königin: »Im Feenland vergeht die Zeit schnell. Du dachtest, du seist erst drei Tage hier. Aber sieben Jahre sind schon verstrichen, seit wir uns begegnet sind. So ist es Zeit für dich zu gehen. Gern hätte ich dich noch länger hier bei mir gehabt. Aber ich wage es nicht, um deiner selbst willen. Denn jedes siebte Jahr kommt hier ein böser Geist aus dem Reich der Finsternis herab und nimmt einen unserer Gefährten mit, den er gerade zu fassen bekommt. Und da du ein stattlicher Bursche bist, nimmt er dich mit, so fürchte ich. Und weil ich nicht will, dass dir etwas Böses zustößt, werde ich dich schon heute Nacht zurück in dein Land bringen.«

Wieder wurde der graue Zelter gebracht, und Thomas und die Königin stiegen auf, und wie sie gekommen waren, so kehrten sie auch zurück zum Eildon- Baum nahe von Huntly Burn. Dann sagte die Königin Thomas Lebewohl, und als Abschiedsgeschenk erbat er sich etwas, woran die Leute auch wirklich erkennen würden, dass er im Feenland gewesen ist.

»Ich habe dir schon die Gabe der Wahrheit geschenkt«, entgegnete sie, »nun will ich dir noch die Gaben der Weissagung und der Dichtkunst verleihen. So wirst du die Zukunft voraussehen und wohlklingende Verse schreiben können. Und dazu als sichtbare Gabe will ich dir noch diese Harfe aus dem Feenland geben. So lebe denn wohl, mein Freund. Eines Tages gibt es vielleicht für uns ein Wiedersehen.«

Mit diesen Worten entschwand sie, und Thomas war alleine. Er fühlte sich ein wenig unglücklich, als er sich von diesem strahlenden Wesen trennen und wieder der gewöhnlichen Menschenwelt zuwenden musste.

Danach lebte er noch so manches Jahr in seinem Schloss Ercildoune, und der Ruf seiner Dichtkunst und Weissagung verbreitete sich im ganzen Land, sodass die Leute ihn Thomas den Wahren und Thomas den Reimer nannten.

Vierzehn lange Jahre waren inzwischen ins Land gezogen, und die Leute hatten schon fast vergessen, dass Thomas der Reimer jemals im Feenland gewesen war. Da kam aber eine Zeit, in der Schottland mit England im Krieg lag, und das schottische Heer hatte sein Lager an den Ufern des Tweed aufgeschlagen, nicht weit weg von der Festung Ercildoune. Und so beschloss Thomas, ein Fest zu veranstalten, und lud alle Edlen und Barone, die das schottische Heer führten, zu einem großen Mahl ein.

Dieses Fest blieb noch lange in Erinnerung, denn der Lord von Ercildoune achtete sorgsam darauf, dass alles so großartig sein sollte wie möglich. Als das Mahl zu Ende ging, stand er von seinem Sitz auf, nahm seine Elfenharfe und sang seinen Gästen ein Lied nach dem anderen aus längst vergangenen Tagen. Die Gäste lauschten atemlos, denn sie fühlten, dass sie nie mehr eine solch wunderbare Musik hören würden. Und so geschah es auch. In der nämlichen Nacht, als alle Edlen des Heeres in ihre Zelte gegangen waren, sah ein Soldat auf Wache, wie ein schneeweißer Hirsch und eine Hündin im Mondschein langsam die Straße hinab kamen, die neben dem Lager verlief. Da war etwas so Seltsames im Gebaren der Tiere, dass er seinen Offizier rief, um nachzuschauen. Und der Offizier rief seine Kameraden, und bald folgte eine ganze Schar sachte den wundersamen Wesen, die feierlich daher zogen, als ob sie im Takt einer für sterbliche Ohren nicht hörbaren Musik schritten. Da den Soldaten all dies geheimnisvoll und unheimlich vorkam, schickte man rasch nach Thomas von Ercildoune, um ihn aus seinem Schlummer zu wecken. Kaum aber hatte dieser die Botschaft vernommen, da wurde sein Gesicht ernst und nachdenklich. »Das ist der Ruf der Feenkönigin, auf den ich lange gewartet habe. Nun ist er doch eingetroffen«, sagte er leise und ging hinaus, aber nicht zu der Schar der Wartenden, sondern folgte schnurstracks dem schneeweißen Hirsch und der Hündin. Als er sie erreicht hatte, hielten sie einen Augenblick inne, wie wenn sie ihn grüßten. Dann stiegen alle drei langsam ein steiles Ufer hinab, das schräg am Flüsschen Leader entlang lief, und bald waren sie in seinen schäumenden Fluten verschwunden; denn der sonst so schmale Fluss führte gerade Hochwasser.

Obwohl man überall sorgfältig suchte, fand man keine Spur von Thomas von Ercildoune. Und bis zum heutigen Tag glauben die Leute auf dem Land, dass der Hirsch und die Hündin Boten der Elfenkönigin waren und dass er mit ihnen ins Feenreich zurückgekehrt war.

Der Robbenfänger und der Wassermann

Es war einmal ein Mann, der lebte im äußersten Norden von Schottland, nicht weit von John o' Groat's House. Eine kleine Hütte am Meeresufer war sein Obdach, und er verdiente sich sein Brot mit dem Fang von Robben und dem Verkauf ihrer Felle, die ja sehr wertvoll sind. Diese Tiere kamen in großen Scharen aus dem Meer und legten sich auf die Felsen vor seiner Hütte, um sich etwas an der Sonne zu wärmen. So konnte er sich unschwer von rückwärts heranschleichen und sie töten.

Manche dieser Robben waren größer als die anderen, und man hörte es von den Leuten munkeln, es seien überhaupt keine Robben, sondern verwandelte Wassermänner und Meerfrauen, die tief unten in der See ihre Heimstatt hätten. Sie nähmen nur diese Robbengestalt an, so sagten manche Leute, um durch die Flut hinauf auf die Oberfläche der See zu kommen, um die Luft unserer Erde atmen zu können. Der Robbenfänger aber konnte über dieses Gerede nur lachen und meinte, diese Robben seien vor allem nur zur Jagd da. Denn schließlich waren ihre Felle so groß, dass er für sie einen stattlichen Preis erzielen konnte.

Nun geschah es eines Tages, dass er wieder auf der Jagd war und mit seinem Messer nach einem Seehund stieß. War nun der Stoß zu unsicher geführt oder was sonst noch, auf jeden Fall verschwand das Tier mit lautem Schmerzensgeheul vom Felsen in die See, und das Jagdmesser steckte noch in seinem Leib. Der Robbenfänger ärgerte sich sehr über sich selbst und dass er auch noch das Messer verloren hatte und ging niedergeschlagen heim zum Essen.

Auf dem Heimweg aber begegnete er einem Reiter, der war von so großer Gestalt und ritt ein so riesiges Pferd, dass er stehen blieb und den Fremden neugierig fragte, aus welchem Land er denn komme. Der fremde Reiter hielt ebenso sein Pferd an und fragte ihn nach seinem Beruf. Als er nun hörte, unser Mann sei ein Robbenfänger, bestellte er sofort eine große Anzahl von Fellen bei ihm. Darüber war unser Robbenfänger natürlich hoch erfreut, denn eine solche Bestellung bedeutete für ihn ein schönes Sümmchen Geld. Doch als der Reiter hinzufügte, er müsse die Seehundfelle noch auf jeden Fall heute Abend liefern, war beim Robbenjäger die Freude dahin.

»Das kann ich nicht«, sagte er enttäuscht, »denn die Robben werden erst morgen früh zu dem Felsen zurückkehren.« – »Dann werde ich dich zu einer Stelle mitnehmen«, entgegnete da der fremde Reiter, »wo du so viele Robben finden wirst, wie du haben willst. Setz dich nur hinter mich auf mein Pferd.«

Gesagt, getan. Der Robbenfänger war damit einverstanden, schwang sich hinter den Fremden aufs Pferd, und los ging es in Windeseile, dass er alle Mühe hatte, nicht vom Pferd zu fallen. Schließlich kamen sie nach rasendem Galopp an den Rand eines gewaltigen Abgrunds, der steil ins Meer abfiel.

»Steig ab«, sagte der Fremde knapp, und der Robbenfänger tat, wie ihm geheißen wurde. Froh, wieder auf festem Boden zu stehen, schaute er vorsichtig über den Rand der Klippen. Wie wunderte er sich, als er überhaupt keinen Felsen erspähte, sondern nur die weite See, die bis an die Klippen heranspülte.

»Wo sind denn die Robben, von denen Ihr gesprochen habt«, fragte er nun voller Sorge, und es reute ihn schon gewaltig, sich auf so ein Abenteuer eingelassen zu haben. »Die Robben wirst du gleich sehen«, antwortete ihm der Fremde und hielt sein Pferd an. Und die Befürchtungen des Robbenfängers sollten sich bewahrheiten, denn der Fremde legte im nächsten Augenblick die Hand auf dessen Schulter, und unser Robbenfänger fühlte, wie er über die Klippe tief hinab ins Meer gerissen wurde. Schon glaubte er, sein letztes Stündlein habe jetzt geschlagen, als er zu seinem Erstaunen merkte, dass eine Veränderung an ihm vorgegangen war: Er wurde nicht vom Wasser erstickt, sondern konnte ganz leicht atmen, und sein Begleiter und er schienen so schnell in die Tiefe des Meeres zu sinken, wie sie vorher durch die Luft ins Meer gestürzt waren.

Immer tiefer sanken sie, bis sie schließlich an ein großes gewölbtes Tor kamen, das aus Korallen gemacht und mit Muscheln besetzt war. Wie von selbst öffnete sich das Tor, und beide traten ein und kamen in einen großen Saal; dessen Wände waren aus Perlmutter. Der Boden jedoch bestand aus einfachem festen Seesand. Der Saal war voller Gäste, aber es waren keine Menschen, sondern Robben. Als sich der Robbenjäger fragend an seinen Begleiter wandte, erstarrte er fast vor Entsetzen: Dieser hatte die Gestalt eines Seehundes angenommen. Aber noch größer war sein Entsetzen, als er sich selbst in einem Spiegel erblickte. Auch er war zum Seehund geworden.

Anfangs sprach keines der Geschöpfe mit ihm. Alle schienen sehr traurig und niedergeschlagen zu sein. Leise bewegten sie sich durch den Saal, ihre Stimmen waren gedämpft. Manche lagen auf dem Boden und wischten sich tief traurig mit ihren Flossen die Tränen aus den Augen.

Auf einmal entfernte sich sein Führer durch eine Tür am Ende des Saales. Als er wiederkam, hatte er ein Messer in der Hand. »Hast du dies schon einmal gesehen?«, fragte er dann den Robbenfänger und hielt es ihm vor die Augen. Der erkannte sofort darin sein eigenes Jagdmesser, mit dem er den Seehund getroffen hatte und das dieser dann verwundet im Leib mit sich genommen hatte. Bei diesem Anblick fiel er zu Boden und bat um Gnade, denn er vermutete, dass die Robben an ihm Rache nehmen und ihn für die Verwundung ihres Gefährten töten würden. Aber es tat sich nichts Dergleichen. Die Robben scharten sich vielmehr um ihn und rieben ihre weichen Nasen an seinem Fell, als ob sie um sein Wohlwollen baten. Sie flehten ihn an, er solle sich nicht beunruhigen und sie würden ihn ihr ganzes Leben lang lieben, wenn er ihnen nur einen großen Gefallen täte. Der Robbenfänger wollte alles tun, was in seiner Macht stände, um ihnen zu helfen. »Dann folge mir«, sprach da sein Führer zu ihm und er brachte seinen Gast durch dieselbe Tür, durch die er entschwunden war, um das Jagdmesser zu holen. Sie gelangten schließlich in einen kleinen Raum, und da sah der Robbenfänger auf einem Lager aus Tang einen Seehund liegen, der eine klaffende Wunde an seiner Seite hatte.

»Das ist mein Vater«, sagte ihm sein Führer. »Du hast ihn heute morgen verwundet, weil du ihn für einen gewöhnlichen Seehund gehalten hast. Aber er ist ein Wassermann mit Sprache und Verstand wie ihr Sterblichen auch. Ich habe dich hierher gebracht, damit du ihm seine Wunde verbindest, denn nur deine Hand kann ihn heilen.«

»In der Heilkunst bin ich nicht bewandert«, antwortete dieser, der sich schon über die Nachsicht dieser Geschöpfe ihm gegenüber wunderte, »doch ich will die Wunde so gut ich kann verbinden, und es tut mir sehr leid, dass meine Hand sie verursacht hat.«

Dann ging er zu dem Lager, beugte sich über den Verwundeten, wusch und versorgte ihn. Und wie ein Wunder! Die Berührung seiner Hände bewirkte, dass sich die Wunde zu schließen und zu heilen begann. Nur eine Narbe blieb zurück, und der Seehund stand so munter wie eh und je von seinem Lager auf. Und groß war da die Freude und der Jubel im ganzen Robbenpalast. Sie scharten sich um ihren Artgenossen und rieben ihre Nasen gegen seine. Der Robbenfänger aber stand die ganze Zeit alleine in seiner Ecke und fürchtete, nun sein ganzes Leben hier in der Tiefe der See bei den Robben verbringen zu müssen. Doch groß war seine Freude, als sich ihm sein Führer wieder näherte und zu ihm sprach: »Es steht dir frei, wieder als Mensch zu den Deinen zurückzukehren. Nur eine Bedingung musst du erfüllen: Du musst uns feierlich versprechen, nie mehr wieder einen Seehund zu verletzen oder gar zu töten.«

»Das will ich gerne tun«, antwortete dieser. Er wusste wohl, dass er nur auf diese Weise seine Menschengestalt wieder erlangen konnte, auch wenn der Eid einen Verzicht auf seinen Beruf bedeutete. Feierlich legte er den von ihm verlangten Eid ab, und alle Seehunde standen als Zeugen um ihn und waren erleichtert, denn er war schließlich der beste Robbenfänger des ganzen Nordens.

Nun hieß es, Lebewohl zu sagen, und er schritt mit seinem Führer wieder durch das Korallentor, und auf ging es und immer höher schwammen sie hinauf, bis das Wasser lichter wurde und sie oben im Sonnenschein der Erde auftauchten. Mit einem gewaltigen Sprung waren sie dann oben auf den Klippen, wo das große Ross noch auf sie wartete. Sie hatten auch ihre frühere Menschengestalt wiedererlangt, als sie dem Wasser entstiegen waren. »Steig hinter mir aufs Pferd«, sagte da der fremde Reiter, und auf ging es im Galopp wie der Sausewind. Im Nu standen sie wieder vor der Haustür des früheren Robbenfängers. Als er dem Fremden Lebewohl sagen wollte, zog dieser einen großen Beutel Gold heraus und reichte sie ihm. »Du hast deine Pflicht uns gegenüber erfüllt und das ist unser Dank dafür«, sagte er zum Abschied. »Das hier wird dir deine Sorgen bis zum Lebensende nehmen.« Sprach's und war schon verschwunden. Als der Mann den Beutel in seine Hütte brachte und das Gold auf den Tisch schüttete, sah er, dass der Fremde wahr gesprochen hatte. Zeit seines Lebens war er ein reicher Mann und vergaß auch seinen Eid nicht.

Goldbaum und Silberbaum

Es war einmal ein König, der hatte eine Frau, deren Name Silberbaum war, und eine Tochter, die Goldbaum hieß. Eines Tages nun gingen Goldbaum und Silberbaum zu einem Talgrund, wo ein Quell sprudelte, und in dem Quell schwamm eine Forelle. Sagte Silberbaum: »Forellchen, hübsches kleines Ding, bin ich nicht die schönste Königin der Welt?« – »Nein, das bist du nicht!« – »Wer denn?« – »Das ist Goldbaum, deine Tochter.« Wie blind vor Wut eilte Silberbaum nach Hause, legte sich ins Bett und schwor, niemals wieder gesund zu werden, wenn sie nicht das Herz und die Leber ihrer Tochter Goldbaum zu essen bekäme.

Bei Anbruch der Nacht kam der König heim, und man erzählte ihm, dass sein Weib Silberbaum sehr krank wäre. Sogleich ging er zu ihr und fragte, was ihr denn fehle.

»Oh, mir fehlt etwas, was du leicht heilen kannst, wenn du willst«, sagte sie ihm da. Und er gab zurück: »Es gibt doch nichts auf der Welt, was ich nicht für dich tun würde.«

»Wenn ich Herz und Leber von Goldbaum, meiner Tochter, zu essen bekomme, dann werde ich wieder ganz gesund.«

Nun geschah es auch zur gleichen Zeit, dass der Sohn eines mächtigen Königs von fernen Landen an den Hof kam und um die Hand von Goldbaum anhielt. Der König war damit einverstanden, und bald schon zogen die beiden Jungvermählten von dannen. Nun ging der König hin und schickte Männer in die Jagdgründe in den Bergen, die sollten ein Böckchen erlegen. Und er gab dessen Herz und Leber Silberbaum, seiner Gemahlin, zu essen. Schon stand sie auf und war gesund und munter wie eh und je.

Ein Jahr war ins Land gezogen. Da ging Silberbaum wieder in das Tal, wo der Quell sprudelte, in dem die Forelle schwamm.

»Forellchen, kleines munteres Ding«, sprach sie, »bin ich nicht die schönste Königin der Welt?«

»Das bist du wirklich nicht.«

»Wer ist es denn sonst?«

»Nun, Goldbaum ist es, deine eigene Tochter.«

»Aber die ist doch schon lange tot. Es ist schon ein Jahr her, da habe ich ihr Herz und ihre Leber gegessen.«

»Aber nein doch, tot ist sie nicht. Sie ist vermählt mit einem großen König von weit her.«

Silberbaum ging rasch nach Hause, und der König musste geschwind das Langschiff klar machen. »Ich will meine liebe Goldbaum besuchen«, sagte sie, »denn es ist schon so lange her, dass ich sie gesehen habe.«

Das Langschiff wurde flott gemacht, und sie stachen in See. Silberbaum selbst stand am Steuer und sie lenkte das Schiff so gut, dass sie bald das Ziel erreicht hatten. Der Prinz, Goldbaums Gemahl, war gerade zur Jagd geritten. Goldbaum wusste sofort, dass es das Langschiff ihres Vaters war, das da eben einlief.

»Oh, meine Mutter kommt und will mich töten«, sagte sie zu ihren Dienern.

»Sie wird dich nicht töten« war deren Antwort. »Wir werden dich in ein Zimmer einschließen, wo sie dir nichts anhaben kann.«

Das taten sie auch, und als Silberbaum an Land kam, begann sie sogleich zu rufen: »Komm und begrüße deine Mutter, die eigens gekommen ist, um dich zu besuchen.«

Und Goldbaum rief ihr zu, sie könne nicht kommen, sie sei in ein Zimmer eingeschlossen und wüsste nicht, wie sie herauskommen sollte.

»Willst du dann nicht wenigsten deinen kleinen Finger durch das Schlüsselloch stecken«, sagte Silberbaum, »damit deine Mutter ihn küssen kann?«

Sie streckte ihren kleinen Finger heraus. Da aber nahm Silberbaum eine vergiftete Nadel und stach ihr in den Finger. Auf der Stelle fiel Goldbaum tot zu Boden.

Als der Prinz nach Hause kam und Goldbaum tot am Boden liegen sah, verfiel er in großen Kummer. Und als er sah, wie wunderschön sie war, ließ er sie nicht begraben. Er schloss sie in ein Zimmer ein, wo niemand sich ihr nähern konnte.

Die Zeiten vergingen, und der junge König vermählte sich wieder. Er übergab das ganze Haus seiner zweiten Frau außer einem Raum. Davon trug er immer den Schlüssel bei sich. Aber eines Tages vergaß er, ihn einzustecken, und die junge Königin ging heimlich in das verbotene Zimmer. Und dort erblickte sie die schönste Frau, die ihre Augen je gesehen hatten. Sie begann Goldbaum hin und her zu drehen, um sie aufzuwecken. Da bemerkte sie die vergiftete Nadel in ihrem Finger. Schnell zog sie sie heraus, und im selben Augenblick erwachte Goldbaum zum Leben und sie war noch viel schöner als früher. Als es Abend wurde, kam der Prinz aus den Bergen von der Jagd zurück, und er sah sehr niedergeschlagen aus.

»Was schenkst du mir«, sagte ihm da seine Gemahlin, »wenn ich dich wieder zum Lachen bringe?«

»Nichts kann mich wirklich zum Lachen bringen«, entgegnete er betrübt, »außer wenn Goldbaum wieder am Leben wäre.«

»Sie ist wieder lebendig, du wirst sie im Raum da drüben finden.«

Als der Prinz sah, dass Goldbaum wirklich lebte, war seine Freude übergroß; er küsste und herzte sie und konnte gar nicht genug von ihr bekommen.

»Da sie ja deine erste Gemahlin ist«, sagte seine zweite Frau, »ist es besser, du hältst an ihr fest, und ich werde meines Weges gehen.«

»Oh nein! Geh nicht fort, ich werde euch beide behalten.«

Als sich das Jahr zu Ende neigte, ging Silberbaum wieder in das Tal, wo der Quell sprudelte, in dem die Forelle schwamm.

»Forellchen, hübsches kleines Ding«, sagte sie wie immer, »bin ich nicht die schönste Königin der Welt?«

»Das bist du wirklich nicht.«

»Wer denn?«

»Nun, Goldbaum ist es, deine Tochter.«

»Aber die lebt doch nicht mehr. Es ist ein Jahr her, dass ich ihr mit einer vergifteten Nadel in den Finger gestochen habe.«

»Nein, wahrlich, sie ist nicht tot, sie ist ganz und gar nicht tot.«

Da ging Silberbaum nach Hause und bat ihren Gemahl, den König, das Langschiff klar zu machen, sie wolle ihre Tochter Goldbaum besuchen, die sie so lange schon nicht mehr gesehen habe.

Das Langschiff ward flott gemacht, und schon stachen sie in See. Silberbaum selbst stand am Steuer und lenkte den Kurs des Schiffes so geschickt, dass es nicht lange dauerte, bis das Ziel in Sicht kam.

Der Prinz war wieder auf die Jagd geritten. Goldbaum erkannte ihres Vaters Schiff, als es anlegte.

»Oh!«, sagte sie, »da kommt meine Mutter und sie wird mich töten.«

»Keineswegs«, antwortete die zweite Frau, »wir wollen hinuntergehen, ihr entgegen.«

Und so taten sie. »Komm her, mein Schätzchen«, sprach sie da, »Deine Mutter ist gekommen und hat dir einen köstlichen Trunk mitgebracht.«

»In diesem Land ist es Sitte«, entgegnete ihr aber da die zweite Frau, »dass derjenige, der einen Trunk kredenzt, zuerst selber einen Schluck davon nimmt.«

Da setzte Silberbaum den Becher an, und die zweite Frau ging hin und gab ihr einen kleinen Schubs, sodass etwas vom Inhalt in ihre Kehle floss, und tot fiel sie zu Boden. Sie brauchten nur noch ihre Leiche nach Hause zu tragen und sie zu begraben. Der Prinz und seine zwei Frauen aber lebten noch lange in Friede und Freude. Und da ließ ich sie.

Die Hand mit dem Messer

Es war ein kleines Mädchen, das hatte drei Brüder. Die galten bei der Mutter alles, und es wurde überall zurückgesetzt, hart angefahren und musste tagtäglich morgens früh ausgehen, Torf zu graben auf dürrem Heidegrund, den sie zum Kochen und Brennen brauchten. Dazu noch bekam es ein altes und stumpfes Gerät, womit es die harte Arbeit verrichten sollte.

Aber das kleine Mädchen hatte einen Liebhaber, der war ein Elf und wohnte nahe an seiner Mutter Haus in einem Hügel; und sooft es nun an dem Hügel vorbeikam, so streckte er seine Hand aus dem Fels und hielt darin ein sehr scharfes Messer, das von sonderlicher Kraft war und alles durchschnitt. Mit diesem Messer schnitt es den Torf bald heraus, ging vergnügt mit der nötigen Ladung heim, und wenn es am Felsen vorbeikam, klopfte es zweimal daran; die Hand reichte heraus und nahm das Messer in Empfang.

Als aber die Mutter merkte, wie geschwind und leicht es immer den Torf heimbrachte, erzählte sie den Brüdern, ihrer Schwester müsse gewiss jemand anders dabei helfen, sonst wäre es nicht möglich. Da schlichen ihr die Brüder nach und sahen, wie sie das Zaubermesser bekam, holten sie ein und rangen es ihr mit Gewalt ab. Darauf kehrten sie zurück, schlugen an den Felsen, wie sie gewohnt war zu tun, und als der gute Elf die Hand herausstreckte, schnitten sie sie ihm ab mit seinem eigenen Messer. Der blutende Arm zog sich zurück, und weil der Elf glaubte, seine Geliebte hätte es aus Verrat getan, so wurde er seitdem nimmermehr gesehen.

Der Fuchs und die Wildgans

Wildgänse, so muss man wissen, sind in den schottischen Highlands, besonders scheu und behutsam. Trotzdem gelang es eines Tages einem Fuchs, eine schöne fette Wildgans am Ufer eines Sees zu überraschen. Sie tat gerade ein kleines Schläfchen, als der Fuchs sie schnappte und am Flügel festhielt. Und als er sich einen Spaß an ihrem Geschnatter, Zischen und Gezeter machte, sprach er: »Nun sag mal, wenn du mich jetzt so in deinem Schnabel hättest wie ich dich, was würdest du dann tun?«

»Das ist ja wirklich eine ganz einfache Frage«, gab sie zur Antwort. »Ich würde die Hände falten, ein Dankgebet sprechen, meine Augen schließen und dich dann verspeisen.«

»Genau das hatte ich auch vor«, entgegnete der Fuchs, faltete seine Hände, machte ein ganz unschuldiges Gesicht und sprach mit geschlossenen Augen ein frommes Dankgebet. Inzwischen aber hatte die Gans ihre Flügel gebreitet und flog schon auf halbem Weg über den See dahin. So konnte der Fuchs sie nicht mehr erreichen. Ihm blieb das Nachsehen, und er konnte sich nur noch die Lippen lecken.

»Das soll mir eine Lehre sein«, sprach er da missmutig. »Nie wieder in meinem Leben werde ich ein Dankgebet sprechen, bevor ich nicht den Braten warm in meinem Magen habe.«

Tam Lin

Ein kleiner Exkurs zu den Jahreszeitenfesten der Kelten: Für die Kelten war wie für viele andere Völker auch die Zeit zweigeteilt. Im Wechsel von Tag und Nacht, von Hell und Dunkel offenbarte sich für sie das Grundprinzip allen Seins. Wie der Tag in eine dunkle und helle Hälfte zerfällt, so auch das Jahr. Am 1. Mai begann die helle Hälfte, am 1. November die dunkle. Am 1. November war des Jahres Arbeit draußen abgeschlossen, man ging nach innen und verbrachte den Winter vor dem Herdfeuer. An diesem Samuinfest war das Tor zur Anderswelt besonders weit offen. Da taten sich die Feenhügel auf, die Zeit der Toten begann. Diese kehrten in die Welt zurück und wurden sichtbar.

Nach der langen dunklen Zeit des Winters, wenn die Natur wieder aufblüht, feierten die Kelten in aller Ausgelassenheit und auch Freizügigkeit am 1. Mai das Beltainefest. Neben Samuin und Beltaine gab es noch zwei weitere wichtige Fixpunkte im Jahr, nämlich den 1. Februar (St. Brigit's Nacht, Imbolc) und den 1. August (Lugnasad). Die Einteilung des keltischen Jahres folgt also vor allem dem Ablauf des Vegetationszyklus, der Aussaat und der Ernten. Es kann nicht verwundern, dass die christliche Kirche Allerheiligen just auf den Samuintag legte. Und dass der 1. Mai auch heute noch auf dem Land so ausgelassen gefeiert wird, ist ebenso keltisches Erbe.

Im schottischen Unterland, unweit von England, stand einst ein altes graues Schloss, das dem Earl of March gehörte. Der hatte eine wunderschöne Tochter, Janet mit Namen.

Eines Tages war es der Schönen zu langweilig, immer nur in dem kalten grauen Gemäuer zu sitzen und mit den Hofdamen Schach zu spielen. Die Sonne schien prächtig, und Janet ging hinaus, um durch die sagenhaften Wälder von Carterhaugh zu streifen, die um ihres Vaters Schloss herum lagen. Eigentlich hatte der Vater ihr verboten, diese Wälder zu betreten, denn dort soll es nicht mit rechten Dingen zugehen. Aber an dem Tag war es so sonnig und die Welt war so schön und sowieso …

So ging also Janet munter und guten Mutes vor sich hin und gelangte schließlich in ein stilles grünes Tal, wo die wunderbarsten Glockenblumen und Heckenrosen prangten, schönere hatte sie nie in ihrem jungen Leben gesehen. Sie konnte nicht anders als nach einer der Rosen zu greifen. Kaum aber hatte sie die Hand ausgestreckt und eine Heckenrose vom Strauch gebrochen, da stand plötzlich ein junger Ritter vor ihr. Groß war er und blass und trug einen seidenen Umhang.

»Was tust du hier und wie kannst du es wagen, die Rosen von Carterhaugh zu pflücken?«, fuhr er das entsetzte Mädchen an.

»Ich habe mir dabei nichts Böses gedacht« versetzte diese, »und was gehen dich überhaupt diese Rosen an?«

»Ich bin der Hüter dieser Wälder«, antwortete ihr der Ritter, »und wache darüber, dass niemand hier den Frieden stört.« Dabei lächelte er wie einer, dem lange Zeit kein Lächeln mehr über das Gesicht gekommen war. Dann brach er eine weiße Rose ab und überreichte sie der verblüfften Janet. »Jemandem, der so wunderschön ist wie du, würde ich alle Rosen von Carterhaugh schenken«, sagte er dabei.

»Wer bist du denn?« wollte nun das Mädchen wissen.

»Mein Name ist Tam Lin«, gab der junge Mann zurück.

»Von dir habe ich schon gehört«, rief da Janet erschrocken, »du bist doch der Feenritter«, und warf die Rose weit von sich.

»Du brauchst doch keine Angst zu haben«, sagte er da, »Wenn ich auch der Feenritter bin, so bin ich doch als Sterblicher Mensch geboren wie du auch.«

Und er vertraute Janet seine Geschichte an: Tam Lin war der Enkel des Earl of Roxburgh, und der nahm den kleinen Tam Lin zu sich und zog ihn auf, als seine Eltern gestorben waren. Eines Tages war er mit seinem Großvater auf der Jagd im verwunschenen Wald von Carterhaugh, als ein kalter gespenstischer Wind von Norden aufkam. Da wurde Tam Lin sehr müde, blieb hinter den anderen Gefährten zurück und stürzte plötzlich vom Pferd. Die Feenkönigin war gekommen und hatte ihn, während er schlief, geraubt und entführt.

Von da an stand er unter ihrem Bann, den sie über ihn verhängt hatte, und musste ihr zu Diensten sein. Tagsüber bewachte er die Wälder von Carterhaugh und nachts kehrte er ins Feenland zurück und ritt mit ihrem Gefolge aus. Und wie sehr wünschte er sich schon seit Jahren, aus der Verzauberung loszukommen und wieder das Leben eines gewöhnlichen sterblichen Menschen zu führen. Und wer anderes hätte denn Tam Lin aus seinem Schattendasein befreien können als Janet, die sogleich in Liebe zu ihm entbrannt war. Sie sagte ihm, sie würde alles tun, um ihn zu erretten.

Da fasste Tam Lin sie bei den Händen und erklärte ihr, wie sie es anstellen könne, die Macht der Feenkönigin über ihn zu brechen.

»Heute Nacht ist Samuin (Halloween), die Nacht der Nächte. Dann stehen die Tore zur Anderswelt ganz weit offen. Zu Samuin reitet das Feenvolk aus, und ich reite mit ihnen«, und er erklärte ihr alles genau, wie sie es machen sollte, sonst würde es nicht gelingen. Dann entschwand er in dem vom Sonnenlicht durchfluteten Wald.

Am Abend des Samuinfestes schlich sich Janet, wie Tam Lin es ihr aufgetragen hatte, durch den mondhellen Wald zu einem nahe gelegenen Kreuzweg, einem jener Grenzbereiche, in dem die Feen besonders gerne erscheinen, und versteckte sich hinter einem Dornenbusch. Es war unheimlich, wie der Mond durch die Bäume schaute, und die seltsamen Schatten der Büsche und der Wind, der durch das Laub der Bäume strich, erschauderten das verängstigte Mädchen noch mehr.

Um Mitternacht aber vernahm sie leise von fern den Klang von Hufen, der immer lauter wurde. Er vermischte sich mit dem Trillern von Pfeifen und den lieblichen Klängen von Leiern. Da wusste sie, dass die Feenpferde herankamen. Ein heller Schein wie von Tausenden von Glühwürmchen ließ die Wegkreuzung erleuchten.

Mit klirrenden Zügeln und mit Glöckchengeläut tauchte da der Feenzug plötzlich auf. Hoch auf einer schwarzen Stute ritt die Königin an der Spitze, bleich wie Schnee war ihr Antlitz, und Janet duckte sich noch tiefer und hielt den Atem an. Auch bei der zweiten Gruppe rührte sie sich nicht. Doch dann kam die dritte Schar, und wie er es Janet beschrieben hatte, erblickte sie ihren Tam Lin an der Spitze auf einer milchweißen Stute. Er trug nur einen einzigen Handschuh, wie er es gesagt hatte, und auf seiner Stirn lag ein goldener Reif. Und sogleich sprang sie aus dem Schatten auf den Weg, ergriff den Zügel und riss ihn jählings vom Pferd, wie er es ihr geheißen hatte.

Eng nahm sie ihn in die Arme und presste seinen Kopf gegen ihre Brüste. Sogleich ertönte schrill ein Feenschrei: »Tam Lin ist verschwunden!« Die Königin riss ihr Pferd herum und preschte herbei. Sie wandte sich im Sattel um und starrte Tam Lin mit eisigem Blick an. Dann wirft sie ihren Zauber auf Tam Lin.

Der Körper des Ritters schien sich auf einmal in Janets Armen aufzulösen, und plötzlich merkte sie, dass er kleiner und kleiner wurde und dass winzige Füße gegen ihre Handfläche klopften, und eine Eidechse versuchte verzweifelt zu entkommen. Ohne zu überlegen hielt Janet das Tierchen fest mit den Händen umschlossen. Aber die Augen der Feenkönigin begannen in ihrem Zauber zu funkeln, und größer und größer wurde die Eidechse, bis Janet gewahr wurde, dass sie eine schlüpfrige und schuppige Schlange hielt, die sich um ihre Arme und ihren Hals wand. Mit aller Kraft biss sie die Zähne fest zusammen und presste sich gegen die zischende Kreatur. Obgleich eine betäubende Kälte in ihr Herz kroch, wich Janet nicht zurück und ließ nicht locker, denn ihr geliebter Tam Lin hatte ihr schon gesagt, welche Prüfung sie noch zu bestehen hatte. Nur die entschlossene Umarmung einer sterblichen Geliebten in der Samuinnacht konnte ihn aus seinem Zauberbann lösen. Da stieß auf einmal die Königin gebietend einen Schrei aus, und da, wo sich zuvor eine Eidechse und eine Schlange aus der Umarmung der jungen Sterblichen zu befreien gesucht hatten, befand sich jetzt ein rot glühendes Eisen, das sich in das Fleisch der Sterblichen hinein brannte. Doch Janet gab nicht nach. Das Ende des Kampfes kündigte sich an. Eiligst entfloh sie der Gesellschaft und warf das glühende Eisen in eine Quelle. Es zischte und dampfte, und dann war plötzlich Stille. Und der Quelle entstieg ein Jüngling, der so nackt war, wie er aus dem Schoß der Mutter auf die Welt gekommen war.

Lautlos setzte sich der Feenzug wieder in Bewegung und zog weiter. Doch noch einmal wandte sich die Königin um, winkte mit ihrer schmalen grünen Hand, und Tam Lins milchweiße Stute folgte dem Zug der Feen. Der Kampf war entschieden, und mit eisigem Blick auf das liebende Paar rief sie wehklagend: »Leb wohl, Tam Lin! Hätte ich geahnt, dass eine sterbliche Frau sich in dich verlieben wird und mich dir abspenstig macht, so hätte ich dein Herz aus der Brust gerissen und es gegen eines aus Stein ausgetauscht, und deiner schönen Geliebten hätte ich die hübschen grauen Augen aus dem Kopf gekratzt und ihr Holzaugen angehext.«

So rief sie, und schon begann es hell zu werden und im nächsten Augenblick schon war die ganze Feengesellschaft auf geisterhafte Weise zwischen den Bäumen verschwunden. Vorbei war der ganze Spuk.

Tam Lin aber küsste Janets verbrannte Hände; und als die Sonne aufging, liefen sie zusammen zu dem grauen Schloss von Janets Vater. All ihre Gedanken waren nur von menschlicher Liebe erfüllt.

Die Feen von Merlins Klippe

Vor über zweihundert Jahren lebte in Lanarkshire ein armer Mann. Er war Landarbeiter auf einem Bauernhof, eine Art von Aushilfskraft, denn er hatte keinen besonderen Arbeitsbereich für sich, sondern sollte halt all die Arbeiten verrichten, die so anfielen.

Eines Tages schickte ihn der Bauer, sein Herr, hinaus, er sollte Torf in einem Stück Moorland stechen, das an eine Seite des Hofes angrenzte. Dieser Streifen Moorland stieg an einer Stelle zu einer seltsam geformten Felsklippe auf, die als *Merlins Klippe* bekannt war. Die Einheimischen erzählten unter sich, dort habe einst der berühmte Zauberer Merlin seinen Wohnsitz gehabt.

Der Landarbeiter tat, wie ihm geheißen, und da er ein williger Bursche war, begann er mit allen Leibeskräften zu arbeiten, als er im Moor angekommen war. Er hatte schon eine ganz schöne Menge an Torf bei der Klippe gestochen, als er durch die Erscheinung eines ganz kleinen Weibleins erschreckt wurde; ein so kleines hatte er noch nie in seinem Leben gesehen. Sie war nicht mehr als zwei Fuß hoch und trug einen grünen Umhang und rote Strümpfe, und ihr langes gelbes Haar hing ihr ungebunden und lose über die Schultern. Sie war so ein anmutiges kleines Ding, dass der Landarbeiter erstaunt mit dem Arbeiten aufhörte, den Spaten in den Boden stieß und sie verwundert anstarrte. Sein Erstaunen wurde noch größer, als sie einen ihrer zierlichen Finger hob und ihn mit folgenden Worten anredete: »Was würdest du davon halten, wenn ich dir meinen Gatten schicken würde, um bei dir das Hausdach abzudecken? Ihr Sterblichen denkt wohl, ihr könntet alles tun, was euch gerade gefällt!« Dann stampfte sie mit ihren winzigen Füßchen auf den Boden und fügte mit gebieterischem Ton hinzu: »Tu diesen Torf sofort zurück, oder du wirst diesen Tag noch bereuen!«

Nun hatte unser Landarbeiter schon oft vom Feenvolk gehört und von dem Unheil, das sie unbedachten Sterblichen antun konnten, wenn sie beleidigt wurden. So machte er sich flugs mit Furcht und Zittern ans Werk, all seine Arbeit wieder rückgängig und ungeschehen zu machen und jedes Rasenstück genau wieder an den Platz zurückzulegen, von wo er es genommen hatte. Nach getaner Arbeit schaute er sich wieder nach seiner seltsamen Besucherin um, aber sie war verschwunden und wie vom Boden verschluckt. Er konnte nicht sagen wie und wohin. So nahm er also seinen Spaten und zog heimwärts, geradewegs zu seinem Herrn und erzählte ihm die ganze Geschichte, wobei er ihm noch riet, in Zukunft die Torfstücke von einem anderen Ende des Moors zu nehmen. Doch sein Herr lachte nur über das alles. Er war ein kräftiger und tüchtiger Mann, der nicht an Geister, Elfen, Feen oder irgendwelche andere Geschöpfe glaubte, die er nicht mit eigenen Augen sehen konnte. Wenn er aber auch lachte, so war er doch darüber verärgert, dass sein Knecht an solche Dinge glaubte. Und um ihn von seinem Aberglauben zu heilen, so dachte er wenigstens, befahl er ihm, ein Pferd und ein Fuhrwerk zu nehmen, sofort zurückzukehren, alle Torfstücke aufzuladen und sie zum Trocknen zurück zum Bauernhof zu bringen. Der arme Mann befolgte diesen Auftrag, wenn auch widerstrebend und mit Unwillen. Aber groß war seine Erleichterung, als mehrere Wochen ins Land gezogen waren und ihm nichts Böses widerfahren war. Und er fing schon an zu glauben, sein Herr habe recht gehabt und dass alles nur ein Traum gewesen sein konnte.

So gingen alle Dinge wie immer ihren Gang, der Winter zog vorüber, und dann der Frühling und der Sommer, bis sich schließlich im Herbst der Tag jährte, an dem er genau vor zwölf Monaten die Torfstücke aus dem Moor herausgenommen hatte.

Als die Sonne unterging, verließ der Landarbeiter an diesem nämlichen Tag den Bauernhof und wollte in seine ärmliche Hütte zurückkehren. Und weil sein Herr mit ihm zufrieden war, denn er hatte in letzter Zeit sehr hart gearbeitet, gab er ihm eine kleine Kanne voll Milch als Geschenk für seine Frau mit nach Hause.

Er fühlte sich sehr wohl und glücklich, und als er so vor sich hin ging, summte er ein Liedchen. Der Weg führte ihn an der Merlinsklippe vorbei, doch je näher er ihr kam, umso müder wurde er. Seine Augenlider sanken herab, als ob er einschlafen wollte, und seine Füße wurden ihm so schwer wie Blei. »Ich will mich ein paar Minuten hinsetzen und ausruhen«, sagte er zu sich, »der Weg nach Hause ist mir noch nie so lang vorgekommen wie heute.« So setzte er sich also in ein Graspolster gerade im Schatten der verwunschenen Felsklippe, und bevor er recht wusste, wo er war, war ein tiefer und fester Schlaf über ihn gekommen.

Als er wieder wach wurde, war es fast Mitternacht, und der Mond war über der Klippe aufgegangen. Der Mann rieb sich die Augen, als er im sanften Schimmer des Mondlichts eine große Schar von Feen erblickte. Die tanzten im Reigen um ihn herum, lachten, zeigten mit ihren winzigen Fingern auf ihn und erhoben drohend ihre kleinen Fäuste gegen ihn. Noch etwas vom Schlaf benommen, erhob sich der Landarbeiter und wollte ihnen entkommen. Aber er konnte sich wenden, wohin er wollte, die Feen begleiteten ihn, umkreisten ihn und zogen einen magischen Ring um ihn, aus dem er nicht mehr entkommen konnte. Schließlich aber machten sie halt und mit elfischem Gekreisch und Gelächter führten sie die hübscheste und anmutigste ihrer Gefährtinnen zu ihm und riefen: »Spring im Takt, hüpf im Takt, du Mensch! Dann wirst du nicht so rasch aus unserer Gesellschaft heraus wollen.«

Nun war unser armer Knecht ein recht tollpatschiger Tänzer und mit schamrotem Gesicht wollte er noch nicht so recht. Doch die Fee, die man zu seiner Gefährtin auserkoren hatte, langte herauf, ergriff seine Hände und sieh an, ein seltsamer Zauber schien in ihn gefahren zu sein, und im Nu drehte er sich im Reigen, wirbelte nur so dahin, er glitt und verneigte sich, als hätte er sein ganzes Leben lang nichts anderes getan als zu tanzen. Und das Seltsamste von allem war: Er vergaß Heim und Kinder und fühlte sich so glücklich, dass er nicht mehr den leisesten Wunsch verspürte, die Feengesellschaft zu verlassen.

Die ganze Nacht lang ging das muntere Treiben so weiter. Das Kleine Volk tanzte und tanzte, als ob es toll wäre, und der Knecht tanzte mit ihnen, bis auf einmal ein schriller Ruf über das Moor klang. Es war der Hahn vom Bauernhof, der mit seinem lautesten Kikeriki den Morgen zu begrüßen pflegte. Im selben Augenblick hatte das wilde Fest ein jähes Ende.

Die Feen drängten sich mit ängstlichem Geschrei aneinander und stürzten zur Klippe, den Landmann zogen sie in ihrer Mitte mit sich. Als sie den Fels erreichten, öffnete sich wie von selbst darin ein seltsames Tor, das er vorher noch nie gesehen hatte. Schnell drängte sich die Schar hinein, und schon schloss sich krachend die Zauberpforte.

Das Tor führte in eine große, matt erleuchtete Halle, und darin standen zierliche Lager. Und hier sank das Kleine Volk erschöpft zur Ruhe, ermüdet von wilden nächtlichen Toben. Gespannt darauf, was nun weiter erfolgen werde, setzte sich der Landarbeiter auf ein Stück Fels in der Ecke.

Aber irgendein Zauber schien seine Sinne zu beherrschen. Denn auch als die Feen erwachten und ihren häuslichen Verrichtungen nachgingen und seltsame Dinge vollführten, über die er nicht reden durfte, war der gute Mann zufrieden und glücklich, nur dabeizusitzen und zuzuschauen. Dieser Gesellschaft zu entfliehen kam ihm gar nicht erst in den Sinn.

Als es Abend wurde, berührte jemand seinen Ellenbogen. Er drehte sich erschrocken um und sah die kleine Person mit dem grünen Umhang und den roten Schuhen, die ihn genau vor einem Jahr gewarnt hatte, den Torf an der Klippe zu stechen. Das Feenweibchen stand neben ihm und sprach: »Der Rasen, den du vom Dach meines Hauses genommen hast, ist wieder nachgewachsen. Du kannst also wieder nach Hause gehen. Der Gerechtigkeit ist Genüge getan, deine Strafe hat lange genug gedauert. Aber zuvor musst du noch feierlich schwören, keinem Sterblichen zu erzählen, was du gesehen hast, während du unter uns weiltest.«

Das versprach unser Landmann auch gern und freudig und

leistete den Eid in aller Feierlichkeit. Dann wurde das Tor geöffnet, und er war frei.

Die Kanne Milch, die ihm sein Herr als Geschenk für seine Frau gegeben hatte, stand noch genau da, wo er sie hatte stehen lassen, bevor er in seinen Schlummer gesunken war. Und es kam ihm so vor, als hätte sein Herr sie ihm erst gestern gegeben. Aber als er zu seiner Hütte kam, wurde ihm bald sein Irrtum bewusst, denn seine Frau schaute ihn an, als wäre er ein Gespenst, und die Kinder, die er als winzige Wesen zurückgelassen hatte, waren nun erwachsene Knaben und Mädchen, die ihn anstarrten, als ob er ein völlig Fremder wäre.

»Wo bist du diese ganzen langen Jahre gewesen«, rief seine Frau, als sie sich wieder gefasst hatte und erkannte, dass es wirklich ihr Mann und kein Gespenst war, »und wie konntest du es über dein Herz bringen, mich und die Kinder alleine zu lassen?«

Und da erkannte er, dass der eine Tag, den er im Feenland verbracht hatte, sieben ganze Jahre im Menschenleben gedauert hatte, und es wurde ihm bewusst, wie schwer die Strafe gewesen ist, die ihm die Feen auferlegt hatten.

Nachwort des Herausgebers

Die Kelten lebten einst in ganz Europa und hinterließen ihre Spuren von Anatolien bis hin nach Irland. Und vielfältig ist deshalb auch ihr Erbe, das mit dem gesamten europäischen Kulturkreis eng verwoben ist. Das keltische Denken und Wesen ist ein untrennbarer Bestandteil dessen, was man *abendländische Kultur* nennt. Denn neben dem, was die griechisch-römische Antike, das Germanentum (vornehmlich sprachlich) und das Christentum als Fundament des Abendlandes hinterlassen haben, nimmt die keltische Kultur, von der eigentlich nur wenige direkte Zeugnisse überkommen sind, teil an einer virtuellen europäischen *Ur-Gemeinschaft*.

Die Kelten, wie die Griechen sie bezeichnet hatten, sind ein Volk, das eher von seiner gemeinsamen Sprache und Kultur als von der politischen Gemeinsamkeit her definiert werden kann. Sie waren nie zentral organisiert, hatten nie einen von allen akzeptierten Anführer oder gar einen Staat. Sie verteilten sich vielmehr auf verschiedene Stammesverbände. In Frankreich waren sie als Gallier bekannt, in Süddeutschland und der Schweiz als Helvetier und in der heutigen Türkei als Galater. Um etwa 500 vor Christus traten die Kelten in die Geschichte ein; im dritten Jahrhundert erstreckte sich ihre Macht vom Atlantik bis zum Schwarzen Meer, von England bis zum Apennin. Um die Zeitenwende lebte kein Kelte mehr auf dem europäischen Festland in Freiheit.

Als die Urheimat der Kelten gilt heute allgemein Süd- und Westdeutschland, Ostfrankreich und die Westschweiz. Von hier aus breiteten sie sich über ganz Europa aus. Doch mit Ausnahme Irlands, Nordbritanniens und der Länder östlich des Rheins, in denen germanische Völker an die Macht kamen, wurden die von Kelten bewohnten Gebiete nach und nach von den Römern erobert. Als das römische Reich im 5. Jahrhundert nach Christi

Geburt verfiel, hatte Latein das Keltische in allen Provinzen bis auf Britannien als vorherrschende Sprache verdrängt. Auch das Bretonisch in der französischen Provinz Bretagne hat sich nicht, wie Asterix und Obelix es uns glauben machen wollen, hartnäckig gegen den römischen Einfluss durchgesetzt, sondern wurde von Inselkelten, die im 5. und 6. Jahrhundert vor den Angelsachsen flohen, auf dem Festland wieder eingeführt.

Obwohl die Mehrheit der Kelten von den Römern unterworfen und romanisiert wurden, führte dennoch eine nicht geringe Anzahl von ihnen in Britannien zu Beginn des Mittelalters ein eigenständiges Leben. Durch die angelsächsische Eroberung Englands wurden die keltischen Briten nach Westen gedrängt und zu Beginn des 6. Jahrhunderts endgültig besiegt und zum Verlassen ihres Landes gezwungen. Ein Teil von ihnen ging in den örtlichen keltischen Stämmen von Wales und Cornwall auf, andere siedelten sich wie gesagt auf dem Kontinent in der Bretagne an, der sie auch den Namen gaben. Sie konvertierten dort zum Christentum, behielten aber ihre Sprache bei. In Irland bestand das Sozialsystem der Kelten auch nach der Christianisierung und bis zur englischen Eroberung weiter. In Schottland errichteten die Kelten auf der Grundlage des Stammes- und Clansystems ein Königreich. Wenngleich sich die einzelnen keltischen Stämme mit der einheimischen Bevölkerung vermischt haben, hat sich die keltische Sprache noch zum Teil erhalten, und das bis heute.

Keltisch, das von der Sprachwissenschaft der westlichen Gruppe der indoeuropäischen Sprachen zugerechnet wird, wird heute noch in Wales *(Walisisch* oder *Kymrisch)* sowie in Irland *(Irisch)*, in Schottland *(Schottisch-Gälisch)* und in der Bretagne *(Bretonisch)* gesprochen. Das *Manx* von der Isle of Man starb in den 1970er-Jahren aus und das *Kornische* aus Cornwall bereits im 18. Jahrhundert. Es gibt aber seit längerer Zeit Bestrebungen, allen diesen keltischen Sprachen zu einem *revival* zu verhelfen.

Dem keltischen Volk gingen zwar die staatsbildenden Fähigkeiten ab, doch war es in seiner schöpferischen Einbildungskraft anderen Völkern weit überlegen. Schon Cäsar, der ja die keltischen Gallier dem *imperium Romanum* einverleibt hatte, erkannte die tief poetische und musikalische Begabung der Kelten. Ihr Hang zum Irrationalen und Grotesken offenbart sich in ihrem Kunsthandwerk und vor allem auch in ihrer *Fabulistik*. Ausgehend von ihrer auch heute noch nicht ganz gedeuteten Mythologie ersannen sie Geschichten und Märchen, deren Grundmotive das europäische Märchen schlechthin geprägt haben. Die geheimnisvolle Zauberwelt der Kelten bildet den Grundstock für das, was wir zu gern das heimische und anheimelnde Märchen nennen.

Trotz des Fehlens einer politischen Einheit gab es bei den Kelten jedoch eine geistige und kulturelle Zusammenfassung ihres Denkens, und die ging vom Stand der *Druiden* aus. Von ihnen wurde das große geistige Gesetz der Kelten von Generation zu Generation mündlich weitergegeben. Es war eine Welt von dem großen Geschehen an Himmel und Erde, das nur der Druide verstand. Die Druiden gaben nichts schriftlich weiter; was blieb, war eine mündliche Überlieferung, die sich erstaunlicherweise lückenlos über Jahrhunderte hinweg erhielt. Eine geheimnisvolle Priestersprache stellte dabei über alle Stammesdialekte hinweg eine gewisse Einheit im Mysterium dar.

Die Druiden erforschten Wesen und Größe der Welt, versuchten, die Natur der Dinge zu ergründen, trieben Sternenkunde und verkündeten die Lehre von der Unsterblichkeit der Seele und von der Seelenwanderung, wonach nach dem Tod eines Menschen seine Seele wieder in einen anderen Körper eingeht. Und wie alle anderen antiken Priester wussten die Druiden auch um die Heilkunst.

Als die Römer nach Gallien und Britannien kamen, waren die Druiden die einzige Klammer in einem auseinanderfallenden Keltentum. Das erkannten die Römer, und so verfolgten sie diesen heiligen Stand. Die Druiden verschwanden im Untergrund. Nur in Irland und Schottland konnten sie unbehelligt weiterleben, sogar noch weit bis in die Christianisierung hinein.

Den Druiden nahe verwandt waren die *Seher* und *Barden.* Die Seher hatten sich um die Vergangenheit und Zukunft zu kümmern. Dies geschah durch Opferschau und Vogelschau. Die Barden waren Sänger und standen neben dem König und nicht über ihm wie die Druiden. Den Barden oblag es, vor allem im Winter die ums Feuer versammelte Gesellschaft mit Geschichten zu unterhalten, und das waren vor allem alte Göttersagen, Mythen, Heldensagen und Märchen. Nach der Zerschlagung des Druidentums durch die Römer nahmen die Barden die höchste Stellung ein. In der Blütezeit des Bardentums vom 7. bis zum ausgehenden 15. Jahrhundert nahmen diese Sänger in Britannien das Gefühl des nationalen Hasses gegen Angeln und Sachsen, später gegen Anglonormannen und Engländer auf.

Die alten mündlichen Überlieferungen haben sich in einer eigenen Götterwelt und in vielen Mythen und Heldensagen niedergeschlagen, die vor allem das Lebensgefühl und Wertesystem der aristokratischen Schicht widerspiegeln. Es war eine Welt, in der matriarchalisches Denken und patriarchalisches oft im Widerstreit lagen. Den christlichen Mönchen, und dies vor allem in Irland, verdanken wir das Überleben der alten mündlichen Überlieferungen. Gewissenhaft schrieben sie die alten Sagen und Heldenlieder nieder, die sie allerdings auch gewissenhaft zensierten und von allem allzu heidnischen Beiwerk befreiten. Diese Christianisierung der alten Sage lässt sich am besten an der *Artus*tradition erkennen. Die ursprünglich heidnische Figur eines Heerführers, der den Kelten gegen das Eindringen der Angelsachsen half, wurde mit anderen keltischen Sagen verknüpft und durch die Legende um den heiligen Gral und vieles andere christlich, sodass König Artus im Mittelalter zum Idealbild des christlichen Herrschers wurde. Und im Übrigen wurde diese Tradition eher von den bretonischen Festlandskelten ausgestaltet, die sie später wieder auf die Insel zurückbrachten, wenn man will also re-importierten. Auch von den Inselkelten sind Mythen in verschiedenen Zyklen überliefert. Für Irland und Schottland sei nur der Zyklus über den Helden *Finn* oder *Fionn* erwähnt, für Wales das *Mabinogion*.

Viele dieser eigentlich aristokratischen Stoffe und Themen haben sich aber auch im Erzählgut des Volkes niedergeschlagen, wo sie schnell das allzu Erhabene verloren haben und neben die übernatürlichen Wesen des Volksglaubens getreten sind. So wurden die mythischen Helden schnell zu Märchenprinzen, die sich in einer Anderswelt von übernatürlichen Wesen und Naturgeistern wie Feen, Elfen, Zwergen und sonstigen guten und bösen Geistern behaupten mussten. Eine scharfe Abgrenzung zwischen Märchen und Sage lässt sich nicht mehr ziehen, weil es viele Geschichten gibt, die beide Elemente in sich tragen, zumal auch die Geisterwesen (wie z. B. *Banshees, Pookas und Luprechauns*) ihren Ausgangspunkt in frühen Kulten von Lokalgottheiten und Fruchtbarkeitsmythen einzelner keltischer Siedlungen haben.

Gemeinsam ist allem keltischen Erzählgut und vor allem allen Märchen die Situation, in der sie erzählt wurden, und die Person des Geschichtenerzählers, der die Märchen in einem erlernten ornamentalen Stil vortrug und seine Zuhörer auf diese Weise oft stundenlang an sich fesselte. Die Märchen wurden meist an den langen Abenden der Herbst- und Winterszeit erzählt, wenn die bäuerliche Arbeit ruhte. Dann traf sich ein großer Kreis von Dorfbewohnern jeden Alters in einer Stube bei Verwandten oder Nachbarn, saß beim wärmenden Feuer, machte allerlei Handarbeiten und lauschte einem Geschichtenerzähler. Solche Abende, die im irischen und schottischen Bereich *ceilidh* und in der Bretagne *veillées* hießen, waren noch zu Ende des 19. Jahrhunderts gang und gäbe und fanden manchmal täglich statt. Die Erzähler waren in der ganzen Gegend bekannt und berühmt. Sie waren kein eigener Berufsstand wie in früheren Jahrhunderten die Barden und Seher, aber ihre Erzählkunst war geübt und eine hochgesteigerte Kunst. Die sogenannten *Story-Tellers* erzählten nicht nur einfach drauf los, sondern trugen ihre Geschichten in wechselndem Sprachtempo, mit unterschiedlicher Gestik und Mimik wie ein Schauspieler vor. So lag die Besonderheit der

Märchen im keltischen Erzählbereich nicht primär in der Stoffwahl oder Motivik, sondern eher an der Art, wie sie erzählt wurden. Ein weiteres Charakteristikum dieser Erzählkunst ist es, durch Erfinden neue Episoden einzufügen und die Geschichte nach Belieben in die Länge zu ziehen.

Jeder Story-Teller gibt beim Erzählen seiner eigenen Imagination und Fantasie freien Raum, schmückt nach typisch keltischer Manier ornamental-grotesk aus, sodass keine zwei Geschichtenerzähler das gleiche Märchen auf gleiche Art erzählen. Die vorliegenden Märchen sind eine repräsentative Auswahl aus allen Ländern und Landstrichen, in denen auch heute noch keltisch und wenn auch nur mancherorts versuchsweise gesprochen wird: *Irland, Wales, Cornwall, Schottland* und die *Bretagne*.

Zwei Themen, die dicht miteinander verwoben sind, ziehen sich wie ein Leitmotiv durch all diese Geschichten: das Land der Toten und das der Dämonen und Feen. Zum Tod hatte der Kelte ein besonders inniges Verhältnis. Die Toten gingen in eine Art *Anderswelt*, die von der der Lebenden nicht streng geschieden und ihr sehr nahe war. Im 6. Jahrhundert nach Christus schreibt der byzantinische Historiker *Prokop*, dass eine Insel der Seligen die Toten der Kelten erwarte. Im Keltenland gibt es nach Prokop Fährmänner der Toten. Diese Fährmänner werden des Nachts durch lautes Klopfen an ihre Tür geweckt. Draußen ruft sie eine Stimme an die Arbeit, und ob sie wollen oder nicht, sie müssen sich dann an den Strand begeben, wo Nachen sie erwarten, die scheinbar leer sind. In Wirklichkeit aber sind sie voller Seelen von Verstorbenen. Nach einer Stunde Fahrt gelangt man dann zu einer Insel, die sonst einen ganzen Tag und eine ganze Nacht entfernt ist. Kaum dort angekommen, wird der geheimnisvolle Kahn um seine unsichtbare Fracht leichter. An Land ist dann eine Stimme zu vernehmen, die jeden Toten beim Namen nennt und ihm seine Aufgabe auf der geheimnisvollen Insel zuweist. Dann müssen die Fährmänner zurück und angstvoll erwarten sie den nächsten nächtlichen Befehl für ihre gespenstische Fuhre.

Diese Anderswelt ist auch die Apfelinsel *Avalon*, auf die eine Barke den sterbenden Artus trug. Diese Anderswelt ist aber auch das Paradies, das Land der ewigen Jugend *(Tir na Og)*, dort wo wunderschöne unsterbliche Feen wohnen, die den Männern, die bisweilen dorthin entführt werden oder sich nur dorthin verirren, den Himmel schenken. Dort hat irdische Zeit keine Geltung.

Besonders weit offen ist das Reich der Toten und Geister an bestimmten Tagen des Jahres, die einen Übergang der Zeit bildeten, so z. B. am keltischen *Samuinfest* in der Nacht zum 1. November. Dann ist das Tor zwischen Lebenden und Toten weit offen, und die Verstorbenen suchen als Geister und Dämonen ihre alten Stätten wieder auf. Allenthalben lodern dann Feuer auf, man trägt dämonische Masken, um die Geister der Verstorbenen zu besänftigen, sie aber auch willkommen zu heißen. Irische Auswanderer haben diesen Brauch mit in die Vereinigten Staaten genommen, und nun ist er auch nach *Old Europe* als *Halloween* zurückgekehrt, allerdings stark säkularisiert und kommerzialisiert.

Vor allem in der Bretagne gibt es noch die Figur des personifizierten Todes, *Ankou* genannt. Hier kommen in den Märchen Tote oft als Wiedergänger in die Familie zurück oder gehen auf Friedhöfen um. In den Küchen der Häuser, die *Ankou* heimgesucht hatte, standen früher oft eine Schale mit Milch und eine Platte mit Crêpes bereit, an denen sich der heimwehkranke Tod laben konnte. Manche Wiedergänger kamen, um ihre Lieben zu warnen, andere, um eine Buße abzudienen. Es gab auch Geister, die sich nachts aufs Grab setzten. So ist *Ankou* ein mächtiger Herr, der voll ins Dasein der Lebenden eingreift. Hier ist die Grenze zwischen der Welt des Lichts und der der Schatten zwar schwer zu erkennen, doch leicht ist sie zu überschreiten.

In allen keltischen Überlieferungen leben die übernatürlichen Wesen unter der Erde oder unter dem Wasser des Meeres oder eines Sees, manchmal auch auf einer weit entfernten Meeresinsel. Solche Geisterwesen sind in Irland etwa der Feenschuster *Luprechaun*, der gespenstische *Pooka*, der *Cluricaun*, die Todesbotin *Banshee*,

Zwerge wie *Brownies* und *Hobgoblins* auch in Wales und Schottland, Meer- und Robbenjungfrauen und Elfen aller Art. In der Bretagne hausen die schreckliche Feenhexe *Groac'h* oder auch zwergenartige Wesen wie *Korrigane* oder *Ozegane*, bald sind es aber auch vogelartige Wesen, was ihre Verbindung mit der Welt der Toten unterstreicht.

Wie die irische Tradition beweist, sind diese mythischen Wesen Einwohner des Landes gewesen, bevor die Kelten kamen. Sie sind das *Alte Volk*, das sich nach der Ankunft und dem Sieg der Kelten unter den Boden zurückgezogen hat, in die Feenhügel *(rath)*, in megalithische Denkmale, Dolmen, Menhire und Tumuli.

In Irland sind es die berühmten *Tuatha de Danann*, jenes Göttergeschlecht, das von den Inseln am nördlichen Rand der Erde das Druidentum und die Kunst der Zauberei mitgebracht haben soll. Nach ihrer Niederlage gegen die Kelten zogen sich auch diese übernatürlichen Wesen zurück, unter die Erde, ins Wasser oder auf Inseln. Wie alle übernatürlichen keltischen Wesen sind sie dem Menschen gegenüber ambivalent: Sie können hilfreich, aber auch böse gesonnen sein. So bildet das keltische Kulturgut, ja sogar schon die vorkeltische Welt die Grundschicht der hier vorliegenden Märchen, die nur oberflächlich den Firniss einer christlichen Welt tragen. Die Märchengestalten, und das sind oft noch matriarchalisch geprägte Frauen, bewegen sich in einem Wunderreich und sind den Kräften der Natur und vor allem auch übernatürlichen Einflüssen verhaftet und preisgegeben. Halb sind sie Menschen aus Fleisch und Blut, halb Geisteswesen, und sie heben sich vor einem Hintergrund ab, in dem der Tod stets gegenwärtig ist, in einer Welt, die nie zur Ruhe kommt und in der die Grenzen zwischen Leben und Tod undeutlich verschwimmen.

Erich Ackermann, Losheim am See 2009

Quellenverzeichnis

MÄRCHEN AUS DEM ARTUS-KREIS

Kulhwch und Olwen

Herr Gawain und der grüne Ritter

aus: Ernst Tegethoff, Märchen, Schwänke und Fabeln, München 1925, übersetzt von Ernst Tegethoff

Lanval

aus: Marie de France, Les Lais, hrsg. v. Karl Warnke, Halle o. J.

Die Verzauberung des Zauberers Merlin

aus: Merlin, Sammlung romantischer Dichtungen des Mittelalters, Bd. 1, Leipzig 1804

BRETAGNE

Der Werwolf (Bisclaveret)

aus: Marie de France, Les Lais

Die Jagd nach dem weißen Eber (Guingamor)

aus: Gaston Paris, Romania 8 (1879)

Die Groac'h von der Insel Lok

aus: Émile Souvestre, Le foyer breton, Paris um 1870

Der Hexenmeister Marcou-Braz

aus: François-Marie Luzel, Contes populaires de la Basse-Bretagne, Paris 1887

Die rote Prinzessin

aus: Anatole Le Braz, La Légende de la Mort chez les Bretons armoricains, Paris 1893

Die Fee aus der Grotte von Corbière (Houle de la Corbière)

aus: Yves Sébillot, Contes populaires de la Haute-Bretagne, Paris 1880 ff.

Der Vogel Ozegan

aus: J. Frison, Revue des Traditions populaires 30 (1915)

Die Insel der Ozegane

aus: Frison, Revue des Traditions populaires 27 (1912)
Das Schloss in den Lüften
aus: Frison, Revue des Traditions populaires 22 (1907)
Die drei Haare vom Goldbart des Teufels
Die Prinzessin, die in eine Maus verwandelt wurde
Der kleine Vogel mit dem goldenen Ei
Bihanic und der Menschenfresser
Petit-Jean und die Rätselprinzessin
aus: Luzel, Contes populaires
Der goldgierige Jean
aus: Le Braz, La Légende de la Mort
Wie die Stadt Is im Meer unterging
Die Steine von Plouhinec
aus: Souvestre, Le foyer breton
Die Braut des Toten
aus: Le Braz, La Légende de la Mort

IRLAND
Fingerhütchen
Der kleine Sackpfeifer
Herr und Diener
Die Banshee von Bunworth
Das gebückte Mütterchen
aus: Thomas Croften Croker, Irische Elfenmärchen, Leipzig 1826, übersetzt von den Brüdern Grimm
Vom Leprechaun, dem Feenschuster
Der Phuka
Der Banschi-Brunnen
Die Stadt im Meer
Der Hexenmeister von Crunaan
O' Donoghues Dudelsack
Das Land der ewigen Jugend
Schön Nora
aus: Julius Rodenberg, Die Harfe von Erin, Leipzig 1864, übersetzt von Julius Rodenberg

Fionn im Land der Riesen
aus: Revue Celtique 32 (1911)
Fann MacCuil und der schottische Riese
Die Königin von Sciana Breaca
Die Eierschalen-Brauerei
Die Legende von Loch na Piasta, dem Drachenteich
Wie der Killarney-See entstand
St. Patrick und die Druiden
Knocksheogowna oder der Berg des Elfen-Kalbes
Der König mit den Pferdeohren
Lirs Kinder
Oisíns Jugend
Die drei Schwestern
Sculloge
Die goldene Schlafnadel (An Braon Suan or)
Die drei Kronen
aus: Karl Knortz, Irländische Märchen, Zürich 1886, übersetzt von Karl Knortz
Kathleen
Ein Abenteuer der Fenier
Die Höhlenfeen oder die letzte Liebe der Etain
aus: Lady Francesca Wilde, Ancient Legends, Mystic Charms and superstitions of Ireland, London 1887
Condlas Jenseitsfahrt
aus: Joseph Jacobs, Celtic Fairy Tales, London 1892, übersetzt von Ernst Tegethoff

WALES
Warum der rote Drache das Sinnbild von Wales ist
aus: William Jenkyn Thomas, The Welsh Fairy Book, London 1910
Elidore
aus: Thomas Keightley, The Fairy Mythology, London 1860
Jolo ap Hugh, der verzauberte Fiedler
Die Zauberharfe

Rhys auf dem Feentanz
Yantos Jagd
Maen du yr Arddu, der schwarze Stein von Arddu
Die Jungfrau vom See
Owen Llawgoch mit seinen tausend Kriegern
Die Entstehung des Llyn Tegid oder Bala-See
aus: Julius Rodenberg, Ein Herbst in Wales, Hannover 1857, übersetzt von Julius Rodenberg
Eilians Flucht
Olwen und Einion
aus: M. Brusot, Keltische Volkserzählungen, Halle 1908, übersetzt von M. Brusot

CORNWALL

Der Riese vom St. Michael's Mount
Der Gespensterbräutigam
aus: Robert Hunt, Popular Romances of the West of England, London 1881

SCHOTTLAND

Der Elfenritter
Thomas der Reimer
Der Robbenfänger und der Wassermann
aus: Elizabeth Grierson, The Scottish Fairy Book, London 1892
Goldbaum und Silberbaum
aus: Joseph Jacobs, Celtic Fairy Tales
Die Hand mit dem Messer
aus: Brüder Grimm, Kinder- und Hausmärchen, 1. Ausgabe (1812), dort Nr. 8
Der Fuchs und die Wildgans
aus: John Francis Campbell, Popular Tales of the West Highlands, Edinburgh 1860
Tam Lin
Nacherzählt und bearbeitet nach: F. J. Child, The English

and Scottish popular Ballads, London 1857; Joseph Jacobs, English Fairy Tales, London 1890 und anderen alten Quellen

Die Feen von Merlins Klippe
aus: Elizabeth Grierson, The Scottish Fairy Book, London 1892

Weiterführende Literatur

Botheroyd, Silvia und Paul, Lexikon der keltischen Mythologie, München 1992

Bruford, Alan, Keltisches Erzählgut, in: Enzyklopädie des Märchens, Bd. 7

Cotterel, Arthur, Die Enzyklopädie der Mythologie, Reichelsheim 2000

Cunliffe, O. L., Die Kelten, Bergisch Gladbach 1980

Curtin, Jeremiah, Myth and Folklore of Ireland, London 1890

Diederichs, Ulf, Der Märchenpalast, München 1992 (zur Überlieferung der Märchen)

Grabois, Aryeh, Enzyklopädie des Mittelalters, Zürich o. J.

Hetmann, Frederik, Die Reise in die Anderswelt. Feengeschichten und Feenglaube in Irland, Köln 1983

Markale, Jean, La Tradition celtique en Bretagne armoricaine, Paris 1977

Meid, Wolfgang, Die keltischen Sprachen und Literaturen, in: Propyläen-Geschichte der Literatur, Bd. 2, Frankfurt/Berlin 1988

Moreau, Jean, Die Welt der Kelten, Stuttgart 1957

Noelle Hermann, Die Kelten, Pfaffenhofen 1974

Ó Suilleabháin, Seán, A Handbook of Irish Folklore, Dublin 1942

Pokorny, Julius, Die keltische Literatur, in: Kindlers Literatur Lexikon, Bd. 2, München 1974

Rhys, John, Celtic Folklore, Oxford 1901

Röth Dieter und Kahn Walter (Hg.), Märchen und Märchenforschung in Europa, Frankfurt 1993 (zur Überlieferung der Märchen)

Zimmer, Heinrich, Abenteuer und Fahrten der Seelen-Mythen, Zürich/Stuttgart 1961

Celtania – Lost Legends

1. Lost Legend 3:12
2. The Spirit Of Celtania 3:23
3.* Scarborough Fair 3:50
   DP / Pete Winter, Mark Bender / Manuscript
4. Medieval Shine 4:15
5. Stone Circle Melody 3:50
6. A Song Sung By The Wind 3:12
7. Celtic Wisdom 3:30
8. Coastline Dance 3:05
9. I Miss You 3:26
10. Dreamlike Whistle 3:03
11. Cornwall Slide 3:32
12. Evening Sadness 5:30
13. Rhythm Of The Past 3:20
14.* Oh Danny Boy 4:12
   DP / Pete Winter, Mark Bender / Manuscript

Performers: Celtania
Produced by Rosewood Music / Arrangements: Horst Haubrich

Alle Tracks, außer Track 03* und Track 14*
Music: Pete Winter, Mark Bender / Lyrics: Pete Winter, Mark Bender / Manuscript

Mit ihrem Tonträgerdebut »Lost Legends« nehmen die Musikerinnen der deutschen Celtic Folk Band »Celtania« den Zuhörer mit auf eine musikalische Bilderreise in die sagenumwobene keltische Vergangenheit. Klänge aus längst vergangenen Zeiten verbunden mit Soundsphären der modernen Welt lassen den Zuhörer eintauchen in die Mystik dieser legendären Ära.

Die gefühlvolle Stimme der Sängerin und Frontfrau »Sheila« steht im Mittelpunkt der emotionalen Musik des Ensembles, deren Lieder aus sowohl für die Gruppe neu arrangierten keltischen Volksweisen als auch aus neu geschaffenen Eigenkompositionen mit typisch keltischen Klängen und Soundsphären bestehen. In der Instrumentierung bilden Flöte, Harfe und akustische Gitarren das musikalische Grundgerüst.
Weitere Bandinfos unter: www.celtania.com

Mit freundlicher Genehmigung von Rosewood Music